Werner Schmalenbach
Die Lust auf das Bild
Ein Leben mit der Kunst

Siedler Verlag

Die Deutsche Bibliothek – CIP-Einheitsaufnahme
Schmalenbach, Werner
Die Lust auf das Bild: ein Leben mit der Kunst/Werner
Schmalenbach – 2. Aufl. – Berlin: Siedler, 1996
ISBN 3-88680-494-1

Der Siedler Verlag ist ein Unternehmen der Verlagsgruppe Bertelsmann.

Typographie: Brigitte und Hans Peter Willberg, Eppstein
Satz und Reproduktionen: Bongé + Partner, Berlin
Umschlagphoto: Burkhard Maus
Lektorat: Wolf J. Siedler jr.
Druck und Buchbinder: Parzeller, Fulda
Printed in Germany 1997 · ISBN 3-88680-494-1 · Zweite Auflage

Inhalt

Vorwort

Dies ist keine Autobiographie. Nichts lag mir ferner, als mein Leben einer Darstellung für würdig zu erachten, also: Herkunft, Kindheit, Jugend, Bildungsweg, Beruf. Es sind daher auch keine eigentlichen Memoiren. Aber Memoiren sind es dann doch, jedoch nur bezogen auf die ungefähr zweihundert Bilder, die ich in den fast drei Jahrzehnten zwischen 1962 und 1990 für »mein« Museum in Düsseldorf, die 1962 gegründete Kunstsammlung Nordrhein-Westfalen, gekauft habe. Indessen, ist das etwas so Außergewöhnliches, daß es sich lohnt, davon zu erzählen? Die Bilder sind ja allesamt, mit Ausnahme der in den letzten Jahren zwischen 1986 und 1990 erworbenen, in einem umfangreichen Band mit dem Titel »Bilder des 20. Jahrhunderts« farbig abgebildet und reich kommentiert worden. Warum also dieses Buch?

Ich könnte erklären: auf vielfältigen Wunsch. In der Tat, den Wunsch habe ich oft gehört, besonders dann, wenn ich die eine oder andere Anekdote zum besten gegeben hatte, die es da im Zusammenhang mit Ankäufen gab. Aber lohnt es sich, diese kleinen Geschichten zu »verewigen«? Nun, sie alle finden sich in diesem Buch wieder, doch die erzählenswertesten von ihnen hätten zu einem Buch nicht ausgereicht: man erlebt nicht täglich Spektakuläres.

Nun könnte dies eine Gelegenheit sein, die Prinzipien darzulegen, die mich beim Aufbau der Sammlung leiteten, gewissermaßen im Sinne eines Testaments. Aber auch das ist oft geschehen, in Vorworten zu den Katalogen, in Reden, in Interviews. Man kannte diese Prinzipien und hat viel darüber gestritten. Daß da Grundüberzeugungen bestanden, war immer klar. Eines Buches darüber bedurfte es nicht.

Worin bestand dann das Außergewöhnliche? Ich denke, es bestand vor allem darin, daß sich jemand in die Lage versetzt sah, ein Museum ex nihilo aufzubauen, vom ersten Bilde an, und dies mit sehr großen Mitteln und mit voller künstlerischer Entscheidungsfreiheit. Das war für viele Menschen ein Wunder, für mich selbst auch, und voller Faszination blickte man weltweit auf das, was in Düsseldorf geschah, besonders in den ersten zehn oder fünfzehn Jahren, als die unerhörte Dynamik des Wachstums der Sammlung noch nicht durch die Entwicklung der Preise abgebremst und schließlich fast zum Erliegen gebracht war.

Dies dürfte Grund genug sein, einmal zu erzählen, wie sich das alles abspielte.

Dabei waren die gekauften Bilder nur die Spitze des Eisbergs, denn das tägliche Brot waren selbstverständlich die Hunderte oder Tausende von Angeboten, die abgelehnt wurden. Davon zu berichten hätte alle Grenzen gesprengt. Weniger als zweihundert in fast dreißig Jahren gekaufte Bilder, und dies bei solchen Summen, war gewiß keine besonders stattliche Bilanz. Aber ich hatte eben nie den Ehrgeiz der großen Zahl. Ich hatte den Ehrgeiz der geringen Zahl.

Zu dem, was die Tätigkeit so reich machte, gehörten vor allem die vielen Begegnungen mit Menschen. Auch davon ist nur ein Bruchteil in dieses Buch gelangt. Begegnungen mit Künstlern, mit Kunsthändlern, seltener mit Sammlern, die natürlich ins Haus kamen oder die auch aufgesucht wurden, die aber nur selten in direktem Zusammenhang mit Ankäufen standen. Mir selbst fehlt dank dieser Konzentration auf die Erwerbungen vieles, unendlich vieles, übrigens nicht zuletzt auch all die Aktivitäten, die nicht das Museum betrafen. Das Museum war ja immer nur das eine, das andere war vor allem das Schreiben, das von meiner Zeit viel mehr in Anspruch nahm als die eigentliche Museumsarbeit, was man aus strenger bürokratischer Sicht durchaus als fragwürdig hätte ansehen können.

Und natürlich müßte ich von meinen Mitarbeitern sprechen, denn so autonom ich in meinen Entscheidungen auch war, so wäre es ohne sie nicht gegangen, nicht nur weil sie ihre Arbeit taten, sondern weil es da viele sehr menschliche Dinge gab, die zum Wert des täglichen Lebens gehörten.

So gibt es unendlich vieles, über das hier nicht berichtet wird. Zum Beispiel und vor allem anderen: die Familie, die immer der Mittelpunkt und die eigentliche Sicherung des Lebens war. Aber auch die vielen Reisen in die nahe und in die weite und in die weiteste Welt, nicht zuletzt dann, wenn es galt, die großen Sammlungskomplexe »Klee« und »Bissier« zu begleiten, die auf allen Kontinenten gezeigt wurden. Und dann die Vorträge, die Jurys überall und vieles andere. Indessen, hier stehen die Bilder im Zentrum, auch wenn es um sie selbst gar nicht geht, da sie eben nur, fast nur, Auslöser all dessen sind, was da geschildert wird.

Es geht auch um die Preise, wenngleich nicht primär. Viele von ihnen, nicht alle, werden notiert. Ich habe die Preise beim Ankauf der

Bilder nie bekanntgegeben, um zu verhindern, daß man vor lauter Geld das Bild vergaß. Es gab, es gibt wirklich nichts zu verbergen. Die nicht genannten Preise fehlen nur deshalb, damit es nicht zu schematisch wird.

Vielleicht wird mancher die geschichtlichen Vorgänge in diesen Jahren zwischen 1962 und 1990 vermissen. Nun, sie haben in die Museumsarbeit kaum hineingespielt, es sei denn in Gestalt des Wirtschaftswunders zu Beginn, das so vieles möglich machte, und der Rezessionen später, die so vieles verhinderten. Nicht einmal »1968« hat sich ausgewirkt, geschweige denn Vietnam oder was da auf der Welt so alles passierte. Jemand meinte gelegentlich, ich säße da in meinem wunderbaren Büro im Schloß Jägerhof und später, als endlich der Neubau kam, in meinem Büro hoch über dem Grabbeplatz in einem Glashaus oder einem Elfenbeinturm. Das traf nicht zu, denn man mußte sich ja mit den vielen Realitäten des Lebens herumschlagen. Aber richtig ist, daß das Wachstum der Sammlung von der Weltpolitik unberührt blieb. Daß man in einem solchen Amt mit Behörden zu tun hat, habe ich nie als belastend oder als ärgerlich, allenfalls gelegentlich als zeitraubend empfunden: es gehörte dazu. Die Museumsarbeit war in vielerlei verstrickt, aber dieses Vielerlei wird hier nicht beschrieben.

Nur dies: daß es da keine splendid isolation gab, keine Abschottung gegen die Allgemeinheit, zeigt sich am offenkundigsten darin, daß dieses so oft elitär gescholtene Museum zu der Zeit, als es noch im spätbarocken Schloß Jägerhof hauste, jahraus jahrein die Räume während zwei langer Monate frei machte, um Teile des Eigenbesitzes in didaktischen Ausstellungen den Menschen zu erläutern. Was also heißt da »elitär«? Es war das Gegenteil! Natürlich galt mein Interesse vor allem den Bildern, dieser, kein Zweifel, »Elite« von Bildern. Aber das, was man die Vermittlungsaufgabe der Museen nennt, habe ich immer sehr ernst genommen, schon in meiner Basler Zeit, und das war keineswegs nur eine Frage der Pflicht: es war eine Lust, den Menschen die Bilder nahezubringen und ihnen immer wieder klarzumachen, warum ein Bild mich so begeisterte, daß ich meinte, es kaufen zu müssen. Wenn ich Publikum durch die Säle führte, ging es kaum um Belehrung: es ging darum zu bewirken, daß der Funke vom Bild auf die Menschen übersprang.

Ein Wort zur Struktur des Buches. So wie im großen Museumsbuch von 1986 hätte ich in kunstgeschichtlichen Schritten vorgehen können, vom Anfang des Jahrhunderts bis zur Gegenwart. Damit wäre das allmähliche Wachstum der Sammlung natürlich nicht erkennbar geworden. Zu Beginn dachte ich, die ganze Strecke von Ankauf zu Ankauf abzuschreiten, doch wurde mir bewußt, daß auf diese Weise ein chaotisches Gesamtbild zustande gekommen wäre. Ich erkannte, daß es zumindest sinnvoll war, die Ankäufe von »Kunst vor 1945« von den Ankäufen von »Kunst nach 1945« zu trennen, da sonst insbesondere die Abbildungen allzusehr durcheinandergewirbelt worden wären. Aber auch innerhalb dieser beiden Blöcke wäre bei chronologischer Aufreihung der Ankäufe ein Chaos geblieben, so daß ich mich nicht ganz leichten Herzens zu folgendem Kompromiß entschloß:

Auf das erste Bild, mit dem ein Künstler zu einem bestimmten Zeitpunkt in die Sammlung aufgenommen wurde, folgen unmittelbar die Bilder desselben Künstlers, die später in die Sammlung kamen. Auch das mag in Anbetracht des Hin und Hers der Entstehungsdaten verwirrend sein, hat aber den Vorteil, daß die Werke der einzelnen Künstler nicht auseinandergerissen werden.

Freilich kommt es auf diese Weise zu gravierenden optischen Täuschungen, indem es in den späten Jahren häufig so aussieht, als sei wenig oder gar nichts gekauft worden, weil eben manche Künstler, von denen Werke in diesen Jahren in die Sammlung kamen, schon viel früher »behandelt« wurden, nämlich dort, wo der betreffende Künstler erstmals mit einem Werk in die Sammlung aufgenommen wurde. Ein Beispiel: die elf Picasso-Ankäufe zogen sich über neunzehn Jahre hin, von 1963 bis 1979, aber sie alle erscheinen hier unter dem Datum 1963.

Sehr wahrscheinlich sind manche der hier niedergelegten Erinnerungen nicht ganz korrekt. Ich habe sie »freihändig« aufgeschrieben, ohne alte Terminkalender, Korrespondenzen und Presseberichte zu konsultieren. Nur die Protokolle der halbjährlichen Sitzungen des Kuratoriums der »Stiftung Kunstsammlung Nordrhein-Westfalen« waren eine gewisse Stütze. Die Wahrheit, auf die ich Anspruch erhebe, liegt auf einer anderen Ebene als derjenigen, auf der Irrtümer und Gedächtnistäuschungen möglich sind.

Ich danke meinem Freund Hubertus Gojowczyk, der das Manuskript kritisch durchgelesen und mich auf manches aufmerksam gemacht hat.

Ich danke Wolf Jobst Siedler dafür, daß er das Buch nach ebenfalls kritischer Lektüre unter seine verlegerische Obhut genommen hat, in Fortführung einer freundschaftlichen Zusammenarbeit in früheren Jahren.

Dank auch, herzlichen Dank, an Wolf Jobst Siedler jr., der das Buch als Lektor sehr genau gelesen und manche kleinere Verbesserung bewirkt hat. Auch mit ihm war die Zusammenarbeit ein großes Vergnügen.

W. S.

Allgemeines vorweg

Bilder! Immer wieder waren es Bilder, die mich in ihren Bann schlugen. Und schließlich waren es Bilder, die zu sammeln ich in die glückliche Lage kam, als ich im Oktober 1962 die Leitung des neugegründeten, hochdotierten Museums in Düsseldorf mit dem reichlich komplizierten, für Ausländer nahezu unaussprechlichen Namen »Kunstsammlung Nordrhein-Westfalen« übernahm. Achtundzwanzig Jahre lang, also bis Ende 1990, konnte ich mich dieser Aufgabe widmen, und in all den Jahren blieb das große Faszinosum immer das einzelne Bild: niemals eine Strömung oder ein Stil, ja nicht einmal so sehr ein einzelner Künstler. Es war immer das Bild mit seiner Macht.

Wann fing das an? Ich glaube, wohl jedes Kind läßt sich von Bildern fesseln. Vielleicht ist das inzwischen, bei der visuellen Überschwemmung unserer Tage, anders geworden. Ich weiß nicht, ob es heute noch möglich ist, als Kind mit solcher Intensität auf Bilder zu starren, wie ich dies in meiner Kindheit tat. Etwa auf die in meiner Erinnerung herrlichen Tierbilder in dem einst berühmten Buch »Mit Blitzlicht und Büchse«. Ich habe nicht das Buch, aber ich habe die Bilder »verschlungen«, und ich sehe, wie dieses Verschlingen von Bildern, nicht aber von Büchern, sich in meinem Leben bis heute erhalten hat. Wenn ich einmal einem Interviewpartner gesagt habe, daß ich die Kunstgeschichte hasse, jedoch die Kunst in der Geschichte liebe, so war »Haß« natürlich eine Übertreibung, aber keine Übertreibung war die Liebe. Die Aversion gegen die Kunsthistorie mag, zu ihrer Ehre sei's gesagt, zum Teil auf der Tatsache beruhen, daß ich mich ihr selten wirklich gewidmet habe. Ich bin auch nicht sicher, ob ich »Mit Blitzlicht und Büchse« damals gelesen habe, doch die Bilder haben sich mir tief eingeprägt. Heute ist das Buch längst vergessen, aber immerhin hat es noch 1957 den einstmaligen Dadaisten Richard Huelsenbeck zum Titel seiner Autobiographie angeregt, der da lautete: »Mit Witz, Licht und Grütze«.

Eine andere, nicht minder starke visuelle Betörung im frühesten Kindesalter ging von den großen knallroten Sonntagsziffern auf den Abreißkalendern aus. Ich fieberte ihnen jede Woche entgegen. Auch wenn es draußen in Strömen regnete, strahlte in Gestalt dieser atemberaubend schönen Zahlen die Sonne.

War dies eine extreme visuelle Empfänglichkeit? Oder war es ganz normal? Ich weiß es nicht. Ich denke aber doch, daß, sofern es so etwas gibt wie eine angeborene visuelle Musikalität, ich in diesem Sinne besonders musikalisch war; was übrigens keineswegs bedeutet, daß ich mich durch eine besondere zeichnerische oder malerische Begabung ausgezeichnet hätte: nichts davon! Offenkundig ist die Begabung des Sehens nicht an eine Begabung zu künstlerischem Tun gekoppelt. Ich bin daher auch froh, niemals in die Gefahr geraten zu sein, künstlerisch etwas Eigenes hervorbringen zu wollen und infolgedessen ein Leben lang unter der Last künstlerischer Unzulänglichkeit zu leiden.

Die große visuelle Lust! Wenn ich an die roten Kalenderblätter von damals denke, dann spüre ich noch heute, wie sinnlich das war. Sinnlich ist meine Beziehung zur Kunst immer gewesen, auch in den von mir als trist empfundenen Zeiten, als sich die Kunst zusehends entsinnlichte: da spielte ich nicht mehr mit. Es ist für mich vollkommen fremd, obgleich intellektuell nachvollziehbar, wenn puritanische Geister den Kunstgenuß als »kulinarisch« abtun, ganz abgesehen davon, daß dies auch die kulinarischen Genüsse deklassiert. Natürlich ist es höchst fragwürdig, »erlittene« Bilder, also etwa Bilder von Vincent van Gogh, zu genießen. Aber wie soll, wie kann man sich diesem Genuß entziehen? Erfüllt uns Mitleid bei der Betrachtung des berühmten »Selbstbildnisses mit abgeschnittenem Ohr«? Bestürzung? Nicht im allergeringsten! Was ein Kunstwerk für den Künstler ist, ist etwas ganz anderes als das, was es für uns ist. Damit relativiert sich die oft gehörte Frage, was ein Künstler wohl gewollt, was er »sich dabei gedacht« habe. Und es relativiert sich auf weite Strecken der Wert kunsthistorischer und kunstpsychologischer Fragestellungen überhaupt. Mir war die Unmittelbarkeit der Wirkung eines Kunstwerks immer viel wesentlicher als alle vermittelbaren Motive, auch wenn diese Motive es sind, denen es sein Leben verdankt. Dies ist, für meine Person, ein Glaubenssatz.

Während ich diese Zeilen schreibe, hängt mir gegenüber eine japanische Schriftrolle aus dem siebzehnten Jahrhundert. Ich kann sie nicht lesen und habe den Sinnspruch vergessen. Aber die Faszination, die von den fünf Schriftzeichen ausgeht, ist ungeheuer. Das genügt mir. Natürlich wird mir sogleich jemand vorhalten, das sei eine rein ästhetische Betrachtungsweise. Ich weiß nicht, was »rein ästhetisch« ist. Ich weiß jedoch, was mich an diesem Bild Tag für Tag fesselt. Es ist selbstverständlich nicht »nur« etwas Formales, sondern die Kraft, die geistige Kraft, die die Schriftzeichen erfüllt. Und diese geistige Kraft, ohne die die Zeichen nichts wären, ist bedeutend wirksamer als der Sinnspruch, ohne dessen Bedeutung für den Künstler und seine Zeitgenossen die Arbeit nicht entstanden wäre. Mögen die einen über den Inhalt des Sinnspruchs nachdenken: mir genügt das Bild.

Nicht anders ergeht es mir mit der afrikanischen Figur, die hier auf meinem Schreibtisch steht. Ganz gleich, ob die Ethnologen herausgefunden haben, was es mit diesem Figurentypus aus dem östlichen Nigeria für eine Bewandtnis hat, oder ob die ursprüngliche Funktion noch im dunkeln liegt: ich liebe diese Figur. Ihre Bedeutung für mich – für uns – kann nicht dieselbe sein wie die, die sie für den Schnitzer und für den einstigen »Konsumenten« besaß. Ihre ursprüngliche Funktion ist durch ganz andere Qualitäten gewissermaßen überrollt: durch ihre Kraft und ihren Ausdruck, durch ihre Vitalität und ihre Spiritualität. Degradiert man damit eine an ihre Inhalte und Funktionen gebundene Kunst zu purem »l'art pour l'art«? Ich meine, dieser Begriff, der einem allzuleicht von den Lippen geht, ist eine Wortfalle, in die man gedankenlos hineinstolpert. Wenn die Eigenschaften der Figur so sind, wie ich sie benannt habe, dann ist dies von Ästhetizismus weit entfernt; allerdings auch weit entfernt von dem, was zu erforschen legitime Sache der Völkerkunde ist. Mit unserer, also der europäischen Kunst ist es nicht viel anders. Das eine ist ihre direkte Wirkung, das andere ist all das, was man über sie denken, wissen, erforschen kann.

Damit ist klar, warum ich in meinem Leben nicht den akademischen Weg gegangen bin, ja schlimmer noch, warum ich schon als junger Student an der Basler Universität aus der Kunstgeschichte »ausgetreten« bin, ohne auch nur die leiseste Ahnung gehabt zu haben, welchen Weg ich schließlich gehen würde; zumal ich nichts in meinem Leben jemals prämeditiert und strategisch geplant habe. Da war keine Spur von Lebensplanung. Die Dinge kamen, wie sie kommen sollten oder kommen mußten. Und so kam es eben, daß ich nie ein »richtiger« Kunsthistoriker wurde, dafür aber mit konkreten Kunstwerken zu tun hatte.

Immerhin, wie groß in den zwölf Jahren meiner Kindheit in Göttingen der unbewußte oder halbbewußte Hunger nach Bildern auch war, so konnte er doch nur sehr begrenzt gestillt werden, denn Kunst gab es in Göttingen nicht. Da war kein Kunstmuseum. Für mich nur in Kassel, und nur ein einziges Mal: das erste Museum meines Lebens. Aber trotz Rembrandt wurde es kein großer, unvergeßlicher Eindruck: mit zehn Jahren war ich zu jung. Daher bis heute meine große Skepsis gegenüber aller Museumspädagogik, soweit sie sich an Kinder vor dem Pubertätsalter richtet, und ich vermag denen nicht zu glauben, die entgegnen werden: gerade weil es da keine Pädagogik im frühen Alter gegeben habe, sei mir Rembrandt in Kassel nicht zum Erlebnis geworden. Aber es gab anderes, das meine Phantasie außerordentlich anregte. Als ich zehn oder elf Jahre alt war, erzählte mir meine Mutter auf Spaziergängen in einer Göttinger Anlage, die vermutlich noch heute »Molkengrund« heißt, von den Heuhaufen, die Claude Monet immer wieder, bei wechselndem Tageslicht, gemalt habe. Obwohl ich die Bilder nicht zu sehen bekam, obwohl es also kein visuelles Erlebnis war, war die Faszination enorm. Immerhin, es gab Reproduktionen, wenn auch selten in Farbe und bei weitem nicht in der Fülle wie heute. Hunderte schnitt ich aus allen möglichen Publikationen aus, klebte jede auf ein Blatt Schreibmaschinenpapier und notierte auf der Rückseite den Künstlernamen mit Geburts- und Todesdatum. Oft fragte ich meine ältere und daher schon etwas gebildetere Schwester, ob der oder der Maler oder Bildhauer berühmt sei. Stimmte sie zu, dann nahm ich das Bild in meine Sammlung auf, sonst nicht. Wenn ich viel später so unvorsichtig war, dies anderen Leuten zu erzählen, konnte es geschehen, daß sie meinten, an diesem Prinzip des Handelns hätte ich beim Aufbau des Museums in Düsseldorf offenkundig festgehalten, wo ja tausendfach gesagt und geschrieben wurde, ich hätte nur arrivierten Künstlern eine Chance gegeben. Das war eine der vielen Gedankenlosigkeiten, denn die nächste Frage hätte natürlich lauten müssen, woran es denn wohl lag, daß ein Künstler »arriviert« war. Vielleicht waren seine Bilder besser als die der Nicht-Arrivierten.

Die kindliche Sammlung war mein Einstieg in die Kunstgeschichte. Ich war zehn Jahre alt, als ich sie begann. Das ist datierbar. Mein Vater hatte 1931 seine Professur in Basel angetreten und war wegen des Baus eines Hauses ein Jahr lang von der Familie getrennt, so daß ich mit Leichtigkeit in seinem Arbeitszimmer in Göttingen ausbeutbare Publikationen – zum Beispiel sämtliche Insel-Almanache – sowie das nötige Schreibmaschinenpapier klauen konnte. In Basel, wohin die Familie im Oktober 1932 übersiedelte, wuchs die Sammlung dann weiter. Sie umfaßte alle Jahrhunderte von den Ägyptern oder auch von Altamira bis zur Gegenwart, und sie umfaßte auch die Architektur. Gab es da besondere Faszinationen? Ich glaube, es war vor allem »Das Opfer Isaaks« von Rembrandt. Wahrscheinlich hatte das mit der lebensgefährlichen Szene zu tun: der Vater, der sich anschickt, seinen Sohn zu töten, und dem der Engel rettend in den Arm fällt. Oder, nicht im selben Atemzug zu nennen: immer wieder mußte ich das »Bildnis des Dichters Max Hermann-Neisse« von George Grosz anstarren. Warum? War es die skurrile Erscheinung des Buckligen? War es das jüdische Gesicht? Jedenfalls war dies das erste moderne Bild, das mich fesselte, so daß es mir bemerkenswert erscheint, daß ich mich in den langen Jahren in Düsseldorf nie entschließen konnte, ein Bild von George Grosz zu erwerben. Mag sein, daß die kindliche Faszination eine negative gewesen ist, denn das Bild stieß mich ab. Es war, vielleicht auch bei dem Rembrandt, eine Art Voyeurismus.

Dann kam zu all diesen visuellen Erfahrungen und Erlebnissen doch ein intellektueller Einstieg. Es war ein doppelter. Zunächst in Gestalt eines umfangreichen Buches mit dem Titel »Sehen und Erkennen«, dessen vierte Auflage von 1920 meine ältere Schwester geschenkt bekam. Über den Autor Paul Brandt weiß ich nichts. Ich könnte mir aber, selbst heute noch, kaum eine bessere Einführung in die Kunstgeschichte denken. Das Buch liegt vor mir, und ich bin erstaunt zu erkennen, wie nah es meiner eigenen Sicht und meiner eigenen Art, über Kunst zu sprechen, ist. Ob da etwas fortwirkt? Ich glaube es nicht, aber die geistige und sprachliche Verwandtschaft ist, wenn man zeitbedingte Abstriche macht, erstaunlich. Ich denke, daß dieses – übrigens außerordentlich reich bebilderte – Buch ins Haus kam, als ich etwa dreizehn Jahre alt war.

Um dieselbe Zeit, und das war der zweite intellektuelle Einstieg, schenkte mir ein Freund des Hauses Heinrich Wölfflins »Kunstgeschichtliche Grundbegriffe«. Ich erinnere mich nicht mit Sicherheit, ob ich damals schon das ganze Buch gelesen habe, aber mehr als einmal las ich das erste Kapitel über »Das Lineare und das Malerische«. Dieser Dualismus als unterscheidendes Merkmal von Renaissance und Barock leuchtete mir ungeheuer ein und weckte in mir ein neues Interesse: das Interesse am Begrifflichen. Aus einem erhaltenen Tagebuch erfahre ich, daß ich vormittags Wölfflin las und nachmittags ein Kinderbuch, das vom Schicksal eines Pferdes handelte. Sehr eindeutig also waren die Weichen noch nicht gestellt. Ich belauschte einmal meine

Eltern, die darüber rätselten, ob ihr Sohn, wenn es so weit war, Kunstgeschichte studieren würde oder Zoologie. Das war durchaus noch nicht deutlich. An den Wochenenden fuhr ich von dem Basler Vorort Riehen, wo wir wohnten, entweder ins Kunstmuseum oder in den zoologischen Garten. Nun, die Kunst sollte siegen, und daran hatte natürlich das Basler Museum starken Anteil.

Das Basler Museum, das waren für mich vor allem Konrad Witz und Holbein. Die großartige moderne Sammlung gab es damals noch nicht, und auch das heutige Gebäude lag noch in weiter Ferne. Bei Konrad Witz waren es für mich vor allem die Harnische, die Faltenwürfe und die mit Perlen und Edelsteinen besetzten Säume der Gewänder. Und bei Holbein war es, wie ich glaube, vor allem der tote Christus, den ich allerdings wiederum wohl mehr voyeuristisch als künstlerisch bestaunte. Böcklin? Ich kann mich an die ersten Eindrücke kaum erinnern. Immerhin war da »Das Spiel der Najaden« mit den unglaublich nackten Oberkörpern der Seejungfrauen. Auch Böcklins Gipsmasken, die in der Kunsthalle hingen – heute hängen sie im Kunsthallen-Restaurant –, beeindruckten mich, jedoch nur negativ: ich konnte sie nicht ausstehen, ebensowenig wie heute.

Wie kindlich das alles war, zeigt mir die Erinnerung an Steinskulpturen im Garten unseres Nachbarn, die ich täglich von der Straße aus mit scheuem Blick anschaute, um zu ergründen, ob es sich möglicherweise um versteinerte Menschen handelte. Sie stammten von dem Basler Kirchner-Schüler Hermann Scherer, der in Deutschland erst in den frühen neunziger Jahren zu einem gewissen Ruhm gekommen ist.

Es war gut, daß man sich in diesen frühen Jahren die Kunst, sofern man sich zu ihr hingezogen fühlte, noch selber erobern mußte. Nie besuchte man mit der Schulklasse das Museum. Kein einziges Mal! Die Museumspädagogik, die sich fast ein halbes Jahrhundert später durchsetzen sollte, gab es noch nicht. Man war auf sich selbst angewiesen. Natürlich mußte das geändert werden: diese Öffnung der Museen war unausweichlich und notwendig. Aber ich empfinde es doch als ein generationsbedingtes Privileg, daß ich mich aus eigener Kraft und Neugier im Museum und überhaupt in der Kunst zurechtfinden mußte und so meine eigenen Entdeckungen machen konnte.

Es zog mich in den frühen dreißiger Jahren in Basel nicht nur immer wieder in das Museum, sondern auch in die Ausstellungen der Kunsthalle. Ohne zu begreifen, was ich vor mir sah, fesselten mich dort

Picassos und Braques kubistische Gemälde. Wenn man gesagt hat, das Staunen stehe am Anfang aller Erkenntnis, so traf dies hier wirklich zu: am Anfang stand das Staunen. Oder es fesselte mich Chagalls großes Gemälde »Ich und das Dorf«, das ich nicht begriff mit den auf dem Kopf stehenden Häusern und der in der Luft schwebenden Kuh, und das mich dennoch nicht losließ. Daran denke ich oft zurück, wenn ich heute vor diesem großartigen Bild im Museum of Modern Art in New York stehe. Andererseits aber sollte es dauern, bis ich dasjenige, was man die moderne Kunst nennt, wirklich und ein für allemal für mich entdeckte. Es geschah relativ spät, da man eben nicht, so wie heutzutage, in jungen Jahren in Museen und Ausstellungen geführt wurde, ganz abgesehen davon, daß die »moderne Kunst« im Basler Museum erst später Einzug hielt.

Die wichtigsten Anlässe dieser Hinwendung zur Moderne waren für mich die Ausstellung »entarteter« Kunst aus deutschen Museen 1939 in Luzern, unmittelbar vor der denkwürdigen Versteigerung, und die große Paul Klee-Ausstellung 1940 in Basel, die unvorhersehbarerweise zur Gedächtnisausstellung wurde, da Klee plötzlich starb.

Ich könnte nicht sagen, in welchem Maße damals schon – ich war inzwischen zwanzig Jahre alt – das individuelle Bild für mich das letzte Wort hatte. Ganz im Gegenteil: in einem längeren Aufsatz in der Zeitschrift der Basler Studentenschaft forderte ich eine soziologische Kunstwissenschaft, die ich mir damals marxistisch vorstellte, in einer Weise, durch die das Kunstwerk als Exempel gesetzmäßiger sozialgeschichtlicher Vorgänge betrachtet wird. Zwar habe ich dagegen auch heute nichts einzuwenden, aber in meiner Museumstätigkeit vertrat ich eine gegenteilige Position, indem ich darauf bestand, die Kunstgeschichte, gleich ob soziologisch oder anders, gehöre nicht an die Museumswände, sondern zwischen zwei Buchdeckel; an die Museumswände gehöre das individuelle Kunstwerk allein aufgrund seiner individuellen Qualität.

Ich glaube nicht, daß sich in der Zeit um 1940 mein »Sehen« schon emanzipiert, mein Qualitätsurteil schon herausgebildet hatte. Es genügt eben nicht das, was einem in die Wiege gelegt wurde: eine gewisse Reife und auch eine gewisse Erfahrung muß wohl hinzukommen. So ließ mich die unvergeßliche Ausstellung der Hauptwerke des Prado in Genf 1939, während des Spanischen Bürgerkriegs, die Größe Velázquez' und Goyas noch nicht wirklich erkennen, geschweige denn, ich hätte die Tatsache anerkannt, daß El Greco ihnen beiden nicht das Wasser reichen kann. Das Wunder eines Bildes wie »Las Meninas« ist in diesem Alter wohl kaum zu erfassen. So wie ich damals Greco noch nicht ganz individuell und unabhängig zu sehen und zu beurteilen vermochte – und das hätte ja auch geheißen: jenseits der konventionellen Sicht – , so dauerte es umgekehrt Jahrzehnte, bis sich mir die Größe Caspar David Friedrichs erschloß, die mir viel zu lange durch die romantische Gefühlsweise verborgen geblieben war. Das sind, wie ich denke, legitime Prozesse im Leben eines Menschen mit der Kunst, und daher ist es töricht, jemandem vorzuhalten, er habe zu dieser oder jener Zeit diesen oder jenen Künstler verkannt, gleich ob unter- oder überschätzt. Ziel solcher Vorhaltungen bin gerade ich oft gewesen, weil ich mich stets gescheut habe, jede neue Wendung in der Kunst mitzumachen und jedem neuen »Genie«, das am Horizont erschien, zu applaudieren. Dies freilich mag mich gelegentlich gehindert haben, die Bedeutung eines Künstlers frühzeitig zu erkennen. Wenn ich sehe, wie viele Leute in der heutigen Kunstwelt, und dies seit Jahrzehnten schon, bereit sind, allen künstlerischen Innovationen ihren schnellen Segen zu erteilen – als Kritiker, als Museumsleute, als Sammler –, dann ziehe ich es vor, abzuwarten und so allerdings, wenn auch nicht allzu oft, den richtigen Augenblick zu verpassen. Was im Museum natürlich auch hieß: einen viel höheren Preis zu bezahlen. Dies jedoch war nun einmal die Folge meines Prinzips, niemals »sofort« zu kaufen, sondern mit derjenigen Distanz, die für halbwegs gültige Urteile Voraussetzung ist, denn sonst macht man es, wie einem zahllose Museen dieser Welt vorführen, falsch. Ein hartes Wort! Aber, mein Gott! wie oft in meinem Leben habe ich für solche »harten Worte« die Folgen zu tragen gehabt! Man gewöhnt sich.

Daß das individuelle Bild ins Zentrum rückte und damit die Frage der Qualität, das geschah – und wurde mir vollkommen bewußt – erst, als ich begann, die Sammlung in Düsseldorf aufzubauen. Dabei war dies keineswegs eine Idee, die am Anfang stand. Ich hatte, als ich anfing, kein Konzept. Ich fing einfach an. Schon in den allerersten Wochen war ich von unglaublichen Bildern umstellt, die mir angeboten waren, und hatte meine Wahl zu treffen, ohne Rücksicht auf bereits vorhandene Bilder, denn da war zunächst nichts außer einer großen Zahl von Bildern und Zeichnungen von Paul Klee, die die Landesregierung zwei Jahre zuvor erworben hatte. Ich konnte bei Null beginnen.

Damit war der Grad meiner Beeindruckung der einzige Maßstab bei der Entscheidung über Ankauf oder Nicht-Ankauf eines Werkes. Subjektive Entscheidungen also? Gewiß! Wer sonst als das Subjekt kann Entscheidungen fällen? Aber immerhin kann ein solches subjektives Urteil zu gültigen Ergebnissen führen, auch wenn der Irrtum nie ganz ausgeschlossen bleibt. Kauft man hingegen dezidiert und vielleicht ausschließlich zeitgenössisch, dann riskiert man, den Irrtum zum Prinzip des Sammelns zu machen, was sich definitiv freilich erst später herausstellt. Im übrigen bereitete es mir in den sechziger und siebziger Jahren wirklich viel mehr Spaß, die großen Maler des Jahrhunderts zu sammeln. Kein anderes Museum war in diesen frühen Jahren in der Lage, auf dieser Ebene zu kaufen. Hätte ich der einzigartigen Chance widerstehen und mich statt dessen jüngerer Kunst zuwenden sollen? Ich denke, die Bilder, die gekauft wurden, haben mir recht gegeben, denn hätte ich sie damals nicht gekauft, dann wären sie heute nicht da, und die meisten von ihnen wären für alle Zeiten unerreichbar. Immerhin ist auch dies zu bedenken: viele, sehr viele Werke dieser »Klassiker« des Jahrhunderts habe ich zurückgewiesen, weil sie mich nicht eroberten. Noch einmal: das klingt empörend subjektiv, aber anders geht es nicht.

Dies alles macht übrigens auch verständlich, warum ich mich nie als Sammler gefühlt habe. Sammeln hat in gewissem Maße auch mit Quantität zu tun. Und es hat zu tun mit Besitzgier. Beides lag mir fern. Der Ehrgeiz der großen Zahl war und ist mir vollkommen fremd. Ich empfand es im Gegenteil als außerordentlich genugtuend, in fast dreißig Jahren weniger als zweihundert Bilder gekauft zu haben, und dies immerhin mit den exorbitanten Mitteln, über die ich verfügte. Den typischen Sammeltrieb habe ich, wenn ich von der Briefmarkensammlung der Kindheit absehe, erst sehr spät, in den frühen achtziger Jahren, kennengelernt, als ich anfing, privat afrikanische Kunst zu sammeln. Eine Kunst, die ich seit Jahrzehnten liebte und über die ich 1953 ein größeres Buch publiziert hatte. Nur in diesem Bereich lernte ich zu meiner eigenen Überraschung, was es heißt, etwas besitzen zu wollen, und nur hier konnte ich etwas sein, was ich sonst nie gekannt habe: neidisch auf andere, die etwas besaßen. Nein, ich war in meinem Museum kein Sammler, sondern lediglich einer, der dann und wann – und immer seltener – mit großer Passion ein Bild kaufte.

Ich befand mich durchaus, wie ich selber fand, in einer beneidenswerten Situation. Ich konnte frei schalten und walten. Niemand konnte mich hindern zu kaufen, was ich kaufen wollte, im Rahmen – natürlich! – der Mittel, die vom Land Nordrhein-Westfalen bewilligt wurden. Diese Mittel waren enorm. Zwei Millionen im Jahr waren für die damalige Zeit gewaltig, viel mehr, als irgendein anderes Museum in den sechziger Jahren zur Verfügung hatte. Vor allem aber war es natürlich unvergleichlich viel mehr als zwei Millionen heute. Zwar empfand man schon damals die Preise für Kunst als ungeheuer hoch und konnte sich eine weitere Steigerung kaum vorstellen, aber in unseren heutigen Ohren klingen sie bescheiden. Wenn man sich ansieht, was alles in den ersten Jahren seit Herbst 1962 in diesem Museum gekauft wurde, vermag man es kaum zu glauben. Aber unglaublich erschien es auch damals. Heute staune ich, wenn ich daran denke, mit welcher Selbstverständlichkeit ich mich als der »Krösus« der Kunst in der Welt bewegte. Merkwürdigerweise hat es mich damals gar nicht besonders berührt, ich genoß es lediglich, in der Lage zu sein, dieses oder jenes herrliche Bild zu kaufen. Auf andere Menschen muß es viel stärker gewirkt haben. Ich konnte dies viele Jahre später nachvollziehen, als vieles nun auch für mich nicht mehr erreichbar war und mich eines Tages der Direktor des Museums von Canberra, Australien, besuchte, James Mollison, der inzwischen seinerseits der »Krösus« der Museumswelt geworden war und ähnlich »elitär« – sprich: extraordinär – zu sammeln beabsichtigte wie ich. Als er zur Tür meines Büros hereinkam, hatte ich ein Gefühl, wie es früher wohl viele gehabt hatten, wenn ich derjenige war, der zur Tür hereinkam. Was allerdings das Museum in Canberra betrifft, so scheint es, daß man das radikale Prinzip nicht lange durchgehalten hat.

Daß ich in meinen künstlerischen Entscheidungen frei war, hat immer großes Staunen erregt. Tatsächlich konnte mir niemand »reinreden«, auch die Politiker nicht. Mit meiner Person hatte dies zunächst nichts zu tun. Aufgrund der Satzung der ohne mein Zutun vom Land gegründeten »Stiftung Kunstsammlung Nordrhein-Westfalen« lagen die künstlerischen Entscheidungen allein und ausschließlich beim Stiftungsvorstand. Dieser Vorstand bestand aus einer einzigen Person und war identisch mit dem Direktor: ein höchst autokratisches und also anfechtbares System. Allenfalls ich selbst hätte mir Ankäufe untersagen können: der Vorstand dem Direktor und damit ich selbst mir selbst. Immerhin hatte man zur Begrenzung allzu großer Machtherrlichkeit einen demokratischen, und sei es nur scheindemokratischen, Riegel vorgeschoben, nämlich in Gestalt einer dreiköpfigen Ankaufskommission mit lediglich beratender Funktion, die sich nicht politisch, sondern aus Sammlern oder Kunstfreunden zusammensetzte. Durch einen Trick gelang es mir zu Beginn, die Zusammensetzung der Kommission selbst zu bestimmen. Eigentlich hätte die Wahl durch das Kuratorium der Stiftung erfolgen müssen, dessen erste Sitzung sich jedoch um Monate verzögerte, da der Landtag seine Vertreter im Kuratorium noch nicht benannt hatte. Um in Aktion zu treten, bat ich den Vorsitzenden des Kuratoriums, den damaligen Ministerpräsidenten Dr. Franz Meyers – den eigentlichen Gründer des Museums –, mir zu erlauben, eine provisorische Kommission zu bilden. Diese von mir ausgewählte Dreierkommission war so »hochkarätig« besetzt, daß das Kuratorium später gar nicht anders konnte, als die Wahl der drei Herren zu sanktionieren. Mir war klar, daß es für das Museum schlecht wäre, Mitglieder in der Kommission zu haben, die möglicherweise meinen Entscheidungen nicht zustimmen würden: ich brauchte »Ja-Sager«, nicht aus Bequemlichkeit, sondern weil es anders gar nicht gegangen wäre. Künstlerische Entscheidungen können meiner festen Überzeugung nach nur persönliche Entscheidungen sein. Kommissionsentscheidungen in der Kunst sind absurd. Aber wo bleibt da die Demokratie? Ich war der Meinung, durch meine Wahl zum Leiter des Museums ein demokratisches Mandat zu haben, das ich, nachdem es mir erteilt worden war, in persönlicher Verantwortung wahrzunehmen hatte. Damit »brauchte« ich in der Ankaufskommission Mitglieder, die meine Vorstellungen unterstützten, unter Umständen sogar, in konkreten Fällen, gegen ihre eigenen Vorstellungen. In späteren Jahren pflegte ich, wenn ein neues Mitglied zu gewinnen war, dem Betreffenden sogleich zu erklären, daß er mir in seinem eigenen Leben so souverän zu sein scheine, daß es ihm nichts ausmachen dürfte, jedem meiner Ankäufe zuzustimmen. Das hat jahrzehntelang »geklappt«, selbst als ich einen Mann in die Kommission bat, gegen den ich bald danach in größter Öffentlichkeit eine drei Jahre andauernde Fehde führen mußte, nämlich Peter Ludwig. Auch er hat, manchmal wohl widerstrebend, das »diktatorische« System respektiert und sich niemals einem Ankaufsvorhaben widersetzt.

Noch einmal: ich hatte, als ich zu sammeln anfing, kein Konzept. Ich fing einfach an. Fest stand allein – obgleich auch dies kein Auftrag war: es gab keinen! –, daß es eine Sammlung von Kunst des zwanzigsten Jahrhunderts werden sollte, geschichtlich also diesseits der ersten nachimpressionistischen Generation, deren große Figuren wie Seurat, Gauguin, van Gogh, Toulouse-Lautrec, Munch, Ensor in herausragenden Werken ohnehin kaum noch erreichbar waren. Im Grunde war es ganz natürlich, mit der Generation derjenigen Künstler zu beginnen, die um das Jahr 1900 jung waren, und das waren die Fauves, die Kubisten und die Expressionisten. Und es war schließlich auch die Generation Paul Klees, der ja mit vielen Werken bereits präsent war. Wenn dies der Beginn des Sammelprogramms war, so war es doch nicht der Beginn des Sammelns, denn man kann ja nicht der geschichtlichen Abfolge entlang sammeln, sondern muß die Feste feiern, wie sie fallen, und das heißt: zugreifen konnte ich immer nur dann, wenn ein »richtiges« Werk, aus welcher Zeit auch immer, in meine Reichweite gelangte. Bei den Fauves zum Beispiel mußte ich drei Jahre warten, erst da kam ein herrliches Bild von Derain, und bei einem fauvistischen Matisse dauerte es fast drei Jahrzehnte. Und manches kam zu meinem Leidwesen nie.

Noch etwas anderes spielte sich in den ersten Wochen ab: der Verzicht auf Plastik. Da sich im internationalen Kunsthandel sehr schnell herumsprach, daß da ein neues Museum mit großen finanziellen Mitteln entstanden war, wurden mir nicht nur fabelhafte Gemälde, sondern auch Skulpturen von hohem Rang angeboten. In den ersten Wochen stand in meinem Büro ein großer Marmor-Fisch von Brancusi. Außerdem waren die vier unvergleichlichen bronzenen Rückenakt-Reliefs von Matisse angeboten. Und manches andere mehr. Im übrigen: herrliche Bilder. So fühlte ich mich von Angeboten bedrängt, bis ich mich plötzlich entschloß, auf Plastik ganz zu verzichten, vielleicht nicht ein für allemal, aber zunächst doch für längere Zeit. Und dabei blieb es bis zuletzt.

Man hat mich oft gefragt, warum ich die Plastik so stiefmütterlich behandelt habe. Der Grund für diese Beschränkung lag in der Beschränkung selbst. Da sich auch mit den sehr beträchtlichen Mitteln, über die ich verfügte, nicht alles kaufen ließ, schien es mir besser zu sein, eine Sache ganz zu machen anstatt zwei Sachen halb. Schon im November 1965 nannte ich im Kuratorium den Tag X der Eröffnung eines irgendwann fälligen Museumsneubaus – worauf ich dann allerdings mehr als zwanzig Jahre warten mußte – als Stichtag für den Beginn von Plastikkäufen und fügte hinzu: »Zu jeder Form gehört grundsätzlich auch Verzicht, und dies gilt auch für die schon jetzt beachtliche

Form der Sammlung. Natürlich wäre der Verzicht auf Plastik nicht der Rede wert, wenn er nicht schmerzlich wäre: nur deshalb *ist es* ein Verzicht.« Verständlich, daß sich im Lauf der Zeit die Meinung verbreitete, ich hätte mit Plastik »nichts am Hut«, was selbstverständlich ein großer Unsinn war. Ich erinnere mich, wie ich in einer Beiratssitzung von meinem Freund, dem Bildhauer Norbert Kricke, angegriffen wurde: von Plastik verstünde ich ja nichts. Richtig ist, daß ich in unserem Jahrhundert nur ganz wenige große Bildhauer sehe, von denen überdies einige wie Matisse und Picasso, aber auch Giacometti, Maler waren. Ein Jahrhundert der Plastik ist dies wahrlich nicht, auch wenn manche Leute das Gegenteil behaupten. Mein Verzicht wurde im übrigen dadurch erleichtert, daß es in nächster Nähe ein Museum gab, das sich auf Plastik spezialisierte, nämlich das Wilhelm Lehmbruck Museum in Duisburg. Das benutzte ich nach außen gern als Alibi, wenngleich ich auch ohne dieses Alibi nicht anders gehandelt hätte.

Nachdem ich das Museum 1990 verlassen hatte, träumte ich davon, ein großes Buch über die Plastik der Welt zu veröffentlichen, so etwas wie ein »Musée imaginaire de la sculpture«. Die Auswahl der Objekte sollte eine absolut persönliche, zugleich aber gültige sein, wobei sich das Subjektive allenfalls in denjenigen Künstlern zeigen mochte, die nicht aufgenommen wurden, also etwa – vielleicht – Michelangelo, dem nie meine Liebe gegolten hat. Statt dessen aber: die Frühkulturen der Menschheit! Ganz subjektiv also und dennoch so gültig wie möglich. Im Grunde kaum anders, als ich die Sammlung aufgebaut hatte, in der ich eine persönliche Handschrift eher in den Künstlern, die nicht gekauft wurden, als in denen, die gekauft wurden, akzeptierte. Das Skulpturenbuch bleibt ein großer, kaum je erfüllbarer Traum.

In den langen Monaten, in denen ich vor meinem Amtsantritt mit dem Land verhandelte, hatte das Kultusministerium bereits eine Menge Geld ausgegeben, und zwar für vierundzwanzig Bilder, die ich vorfand, als ich nach Düsseldorf kam. Diese vierundzwanzig Bilder paßten mir nicht, obwohl darunter auch Werke namhafter Künstler wie Christian Rohlfs, August Macke, Heinrich Campendonck und Max Ernst waren. Man hatte sie erworben in der Erwartung, es werde eine Staatsgalerie für Kunst aus Nordrhein-Westfalen aufgebaut. Mein Horizont war von Anfang an international. Nichts lag mir ferner, als ein Regionalmuseum aufbauen zu wollen. Vor allem aber hielten die

Bilder allesamt meinen Qualitätsvorstellungen nicht stand. Sie wurden dann schließlich von der Landesregierung als Dauerleihgaben auf verschiedene Museen im Lande verteilt, die dadurch in ihrer Empörung über das neue, »neureiche« Museum in Düsseldorf besänftigt wurden. Und besänftigt wurden sie nicht nur durch diese einmalige Leihaktion, sondern vor allem auch durch den Beschluß der Landesregierung, denselben Betrag, den sie alljährlich für die Sammlung des Landes bereitstellte, auch den Museen im Lande insgesamt, nach einem bestimmten Verteilungsschlüssel, zukommen zu lassen. So hatte die Museumsgründung immerhin zur Folge, daß die Museen rundherum zum erstenmal in den Genuß von Landesmitteln kamen und dadurch in die Lage versetzt wurden, dann und wann sehr bedeutende Kunstwerke zu erwerben.

Als schnell deutlich wurde, was meine sammlerische Linie war, kam es in der Öffentlichkeit zu Vorwürfen, die jahrelang tausendfach wiederholt wurden. Dem Staat warf man vor, mit der neuen Staatsgalerie einem völlig anachronistischen Repräsentations- und Prestigebedürfnis zu frönen. Es mag ja sein, daß derartiges bei manchen Politikern eine Rolle spielte, aber immerhin war die Frage legitim, warum das größte Bundesland, nämlich Nordrhein-Westfalen, in seiner Hauptstadt nicht eine Staatsgalerie haben sollte, so wie andere Länder der Bundesrepublik auch. Für mich selbst war das natürlich vollkommen unwichtig, und wenn ich immer wieder von meinen »Prestigekäufen« las, dann sagte ich mir: ja, so kann man das sehen, wenn man keine Augen im Kopf hat. Ein anderer Vorwurf lautete, der Staat wolle mit der Staatsgalerie künstlich ein – nicht minder anachronistisches – Staatsbewußtsein erzeugen, das es in diesem künstlichen, von den Alliierten nach 1945 erzwungenen Staatsgebilde nie gegeben habe. Und dann kam wenige Jahre nach der Museumsgründung das ominöse Jahr 1968. Es war ganz natürlich, daß in dieser Atmosphäre dauernd die »elitäre« Sammlung attackiert wurde, ebenso wie die »autoritären« Entscheidungen des Direktors. Das Qualitätsprinzip, das hier so rigoros ins Zentrum gerückt wurde, wurde ja damals allgemein in Frage gestellt, da man auch dahinter autoritäre Strukturen witterte. All diese Schreckbegriffe verband man mit meiner Person. Ich erinnere mich an einen Fernsehauftritt, bei dem ich meinem aggressiv fragenden Gesprächspartner erklärte, selbstverständlich müsse ein Museum so elitär wie möglich sein, indem es eine Elite von Kunstwerken sammele; aber genauso selbstverständlich müsse das Museum in seinem Verhalten nach außen, also der Allgemeinheit gegenüber, so unelitär wie möglich sein. Der zweite Teil meines Statements wurde perfiderweise unterdrückt, so daß ich mich mit meinen eigenen Worten in die »reaktionäre« Ecke gestellt sah, genau dorthin, wo man mich sehen wollte. Dies alles wurde unterstrichen durch die Kronleuchter in dem fürstlichen Schlößchen, in dem die Sammlung hausen mußte, und natürlich auch durch meinen spektakulären Austritt aus der Documenta im selben Jahr 1968, mit dem ich mich selbst aus der ewigen Progressivitäts-Spirale herauskatapultierte. Jahrelang wurde ich in den Medien – nicht nur, aber auch – mißhandelt, was mich zu meinem Glück nie gestört hat, denn mir war klar, daß dies der Preis für meine dezidierte Haltung war. Immerhin kam es in den unruhigen Jahren nie zu einem Museums-Sit-in, wie man das damals nannte. Der Hofgarten, an dessen Ende das Schlösschen lag, bildete eine Art cordon sanitaire gegenüber der großen Unruhe, deren Zentrum die Kunsthalle am Grabbeplatz mit ihren häufigen Eröffnungen und sonstigen Veranstaltungen war. Das Schloß Jägerhof lag den »Revoluzzern« zu meiner Beruhigung etwas zu weit: zehn Minuten zu Fuß.

1960, also noch vor meiner Zeit, erwarb das Land Nordrhein-Westfalen über die Galerie Beyeler in Basel achtundachtzig Bilder und Zeichnungen von Paul Klee aus der Sammlung des Industriellen G. David Thompson in Pittsburgh. Die Bilder wurden im Schloß Jägerhof ausgestellt, bevor ein Jahr danach die Gründung der »Stiftung Kunstsammlung Nordrhein-Westfalen« erfolgte. Am Anfang also stand Klee. Ich würde auch sagen, daß er als einer der großen Maler des Jahrhunderts den Maßstab für alles Weitere setzte, wäre es nicht so, daß ich selbst, gewissermaßen von Natur, ohnehin zu diesem Maßstab verurteilt war: nichts anderes als Qualität konnte mein Gesichtspunkt sein, nicht weil ich es so gewollt hätte, sondern weil mir gar keine andere Wahl blieb. Das war kein Konzept, es war der Rahmen, den ich nicht verlassen konnte, trotz der gelegentlichen Irrtümer, die offenbar unvermeidbar waren. So etwas wie ein Konzept wurde daraus erst post festum, denn zu Beginn machte ich mir keinerlei Gedanken: da wollte ich einfach Bilder kaufen, um die ich nicht herumkam.

Qualität: ich habe mich nicht gefragt, was das denn sei, da es sich durch die Bilder »von selbst« beantwortete. Wie oft mußte ich hören, das Qualitätsurteil könne ja schließlich doch nur subjektiv sein. Gewiß, ein objektives Qualitätsurteil gibt es nicht, und zwar glücklicherweise nicht, da man sonst ja nicht zu einer Beurteilung herausgefordert würde. Mir war der Herausforderungscharakter der Kunst lebenswichtig. Immer wieder mußte diese Diskussion geführt werden, auch heute noch. Mir selbst haben sich diese Fragen nie gestellt, aber ich wurde wieder und wieder von außen in sie hineingezwungen. Nach sechs Jahren dachte ich mir, endlich einmal Rechenschaft ablegen zu sollen über die Prämissen meines Tuns. Das geschah in einer Rede vor den »Zürcher Kunstfreunden« mit dem Titel »Über den verteufelten Begriff der Qualität«. Die Rede habe ich seither immer wieder einmal, in jeweils leicht aktualisierter Form, gehalten.

Die Frage der Qualität also stand im Zentrum, ganz und gar und ausschließlich, und damit unabwendbar: mein Auge als alleinige Instanz. Ich kann daher verstehen, daß man oft – und keineswegs nur kritisch – angemerkt hat, ich hätte die Sammlung wie ein Privatsammler aufgebaut. Das trifft nicht zu. Als Privatsammler hätte ich vieles von dem, was in der Sammlung zu sehen ist, nicht gekauft. Die Sammlung hat zweifellos viel mit meiner Person und dennoch wenig mit persönlichen Vorlieben und persönlichem »Geschmack« zu tun, auch wenn sie von all dem natürlich nicht frei ist. Über diesen scheinbaren Widerspruch möge der Leser – und besser noch: der Besucher der Sammlung – nachdenken.

Kunst vor 1945

Braque

1962

Als ich im Oktober 1962 nach Düsseldorf kam und mit dem Aufbau der Sammlung begann, bedrängten mich schon in den ersten Wochen und Monaten Angebote hohen Ranges. Eine Auswahl mußte getroffen werden. Unter diesen allerersten Angeboten befand sich ein großer kubistischer Braque von 1912. Er hatte einst dem in Paris lebenden Basler Sammler Raoul LaRoche gehört, der eine der bedeutendsten Sammlungen kubistischer Kunst in seinem Besitz hatte. Eine ganze Reihe der Bilder im Basler Kunstmuseum – von Picasso, Braque, Gris, Léger – stammen von ihm. In Basel wurden sie gestiftet, in Düsseldorf mußten sie gekauft werden. Das Bild kostete 900.000 Schweizer Franken. Ein Traumpreis, wenn man bedenkt, was das Bild zwanzig Jahre später gekostet hätte, doch auch für damals war es eine stolze Summe.

Ich muß, wenn ich das sage, ein vielfach gehörtes Lob von mir weisen: ich hätte durch meine Käufe dem Land sehr viel Finanzkraft gebracht. Das trifft zwar zu, ist aber kein besonderes Verdienst, denn alles wurde bekanntlich teurer und teurer, besonders die teuersten Künstler. Dieses Bild jedenfalls blieb bis heute eine der wundervollsten Erwerbungen meiner ganzen »Ära«.

Wirkte bei dem Ankauf möglicherweise eine sehr weit zurückliegende Erfahrung nach? Im April 1933 zeigte der Basler Kunstverein eine Braque-Ausstellung. Ich war zwölf Jahre alt, und alles war für mich neu. Ich erinnere mich lebhaft, wie ich vor Bildern dieser Art stand, nichts begreifend, aber auf eine geheimnisvolle Weise gefangen. Vergeblich versuchte ich mit meinen ungeschulten Augen, die Bilder zu enträtseln. Aber sie ließen mich nicht los: irgendeine Saite in mir war wohl berührt worden. Es könnte sein, daß damals, ohne daß ich es

1962 hätte ahnen können, die Basis gelegt wurde für eine große, lebenslange Liebe. Der Kubismus sollte in meinem Leben eine zentrale Stelle einnehmen: der Kubismus – nicht der Expressionismus. Die Weichen wurden früh gestellt.

Das Bild von Braque kam von einem der großen Kunsthändler unserer Tage, Ernst Beyeler in Basel, der heute, mehr als dreißig Jahre später, auch als Sammler Weltruf genießt. Sein künstlerisches Denken, oder besser: sein künstlerisches Sehen empfand ich immer als meinem

Georges Braque
Nature morte,
harpe et violon, 1912
116 × 81 cm

eigenen sehr verwandt. Ich hatte ihn schon während des Krieges in meiner Basler Zeit gekannt, als er in einem dortigen Kunstantiquariat arbeitete. Bald nach dem Krieg begann dann der Aufstieg seiner Galerie, der immer atemberaubender wurde. Einer der ersten ganz großen Schritte auf diesem Weg war 1960 der Verkauf der Klee-Sammlung nach Düsseldorf.

Meine Freude über den Ankauf des Bildes ist bis heute mit einem großen Kummer verbunden. Wie man weiß, arbeiteten zur Entstehungszeit des Bildes Braque und Picasso in größter stilistischer Nähe. Die Nähe war so groß, daß es zuweilen nicht leicht ist, ihre Bilder dem einen oder dem anderen zuzuordnen. Ich hatte immer die Hoffnung, aus der gleichen Phase des Kubismus auch einen Picasso zu kaufen, nicht etwa aus kunsthistorischen Gründen, sondern weil es da eben die herrlichsten Bilder gab. 1965 wurde mir ein solcher Picasso angeboten, ein »Homme à la pipe« in ovalem Format. Ich hätte ihn kaufen können, das Geld, eine runde Million Mark, war vorhanden. Das war damals

eine ungeheure Summe für ein Kunstwerk. Leider hatte ich erst zwei 1962
Wochen zuvor zum ersten Mal diese Schallmauer durchstoßen, und zwar mit einer der großen »Kompositionen« von Kandinsky, die übrigens aus demselben Jahr 1911 wie der ovale Picasso stammte. Diese finanzielle Grenze zu überschreiten war ein sehr schwerer Entschluß, was man heute kaum noch nachvollziehen kann. Und da kam nun, zwei Wochen nach dem Kandinsky, dieser Picasso und stand vor meinen Augen in meinem Büro, und ich hatte ganz einfach nicht den »Nerv«, nach so kurzer Zeit schon wieder eine solche Summe hinzulegen. Das wunderbare Bild ging an das Kimbell Art Museum in Fort Worth in Texas, wo ich es später mehrfach mit gemischten Gefühlen – begeistert und traurig – wiedergesehen habe. Auf der Liste der Fehler, die ich gemacht habe, war dies der größte.

Die Scharte wurde zwanzig Jahre später ausgewetzt, aber leider nur temporär, indem Ernst Beyeler uns zur Eröffnung des Neubaus der Kunstsammlung Nordrhein-Westfalen ein außerordentlich schönes, großformatiges Bild von Picasso aus dem Jahr 1911 als Dauerleihgabe zur Verfügung stellte. Es hing jahrelang an der Kubismus-Wand, bevor es eines Tages wieder zu Beyeler zurückging, unter Hinterlassung einer sehr schmerzlichen Lücke. Während ich es doch grundsätzlich immer ablehnte, in der Sammlung Lücken zu sehen oder schließen zu wollen: hier war eine entstanden, und sie besteht bis heute.

Es war in diesen ersten Monaten und Jahren ungeheuer begeisternd, Bilder – ob sie gekauft wurden oder nicht – im Schloß Jägerhof zu haben. Oft fuhr ich spät nachts mit meiner Frau oder mit Freunden in die Stadt, um mich gemeinsam mit ihnen dem Genuß der neu angekommenen Bilder hinzugeben. Ich empfand diesen intimen Umgang mit den Werken der großen Maler als ein ganz unerhörtes Privileg, und genauso erging es auch den anderen. Im Lauf der Jahre blieben diese nächtlichen Exkursionen ein großes Vergnügen, aber sie wurden geläufiger, seltener und weniger aufregend.

Noch im selben Jahr 1962 kaufte ich einen anderen großformatigen Braque aus dem Jahr 1930. Das Bild stammte, so wie die Klee-Sammlung, aus dem Besitz von David Thompson, dessen ganze Sammlung in den Besitz der Galerie Beyeler übergegangen war. Es besaß gewiß nicht denselben Rang wie dasjenige von 1912, aber es war doch und ist noch immer ein sehr schöner Braque. Viele Jahre später besuchte mich

1962 einmal ein ausländischer Sammler, der, als er mit mir vor dem Bild stand, einen erstaunlichen Ausspruch tat. »Ein wunderbarer Braque«, sagte er und dann, nach einer Pause: »für Köln«. Damit wollte er zum Ausdruck bringen, daß das Bild der Sammlung in Düsseldorf nicht ganz würdig sei.

Georges Braque
Nature morte au compotier, bouteille et mandoline, 1930
116 × 90 cm

Immer wieder habe ich in meinen Museumsjahren erklärt, ich sei nicht an Strömungen und Tendenzen, sondern nur an individuellen Bildern interessiert. So meinte ich es immer, aber selbstverständlich hatte ich die Geschichte der Kunst in unserem Jahrhundert zwar nicht im Visier, aber doch stets im »Hinterkopf«; und wenn ich mich auch zu Ankäufen nur wegen der Qualität entschloß, so doch gelegentlich zugleich, weil ein Bild einen bestimmten geschichtlichen Platz einnahm. Das eine mußte nicht auf Kosten des anderen geschehen. So kamen zwei Fauves-Bilder von Braque und – später – von Derain ins Haus, die fortan den historischen Beginn der Sammlung bildeten.

Der Braque war eine kleine, juwelhafte Landschaft von 1907, die ich 1965 bei einem Sammler in Paris erwarb. Der Düsseldorfer Kunsthändler Grosshennig hatte mich darauf aufmerksam gemacht. Ich war zu jener Zeit der Meinung, die schönsten Bilder von Braque aus der Fauves-Zeit seien die sehr kleinformatigen. Wahrscheinlich trifft dies zu, obgleich ich dann und wann auch größere Formate von gleichem Rang gesehen habe. Mit diesem kleinen Bild war ich damals und blieb ich bis zuletzt sehr glücklich.

1964 hielt ich mich zwei oder drei Wochen in New York auf in der 1962
Erwartung, in Anbetracht des gewaltigen Geldes, das mir dank einer Riesenspende des Westdeutschen Rundfunks in den Schoß gefallen war, aufregenden Bildern zu begegnen. Damals veranstalteten vier Galerien zu Ehren des im Vorjahr verstorbenen Georges Braque Ausstellungen, die lediglich als eine Hommage an den Künstler gedacht waren, also ohne kommerziellen Zweck, wenngleich wohl kaum ohne kommerzielle Hintergedanken. Jede Galerie konzentrierte sich auf einen bestimmten Zeitabschnitt der Kunst Georges Braques. Die Galerie Knoedler zeigte die Spätzeit, in der ja, nach den Jahrzehnten einer gewissen Verbürgerlichung, noch einmal einige sehr eindrucksvolle Bilder entstanden waren, vor allem die Reihe der Atelier-Bilder. Da alles aus privaten Sammlungen kam, sah ich mir die Ausstellung ohne jeden Gedanken an einen Ankauf an. Als ich dann aber beim Chef des Hauses Knoedler saß, sagte ich ihm, da hänge an der Wand direkt hinter meinem Rücken, aber ein Stockwerk tiefer, ein hinreißendes Bild. Es sei das einzige, von dem ich in diesen Tagen in New York träumte. Herr Balay überlegte einen Augenblick und sagte: »Sie meinen ›Atelier II‹?« »Richtig«, sagte ich, »Atelier II«. Auch jetzt dachte ich nicht an einen Kauf, da ich ja wußte, daß es nichts zu kaufen gab. Mein Gesprächspartner aber meinte, vielleicht lasse sich etwas machen, und erst da wurde ich unruhig. Er erklärte mir, das Bild gehöre dem in der französischen Schweiz lebenden griechischen Reeder Georges Embiricos, der möglicherweise bereit sein werde, sich davon zu trennen. In Hochstimmung verließ ich die Galerie und ein paar Tage später New York, und

Georges Braque
Paysage de la Ciotat, 1907
38 × 46 cm

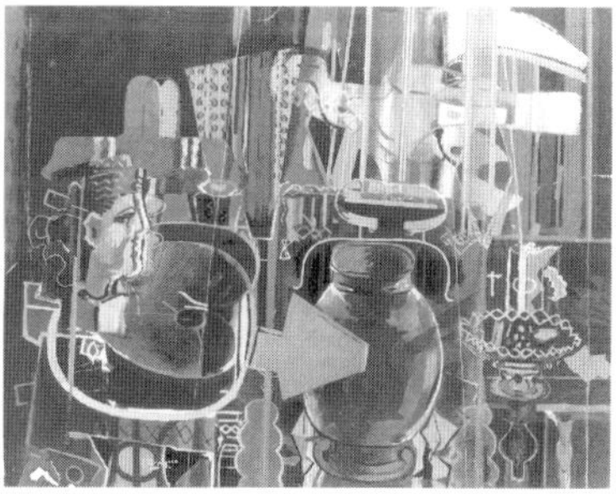

Georges Braque
L' atelier II, 1949
131 × 162,5 cm

1962 dann kam der ersehnte Anruf: der Sammler sei bereit, sich von dem Bild zu trennen, und zwar zum Preis von 950.000 DM.

Auch heute noch glaube ich, daß dies eines der großartigsten Bilder in der Reihe der »Ateliers« ist, vielleicht sogar das schönste. Es war ein wirklicher Glücksfall, daß ich bei meinem Besuch in der Galerie überhaupt davon geredet hatte. Wie leicht hätte es sein können, daß ich dem Leiter der Galerie meine Aufwartung nicht gemacht hätte. Wie leicht hätte es sein können, daß er abwesend war. Und wie leicht hätte es sein können, daß ich ihm von meiner Begeisterung nichts gesagt hätte.

Léger

Um es noch einmal zu betonen: mir ging es, wenn ich ein kubistisches Gemälde erwarb, nicht um den Kubismus, sondern um eben dieses Gemälde. So kam ein Bild aus der Serie der »Contrastes de formes« von Fernand Léger in die Sammlung, die in diesen ersten Monaten und Jahren natürlich noch nicht wie eine Sammlung aussah. Wieder kaufte ich es in der Galerie Beyeler in Basel, als hätte ich bei ihr – oder sie bei mir – ein Abonnement. Das Bild wirkte so frisch wie am ersten Tag, so daß mich flüchtig die Sorge streifte, es könne möglicherweise eine sehr gut gemachte Fälschung sein. Beyeler sagte mir, es sei jahrzehntelang unter Verschluß aufbewahrt worden. Ich habe mir das Bild sehr genau angesehen und konnte an seiner Echtheit schlechterdings nicht zweifeln: da war alles makellos.

Léger war und blieb für mich eine besonders große Liebe, was dazu führte, daß ich viele Jahre später, 1977, ein größeres Buch über ihn veröffentlichte. Es erschien im Verlag DuMont, unter der wunderbaren Ägide von Karl Gutbrod, mit dem mich seit langem eine herzliche Freundschaft verband. Er hatte mich einige Zeit vorher gefragt, ob ich daran interessiert sei, einen Band in der Reihe »DuMonts Bibliothek großer Maler« zu schreiben, und ihm, wenn ja, einen Vorschlag machen wolle. Ich schlug »stante pede« zwei Künstler vor, Georges Seurat und Fernand Léger, und es wurde Léger.

Léger war, nicht nur als Künstler, eine großartige Figur. Ich bin ihm leider nur ein einziges Mal begegnet. Das war 1952, als seine Ausstellung in der Kunsthalle Bern eröffnet wurde, deren damaliger Leiter Arnold Rüdlinger, genannt »Noldi« – er war einer der Besten in jener

Zeit – dem Künstler freundschaftlich verbunden war. Wir gingen gemeinsam mit Léger durch die große Ausstellung, mehr betrachtend als redend. Die starke Präsenz des Künstlers war herrlich: seine Einfachheit, seine Klarheit, seine Glaubwürdigkeit, seine innere Kraft. Man hätte ihm den Beruf seines Vaters zugetraut, der ein normannischer Viehzüchter gewesen war.

Es ist ja durchaus fraglich, ob es gut ist, wenn man als Leiter eines Museums mit den Künstlern persönliche Kontakte pflegt. Einerseits ist es im allgemeinen schön, die Künstler zu kennen. Andererseits aber kann die eigene Unbestechlichkeit in Gefahr geraten, indem man das

Fernand Léger
Contraste de formes, 1913
80,7 × 65,2 cm

Vergnügen, das einem der Künstler bereitet, auf seine Kunst überträgt. Man muß bei der Wahl der Objekte vollkommen frei sein. Sogar für einen Künstler wie Picasso galt dies, da die Gefahr bestehen konnte, daß man unter dem Eindruck der Person ein Bild aus der Spätzeit erwarb. Dennoch gehört die Bekanntschaft mit großen Künstlern dieser Zeit – und manche wurden zu Freunden – zu den Beglückungen, die einem das Amt beschert. Vor allem im Bereich der aktuellen Kunst sollte man Künstlerkontakte nicht allzu bereitwillig pflegen, denn da am meisten riskiert man, aus purer menschlicher Sympathie zu Fehlentscheidungen verführt zu werden, was auch mir, wie ich gestehe, gelegentlich, wenngleich sehr selten, passiert ist.

Léger starb 1955. Wie gern hätte ich ihm die Légers gezeigt, die ich in Düsseldorf im Lauf der Jahre erwerben konnte. Schon in Hannover hatte ich ihn verpaßt, wo ihn mein Vorgänger Alfred Hentzen in der

1962 Kestner-Gesellschaft ausgestellt hatte. Als ich im Oktober 1955 dort ankam, war Léger kurz zuvor gestorben. Einige Zeit vorher hatte er Hannover besucht, um das große Fußballstadion zu besichtigen, da man ihn zu einem Wandbild über dem Eingang animieren wollte. Die Stadtväter waren von seinem Entwurf nicht entzückt und beauftragten statt dessen, in Verkennung aller Maßstäbe, den Maler Eduard Bargheer, dessen Qualitäten sich allein in seinen Aquarellen zeigen, womit er für ein Wandbild nicht unbedingt prädestiniert war. Das für Hannover vorgesehene Mosaik wurde dann, Jahre nach Légers Tod, über dem Eingang des Léger-Museums in Biot verwirklicht. Wäre ich etwas früher nach Hannover gekommen, ich hätte die Realisierung des Projektes durchsetzen können.

Ein Jahr nach dem Erwerb der »Contrastes de formes« von 1913/14 stieß ich in der Marlborough Gallery in London auf einen Léger aus den frühen zwanziger Jahren, der mich sofort gefangen nahm. Der Titel: »Frau mit Blumen in der Hand«. Ich liebte diese figürlichen Bilder

Fernand Léger
Femme tenant des fleurs, 1922
73,3 × 116,5 cm

Légers aus der Zeit um und nach 1920 sehr, besonders seit einem Besuch bei Joseph Müller in Solothurn, der eine ganze Gruppe davon besaß. Sie hingen, wenn ich mich recht entsinne, im Treppenhaus des mit Kunst über und über angefüllten Hauses und waren absolut hinreißend. Ich besuchte Joseph Müller damals – es war 1951 – keineswegs wegen seiner großartigen Gemäldesammlung, von der ich kaum etwas wußte, sondern wegen der phänomenalen Sammlung afrikanischer Kunst, über die ich ein Buch in Arbeit hatte, das 1953 erschien. Viele Jahre später sah ich die Légers wieder, als ich in Solothurn einen Vortrag zu halten hatte und Joseph Müller am folgenden Tag besuchte.

Lange nach Müllers Tod, gegen Ende meiner Amtszeit, zeigte ich in der großen Ausstellungshalle des Neubaus eine Ausstellung afrikanischer Kunst aus der Sammlung Barbier-Mueller. Dazu erschien ein großes Buch mit Beiträgen zahlreicher Ethnologen, in dem ich meine These zur Ästhetik der afrikanischen Kunst veröffentlichte, in Weiterführung der These, die ich einst in meiner Doktorarbeit über »Die primitive Kunst als Anregungsquelle für die europäische Kunst bis um 1900« dargelegt hatte. So blieb die Verbindung mit Joseph Müller und seinen Nachkommen über Jahrzehnte hin eng und freundschaftlich. 1962

In all den Jahren in Düsseldorf habe ich mich oft gewundert, daß dieses Bild, ja daß Léger überhaupt noch immer großen Schwierigkeiten beim Publikum begegnet. Die frühen, viel malerischeren und delikateren Bilder, etwa von der Art unseres »Contraste de Formes«, zieht man meistens den härteren und, wie man meint, kälteren und plakati-

Fernand Léger
Le soldat à la pipe, 1916
130 × 97 cm

veren Werken vor. Mir selbst geht es ganz anders. Es ist auffallend, wie in der Regel besonders die Frauen Léger nicht mögen, obwohl es doch kaum einen »virileren« Maler gibt als ihn. Eine Ausnahme war immer meine Frau, die gerade dieses Bild als ihr Lieblingsbild in der Sammlung bezeichnete.

Zwei Jahre danach, also 1965, gelangten zwei außerordentliche Bilder von Léger in die Sammlung: »Le soldat à la pipe« von 1916 und »Adam und Eva« aus den späten dreißiger Jahren: zwei Hauptwerke, durch die der Künstler in der Sammlung ein außerordentliches Gewicht bekam.

1962 Den »Rauchenden Soldaten« hatte ich, als ich 1962 den Sammler Philippe Dotremont in Brüssel besuchte, in dessen Wohnung gesehen. Früher einmal hatte das Bild Rolf de Maré in Stockholm gehört, dem Chef des berühmten »Ballet Suédois«, für das Léger 1921 Ausstattung und Kostüme zu »Skating Ring« mit der Musik von Arthur Honegger entworfen hatte. Aus einem Grund, der mir entfallen ist, konnte ich es damals nicht erwerben. Es wurde bald danach von Ernst Beyeler nach Japan verkauft, der mich aber schon einige Zeit später anrief, um mir zu sagen, daß sein japanischer Kunde sich wieder davon trennen wolle. Ob ich noch interessiert sei? Ob er es mir zur Ansicht nach Düsseldorf schicken solle? Ich entgegnete, natürlich sei ich sehr interessiert, aber für Transport und Versicherung sei kein Geld mehr in der Kasse; ob er, Beyeler, bereit sei, diese Kosten zu tragen? Genügend Geld war durchaus in der Kasse, aber ich wollte es nicht so schnell ausgeben, daher die nicht ganz edle Zwecklüge. Das Bild kam nach Düsseldorf, und daß es dort bleiben mußte, war sofort klar. 650.000 DM war für die damalige Zeit ein stolzer Preis, aber es handelte sich um ein singuläres Werk des großen Malers, so daß ich über den Preis nicht weiter verhandeln zu sollen glaubte.

Und dann also das monumentale Gemälde mit dem für die dargestellte Turnerszene nicht besonders passenden Titel »Adam und Eva«. Michael Hertz, der Bremer Kunsthändler, machte mich darauf aufmerksam, daß das Bild bei Kahnweiler in Paris, also in der Galerie Louise Leiris, hing. Ich begab mich sofort nach Paris, war ungeheuer begeistert, und wir einigten uns auf den Preis von 730.000 DM. Vorbesitzer war der Mailänder Sammler Frua de Angeli gewesen, aus dessen berühmter Sammlung im Lauf der Zeit auch andere Werke in unsere Sammlung kamen.

Nicht daß es mir prinzipiell wichtig gewesen wäre, die dreißiger Jahre Légers in der Sammlung zu dokumentieren: es war wie immer das Bild als solches, dem ich nicht zu widerstehen vermochte. Im übrigen aber gehörte Léger ja zu den wenigen Künstlern in unserem Jahrhundert, die bis zuletzt große Maler blieben. Überragende Bilder entstanden auch in den auf dieses Hauptwerk folgenden zwanzig Jahren noch in großer Zahl. Auf ein spätes Werk war der »Appetit« daher immer da, aber es hätte das »richtige« Bild sein müssen. Nur einmal sah ich bei Klaus Perls in New York ein großes Gemälde aus der Reihe der

»Belles cyclistes« von Léger, das aber damals aus irgendeinem Grund nicht in Betracht kam. 1962

Von unserem Bild gibt es eine viel kleinere Fassung im Léger-Museum in Biot. Légers Witwe Nadja, die ich gelegentlich in ihrem Haus in der Gegend von Grasse besuchte, sagte mir, wie betrübt sie sei, daß nicht die große Fassung in Biot hänge. Ich konnte ihre Betrübnis um so

Fernand Léger
Adam et Eve, 1935–39
228 x 324,5 cm

mehr verstehen, als die dortige Fassung nicht nur viel kleiner, sondern überhaupt ein schwacher Abklatsch ist, merkwürdig unlebendig und unattraktiv. Auch andere schwache Légers hängen in Biot, aber auch eine ganze Reihe überragender Gemälde. Es lohnt sich daher, das Museum zu besuchen, obgleich es als Bau sehr enttäuschend ist, besonders wenn man an die nahe gelegene Fondation Maeght in Saint-Paul-de-Vence oder an das ebenfalls nahe Picasso-Museum im Palais Grimaldi in Antibes denkt. Es ist mir rätselhaft, daß man für einen Künstler wie Léger, der mit Le Corbusier befreundet gewesen war und so viel über das Zusammenwirken von Malerei und Architektur nachgedacht hatte, ein so phantasieloses Haus hat errichten können. Und es wurde noch schlimmer, als man in jüngerer Zeit das Haus erheblich erweiterte und Glasfenster und Mosaiks einfügte, die die künstlerische Sprache Légers in geradezu empörender Weise verfälschen. Ganz besonders abstoßend ist das riesige Mosaik auf der Gartenseite des Erweiterungsbaus. Undenkbar, daß Léger diese Barbarei hingenommen hätte.

1962 Modigliani

Hätte ich zu Beginn meiner Tätigkeit im Herbst 1962 ein sammlerisches Programm gehabt, dann hätte darauf der Name Modigliani wahrscheinlich nicht figuriert. Aber nun stieß ich bei Heinz Berggruen in Paris mit dem wundervollen Gemälde einer Karyatide zusammen und wußte sofort, daß ich es »haben« mußte. In den meisten Fällen war es ja eine Sekundenentscheidung. Man hat oft gesagt und geschrieben, ich hätte mir mit meinen Entscheidungen in der Regel viel Zeit genommen. Weit gefehlt! Im allgemeinen geschah das sehr schnell, und wenn ich einmal länger zögerte, dann schien mir dieses Zögern allein schon ein Argument gegen den Ankauf zu sein. Viele Besucher haben es erlebt, daß in meinem Büro ein Bild auf der Staffelei stand, so daß sie den Eindruck hatten, ich setzte mich damit intensiv auseinander. Dies aber war so gut wie niemals der Fall. Ich wußte nicht einmal so recht – und weiß es auch heute nicht –, wie man das eigentlich macht: sich mit einem Bild auseinandersetzen. Bei mir war nicht der Kopf, sondern das Auge die Instanz, die entschied. Da nun aber im Schloß Jägerhof, wo die Sammlung dreiundzwanzig Jahre lang provisorisch untergebracht war, viel zuwenig Platz war, war es ganz natürlich, daß ich fast immer ein Bild in meinem Büro stehen hatte, dem Schreibtisch gegenüber, auch wenn die Entscheidung längst gefallen war. Oder oft war es auch so, daß die Bezahlung eines Bildes aus zwei Jahresbudgets erfolgte. Solange das Budget des folgenden Jahres noch nicht bewilligt war und infolgedessen der Ankauf noch scheitern konnte, durfte das Bild nicht, sichtbar für alle, in der Sammlung hängen. Dadurch hatte ich das Privileg, wochen- oder monatelang ein Meisterwerk von morgens bis abends vor mir zu haben. Das war nicht Auseinandersetzung, sondern purer Genuß.

Allerdings kam es auch sehr häufig vor, daß ich ein Bild zur Ansicht kommen ließ und mich bald wieder davon verabschiedete. Ein solcher »Abschied« betraf gelegentlich nicht nur das Bild, das da auf meiner Staffelei stand, sondern den Künstler selbst. Jawlensky zum Beispiel. Im Lauf der ersten Jahre wurden mir in Abständen beste Bilder des Künstlers angeboten, und jedesmal war ich hell begeistert, denn mir war klar: besser konnte Jawlensky nicht sein. Doch schon am nächsten Tag erkannte ich zu meiner Verblüffung, daß dies ein Blendwerk in schönen, genußvollen Farben war, mit »nichts dahinter« außer einem hohen expressiven Anspruch, der sich nur dem Scheine nach erfüllte. Da sich dies mehrfach wiederholte, konnte es, wie ich dachte, nur am Künstler liegen, dessen verbreitete Hochschätzung ganz offenbar Überschätzung war. Ich habe daher schließlich auf Jawlensky ganz verzichtet. War es ein Irrtum? Für mich selbst jedenfalls war es keiner. Ähnlich ist es mir mit den beiden Spät-Surrealisten Matta und Wifredo Lam ergangen. Von beiden ließ ich großformatige Hauptwerke aus den vierziger Jahren, die ich bei Pierre Matisse in New York gesehen hatte, nach Düsseldorf kommen, um sie dann, ganz und gar unerwarteterweise, wieder zurückzuschicken. Es waren absolut beste Bilder der Künstler, aber da sie mich enttäuschten, hielt ich es nicht für zwingend,

Amedeo Modigliani
Karyatide, um 1911/12
72,5 × 50 cm

Matta oder Lam überhaupt in die Sammlung aufzunehmen. Ich glaube, daß Matisse mir das übelgenommen hat, denn als ich ihn später einmal bat, mir einen Miró zur Ansicht zu schicken, meinte er, das habe keinen Sinn, ich kaufte ihn ja doch nicht. Nun, er schickte mir das Bild, und ich kaufte es. Aber warum sollte ich Bilder kaufen, wenn ich es nicht als zwingend empfand? Warum sollte ich der Kunstgeschichte Genüge tun?

Ich sagte schon: ich erwarb Modiglianis Karyatide bei Heinz Berggruen, dem Pariser Kunsthändler, zu dem ich von Anfang an ein ganz besonders herzliches Verhältnis hatte. Ich glaube, daß ich ihn 1955 zum ersten Mal in seiner Galerie besuchte, als ich eben erst mein Amt in Hannover angetreten hatte und die große Schwitters-Retrospektive vorbereitete. Berggruen hatte einige Monate vorher eine Schwitters-

1962 Ausstellung gezeigt und einen bezaubernden Katalog herausgegeben. Ich habe ihn in den Jahren seither in seiner Galerie an der Rue de l'Université unendlich oft besucht und natürlich auch zu Hause in Paris und New York. Unter all seinen Vorzügen war ein nebensächlicher mir ganz besonders kostbar: er pflegte schon morgens um neun in seiner Galerie zu sein, nicht weit von dem Hotel an der Rue des Saints-Pères, das ich damals frequentierte. Da auch ich Frühaufsteher bin, konnte ich ihn schon so früh aufsuchen und so auf überaus anregende Weise die Zeit bis zu meinem nächsten Galeriebesuch überbrücken. Wie man weiß, hat Berggruen seinen frühen Start als Kunsthändler als Chance genutzt, eine herrliche Sammlung aufzubauen, ähnlich wie dies auch Ernst Beyeler getan hat.

Als ich die Karyatide kaufte, erzählte mir Berggruen, er habe sie erst kurz zuvor von Paul Alexandre erworben, dem Arzt Modiglianis vom Moment an, als dieser 1906, tuberkulosekrank, von Livorno nach Paris übersiedelte. Alexandre, der mehrfach von Modigliani porträtiert worden ist, war auch dessen erster Sammler. Er hat den Künstler um fast fünfzig Jahre überlebt. Als ich das Bild erwarb, war er, hochbetagt, noch am Leben. Heute bedaure ich sehr, ihn damals nicht besucht zu haben. Aber ich konnte nicht ahnen, daß ich fast dreißig Jahre später eine Modigliani-Ausstellung veranstalten und ein Buch über den Maler publizieren würde, so daß mir die persönlichen Erinnerungen an ihn besonders kostbar sein würden. Drei Jahrzehnte danach erlebte die Welt ein Wunder, als die Nachkommen Paul Alexandres aus dessen Nachlaß eine riesige, bis dahin unbekannte Sammlung von Zeichnungen Modiglianis ausstellen und veröffentlichen ließen. Als ich durch Pontus Hultén zuerst davon Wind bekam, war ich so gut wie sicher, daß es Fälschungen waren; denn warum sollte so lange nach dem Tod des Besitzers ein derartiger Schatz auftauchen? Doch als ich dann das große Buch, das man herausgab, und etwas später sämtliche Blätter in der Tate Gallery in London sah, war mir sofort klar, daß dies alles originale Arbeiten waren. Ein wunderbarer Fischzug zu einer Zeit, als man so etwas nie erwartet hätte!

Schon damals, 1962, hatte der französische Staat ein scharfes Auge auf Werke Modiglianis, die das Land zu verlassen drohten. Berggruen wußte, es würde bei der Ausfuhr Probleme geben. Wir haben sie auf eine nicht gerade »koschere« Weise umgangen, indem wir das Bild nicht als einen Modigliani, sondern als einen Gromaire ausführten.

Tatsächlich gab es da eine, wenn auch sehr vage, Verwandtschaft, trotz des riesigen Qualitätsunterschiedes. Bei dem Namen Gromaire wachte niemand von denen auf, die von Amts wegen über die Ausfuhr von Bildern zu befinden hatten. Ich habe die kleine Geschichte dem französischen Staatspräsidenten Mitterrand, als er die Kunstsammlung Nordrhein-Westfalen besuchte, ebenso freimütig wie fröhlich erzählt. Er hat sich darüber amüsiert und hat offensichtlich keine Schritte erwogen. 1962

Am 25. Februar 1965 wurde im Palais Galliéra die berühmte Sammlung André Lefèvre versteigert. Es war die bis heute wohl bedeutendste Auktion der Nachkriegszeit in Paris. Da waren drei Bilder, auf die ich es abgesehen hatte: das Bildnis des Dichters Max Jacob von Modigliani

Amedeo Modigliani
Portrait de Max Jacob, 1916
73 x 60 cm

(1914), ein Stilleben von Juan Gris (1916) und Picassos »Stilleben mit Stierschädel« aus dem Kriegsjahr 1942. Ich machte mir wenig Hoffnung, auch nur eines dieser Bilder zu ergattern, da man den gesamten europäischen und amerikanischen Kunsthandel sowie viele Sammler aus aller Welt erwartete. Ich bat Heinz Berggruen, für mich zu bieten, da ich als einer der damals potentesten Sammler befürchten mußte, durch meine erkennbare Beteiligung an den zu erwartenden Bietgefechten die Preise höher und höher zu schrauben. Für jedes der drei Bilder hatte ich mir Preisgrenzen gesetzt und diese durch die Ankaufskommission absegnen lassen. Diese Preisgrenzen waren, wie ich dachte, sehr vernünftig. Sie wurden dann alle auf der Auktion fast, aber nicht ganz, erreicht. Für den Modigliani endete das Bieten bei 450.000 DM und damit knapp unterhalb der Höhe, bis zu der ich zu gehen bereit war.

1962 Die Atmosphäre im Saal war außerordentlich gespannt, da es sich um eine der prominentesten französischen Sammlungen handelte. Ich saß irgendwo im Raum, Berggruen saß anderswo, so daß niemand sein Bieten mit mir hätte in Verbindung bringen können. Und dann trat das Unerwartete und wirklich ganz und gar Erstaunliche ein: alle drei Bilder wurden – auf dem Umweg über Berggruen – mir zugeschlagen. Es war ein großer, aber vollkommen kampfloser Sieg. Am allerwenigsten hatte ich erwartet, daß mir der Picasso bleiben würde, was mir irgend jemand damit erklärte, daß kein Sammler in Amerika sich jemals einen Totenkopf, und sei es auch nur der Schädel eines Stiers, in die Wohnung hängen würde. Das war offenbar ein Tabu, eine Art Aberglaube, was sich inzwischen vermutlich geändert hat. Was Modigliani angeht, so wurde in derselben Auktion ein sehr reizvolles, sehr gefälliges Bild eines Dienstmädchens versteigert, auf das sich viele Bieter konzentrierten; es diente sozusagen als Blitzableiter für das Interesse an dem Künstler. Mit diesem Bild überschritt Modigliani erstmals die Millionengrenze. Ich hatte das große Glück, daß »mein« Bild im Windschatten des anderen lag, obgleich es ihm künstlerisch weit überlegen war.

Das »Bildnis Max Jacob« hatte in meinem Bewußtsein seit langem einen besonderen Platz. Als ich noch in Basel lebte, hatte ich 1950 als einer der Autoren am zweiten Band der großen »Histoire de la Peinture moderne« des Verlags Albert Skira in Genf – der Titel lautete: »De Picasso au Surréalisme« – mitgearbeitet. Zuvor hatte ich den ersten Band des dreibändigen Werkes ins Deutsche übersetzt, da ich für mein junges Eheglück Geld brauchte, um nach Griechenland zu reisen. Im zweiten Band, bei dem ich nunmehr zu den Autoren gehörte, war der Modigliani, der nun zur Auktion kam, farbig abgebildet, so daß es sein kann, daß mich dies beeinflußte, denn das Bild hatte sich mir über all die Jahre hinweg tief eingeprägt.

Skira übrigens war ein fabelhafter Mann, einer der großen Kunstverleger unserer Zeit. Ich erinnere mich an Zusammenkünfte in Genf mit ihm und den anderen Autoren Maurice Raynal, Jacques Lassaigne, Arnold Rüdlinger und Hans Bolliger, und auch meinem Freund aus Studentenzeiten – und bis heute –, François Lachenal, der bei Skira arbeitete, nachdem er seinen eigenen Verlag, die »Editions des Trois Collines«, aufgegeben hatte. Mitten in den gemeinsamen Erörterungen pflegte Skira den Raum zu verlassen, um nach einiger Zeit, die er nebenan sozusagen in Klausur verbrachte, mit einem fertigen Konzept für das nächste Kapitel zurückzukehren. Einmal beeindruckte er mich, indem er, aus New York kommend, und das war damals ein langer Flug, nicht etwa zuerst zu seiner schwangeren Frau Rosabianca nach Hause fuhr, sondern direkt in den Verlag, um dort während einiger Stunden mit uns zu konferieren. Er war ein besessener Verleger. Allerdings nahm er etwas zuviel Alkohol zu sich.

Nach der Lefèvre-Auktion zog ich mit Siegfried und Angela Rosengart in ein nahe gelegenes Café, um mit ihnen gemeinsam den Erfolg zu feiern. Wir befanden uns in Hochstimmung. Damals begann die Freundschaft mit Rosengart und seiner Tochter immer enger zu werden. Ich hatte beide schon in meiner Basler Zeit gekannt. Später, in den Jahren in Hannover, steuerte Rosengart häufig Anzeigen für meine Ausstellungskataloge bei. Dann und wann besuchte ich ihn in seiner Galerie. Die Freundschaft mit Angela dauerte über den Tod dieses ganz und gar außergewöhnlichen Mannes hinaus, der zu den ganz wenigen Händlern gehörte, die das Privileg hatten, bei Picasso direkt Bilder auszuwählen und zu kaufen. Ich glaube übrigens, daß Angela Picassos »Typ« war, denn es war natürlich nicht zufällig, daß er zweimal ihr Porträt radiert hat. Als das Kunstmuseum Luzern 1990 eine Ausstellung »Hommage an Siegfried Rosengart« veranstaltete, bereitete es mir großes Vergnügen, für den Katalog amüsante Erinnerungen beizutragen, die ich nun hier nicht noch einmal zu Papier bringe.

Als ich nach dem Zusammensein mit Rosengarts nachts in mein Hotel zurückkehrte, lag da eine Nachricht des »Directeur des Musées de France«, Jean Chatelain, mit der Bitte, ihn anzurufen. Mir schwante Böses, aber ich sagte mir, ich sei auch in Düsseldorf erreichbar, wohin ich mich tags darauf begeben wollte. Vor dem Rückflug besuchte ich Kahnweiler in seiner Galerie. Er warnte mich, es werde mit dem Modigliani Schwierigkeiten geben. Der französische Staat wolle, wie er gehört habe, das Bild in beschlag nehmen. Die Vertreter des französischen Kultusministeriums hatten während der Auktion in der vordersten Reihe gesessen und die Möglichkeit gehabt, von ihrem Vorkaufsrecht Gebrauch zu machen, aber bevor der Zuschlag erfolgte, rührten sie keinen Finger. Als ich Kahnweiler entgegenhielt, zugeschlagen sei zugeschlagen, reagierte er nur mit einem leisen Lächeln, womit er andeutete, daß er mehr wußte als ich.

Grundsätzlich hatte der Staat nur während der Auktion das Recht, ein Kunstwerk nach Beendigung des Bietens festzuhalten. Aber man

1962 befand sich damals in der Zeit der Präsidentschaft von General de Gaulle, und es kann sein, daß man nach der Maxime handelte: »L'état, c'est moi«. Seit langem schon waren amerikanische Sammler und Kunsthändler darüber verärgert, daß der französische Staat trotz dieser Bestimmung immer wieder die Ausfuhr von Kunstwerken sperrte, nachdem sie auf einer Auktion zugeschlagen worden waren. Aus diesem Grund hatte sich der amerikanische Kunsthändlerverband durch das französische Kultusministerium bestätigen lassen, daß dies bei der Lefèvre-Auktion nicht vorkommen werde. Der Verband hatte gedroht, ohne eine solche bindende Bestätigung würden die amerikanischen Händler die Auktion boykottieren.

Nach meiner Rückkehr nach Deutschland erreichte mich ein Expreßschreiben des französischen Kultusministeriums, unterzeichnet Jean Chatelain, worin ich gebeten wurde, der französischen Kunst gegenüber eine Geste zu machen und auf den Ankauf des Max Jacob-Porträts zu verzichten, da die Regierung es dem Museum von Orléans zur Verfügung stellen wolle; man schrieb mir, Max Jacob habe den größten Teil seines Lebens in Orléans verbracht, die Stadt lege großen Wert auf dieses Bild, »non seulement sur le plan esthétique, mais encore sur le plan sentimental et historique«; der Bürgermeister von Orléans, der mit Max Jacob befreundet gewesen sei, habe das Ministerium gebeten, alles zu tun, damit das Bild nach Orléans komme, wo man beabsichtige, für den Dichter einen Ehrensaal einzurichten.

Diesem Druck zu weichen, verspürte ich keine Lust. Ich schickte Herrn Chatelain unseren Sammlungskatalog und wies darauf hin, welche Bedeutung hier gerade die Ecole de Paris habe. Im übrigen handele es sich bei einem so genialen Porträt primär nicht um den Porträtierten, sondern um den Künstler, also um Modigliani und nicht um Max Jacob. Und was die erbetene Geste gegenüber der französischen Kunst angehe, so verwies ich nicht nur auf den Sammlungskatalog, sondern auf meine vielen Ausstellungen in Hannover, die mir, wie ich meinte, erlaubten, von dieser Geste abzusehen.

Ich bat Kahnweiler um Intervention beim Ministerium, doch dazu schien er nicht bereit; in seiner Antwort sagte er einerseits ja, andererseits nein. Er empfahl mir jedoch, mich an den nächsthöheren Beamten des Ministeriums, Bernard Anthonioz, zu wenden, den »Directeur de la Création Artistique au Ministère des Affaires Culturelles« – die französische Kulturbürokratie mit all ihrer Kompetenzenverteilung ist für

Außenstehende schwer zu durchschauen. Erschwerend kam hinzu, daß Anthonioz ein Schwiegersohn von de Gaulle war. Andererseits aber war er auch ein Freund der Künstler. Ich erinnere mich, daß Chagall mir gegenüber einmal mit großer freundschaftlicher Sympathie von ihm sprach.

Von Anthonioz erhielt ich auf meinen Brief hin ein scharfes, ganz offen drohendes Schreiben: er wolle einem ausländischen Kollegen gegenüber ungern diejenigen juristischen Mittel zur Anwendung bringen, die ihm die französischen Gesetze an die Hand gäben. Ich reagierte entsprechend scharf und erklärte ihm unter anderem, ein solches Meisterwerk von Modigliani, der überdies nicht Franzose, sondern Italiener gewesen sei, gehöre in ein internationales Museum, wo es von vielen Menschen aus aller Welt gesehen werde, und nicht in ein französisches Provinzmuseum, wo »kein Mensch« es zu sehen bekomme. Das war der berühmte grobe Keil, der auf den groben Klotz gehört. Ich wußte, daß es fast eine Beleidigung war, zumal André Malraux, der Minister, sich vorgenommen hatte, den traditionellen französischen Zentralismus zu überwinden und die Museen der »Provinz« stärker als bisher zu unterstützen. Mein Brief muß im Pariser Ministerium und auch bei Malraux selbst helle Empörung ausgelöst haben. Es war wohl so, daß man sich nicht hatte vorstellen können, ein deutscher Museumsdirektor würde das schon damals sehr gute, aber eben doch noch labile Verhältnis zwischen den beiden Nationen stören. Den Politikern in Düsseldorf rechne ich es noch heute hoch an, daß sie mich haben gewähren lassen.

Während die beiden anderen ersteigerten Bilder nach Düsseldorf kamen, ruhte der Modigliani in einem Safe bei Berggruen. Dort hatte das Bild jahrelang einen einzigen Besucher, das war ich selbst, wann immer ich mich in Paris aufhielt. Oder gelegentlich auch zwei: meine Frau und mich. Doch die Angelegenheit eskalierte. Der französische Botschafter in Bonn, Seydoux, den ich kannte und nun um Hilfe bat, zog sich als Diplomat diplomatisch aus der Affäre: er könne leider nichts tun, da nationales französisches Interesse im Spiel sei. Der nordrhein-westfälische Ministerpräsident bat den deutschen Außenminister Schröder um Beistand, woraufhin dieser den deutschen Botschafter in Paris, Kleiber, bat, Malraux aufzusuchen. Malraux zeigte sich verärgert über meinen Brief: er lasse sich von einem deutschen Museumsdirektor nicht sagen, wohin ein Werk der Ecole de Paris gehöre; er selbst sei

1962 ein Freund Max Jacobs gewesen, der in dem deutschen Konzentrationslager Drancy in der Nähe von Orléans umgekommen sei; es sei eine Ehrenpflicht Frankreichs, das Andenken Jacobs in seinem Vaterland zu ehren, und daher komme es gar nicht in Frage, daß dieses Bild Frankreich verlasse. Der englische Kunstschriftsteller Douglas Cooper behauptete mir gegenüber später, er habe, auf eine Audienz bei Malraux wartend, im Vorzimmer gesessen und erregte Stimmen gehört, bis Kleiber plötzlich herausgekommen und hochroten Kopfes an ihm vorbeigerauscht sei. Bei Cooper allerdings wußte man nie genau, wo die Grenze zwischen Wahrheit und Dichtung lag. Ärgerlich war, daß die Affäre in Paris zur Chefsache und damit, schlimmer noch, zu einer Prestigeangelegenheit geworden war. Damit war für mich klar, daß es während der Ära de Gaulle/Malraux schwerlich zu einem glücklichen Ende kommen würde.

Die Dinge gingen weiter. Hin und wieder meldete sich von da und von dort ein deutscher Botschafter, in der Hoffnung, mich zum Verzicht zu bewegen. Verschiedene Bürgermeister von Schwesterstädten der Stadt Orléans machten ähnliche Versuche. Ich selbst bot an, eine große Farbreproduktion für den Ehrensaal Max Jacobs in Orléans anfertigen zu lassen und zur Verfügung zu stellen, und erklärte zugleich meine Bereitschaft, für temporäre Ausstellungen in Orléans das Original auszuleihen. Nichts nützte: die Ausfuhr blieb gesperrt. Schon in der Anfangszeit hatte mich gelegentlich die deutsche Botschaft in Paris angerufen: man habe erfahren, daß Max Jacob in einem deutschen Konzentrationslager umgekommen sei. Ich erwiderte kühl und etwas geheimnisvoll, über diesen Aspekt der Sache könne mit mir nicht gesprochen werden. Der Gesprächspartner stutzte einen Augenblick und verfolgte dann das Thema nicht weiter.

Auch auf juristischem Wege habe ich es versucht, doch der Versuch verlief im Sande. Eine Zeitlang trug ich mich sogar mit dem Gedanken einer heimlichen Ausfuhr im Diplomatenkoffer nach dem – vermeintlichen – Vorbild der Nofretete. Damit aber hätte ich sowohl den Hüter des Bildes, Heinz Berggruen, als auch das Land Nordrhein-Westfalen in eine schwierige Lage gebracht.

Schließlich starb de Gaulle, und André Malraux trat zurück. Ich hatte inzwischen Schützenhilfe bekommen vom Magazin »L'Express«, wo mein Freund Pierre Schneider die Affäre Modigliani schilderte und sich zugunsten Düsseldorfs äußerte. Der überaus wirksame Titel seines

Beitrags lautete: »Modigliani comme les mirages«. Das bezog sich auf die Kampfflugzeuge, die Israel in Frankreich bestellt und bezahlt hatte, deren Ausfuhr dann aber gesperrt worden war, woraufhin die Israelis sie in einer Nacht- und Nebelaktion aus dem Hafen von Brest entführten. Die Zeitung wies auf die Desavouierung des Ministeriums, das dem amerikanischen Kunsthändlerverband eine feste Zusage gegeben hatte, durch den eigenen Minister hin sowie auf die empörende Behandlung des deutschen Botschafters. Eine Folge des Artikels war, daß mich der »Spiegel« um ein langes Gespräch bat, wodurch die Sache nun auch in Deutschland publik wurde. Ich denke, daß diese Veröffentlichungen geholfen haben, daß es schließlich in Paris zur Wende kam, nachdem noch wenige Jahre zuvor eine französische Zeitung plakativ geschrieben hatte: »Der Jude Max Jacob soll zum zweiten Mal nach Deutschland deportiert werden!« 1962

Nach dem Rücktritt Malraux' hatte ich Gelegenheit, nacheinander mit seinen beiden Nachfolgern Michelet und Duhamel kurz über die Angelegenheit zu sprechen. Ich spürte, daß sich etwas zu lockern begann, zumal sogar der Präsident der »Société des Amis de Max Jacob« in Orléans bei Minister Duhamel zugunsten von Düsseldorf interveniert hatte, da er, wie er dem Minister erklärte, der Meinung sei, die Sache sei nunmehr durch die Zeit überholt, man solle das Bild endlich zur Ausfuhr freigeben. Es war erkennbar, daß man nach einer Lösung suchte, aber weiterhin rührte sich nichts, bis ich schließlich den nordrhein-westfälischen Ministerpräsidenten Heinz Kühn aufsuchte, um ihm die Lage zu schildern und ihn zu fragen, was man nun, nach so langer Zeit, tun könne. Er stellte mir in Aussicht, bei nächster Gelegenheit darüber mit Willy Brandt zu sprechen, dem damaligen Bundeskanzler. Bald danach ließ er mich wissen, der Bundeskanzler beabsichtige, am Rande des nächsten deutsch-französischen Treffens mit dem französischen Staatspräsidenten über das Bild zu sprechen. Das war inzwischen Georges Pompidou. Zu dem Gespräch kam es erst beim übernächsten offiziellen Treffen. Brandt überließ die Sache der Staatssekretärin im Bundeskanzleramt, Katharina Focke, deren Charme und Eleganz, wie man wußte, Pompidou schätzte. Pompidou gab grünes Licht, und der Modigliani kam endlich, mehr als sieben Jahre nach der Auktion, nach Düsseldorf. Der deutsche Botschafter in Paris bedankte sich in einem Schreiben an Minister Duhamel, obwohl ja lediglich dem Gesetz Genüge getan worden war. Mich rief Frau Dr. Focke an, um

1962 mich zu bitten, die Sache nach außen so zu behandeln, daß sie nicht wie ein deutscher Sieg über den empfindlichen Nachbarn wirkte. In der Pressekonferenz, die ich zur Feier des Bildes einberief, äußerte ich mich entsprechend zurückhaltend, ebenso wie auch im Fernsehen. Es war wunderbar, das Bild schließlich in der Sammlung zu haben.

Ein Vierteljahrhundert nach dem Ankauf, achtzehn Jahre nach dem Eintreffen des Bildes, veranstaltete ich im Museum eine größere Modigliani-Ausstellung, in der ich den Versuch unternahm, die besten Werke des Künstlers zu versammeln und ihn von der Vorstellung des Frauen und Alkohol im Überfluß konsumierenden Bohémiens zu befreien, da sich in der vollkommenen Beherrschung seiner künstlerischen Sprache nichts von der Unruhe dieses Lebens spiegelt. Im übrigen wollte ich das Bild, das man sich allgemein von Modigliani machte, vom Klischee der Schwanenhälse und Mandelaugen befreien, für das er zwar verantworlich war, das aber mit Bildern vom Rang des »Max Jacob« nichts zu tun hat. Daß dieses Bild eines seiner besten, vielleicht sein bestes ist, erwies sich in der Ausstellung in aller Klarheit. Und es erwies sich auch, daß der Höhepunkt seiner Kunst keineswegs die Akte sind, die vor allem seinen Ruhm begründet haben, sondern die Bildnisse, deren schönste entstanden, bevor die Reihe der Akte begann.

Zwanzig Jahre später noch einmal Modigliani. Bei Beyeler hatte ich des öfteren ein hinreißendes, sehr frühes und ganz atypisches Porträt des mexikanischen Malers Diego Rivera gesehen, mit dem Modigliani einst so manche Nacht in Paris durchzecht hatte. Zu einem Ankauf entschloß ich mich lange nicht, da immer irgendein anderes Bild im Vordergrund stand. Es war ja auch keineswegs wichtig, einen dritten Modigliani zu erwerben. Aber nun kam es nach Überwindung großer Hindernisse doch dazu – in einer Zeit, als das Geld knapp war und die Preise in die Stratosphäre stiegen.

Der Ankauf stand im Zusammenhang mit dem Neubau der Kunstsammlung Nordrhein-Westfalen am Grabbeplatz, der 1986 endlich eröffnet wurde. Ich hatte gehofft, die Wirtschaft der Region werde uns aus diesem Anlaß ein bedeutendes Kunstwerk stiften, und meine Wahl fiel auf Modiglianis Diego Rivera-Porträt. Der Preis war, seit ich es zum ersten Mal bei Beyeler gesehen hatte, natürlich erheblich gestiegen, und zwar auf mehr als drei Millionen. Schließlich gab Beyeler sich mit 2,7 Millionen zufrieden. Man muß betonen, daß die Galerie das Recht

hatte, den Preis entsprechend der Marktlage nach oben zu korrigieren, 1962
und daß keine moralische Verpflichtung bestand, ihn dann wieder zu senken. Für das Museum aber war auch der geminderte Preis aus eigener Kraft nicht erreichbar. Der damalige Vorstandsvorsitzende der Deutschen Bank, Dr. Friedrich W. Christians, leitete eine Aktion ein, die dazu führte, daß ein hoher Teilbetrag seitens der Wirtschaft einging, wobei sich weitaus am stärksten die VEBA mit 275.000 DM beteiligte. Nach und nach, aber nur sehr allmählich, wurde die Millionengrenze überschritten, doch schließlich fehlte noch immer eine große

Amedeo Modigliani
Portrait de Diego Rivera, 1914
104 x 75 cm

Summe. Als ich nahe daran war zu resignieren, sagte mir der Vorsitzende des Förderervereins, Robert Rademacher: Resignation dürfe nicht sein, das Primäre müsse das Bild sein, alle anderen Überlegungen kämen danach. Das machte neuen Mut. Und schließlich kamen die Gelder zusammen, zu einem beträchtlichen Teil auch aus eigenen Mitteln des Museums. Es war die schwierigste Finanzierung eines Bildes in meiner ganzen Amtszeit.

Von den Museumsdirektoren erwartet man ja heutzutage vor allem die Fähigkeit, der Wirtschaft Gelder für ihre Institute zu entlocken. Ich habe diese Fähigkeit nie gehabt, anders als manche meiner Kollegen, die gerade hierfür bekannt waren. Es war ein durchaus beklagenswertes Defizit. Zu meinem Erstaunen höre ich dann und wann, gerade ich hätte dieses besondere Talent besessen. Das will, das kann ich nicht auf mir sitzen lassen: ich besaß dieses Talent in keiner Weise. So wie ich ja auch am »social life« so gut wie nicht teilnahm, obwohl ich wußte, daß

1962 man auch dies im allgemeinen vom Leiter eines wichtigen Museums erwartet. Vor meinem Amtsantritt hatte man mich gelegentlich gewarnt, daß dies besonders in Düsseldorf sehr wichtig sei. Nun, ich habe mich nicht darauf eingelassen, und offensichtlich ging es auch so.

Einige Zeit nachdem der »Diego Rivera« seinen Platz in der Sammlung gefunden hatte, gab es eine Irritation. Ein mir unbekannter Besucher des Hauses, ein Mexikaner, klopfte bei mir an und behauptete, dieses Bild sei eine Fälschung. Das sei in Mexico-City allgemein bekannt. Es habe sich in einer sehr dubiosen Galerie befunden, die dafür berüchtigt sei, mit Fälschungen zu handeln. Ich hörte es mir kühl bis ans Herz hinan an, denn selbstverständlich gab es an der Echtheit nicht den geringsten Zweifel, obgleich – aber vielleicht auch gerade weil – das Bild in der Tat sehr atypisch ist. Auch die Tatsache, daß es im Museum São Paulo eine andere Fassung des Bildes gibt, eine große, ebenfalls großartige Ölskizze, verunsicherte mich nicht. Zudem war unser Bild schon in den zwanziger Jahren gelegentlich abgebildet worden, zu einer Zeit, als es zwar schon Modigliani-Fälschungen gab, aber das waren in der Regel Frauenporträts und Akte. Obwohl ich mich also nicht im allergeringsten beunruhigt fühlte, schrieb ich an meinen mir befreundeten Kollegen Francisco Gamboa, der das Museum für Moderne Kunst in Mexico-City leitete. Er antwortete: jawohl, dieser Händler sei für seine Fälschungen bekannt, aber gelegentlich habe er auch echte Bilder in seiner Galerie, und ein solches sei das Diego Rivera-Porträt ohne jeden Zweifel.

Mit Modigliani-Fälschungen hatte ich häufig zu tun, fast von Anfang an und dann besonders seit der Ausstellung von 1991 und dem dazugehörenden Buch. Einmal – noch lange vorher – kam jemand mit einem ziemlich großen Paket zu mir: er wolle mir einen Modigliani zeigen. Natürlich war ich skeptisch, denn bei Modigliani ist man immer skeptisch. Als er beim Auspacken gerade eine kleine Ecke des Bildes enthüllt hatte, kaum 5×5 cm, sagte ich: »Der ist jetzt schon falsch!« Je mehr er auspackte, desto falscher wurde er. Ein anderes Mal war es ein früherer Bundesminister, dessen Name mir noch im Ohr war, da er in den frühen Zeiten der Bundesrepublik ein wichtiges Ressort innegehabt hatte. Auch ihm mußte ich leider reinen Wein einschenken, obwohl er mir eine familiäre Geschichte erzählte, die eigentlich jeden Zweifel an der Echtheit ausschloß. Ich leugne nicht, daß ich dann und wann unsicher war, ob ein Bild, das man mir vorführte, echt war oder falsch, zumal es ja auch eine Menge schwacher Bilder von Modigliani gibt, die genausogut Fälschungen sein können. Aber es ist nun einmal so: während in der Jurisprudenz der Grundsatz »In dubio pro reo« gilt, ist es in der Kunst umgekehrt: da spricht der Zweifel nicht für, sondern gegen das »angeklagte« Objekt.

Aber noch dies zu Diego Rivera: hätte ich mich nicht auch um dessen Kunst kümmern sollen? Und überhaupt um die mexikanischen »Muralisten«, also neben Rivera vor allem Siqueiros und Orozco? Ihre Kunst hat mich bei meinen Besuchen in Mexiko, so imponierend sie auch ist, nie wirklich »getroffen«. Eindrucksvoll ist mir eine Szene im Gouverneurspalast am Zocalo, dem schönen zentralen Platz von Mexico-City, im Gedächtnis geblieben. Da stand im pompösen Treppenhaus vor dem gewaltigen Wandgemälde von Diego Rivera ein kleines Indiopaar, er im Poncho und sie mit einem dicken schwarzen Zopf. Lange standen sie wortlos da und bestaunten, was da alles auf dem Bild passiert, diese ungeheure Fülle von Menschen, die ganze Geschichte Mexikos. Es war rührend zu beobachten, mit welchem Ernst sie die große Distanz zwischen ihrer kleinen Existenz und dem gewaltigen historischen Spektakel zu überbrücken schienen, und man glaubte zu spüren, daß sie das Gefühl, Teil dieser schicksalsmächtigen Nation zu sein, mit Stolz erfüllte. Das war unglaublich bewegend. Künstlerisch indessen vermochte ich nicht Feuer zu fangen, ebensowenig übrigens wie bei den Malereien von Diego Riveras Frau Frida Kahlo, die in jüngerer Zeit nicht nur durch ihre Bilder, sondern durch die Tragödie ihres Lebens zu einer Art Kultfigur geworden ist, einer Kultfigur nicht zuletzt auch der Feministinnen in aller Welt.

Rouault

1960/61 war die David G. Thompson-Sammlung im Düsseldorfer Kunstmuseum zu sehen, zu einer Zeit, als meine Verhandlungen mit dem Land Nordrhein-Westfalen schon begonnen hatten. Ich fuhr von Hannover nach Düsseldorf, um mit Ernst Beyeler über einen Ankauf, sei es der ganzen Sammlung, sei es von Teilen der Sammlung, zu konferieren. Das geschah ohne jede Rückendeckung, die Regierung wußte von unseren Plänen nichts, und Geld in solcher Höhe war nicht in Sicht. Wenn ich nicht irre, hatte Ministerpräsident Franz Meyers bereits

1962 abgewinkt. Dennoch trafen wir uns, fast ein wenig konspirativ, in einem großen Saal des Parkhotels. Als wir mitten drin waren, verschiedene Modelle zu diskutieren und entsprechende Listen anzulegen – viele Photos lagen auf dem Tisch –, öffnete sich plötzlich die Tür, und herein kamen der Ministerpräsident, der Kultusminister und deren »Gefolge«. Damit waren wir »ertappt«, denn seit dem Klee-Ankauf war auch Beyeler den Herren bekannt. Nun, es hatte keine Folgen und war ja auch kein Unglück, und im Lauf der Monate zerschlugen sich die

Georges Rouault
Marocain, um 1913
102 × 69 cm

Pläne ohnehin, worüber ich nicht einmal unglücklich war. Ich hatte auch nicht geglaubt, daß die Regierung, so kurz nach dem spektakulären Ankauf der Klee-Sammlung, eine zweite, noch größere Anstrengung dieser Art im Parlament hätte durchsetzen können.

In der Thompson-Ausstellung hatte mich ein großes Gemälde von Georges Rouault, das den Kopf eines Marokkaners zeigt, ungeheuer beeindruckt. Noch heute spüre ich, wie das Bild mich packte. Warum diese Beeindruckung so über die Maßen stark war, habe ich später nicht mehr verstanden. Möglicherweise hing es besonders wirksam. Obwohl ich der Kunst Rouaults gar nicht besonders nahestand, war ich entschlossen, dieses Bild in »meinen« Besitz zu bekommen. Und so geschah es. Es war einer der allerersten Ankäufe.

Erst einige Zeit später habe ich das Bild etwas genauer unter die Lupe genommen, gemeinsam mit dem Restaurator Dr. Heinz Althöfer. Es wurde nämlich deutlich, daß das sehr pastos gemalte Bild eine spiegelglatte Oberfläche hatte, so daß die sichtbare Pastosität nur eine scheinbare war. Was war geschehen? Offensichtlich hatte man die Übertragung der gefährdeten Leinwand auf eine unterlegte Leinwand – man nennt das Doublierung – nicht, wie es inzwischen üblich wurde, in der Vakuumpresse, sondern mechanisch vorgenommen, wodurch das Pigment fest auf den Bildträger gepreßt worden war. Dies wäre für mich in späteren Jahren ein Hinderungsgrund gewesen, auch wenn der optische Tatbestand, also das letztlich Wesentliche, kaum berührt war. Der Preis, der 340.000 DM betrug, hätte diesen Mißstand berücksichtigen müssen. 1962

Georges Rouault
Les trois juges, vor 1920
76 × 105,5 cm

Doch es sollte noch schlimmer kommen. Ich erhielt eines Tages einen Brief von Isabelle Rouault, der Tochter des Malers, die am Œuvre-Katalog ihres Vaters arbeitete. Sie teilte mir mit, das Bild könne nicht in den Katalog aufgenommen werden, da es nicht signiert sei. Eine Fälschung? Nun, ein Fälscher hätte sein Opus zweifellos mit einer Signatur versehen, aber auch so konnte es sich hier schlechterdings nicht um eine Fälschung handeln. Bei gründlicher Untersuchung durch den Restaurator zeigte sich, daß die Signatur, wenngleich nur sehr undeutlich zu erkennen, in die bei der Doublierung flachgequetschte Farbmasse eingesunken war. Isabelle Rouault hat das Werk dann zwar in den Werkkatalog aufgenommen, jedoch nur in den Anhang.

Viel großartiger war ein anderer Rouault, den ich 1979, also fast zwanzig Jahre später, bei Eberhard Kornfeld in Bern erwarb. Es war das überaus ernste Bild dreier Richter, das ich lange Zeit vorher bei seinem früheren Besitzer Joseph Müller in Solothurn, der mit Rouault befreundet gewesen war, gesehen hatte. Der Preis betrug etwa eine halbe Million Mark.

1962 Eigentlich legte ich keinen besonderen Wert darauf, noch einmal einen Rouault zu kaufen. Mein Interesse an dem Künstler war vergleichsweise gering, obgleich ich meine, daß seine späteren, sehr stereotypen religiösen Bilder heute unterschätzt werden. Auch ich habe sie unterschätzt. Mit diesen Stereotypen aber hatte das frühe, wahrscheinlich um 1920 entstandene Bild nichts zu tun. Es gibt davon mehrere Versionen, die sich stark voneinander unterscheiden. Eine grandiose, noch frühere Fassung hängt im Museum of Modern Art in New York. Ich meine, daß unsere Fassung nicht minder eindrucksvoll ist.

Ein Aspekt, der mich über den großen thematischen Ernst des Bildes hinaus immer fasziniert hat, ist der Anteil von Schwarz und Schmutz an der Farbigkeit. Schmutz als ein spirituelles Ingredienz von Malerei: das hatte, wie ich denke, für Rouault gerade als einen religiösen Maler hohe Bedeutung. Die Besucher der Sammlung habe ich oft auf das Blatt Papier aufmerksam gemacht, das vor dem zentralen Richter auf dem Tisch liegt: kaum Papier, eine gleichsam beschmutzte weiße Fläche, aber erfüllt von Geist, von Tragik, von Schwermut. Allein dieses kleine Stück Papier, das ich immer wieder anstarren muß, ist Nachweis eines bedeutenden Künstlertums. Und dann diese ganz unvergeßlichen, ebenfalls »schmutzigen« Gesichter. Es ist ein ungeheuer beladenes Bild, das über Richten und Gerichtetwerden kein letztes Wort spricht und dies doch mit großer geistiger Intensität zur Sprache bringt. Über dem ganzen Bild liegt, trotz des profanen Inhalts – denn es sitzen da ja lediglich drei Richter am Tisch –, eine stark religiöse Stimmung. Ganz unmittelbar fühlt man sich an die Szene der Emmaus-Brüder erinnert.

Das Bild hat oft, so wie auch wenige andere Bilder in der Sammlung, in mir den Gedanken aufkommen lassen, es müßte einmal eine Geschichte über das Phänomen des Schmutzes als eines spirituellen Elementes in der Malerei geschrieben werden, von Tizian über Rembrandt und Goya bis zu Tàpies und, wenn es denn unbedingt sein soll, bis zu Joseph Beuys. Selbst der große Picasso von 1920 mit den beiden sitzenden Akten in der Düsseldorfer Sammlung ist ein Beispiel, obwohl man gerade Picasso nicht auf dieser Linie erwartet. Chagall hat bei meinen Besuchen fast jedesmal von Ähnlichem gesprochen, wenn er meinte, es komme vor allem auf den Staub in der Malerei an. »Poussière, poussière!«: wieder und wieder kamen diese Worte über seine Lippen, wenn man gemeinsam Kunstbücher durchblätterte, vor allem einen sehr alten Band über Rembrandt mit schlechten, unfarbigen Reproduktionen. Er sprach immer auch von der »chimie«, also der Chemie, die ein Bild besitzen müsse, und meinte damit so etwas wie eine Alchimie der Farben, die er übrigens Picasso – im Gegensatz zu Braque – absprach; bei Picasso ließ er nur den Kubismus gelten: dort, so meinte er, habe er noch »chimie« gehabt, nachher nicht mehr.

Miró

Es ist heute unglaublich zu sehen, was sich damals, 1962, innerhalb einer sehr kurzen Zeitspanne, nämlich zwischen Oktober und Jahresende, mit etwas weniger als drei Millionen Mark ankaufen ließ. Zu diesen ersten Erwerbungen gehörte ein ebenso großformatiger wie großartiger Miró von 1934: »Personnages rythmiques«. Das Bild stammte aus der Sammlung Philippe Dotremont in Brüssel. Ich hatte es 1961 in einer Ausstellung seiner Sammlung im Düsseldorfer Kunstverein und dann auch bei ihm in Brüssel gesehen; ich glaube sogar, daß das Bild der Anlaß meines Besuches gewesen war. Ich kaufte es bei ihm selbst, also nicht über eine Galerie. Der Preis betrug 400.000 DM. War er für die damalige Zeit schon vergleichsweise hoch? Es ist möglich, denn damals, in den allerersten Monaten, hatte ich noch nicht den »Mumm«, über Preise zu verhandeln. Aus heutiger Sicht ist der Preis natürlich extrem niedrig.

Zu diesem Bild hatte ich eine sehr persönliche, leicht nostalgische Beziehung. Ich hatte in meiner Basler Zeit im dortigen Gewerbemuseum – es hieß später, entsprechend der Karriere einer Putzfrau zur Raumpflegerin oder eines Zeichenlehrers zum Kunsterzieher, »Museum für Gestaltung« und ist leider jüngst den Sparmaßnahmen der Kantonsregierung zum Opfer gefallen – eine Ausstellung französischer Tapisserien durchgeführt. Dort hing eine Arbeit, die Marie Cuttoli für die von ihr herausgegebene Kollektion von Künstler-Tapisserien als Beitrag von Miró hatte anfertigen lassen. Als Vorlage hatte der Künstler das Bild gewählt, das nun nach Düsseldorf kam. Auf diese Weise war ich mit dem Gemälde schon lange verbunden. Daß es die Vorlage für einen Wandteppich oder, wie man im deutschen Sprachgebrauch sagt, für einen Gobelin war, tut dem Werk nicht den geringsten Abbruch: es ist einfach ein Bild von Miró und überdies ein herrliches.

1962 Während der Jahrzehnte des »Zusammenlebens« hat es von seiner Schönheit nie etwas verloren.

Erst in späteren Jahren habe ich Miró immer wieder getroffen, das erste Mal im Hotel Colón in Barcelona, gegenüber der Kathedrale, wo ich eine Zeitlang abzusteigen pflegte, und dann in Paris, in Madrid und vor allem auch an manchen nächtlichen Feiern in der Fondation Maeght in Saint-Paul-de-Vence, auf der großen Terrasse, wo die Giacometti-Skulpturen stehen, jedesmal unter sternenklarem Himmel. Dann und wann war er mit seinem Freund José Luis Sert zusammen, dem Erbauer der »Fondation« und später des Miró-Museums in Barcelona.

Joan Miró
Personnages rythmiques, 1934
193 x 171 cm

Es war rührend, die beiden gleich großen – und das heißt: gleich kleinen – Freunde zusammen zu sehen. Noch rührender war es, Miró gemeinsam mit seinem Freund Alexander (»Sandy«) Calder zu erleben, wenn der kleine Miró kindlich lächelnd und bewundernd zu seinem riesigen Freund aufschaute, mit besonderem Entzücken einmal bei einer Festivität in Barcelona, als der schwergewichtige, aber überhaupt nicht schwerfällige Calder sich auf der Tanzfläche bewegte. Miró konnte sich an dem Anblick nicht satt sehen. Und ich konnte mich nicht sattsehen an dem Anblick Mirós. Die beiden Künstler verstanden sich wunderbar, aber wie sie sich verständigten, war mir rätselhaft, denn das, was da an unartikulierten Urlauten aus Calders Mund kam, hatte mit Sprache kaum etwas gemein. Man sagte, der einzige Mensch, der ihn habe verstehen können, sei seine Frau gewesen.

Leider kannte ich Miró nur weit jenseits der stürmischen Zeiten des Surrealismus. Er hatte etwas beinahe Engelhaftes angenommen und wirkte immer leicht entrückt inmitten des Wirbels um ihn herum. Und immer war so etwas wie ein tiefernstes Lächeln um seine Züge. Er redete nicht viel, aber wenn er da am Tisch mit seinen Freunden saß, war er der unangefochtene Mittelpunkt, leise, liebenswürdig und geliebt, mit einer großen, vollkommen natürlichen Autorität. Man mußte ihn lieben, so wie er war. Vielleicht war er früher anders gewesen.

Nur ein einziges Mal habe ich ihn in seinem Haus in Palma de Mallorca besucht. Das war 1981 oder 1982, als ich ein Buch über seine späten Zeichnungen für den Propyläen Verlag vorbereitete. Er zeigte mir seine Zeichnungen in dem großen, von José Luis Sert erbauten Atelier. Ein paar Schritt weiter oben stand das Wohnhaus, wo, wie er mir sagte, seine Frau Pilar regierte, wo wir später gemeinsam zu Mittag aßen, und wo auf den Regalen viele kleine Objekte lagen, an denen er hing: Hölzer, Steine, Spielfiguren aus Mallorca und vieles andere mehr. Im Atelier gab es einen sehr anrührenden Augenblick. Ich befand mich oben auf einer Art Galerie, wo der große Zeichentisch stand, an dem wir zusammen mit dem Buchgestalter Kurt Weidemann aus Stuttgart die Zeichnungen für das Buch auswählten. Eine Zeitlang saß Miró unten, auf einem Holzschemel. Neben ihm auf dem Boden lag ein ziemlich hoher Stapel von Schafshäuten, die zu bemalen er vorhatte, ähnlich denen, die man von den nordamerikanischen Prärie-Indianern her kennt. An den Wänden standen bemalte und vor allem unbemalte Leinwände, auf Keilrahmen aufgezogen, riesige Formate, denen er künstlerisch nicht mehr gewachsen war, wohingegen er oben am Tisch, sozusagen auf Armeslänge, noch immer wunderbare Blätter produzierte: da vermochte er seine Träume noch zu verwirklichen, ja, man könnte sagen, beim Zeichnen hatte er noch in seinem hohen Alter »le diable au corps«; da war er noch der alte. Der kleine große Mann auf dem winzigen Holzschemel mitten in dem riesigen Atelier – dieser Anblick von oben, von der Galerie aus, ist mir unvergeßlich geblieben. Ich glaube, es war das letzte Mal, daß ich Miró sah.

Auch dies werde ich nie vergessen: 1964 kam mit der Morgenpost ein sogenanntes Ektachrom, also ein großes Farbdia, von der Galerie l'Oeil in Paris, die – ebenso wie die gleichnamige Kunstzeitschrift – von Georges Bernier geleitet wurde. Ich hielt das Ektachrom gegen den Himmel, und es war der frühe Akt von Miró. Ein Wunder! Ich empfand es wirklich als ein Wunder, daß dieses Bild mir angeboten wurde,

1962 ein Bild, das ich seit langen Zeiten sehr liebte. Der Entschluß, es zu kaufen, fiel in Sekundenschnelle. Der Preis, auf den wir uns einigten, betrug 300.000 DM. Er hätte schon damals höher liegen können, und ich hätte sicher auch einen höheren Preis akzeptiert, was der Händler zum Glück nicht ahnte.

Beim Publikum galt das Bild als schwierig. Das lag an allem möglichen, wahrscheinlich vor allem an der merkwürdigen Irrealität – noch nicht Surrealität – des nackten Mädchens, trotz der eklatanten Realistik. Hinzu kommen Abwegigkeiten wie die irritierende Tatsache, daß

Joan Miró
Nu au miroir, 1919
113 × 102 cm

der Spiegel in der Hand des Mädchens genau dieselbe Farbe hat wie der Körper, so als sei er von Menschenhaut überzogen, was man sich freilich erst bei sehr aufmerksamer Betrachtung bewußtmacht. Oder auch die sporadischen kubistischen Einschläge in dem im übrigen ganz natürlich geformten Körper. Und endlich die scheinbar hausbackene Bürgerlichkeit der Stickerei im Kontrast zum nackten Körper. Der von Mirós Großmutter bestickte Sitz stand im Haus der Großeltern und ist erhalten, ich habe ihn im großen Sammlungskatalog abgebildet.

Ich muß hier einen kleinen Schwindel bekennen. 1966 bat mich das National Museum of Modern Art in Tokio, dieses Bild für eine dort geplante große Miró-Ausstellung zur Verfügung zu stellen. Ich lehnte bedauernd ab, mit der – zutreffenden – Begründung, die Leinwand sei extrem dünn und daher sehr gefährdet. Ich hatte wirklich Angst. Einige Zeit später erhielt ich einen handgeschriebenen Brief von Joan Miró mit seiner schönen, arabeskenhaften Unterschrift, worin er mich bat, meinen Entschluß zu revidieren und das Bild nach Tokio auszuleihen, da es sich um eines der für ihn wichtigsten Werke aus der Frühzeit handele. Daraufhin gab ich dem Museum meine Zusage und ließ es unter ganz besonderen Vorsichtsmaßnahmen nach Tokio gehen, übrigens ohne Begleitung durch einen Kurier, was damals noch die Regel war. Nach einiger Zeit sah ich es auf der zweiten Station der Ausstellung, in Kyoto, wieder. Es war unbeschädigt, und unbeschädigt kam es auch nach Düsseldorf zurück. Bis hierher ist alles korrekt. Aber später, wenn ich die Geschichte in Führungen oder privaten Gästen erzählte, habe ich jedesmal hinzugefügt: stets, wenn man mich seither irgendwo auf der Welt um diese Leihgabe gebeten habe, hätte ich abgelehnt, um wieder einen so schönen Brief von Miró zu erhalten, und das habe immer funktioniert. Der Heiterkeitserfolg war garantiert. Er blieb niemals aus. Aber es stimmte nicht. Zwar bin ich ein ehrlicher Mensch, aber dem Entertainment mußte dann und wann ein harmloses Stückchen Wahrheit geopfert werden.

Als 1986 die Sammlung im Neubau gehängt wurde, machte ich mit diesem Bild eine überraschende Erfahrung: es fand sich zunächst keine akzeptable Nachbarschaft. Sehr überzeugend hing es neben Chagalls »Festtag«, den ich aber lieber bei den anderen beiden Chagalls hängen sah. Ich irrte umher und suchte verzweifelt einen Genossen für den Miró. Während die gesamte Hängung der Sammlung sehr schnell vonstatten ging, innerhalb eines einzigen Vormittags, blieb dieses Bild übrig. Bis sich schließlich eine höchst überraschende Lösung fand: als Nachbar bot sich Feininger an. Das war historisch seltsam, aber visuell war es ein ganz natürliches Nebeneinander, bei dem man jedoch auch historische Momente nennen kann: die Entstehungszeit der beiden Bilder liegt nur fünf Jahre auseinander, und bei beiden spielt der Kubismus eine gewisse Rolle. Ausschlaggebend aber ist dies nicht, denn die Distanz zwischen beiden Bildern bleibt so groß, daß es erstaunlich ist, wie wunderbar sie sich miteinander vertragen. Solche Nachbarschaften kann man nicht planen: sie kommen nur spontan durch die Bilder selbst zustande.

Natürlich war es mit den zwei Mirós nicht getan. Das heißt nicht, daß ich nach einem Miró auf die Suche gegangen wäre: nur der Zufall konnte ihn bringen. Tausendmal habe ich ja, wenn Kunsthändler mich fragten, was ich suchte, mit Picassos berühmten Worten geantwortet: »Je ne cherche pas, je trouve«. Und wenn sie insistierten und meinten, es müsse da doch Lücken geben, sagte ich gern: wenn ich eine Lücke

1962 hätte, ginge ich zum Zahnarzt. Tatsächlich habe ich nie Lücken gesehen, weil ich nicht kunsthistorisch dachte. Ich hatte natürlich Wünsche, aber nicht deshalb, weil es da die eine oder andere Lücke gab. Ganz zu Beginn konnte es ja schon deshalb keine Lücken geben, weil fast noch nichts vorhanden war. Aber auch später hat mich eine Lücke nie beunruhigt. Einige Mirós zu besitzen war wichtig; aber unwichtig war, ob durch den nächsten oder den übernächsten eine Lücke geschlossen wurde.

Bei einem meiner häufigen Aufenthalte in Paris – es war das Jahr 1965 – besuchte ich Heinz Berggruen. Wie jedesmal zeigte er mir dieses und jenes, vor allem aber ein mich bezauberndes Bild von Miró von 1945, aus der Gruppe der weißen Bilder jener Zeit. Es entspann sich ein fröhlicher Dialog über den Preis. Berggruen nannte eine Summe, die meiner Erinnerung nach um 450.000 DM lag, worauf ich ihm sagte: nie und nimmer! Er ging dann ein bißchen herunter, vielleicht um 10.000 DM, und wieder sagte ich: nein! Darauf ging er noch einmal etwas herunter, und wieder lehnte ich ab. Schließlich erklärte ich ihm, so gehe es nicht, wir müßten ganz anders vorgehen, und zwar sollten wir, anstatt etappenweise von oben nach unten, von unten nach oben klettern, Sprosse um Sprosse, dann würden wir irgendwann irgendwo stehenbleiben. Und so geschah es. Wir kletterten von Null allmählich aufwärts, anfangs in großen, dann in immer kleineren Schritten, um schließlich bei 390.000 DM haltzumachen. Das war der Preis, den ich akzeptierte. Wenige Wochen später sagte mir Berggruen in Düsseldorf, er habe diesen Preis sehr bereut, es sei für ihn ein miserables Geschäft gewesen.

Manchmal machten wir es auch anders. Jeder von uns notierte, für den anderen unsichtbar, einen Preis. Danach stellte sich stets heraus, daß beide Preise verblüffend nah beieinanderlagen. Wenn mein Preis allerdings höher lag als seiner, verriet ich ihm dies natürlich nicht. Dasselbe Spiel habe ich auch einmal in Luzern mit Rosengart gespielt.

Der Miró, den ich damals von Berggruen erwarb, ist für mich immer ein wundervolles Beispiel dafür geblieben, wie unnötig es ist, daß ein Kunstwerk einen geschichtlichen Augenblick spiegelt, in diesem Fall den seinem Ende entgegengehenden mörderischen Krieg. Es ist im Grunde ganz einfach: Kunst kann politisch sein, aber sie muß nicht politisch sein. Sie hat immer das Recht auf reine Poesie. Aber selbst wenn sie völlig unpolitisch ist, kann sie ein Politikum sein. Zum Beispiel Klee im Deutschland Adolf Hitlers. Im allgemeinen haben sich die großen Künstler unseres Jahrhunderts in ihrer Kunst kaum um die Lage der Welt geschert. Das hat man ihnen in den Jahren um 1970, als sich das ganze Denken politisierte, zum Vorwurf gemacht. Ich selbst hatte dafür wenig Verständnis. Wäre dies einst der Standpunkt der Impressionisten gewesen, dann hätten sie nicht ihre »harmlosen« Landschaften gemalt, sondern die Geschehnisse und Akteure der Pariser Kommune; und gerade dann wären sie nicht die Revolutionäre der

Joan Miró
Femmes et oiseaux dans la nuit, 1945
114,5 × 146,5 cm

Malerei gewesen, die sie mit ihren Landschaften waren. Mirós Kunst wurde zuzeiten – in den dreißiger Jahren – von den Schrecken der Zeit berührt. Aber man kann nicht sagen, daß jene Bilder diesem, das nun in die Sammlung kam, vorzuziehen sind.

Dazu paßt ein schönes Goethe-Wort aus den »Wahlverwandtschaften«, im Tagebuch der Ottilie, auf das ich kürzlich aufmerksam gemacht wurde: »Man weicht der Welt nicht sicherer aus als durch die Kunst, und man verknüpft sich nicht sicherer mit ihr als durch die Kunst.«

Vier Jahre nach diesem Ankauf besuchte ich bei meinem üblichen Bummel durch die New Yorker Galerien im Fuller Building, dem Galeriehaus an der Ecke Madison Avenue/57th Street, Pierre Matisse, den Sohn des Malers. Wir unterhielten uns, wie jedesmal, angeregt über dieses und jenes und auch über Miró. Ich fragte ihn, ob er eines der monochromen Bilder mit auf die Leinwand geschriebenen Wörtern aus den mittleren zwanziger Jahren habe, ein Bild also aus der Serie der »Tableaux-Poèmes«, wie Miró sie genannt hatte. Er ließ ein schönes Bild hereinbringen, das jedoch bei mir keine Gnade fand. Er ließ ein

1962 zweites kommen, das mich ebenfalls nicht eroberte; ich erinnere mich: es war ein sehr schönes, ganz weißes Bild mit einer Zahlenkolonne. Schließlich wurde ein drittes auf die Staffelei gestellt, ein braunes Bild mit der Aufschrift »Etoiles en des sexes d'escargot«, also etwa »Sterne im Geschlecht von Schnecken«. Wörtlich müßte es sogar heißen:

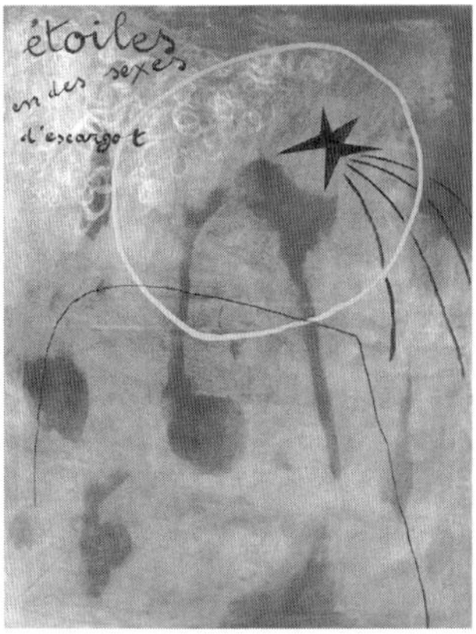

Joan Miró
Etoiles en des sexes d'escargot, 1925
129,5 × 97 cm

»Sterne in den Geschlechtern von Schnecken«. Der Titel war reine Poesie, und das Bild selbst auch. Erst viel später erfuhr ich, daß Schnecken zweigeschlechtlich sind. Möglich, daß Miró das gewußt hat, was freilich die Poesie des Titels etwas mindern würde. Von den vier Bildern des Künstlers in der Sammlung war dieses, für das ich 280.000 DM zu bezahlen hatte, immer das mir liebste.

Feininger

Wie oft habe ich hören müssen, ich hätte immer nur die etablierten oder, mit einem ärgerlichen, kunstfernen Zungenschlag, die »arrivierten« Künstler gekauft. Der Vorwurf ist nicht ganz falsch, aber wieso ist es ein Vorwurf? Warum sind denn diese Künstler »arriviert«? Es könnte doch wohl sein, daß es ganz einfach an ihrem Rang liegt. Und wenn dies so ist, so war es natürlich der Rang, der dazu führte, daß ihre Bilder in die Sammlung kamen. Die »Arriviertheit« war weiß Gott nicht das Motiv! Sonst hätten auch viele andere »arrivierte« Künstler eine Chance bekommen, die diese Chance eben nicht bekamen. Man

könnte vielleicht sogar sagen, daß eine Besonderheit dieser Sammlung 1962
gerade darin besteht, daß zahlreiche Künstler, die in der Kunstgeschichte ihren sanktionierten Platz haben, die also »arriviert« sind, durch Abwesenheit glänzen. Das hat man offensichtlich bei dem so unendlich oft geäußerten Vorwurf an meine Adresse nicht bedacht.

Lyonel Feininger
Umpferstedt I, 1914
131,5 × 101 cm

Dieser Grundhaltung hätte ein Maler wie Lyonel Feininger durchaus zum Opfer fallen können, vielleicht gerade wegen seiner Popularität oder wegen jener Züge seines Werkes, die diese Popularität befördern. Wie ich immer gedacht und oft gesagt habe, gibt es da einige wenige frühe Gemälde, die sozusagen bedeutender sind, als Feininger war. Er hatte in der Geschichte der Malerei unseres Jahrhunderts seinen Platz, gewiß, nicht zuletzt auch als Lehrer am Bauhaus, aber gerade in den Bauhausjahren lagen diese wenigen, wirklich »großen« Werke zeitlich bereits zurück. Zu ihnen gehört die sehr kubistisch strukturierte Ansicht der kleinen gotischen Dorfkirche von Umpferstedt in Thüringen, einem Dorf nicht weit von Weimar entfernt, wo Feininger schon damals, 1914, lebte, als es das Bauhaus noch nicht gab.

Man kann vor diesem Bild viel meditieren über das »Deutsche« im Vergleich zum französischen und iberischen Kubismus, obgleich ja Feininger zur Hälfte Amerikaner war und in den beiden letzten Dezennien seines Lebens, die er in Amerika verbrachte, dort als ein amerikanischer Künstler angesehen wurde. Als das Deutsche in seiner persönlichen Version des Kubismus empfindet man vor allem die Bläue, im Gegensatz zur grau-braun-oliven Farbigkeit der »eigentlichen« kubistischen Malerei; aber auch die gläserne Transparenz mit der Möglichkeit ihrer Deutung als Transzendenz; überhaupt das Sakrale und Gotische – und Regressive – der Kirche, im Gegensatz zur Modernität etwa der Delaunay'schen Eiffeltürme; dasjenige, was man einst gern als den geheimen Gotizismus der deutschen Malerei bezeichnet hat, in seltsamer Verkennung der französischen Provenienz der Gotik.

Ich habe das für Feininger so wenig liebliche, machtvoll rhythmisierte Bild bei seiner Witwe in New York gekauft. Der damalige Leiter der Graphikabteilung des Museum of Modern Art, Bill Liebermann, der viel später an das Metropolitan Museum wechselte, begleitete mich zu Frau Feininger. Er arbeitete zu jener Zeit am Katalog von Feiningers graphischem Œuvre und war daher mit der Witwe eng verbunden. Ich glaube, daß ich den Hinweis auf das Bild durch den Düsseldorfer Kunsthändler Wilhelm Grosshennig erhielt, der in früheren Zeiten, vor Hitler, seine renommierte Galerie in Chemnitz gehabt hatte. Er war es auch, der die Rechnung stellte. Sie betrug 225.000 DM.

1963

Das Geld, das viele Geld! Ohne diese große Üppigkeit wäre das alles natürlich nicht möglich gewesen. Ich fühlte mich ungeheuer verwöhnt und »entschuldigte« mir selbst gegenüber den Überfluß, der mir die Dinge so leichtmachte, mit dem Gedanken daran, daß man eben auch mit sehr viel Geld verkehrte Bilder der großen Künstler kaufen kann, wofür es in den Museen der ganzen Welt Beispiele zuhauf gibt. Ein Trost? Nun, ich war wahrhaftig nicht trostbedürftig.

In den drei letzten Monaten des Jahres 1962, in denen der Aufbau der Sammlung begann, konnte ich die exorbitanten Mittel, über die ich verfügte, nicht ausgeben. Wenn der Markt auch viel reicher mit bedeutenden Werken gesegnet war als heute, so lagen sie doch auch damals nicht auf der Straße. Und so kam es, daß zu den zwei Millionen Mark, die das Land seit 1963 bereitstellte – was ja Jahr für Jahr erneut vom Parlament beschlossen werden mußte –, noch ungefähr eine Viertelmillion aus dem Vorjahr zur Verfügung stand. Im internationalen Kunsthandel verbreitete sich das Gerücht, ich verfügte jährlich über vier Millionen, wobei man durchaus nicht sicher war, ob vier Millionen in Mark oder in Dollar. Dem habe ich selten widersprochen, weil es dazu führte, daß mein Schreibtisch in Düsseldorf mehr als irgendein

anderer mit Angeboten der ganz großen Klasse verwöhnt wurde. Die 1963
Angebote kamen tatsächlich täglich.

Es waren die Jahre des »Wirtschaftswunders«, und die Hochburg dieses Wunders war Düsseldorf, von wo aus die Industrie des Ruhrgebiets »regiert« wurde. Dennoch war es keineswegs selbstverständlich, daß man die Kunst daran in so starkem Maße teilhaben ließ. Dies war vielmehr ganz entscheidend der Wille des damaligen Ministerpräsidenten Dr. Franz Meyers, der die Gründung des Museums durchgesetzt hatte. Man hat oft gesagt, das »Geheimnis« der Kunstsammlung Nordrhein-Westfalen sei das viele Geld gewesen. Nun, das Geheimnis der Sammlung war ganz gewiß nicht das Geld, aber das Geld war die Voraussetzung. Und weil da so viel Geld war, hielt man mir auch vor, es sei ja kein Kunststück, eine solche Sammlung aufzubauen. Richtig, pflegte ich zu sagen, ein Kunststück ist das nicht; aber mein Auftrag lautet nicht, ein Kunststück zu vollbringen; mein Auftrag lautet, eine gute Sammlung aufzubauen.

Picasso

Das viele Geld war auch die Voraussetzung dafür, daß im Lauf der Jahre elf Werke von Pablo Picasso angekauft werden konnten – ganz gewiß die bedeutendste Picasso-Sammlung in Deutschland, auch wenn, in Zahlen gemessen, die Picasso-Sammlung in Köln dank der reichen Gaben von Peter Ludwig viel bedeutender ist. Es gibt eben verschiedene Maßstäbe.

Der erste Picasso in der Sammlung war das kubistische Porträt von Fernande Olivier, seiner Lebensgefährtin aus den »heroischen« Jahren am Montmartre, entstanden 1909. Schon bald nach der Entstehung muß Ambroise Vollard es erworben haben, der legendäre Händler von den Impressionisten und Cézanne bis Picasso. Über mehrere Sammler und eine Auktion war es zu Berggruen gelangt, nachdem es nach 1944 eine Zeitlang als Dauerleihgabe im Museum of Modern Art gehangen hatte. Ich erwarb es bei Berggruen zu 400.000 DM.

Ich konnte diesem wunderbaren, heute sehr klassischen Bild nicht widerstehen, und das war ja, wie ich oft gesagt habe, mein eigentliches Kriterium: die Unwiderstehlichkeit eines Kunstwerks. Allerdings wurde ich von einem befreundeten Kunsthändler gewarnt: ich solle mir

1963 diesen Ankauf sehr überlegen, da in Kürze mit aller Wahrscheinlichkeit ein anderes berühmtes Frauenporträt Picassos von 1909 auf den Markt kommen werde, das sich in der Sammlung Ida Bienert in München, zuvor in Dresden, befinde. Der Hinweis war nicht ganz edel,

Pablo Picasso
Portrait Fernande, 1909
61,8 × 42,8 cm

denn man erwartete Ida Bienerts Tod, auf den zu spekulieren mir auf diese Weise nahegelegt wurde – eine Unfeinheit, von der auch die feinsten Kunsthändler zum Glück nicht frei sind. Ich vergegenwärtigte mir das Bienertsche Bild anhand von Reproduktionen und erkannte, daß es da etwas gab, das mir mein ganzes Leben lang, und zwar außerhalb der Kunst, immer zutiefst zuwider war: die Dame trägt einen Federhut. Das war wahrhaftig kein künstlerisches Argument, subjektiver ging es wirklich nicht. Aber ich sagte mir, warum soll ich mich jahrelang über einen Federhut ärgern, wenn ein anderes, gleichrangiges Bild ohne Federhut in Reichweite ist? Und das war gut so, denn nach dem Tod der Besitzerin stellte sich heraus, daß sie ihr Bild testamentarisch der Staatsgemäldesammlung in München vermacht hatte, wo ich es seither oft reuelos gesehen habe.

Einige Jahre danach zeigte mir Ernst Beyeler ein wesentlich größeres weibliches Porträt von Picasso aus derselben Zeit. Es war ein wunderbares Stück Malerei, aber auch da gab es ein Detail, über das ich nicht hinwegkam. Und dieses Detail war wesentlich bestimmender als der Federhut und hatte auch nichts mit persönlicher Aversion zu tun. Es war der Mund der Dargestellten, der, wie ich fand, das herrliche Bild ganz zentral beschädigte. Immer wieder bei meinen Besuchen der

Galerie Beyeler, über Jahre hinweg, stieß mich der Mund so sehr ab, daß ich schweren Herzens auf den Erwerb verzichtete. Es schien mir so zu sein, daß der Mund aus der kubistischen Struktur ausgespart war, ein naturalistischer und allzu individueller Rest, und daß er überdies dem Porträt etwas fatal Mondänes verlieh. Ich habe das Bild in späterer Zeit oft in der Berliner Nationalgalerie, die es schließlich gekauft hat, wiedergesehen. Jedesmal war ich von seiner Schönheit hingerissen, und jedesmal zerstörte für mich der Mund alles.

In der Tat war das bei »unserem« Fernande-Bildnis ganz anders. Da gab es nicht dieses Abgleiten ins Individuelle und leicht Mondäne. Picasso legte, wie man sehen kann, keinen Wert auf die Schönheit des Mädchens, der er andererseits erlegen war. Vergleicht man das Bild mit den Photos der Fernande, dann könnte man darüber entsetzt sein, wie »häßlich« er sie gemalt hat; gewiß noch nicht so brutal entstellt wie Dora Maar mehr als drei Jahrzehnte später, aber doch rücksichtslos gegenüber ihrer Schönheit. Man kann fragen, warum er das tat, und man kann antworten, daß es ihm als Maler um das Bild und nicht um das geliebte Mädchen ging. Dann aber wird man fragen können, warum er des Mädchens dann überhaupt bedurfte, um das Bild zu malen. Und die Antwort, außerhalb aller kunstwissenschaftlichen Argumentation, könnte lauten: er brauchte, um zu malen, das Mädchen als Inspiration. Er brauchte immer ein Gegenüber. So etwa habe ich es, um nicht das ABC des Kubismus herunterzuleiern, meinen Gästen häufig dargestellt und habe gern hinzugefügt, daß es mir im Grunde ganz ähnlich ergehe, insofern es mir unmöglich sei, auf ein totes Gerät zu diktieren: ich brauchte ein lebendiges Vis-à-Vis, ohne das mein Diktieren lustlos und mein Diktat ohne Animation wäre. Dies alles zu sagen ist, von einer höheren Warte aus betrachtet, natürlich absolut unstatthaft.

Im folgenden Jahr machte mich eines der drei Mitglieder der Ankaufskommission auf einen Picasso in der Galerie Rosengart in Luzern aufmerksam. Das ging mir, wie ich mich gut erinnere, sehr gegen den Strich, denn auf keinen Fall wollte ich seitens der Kommission auf irgend etwas aufmerksam gemacht werden, so als wäre dies ein Eingriff in meine Entscheidungsfreiheit. Tatsächlich ist es dann auch nie wieder passiert. Falscher Stolz? Ich glaube: nein. Natürlich habe ich mir das Bild – sein Titel: »Grand Profil« – angesehen, als ich einige Zeit später

1963 in der Schweiz war, und ich war fast etwas enttäuscht, daß es mir sehr gefiel. Andererseits zögerte ich leicht, denn eigentlich war ich der Meinung, es könne aus der Entstehungszeit – 1963 – kein wirklich »großes« Bild von Picasso mehr geben. Ich habe dann auch nie mehr eines von 1963 oder aus den Jahren danach gesehen, das mich künstlerisch ange-

Pablo Picasso
Grand profil, 1963
130 × 97 cm

rührt hätte. Auch bei diesem schönen Bild, das übrigens, als ich es erwarb, gerade ein Jahr alt war, blieb immer eine ganz leichte Einschränkung.

Der späte Picasso: immer wieder habe ich gehofft, meine Meinung revidieren zu können. Ich konnte es nicht. Die Bilder erlaubten es mir nicht. Immerhin, noch im Alter von achtzig Jahren war er ein großer Maler, und das war exzeptionell, denn wer in unserem Jahrhundert hätte so lange auf großer Höhe durchgehalten? Die traurige Regel ist der künstlerische Abstieg im Lauf eines Künstlerlebens, was keine biologischen Ursachen haben kann, da es nur für unser Jahrhundert gilt. In früheren Zeiten war das anders: da hatte ein Künstler die Möglichkeit des Reifens, ja einer Vergeistigung im Alter, die wir heute kaum noch kennen. Es ist ja auffallend, daß, wenn man von älterer Kunst spricht, man mit Betonung sagt: ein später Tizian! ein später Rembrandt! ein später Goya! Spricht man hingegen von der Kunst in unserem Jahrhundert, dann sagt man mit derselben Betonung: ein früher Chagall! ein früher Kirchner! ein früher Kokoschka! Da hat sich offensichtlich etwas umgekehrt, und dies hängt, wie ich vermute, zusammen mit dem Gewicht, das man seit rund hundert Jahren dem Prinzip Innovation beimißt. Es bedeutet eine Chance für die jungen Künstler, die den alten, ja schon den älteren Künstlern genommen ist. Gewiß gibt es Ausnahmen, aber es sind eben Ausnahmen. Und bei diesen Ausnahmen kann es sein, daß man einem Künstler etwas attestiert, das man früher einem alten Künstler kaum lobend bescheinigt hätte, nämlich eine ungebrochene künstlerische Jugendlichkeit. Ich habe über diese Problematik 1993 in Mannheim eine Rede gehalten, als der achtzigjährige Henri Nannen mit dem »Mentor-Preis« geehrt wurde, der nur an alte Menschen verliehen wird. Allerdings war ich nach der Rede nicht ganz sicher, ob eine so negative Bilanz, auch wenn sie nur die bildenden Künstler betraf und nicht das Metier des Geehrten, bei einer solchen Gelegenheit am Platz war.

Mit dem Bild von Picasso, das hier diese Gedanken ausgelöst hat, verbindet sich eine kleine Geschichte, die sich wohl in den siebziger Jahren abgespielt hat. Jemand wollte mir einen Picasso zeigen. Zum vereinbarten Termin erschienen zwei großgewachsene, bestens gekleidete, aber auch etwas »schräg« wirkende Herren mit einem mittelgroßen Paket. Mir schwante nichts Gutes. Nach dem üblichen Vorgeplänkel bat ich meine Besucher, das Objekt zu enthüllen. Ich sah sofort, was damit los war, wollte aber, um die Situation voll auszukosten, die Katze nicht gleich aus dem Sack lassen. Also sprach ich, den Blick auf das corpus delicti gerichtet, von allem möglichen. Schließlich jedoch mußte ich mit der Sprache heraus: »Meine Herren, ich kann Ihnen sagen, was es mit diesem Bild für eine Bewandtnis hat. Das Original, nach dem man diese Fälschung angefertigt hat, hängt da drüben, auf der Rückseite der Wand hinter meinem Schreibtisch. Es ist nicht nur bedeutend größer, sondern hat auch den eminenten Vorteil, echt zu sein.« Es war das »Grand Profil« von 1963. Die beiden Herren waren wie vor den Kopf gestoßen, aber nicht so sehr wegen der für sie ärgerlichen Entlarvung, da sie ja, so unschuldig sie auch taten, sicherlich wußten, was sie mir da gebracht hatten, sondern weil sie in eine Falle geraten waren. Sie erklärten mir, ein Dritter habe ihnen das Bild anvertraut – eine Ausrede, die ich oft gehört habe. Die Fälschung war übrigens gar nicht schlecht gemacht. Ich vermute, man hatte eine vorhandene Farbreproduktion des Gemäldes auf eine kleinere Leinwand projiziert und dann sozusagen nachgepinselt, wozu möglicherweise eine leicht erreichbare Vorlage gedient hatte, nämlich der Umschlag einer 1971 erschienenen Picasso-Monographie von Klaus Gallwitz.

1963 Ich sagte es bereits: auf der Lefèvre-Auktion von 1965 erwarb ich, ein Jahr nach dem Ankauf des »Grand Profil«, Picassos »Stilleben mit Stierschädel« von 1942. Das Bild besaß in Deutschland eine besondere Prominenz dadurch, daß es schon sehr früh, 1946, in der damals führenden Kunstzeitschrift »Das Kunstwerk« farbig reproduziert worden war. Bei dem enormen Kunsthunger, der im Deutschland der unmittelbaren

Pablo Picasso
Nature morte au crâne de boeuf,
1942
130 × 97 cm

Nachkriegszeit herrschte – ich selbst lebte noch in der Schweiz –, haben es sehr viele Menschen wahrgenommen. 1947 figurierte es in einer durch mehrere deutsche Städte wandernden Ausstellung »Meister der französischen Malerei der Gegenwart«. Ich habe die Ausstellung bei der Eröffnung in Karlsruhe von Basel aus besucht und erinnere mich an ein großes Essen, das bei dieser Gelegenheit die französischen Besatzungsbehörden gaben. Es herrschte kulinarischer Überfluß, während draußen »die Deutschen« standen und sich an den Fenstern die Nasen platt drückten, starrend auf all das, was ihnen unerreichbar war. Habe ich dennoch mit Appetit gegessen? Ich weiß es nicht mehr, fürchte aber, daß es so war.

Picassos »Stilleben mit Stierschädel« gehört zu den Werken, die sich den Menschen auf eine besonders intensive Weise einprägen. Der Künstler hatte es – in dieser und einer weiteren Fassung – als Requiem auf den soeben in Paris verstorbenen Bildhauer Julio Gonzalez gemalt, mit dem er befreundet war, und mit dem er in der Zeit seiner surrealistischen Eisenplastiken zusammengearbeitet hatte. Ich selbst hatte Gonzalez, der ja schon während des Krieges starb, nicht gekannt, war aber mit seiner Tochter Roberta befreundet, zu der Zeit, als sie mit Hans Hartung verheiratet war. Sie kam auch nach Hannover, als ich dort 1957 eine Gonzalez-Ausstellung zeigte, eine der schönsten übrigens in meiner Zeit an der Kestner-Gesellschaft. Gonzalez gehörte immer – und gehört auch heute noch – zu den von mir geliebtesten Bildhauern der Moderne.

Mit dem Preis von 600.000 DM blieb das Bild leicht unterhalb meines mir selbst gesetzten Limits. Man kann sagen, daß es keine besondere Leistung war, ein solches Bild zu kaufen, wenn man das Geld hatte. Richtig: es war keine besondere Leistung, namentlich nicht in diesem Jahr 1965, in dem mir dank einer zweiten gewaltigen Spende des Westdeutschen Rundfunks zehn Millionen Mark in den Schoß gefallen waren. Ich befand mich im größten Überfluß meiner Amtszeit. Das endete bald, und dann wurde es schwierig, da man immer wieder auf herausragende Bilder verzichten mußte. In diesem einen Jahr waren dem Sammeln fast keine Grenzen gesetzt. Der Kunsthandel, weltweit, blickte fasziniert auf das Museum in Düsseldorf, wo nichts unmöglich zu sein schien, so daß die bedeutendsten Angebote zuerst hierherkamen. Für mich hieß das allenfalls »embarras de richesse«.

Noch ein anderer Picasso aus den Kriegsjahren kam im selben Jahr in die Sammlung: eine »Frau im Lehnstuhl« aus der Galerie Rosengart. Das Bild steht in der Reihe der vielen während des Zweiten Weltkriegs entstandenen Frauenbildnisse, die man meistens mit dem Namen seiner damaligen Freundin Dora Maar in Verbindung bringt. Man bringt sie auch in Verbindung mit dem Krieg, und zwar aufgrund eines etwas allzu bequemen Kurzschlusses: Zerrissenheit des menschlichen Antlitzes als Ausdruck der Zerrissenheit der Welt. Aber schließlich ist dies doch, trotz der großen Augen, die man als schreckhaft empfinden könnte, und trotz aller Deformation ein überaus fröhliches Bild: heiter die Farben, munter der Kopfschmuck. Und in seinem Aufbau ist es sogar ein recht traditionelles, fast an die Mona Lisa gemahnendes Bild.

Ich erinnere mich oft der Fassungslosigkeit, die einen ergriff, als man gleich nach Kriegsende solchen Bildern zum ersten Mal begegnete. Mein Freund Georg Schmidt, der unvergessene Direktor des Basler Kunstmuseums, veröffentlichte damals einen fast moralisch entrüsteten Aufsatz über diesen neuen, die weibliche Anatomie vergewaltigenden Picasso, wenn ich mich recht entsinne in der Zürcher »Welt-

1963 woche«. Er wird sich später nicht gern daran erinnert haben. Jeder hat einmal etwas geschrieben, woran er später nicht gern erinnert wird. Ich erwähne es, um zu zeigen, daß diese Bilder, die uns heute so vertraut sind, auch bei »Insidern« einen Schock auslösen konnten. Ich selbst

Pablo Picasso
Femme assise dans un fauteuil,
1941
80,7 × 65 cm

war, wie ich glaube, trotz aller Verwirrung sofort stark beeindruckt und kaufte nun, zwanzig Jahre nach Kriegsende, dieses Bild.

1966 kam wieder ein Picasso auf mich zu. Michael Hertz, der Bremer Kunsthändler, Repräsentant Kahnweilers in Deutschland, machte mich auf das Bild mit dem Titel »Offenes Fenster« aufmerksam. Ich sah es mir bei einem Besuch bei Kahnweiler in seiner Galerie Louise Leiris in Paris an und war sehr angetan. Warum war das so? Das ist nicht leicht zu erklären. Ich glaube, es lag an der unerhörten Freiheit, mit der Picasso hier über die künstlerischen Mittel verfügt, die er sich in den Tagen des Kubismus erobert hatte. Das Bild stammt von 1919, ist also schon jenseits des Kubismus, aber doch noch in dessen Reichweite, entstanden. Es paßt in keine der vertrauten stilistischen »Schubladen« und erschwert wohl deshalb manchen Menschen den Zugang. Trotz seiner beachtlichen Größe ist es gewiß kein spektakuläres Werk, kein sogenanntes Hauptwerk. Ich glaube, daß es in besonderem Maße ein Bild für sehr künstlerische und ganz unabhängige Augen ist. Derartiges habe ich häufig erlebt, wenn es sich um Werke handelte, die in keine Rubrik passen und daher gleichsam auf ein ungestütztes Sehen angewiesen sind. So ist es auch bei diesem Bild: nichts, was man »gelernt«

hat, erleichtert seine Beurteilung; sofern überhaupt das, was man gelernt hat, zur Beurteilung von Kunst von Nutzen ist.

Kahnweiler habe ich in seiner Galerie Louise Leiris ungezählte Male getroffen. Das erste Mal hat er mich stark beeindruckt. Ich kam aus Basel, war noch sehr jung und weit davon entfernt, ein renommiertes Museum hinter mir zu haben. Kahnweiler, der schon damals für mich ein Mythos war, nahm sich meiner auf das liebenswürdigste an und zeigte mir eine Menge Bilder, obwohl ich kein potentieller Kunde war. Daß ich ihn damals nicht nach den »heroischen« Zeiten ausgefragt habe, wundert mich, obwohl ich inzwischen weiß, daß ich im Antworten besser als im Fragen bin. Er hat sie ja »alle« gekannt, nicht nur die Kubisten und nicht nur die bildenden Künstler. Besonders als ich 1990 über Modigliani arbeitete, hätte ich ihm gern Fragen gestellt, ohne ganz sicher zu sein, ob die Ausbeute ergiebig gewesen wäre, zumal er ein sehr trockener Erzähler war. Ich kannte seine Erzählungen von Vorträgen her. Einmal war ich es selbst, der ihn zu einem Vortrag nach Düsseldorf einladen ließ, innerhalb eines Zyklus von drei Vorträgen; die anderen hielten Fritz Nathan aus Zürich und Alex Vömel in Düsseldorf, der übrigens die mannheimische Sprechweise Kahnweilers herrlich imitieren und karikieren konnte. Später habe ich Kahnweiler nur noch ein Mal über die alten Zeiten reden gehört, anläßlich einer Picasso-Ausstellung in Knud Jensens schönem Museum von Louisiana bei Kopenhagen. Dieselben Geschichten hatte ich viel animierender und spannender 1950 aus dem Mund von Maurice Raynal gehört, einem anderen großen Zeitzeugen, als er bei Skira in Genf uns Ko-Autoren der »Histoire de la Peinture moderne« von den Anfängen des Kubismus erzählte.

Jedesmal, wenn ich mit Kahnweiler zusammentraf, fiel er über die abstrakte Kunst her, die ihm sein Leben lang ein Dorn im Auge war. Viele haben das erlebt. Es war ein sinnloser Disput, und er machte mir auch nicht viel Spaß, zumal Kahnweiler nicht mit der Gabe des Humors gesegnet war. Außerdem meinte er halsstarrig, immer wieder die wirklich belanglosen Künstler rühmen und verteidigen zu müssen, die später, nach den Künstlern der ersten Generation, zu seiner Galerie gestoßen waren. Natürlich war man bereit, ihm aufgrund seines außerordentlichen Platzes in der Geschichte der Kunst alle Fehlgriffe zu verzeihen, aber etwas gequält hörte man ihm dennoch zu, wenn er einem beweisen wollte, was das für fabelhafte Künstler waren. Mich hat

1963 immer überrascht, wie wenig »visuell« er war. Vielleicht irrte ich mich, doch so empfand ich es, und es bestätigte sich 1995, als im Kunstmuseum Düsseldorf seine Privatsammlung gezeigt wurde. Falls man Großes erwartete, wurde man sehr enttäuscht, übrigens auch, sofern

Pablo Picasso
Fenêtre ouverte, 1919
209,5 × 117,5 cm

man dafür den Blick hatte, von den afrikanischen Plastiken, die er zu einer Zeit erworben hatte, als man in Paris aus dem vollen schöpfen konnte: keine einzige von ihnen war bedeutend. Kahnweiler hatte eine »Moral«, nach welcher Kunsthändler nicht zugleich Sammler sein dürfen. Das ist verständlich, aber ich glaube, daß er diese »Moral« um so leichter aufrechterhalten konnte, als er gar nicht besonders verführbar war. Im übrigen sprach er auch über den Kubismus, den er doch so hautnah miterlebt hatte, merkwürdig distanziert, ja theoretisch, so wie ja auch sein Juan Gris-Buch eher etwas von einem philosophischen Traktat hat. Im Lauf der Jahre wurden die Begegnungen immer mühevoller, weil seine Schwerhörigkeit zusehends in Taubheit überging, so daß man »brüllen« mußte, um dennoch mißverstanden zu werden. Und doch war es schön, daß er noch da war, eine lebendige Brücke zurück in den großen Aufbruch der Kunst nach der Jahrhundertwende.

Noch einmal Picasso, im selben Jahr 1965. Bei jedem meiner Aufenthalte in New York besuchte ich Sidney Janis, den »grand old man« der amerikanischen Galeristen, der, wie nach ihm nur noch Leo Castelli, großen Einfluß auf das künstlerische Leben der Nation hatte. Auch in Europa sah man ihn oft: an der venezianischen Biennale und an der Documenta in Kassel, die er selbst im hohen Alter noch besuchte, ich glaube, als er neunzig Jahre alt war. Auch in Düsseldorf hat er mich 1963

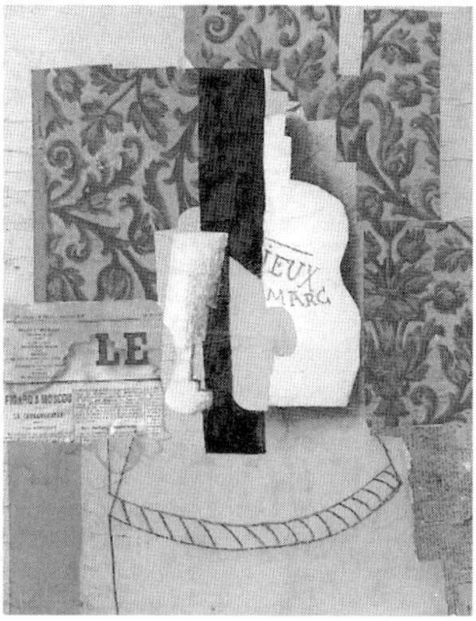

Pablo Picasso
Nature morte, bouteille et verre, 1913
62 × 48 cm

einmal besucht. Ich war bei ihm von Anfang an durch meine Schwitters-Aktivitäten hoch willkommen, noch bevor 1967 meine Monographie über den Künstler erschien. Janis hatte in seiner Galerie eine Menge Schwitters-Collagen, die naturgemäß von Besuch zu Besuch weniger wurden. Aber natürlich zeigte er mir jedesmal nicht nur Schwitters, sondern vieles andere, sowohl »Klassisches« als auch Zeitgenössisches. Dennoch wollte es der Zufall, daß ich bei ihm nur ein einziges Mal »zugeschlagen« habe, nämlich bei einer Collage von Picasso, die ich bereits einige Zeit zuvor bei Schmela in Düsseldorf gesehen, damals aber aus irgendeinem Grund verschmäht hatte.

Es ist sicher so, daß ich manche Collage von Picasso aus denselben Jahren des Kubismus mehr geliebt habe als diese: Arbeiten mit wenigen Bleistiftlinien und ganz wenigen aufgeklebten Zeitungsteilen, wie ich sie beispielsweise 1956 bei Tristan Tzara in Paris sah, in seiner Wohnung an der Rue de Lille, als ich mir bei ihm das Spiegel-Objekt von Schwitters für meine Ausstellung in Hannover auslieh, und später erneut, als ich bei der Vorbereitung meiner Monographie seine Korrespondenz mit Schwitters durchsah. Diese überaus »musikalischen« Picasso-Blätter im Besitz von Tzara standen mir immer vor Augen, schienen mir aber zu sehr in die Kategorie »Zeichnung« zu gehören, um

1963 um neben den Bildern, die ich sammelte, wirken zu können. Als sehr bildhaft dagegen empfand ich die nun bei Janis erworbene Collage; immerhin, im Unterschied zu jenen, ein veritables Stilleben mit einer Flasche »Vieux Marc« und einem Cognacglas.

Abgesehen vom Zauber des Bildes als solchem gab es da, wie mir erst später bewußt wurde, reizvolle Implikationen. Zum Beispiel: die Verwendung einer kitschigen Neo-Renaissance-Tapete, wie sie Picasso wohl kaum zur Dekoration der eigenen Behausung verwendet hätte, während sie ihn hier gerade dank ihres banalen Kitsches gelockt haben muß. Es war der Eintritt des Kitsches in die Kunst – ein Thema, das sich dann fortsetzte bei Dada und im Surrealismus und weit darüber hinaus bis hin zu so unsäglichen Erscheinungen der Gegenwart wie Jeff Koons, von dem zu hoffen ist, daß er, wenn dieses Buch erscheint, vergessen ist.

Ein anderer Aspekt: mir fiel eines Tages auf, daß auf einem der beiden aufgeklebten Zeitungsstücke die Überschrift »Figaro à Moscou – le couronnement« nicht mit dem Entstehungsdatum der Collage übereinstimmt, denn 1913 war in Moskau kein Zar gekrönt worden. Ich ging der Sache nach, indem ich ein Photo des Bildes an den Figaro in Paris schickte. Einige Zeit später wurde mir geantwortet, es handele sich um eine Nummer aus dem Jahr 1883. Picasso hatte also eine dreißig Jahre alte Zeitung benutzt, die ihn offenbar mehr reizte als eine neue; vielleicht auch deshalb, weil er auf diese Weise dem späteren Vergilbungsprozeß zuvorkam. Und schließlich paßte die alte Zeitung ja auch, was ihm nicht bewußt sein mußte, zur historistischen Tapete.

Und noch ein weiterer Aspekt: es stellte sich heraus, daß ein Teil derselben Nummer des Figaro auf einer Picasso-Collage in der Tate Gallery in London klebt, und zwar der auf »unserer« Collage fehlende, sich exakt anschließende Teil mit dem Titel »Le Figaro«. Ich gewann aus dem Umstand, daß die alte Zeitung dem Künstler offensichtlich kostbar gewesen war, die Erkenntnis, daß er mit seinen Materialien rational, ökonomisch und methodisch vorging, fast möchte man sagen: »cartesianisch« und damit völlig anders als wenige Jahre später ein Künstler wie Kurt Schwitters, der sich seine Papierschnitzel in den Abfallkisten hannoverscher Druckereien zusammenklaubte. Von solch »genialischem« Schöpfertum bei Picasso, diesem Inbegriff künstlerischen Genies, keine Spur.

So hatte ich 1965 drei Picassos gekauft, und 1966 kamen noch einmal 1963
drei dazu. Das war nicht nur den Bildern selbst, sondern der in diesen Jahren unerhörten Finanzkraft des Museums zuzuschreiben, da seit 1964 insgesamt fünfzehn Millionen aus Sonderspenden des Westdeutschen Rundfunks zur Verfügung standen, wozu ich später noch etwas sagen werde. Ich war in der vielbeneideten Lage, in so kurzer Zeit sechs Bilder des »Jahrhundertkünstlers« zu erwerben. Das war für viele Menschen atemberaubend, merkwürdigerweise aber nicht so sehr für mich: für mich waren atemberaubend allein die Bilder selbst.

Pablo Picasso
Deux femmes nues assises, 1920
195 × 163 cm

Nur dank dieser ungeheuren Mittel konnte es gelingen, ein absolut herausragendes Bild Picassos aus dessen »neoklassischer« Zeit um 1920 zu erwerben, das großartigste vielleicht überhaupt, eindrucksvoller noch als »Die drei Frauen am Brunnen« im Museum of Modern Art, weniger arkadisch als diese und noch gewaltiger.

Daß mir dieses großartige Gemälde, wie man in diesem Fall fast wörtlich sagen könnte, über den Weg lief, hatte zur Ursache einen Zufall. Ich habe die kleine Geschichte oft erzählt, gelegentlich auch im deutschen Fernsehen. An irgendeinem Tag des Jahres 1965 schlenderte ich in New York die Madison Avenue hinauf. Mir entgegen kam, etwa in der Höhe der 76. Straße, ein mir bekannter Kunsthändler. Er war klein von Wuchs und klein an kunsthändlerischer Bedeutung. Sein Name: Myrtil Frank. Er stammte aus Cottbus, wo sein Vater Viehhändler gewesen war. In der Emigration war der Sohn zum Kunsthändler geworden. Er kooperierte gelegentlich von New York aus mit

1963 dem Düsseldorfer Kunsthändler Wilhelm Grosshennig. Wir begrüßten uns, wie man sich eben begrüßt: »Hallo, wie geht's?« und so weiter, und dann verabschiedeten wir uns. Aber nach ein paar Schritten hörte ich ihn meinen Namen rufen und drehte mich um. Er kam auf mich zu und sagte, ihm sei gerade etwas eingefallen, das mich vielleicht interessieren werde. Der große Automobil-Magnat Walter P. Chrysler jr. habe wegen der kürzlich erfolgten Trennung von seiner Frau seine riesige Kunstsammlung in einem Loft in downtown New York ausgelagert. Da er, Frank, mit Chryslers Hauskonservator bekannt sei, könne dieser uns möglicherweise Zugang verschaffen; es sei ja denkbar, daß da etwas für mein Museum in Düsseldorf zu entdecken sei. Ob ich Lust hätte, mir die Sache einmal anzusehen? Ich hatte Lust. Und so fuhren wir am folgenden Tag zu dritt ins tiefste Downtown zu dem Lagerhaus, wo Chrysler für seine Schätze zwei ausgedehnte Stockwerke gemietet hatte. Hunderte von Bildern standen da, stapelweise, mit dem Gesicht zur Wand. Es war überwältigend. Bilder aus allen Jahrhunderten der europäischen Kunstgeschichte seit der Spätrenaissance, gute und schlechte, echte und wohl auch falsche, das meiste in großen und mittleren Formaten. Es war so, wie sich der berühmte »kleine Moritz« die Sammlung eines amerikanischen Big-Business-Mannes vorstellt.

Von Stapel zu Stapel »blätterte« ich die Bilder durch, von oben flüchtig hineinäugend, und stieß auf dieses außerordentliche Werk. Mir stockte der Atem. Es war einfach unglaublich, daß dieses hinreißende Bild in meine Reichweite geriet. Ich ließ mein Interesse erkennen, jedoch meinen Enthusiasmus nicht allzusehr, damit das Ding nicht teurer wurde, als es ohnehin war. Myrtil Frank meinte, er fürchte, es könne etwa eine Million Mark kosten. Ich antwortete, daß dies auch meine Befürchtung sei, wohl wissend, der Preis werde wohl eher in der Gegend von zwei Millionen liegen. Zwanzig Jahre später hätte man es kaum unter sechzig oder achtzig Millionen bekommen.

Auf demselben Stapel stieß ich noch auf ein anderes ungeheures Bild von Picasso, ein großes Hochformat aus dem unmittelbaren Umkreis der »Demoiselles d'Avignon«. Der vermutete Preis lag wesentlich höher als der der »Zwei sitzenden Akte«, so daß ich mich der Verführung nicht weiter aussetzen wollte. Wenig später sah ich es in einer New Yorker Galerie wieder, wo es bereits acht Millionen kosten sollte.

Und noch ein anderes Bild der Chrysler-Collection beschäftigte mich damals; ich bin nicht ganz sicher, ob ich es bei dieser oder bei einer anderen Gelegenheit sah. Es war eines der schönsten Bilder der »Blauen Periode« mit dem Titel »Zwei Frauen in einer Bar« aus dem Jahr 1902. Ich habe das Bild, das für mich finanziell unerreichbar war, für lange Zeit aus den Augen verloren. Als ich 1992 auf einer Japanreise, zusammen mit Robert und Irmgard Rademacher, das Museum von Hiroshima besuchte, hing da, für mich vollkommen unerwartet, dieses großartige Bild. Ich erblickte es sofort beim Betreten des Saales, und es traf mich fast wie ein Keulenschlag. Das Bild war noch hinreißender, als ich es in Erinnerung hatte, frei von den sentimentalen Zügen, die die Bilder der Blauen Periode so oft an sich haben. Noch immer war es »mein« Bild.

Zurück zu Picassos sitzenden Akten. Mein Besuch in New York ging ein paar Tage später zu Ende, und in Düsseldorf harrte ich der Dinge, die da kommen sollten. Schon nach wenigen Tagen besuchte mich Großhennig in seiner unnachahmlichen Hektik und berichtete, er habe soeben erfahren, daß Chrysler bereit sei, das Bild zu veräußern, der Preis betrage 2.2 Millionen DM. Das war für dieses Bild ein korrekter Preis, und dennoch lehnte ich ihn ab. Ich erklärte, ich sei nicht bereit, über 1,7 Millionen hinauszugehen, dies sei mein endgültiges, nicht weiter verhandelbares Angebot. Daraufhin hörte ich lange nichts. Chrysler machte einen Fehler, indem er das Bild nicht »zur Ansicht« nach Düsseldorf schickte. Hätte es in meinem Büro gestanden, ich hätte den geforderten Preis bezahlt, da ich dem Bild nicht hätte widerstehen können. Aber zwischen mir und dem Bild lag der Atlantische Ozean, und so konnte ich kühl auf »meinem« Preis beharren. Es dauerte ein halbes Jahr, bis der kaum noch erwartete Anruf kam: Chrysler habe »meinen« Preis akzeptiert, der immerhin eine halbe Million unter »seinem« Preis lag. Das Bild kam nach Düsseldorf und blieb das wohl bedeutendste Werk in der Kunstsammlung überhaupt.

Diese Preis-Geschichte hat mir immer als Exempel gedient, wenn zum hundertsten oder tausendsten Mal der Satz widerholt wurde: »Schmalenbach kauft teuer«. Meine Antwort lautete stets: ich kaufe nicht teuer, ich kaufe teure Bilder. Was ja nicht dasselbe ist. Hierfür war der Ankauf des grandiosen Bildes von Picasso mit der schließlich erwirkten Preissenkung ein Beweis. Es gab natürlich noch viele andere.

Vor allem aber liebe ich an dieser Geschichte, daß ein so großartiges Bild seine Präsenz in der Sammlung einem reinen Zufall verdankt, nämlich der zufälligen Begegnung zweier Menschen an einem Vormit-

1963 tag gegen elf Uhr an der Madison Avenue in New York. Wäre es nicht zu dieser Begegnung gekommen, dann wäre das Bild nicht hier. Zuweilen beschleicht mich das seltsame Gefühl, als seien Myrtil Frank und ich, wie Marionetten an Fäden hängend, zueinander geführt worden. Aber dieses Gefühl mißfällt mir, da ich den Zufall liebe und es gar nicht schätze, wenn man mir ins Wort fällt und erklärt, es gebe keinen Zufall, alles sei Fügung. Ich liebe den Zufall um des Zufalls willen und will von Fügung oder Marionetten in höherer Hand nichts wissen. Vielleicht hat auch meine Liebe zur Kunst von Kurt Schwitters mit dieser Lust am Prinzip Zufall zu tun, das ja dort, zumindest dem Schein nach, exemplarisch herrscht.

Nachdenklich allerdings werde ich, wenn ich mir vorstelle, wie viele mögliche Zufälle nicht eingetroffen sind, das heißt: wie viele Bilder ich möglicherweise im Vertrauen auf den Zufall verpaßt habe. Für die ersten Jahre ist diese Sorge gering, da nahezu alle bedeutenden Angebote zuerst nach Düsseldorf kamen. Später aber änderte sich das zusehends, aber da wäre es ohnehin immer schwerer geworden, die großartigsten Bilder, die mir der Zufall vorenthielt, zu erwerben.

Pablo Picasso
Femme au miroir, 1937
130 × 195 cm

1966 machte mich Siegfried Rosengart auf einen wiederum außerordentlichen Picasso aufmerksam, der sich in einer bedeutenden amerikanischen Sammlung befand. Es war die traumhaft schöne »Frau vor dem Spiegel« von 1937, dem Jahr, in dem »Guernica« entstand. Es erscheint mir immer wieder unglaublich, daß fast gleichzeitig mit dem apokalyptischen Bild des Spanischen Bürgerkriegs eine so entspannte, kontemplative »sacra conversazione« zwischen einer auf dem Boden hockenden Frau und einer vor ihr liegenden Zeichnung entstehen konnte, vollkommen unberührt von den Ereignissen des Jahres, die auch ihn, Picasso, aufrührten. Jean Leymarie, der frühere Direktor des Musée d'Art Moderne in Paris und spätere Direktor der Académie Française in Rom, hat das Bild in einem seiner Texte als ein Schlüsselwerk des Künstlers bezeichnet. Ich selbst denke nicht, daß es diese Sonderstellung einnimmt, aber zu den wundervollsten Bildern der dreißiger Jahre gehört es zweifellos.

Aus Anlaß des Kaufs machte Rosengart eine reizende Geste, indem er der Kunstsammlung in Düsseldorf eine Abdullah-Zigarettenschachtel schenkte, auf der Picasso in einem Pariser Café die Komposition des Bildes mit dem Bleistift skizziert hatte, um sie einem Gesprächspartner zu erklären.

Der Name Jean Leymarie löst Erinnerungen an gemeinsame Begebenheiten aus. In Jerusalem wird seit Jahren regelmäßig der Preis der Stiftung Wolf vergeben, einer der höchsten Preise der Welt, der prinzipiell nur an »Sparten« vergeben wird, die vom Nobelpreis in Stockholm nicht bedacht werden. Als man 1982 zum ersten Mal die bildende Kunst berücksichtigen wollte, bat man drei Fachleute, einen Vorschlag zu unterbreiten: den israelischen Kunstwissenschaftler Avraham Ronen, Jean Leymarie und mich. Leymarie residierte als Direktor der Académie Française in Rom in der Villa Medici, nahe der Spanischen Treppe. Dort trafen wir uns in einem wunderbaren, großen Raum und wurden uns schnell einig, Antoni Tàpies vorzuschlagen. Aber Ronen machte uns darauf aufmerksam, daß es nicht anging, bei dieser ersten Verleihung Marc Chagall auszulassen. Das machte zwar keinen von uns glücklich, aber wir sahen es ein und halbierten den Preis: eine Hälfte an Chagall, die andere an Tàpies. Als die Preisverleihung näherrückte, wurde ich gebeten, für Tàpies, der nicht nach Israel kommen konnte, den Preis entgegenzunehmen. Tàpies lehnte es zu jener Zeit ab, ein Flugzeug zu besteigen. Also flog ich mit meiner Frau nach Israel, hielt in der Knesset eine kurze englische Ansprache und nahm sodann den Preis aus der Hand des Staatspräsidenten entgegen. Auch der herrliche Teddy Kollek war natürlich dabei, dem ich schon Jahre vorher bei der Eröffnung der Klee-Ausstellung im Israel-Museum in Jerusalem – und anschließend auch in seinem Haus, wo er mir seine reiche Sammlung archäologischer Funde zeigte – begegnet war. Er sagte mir damals übrigens, daß ich in Israel, da meine Mutter Jüdin war, als Jude und damit als »einer von uns« gelte. Das gefiel mir sehr und gefällt mir auch heute noch.

1963 Mit der Villa Medici verbindet sich noch eine andere Erinnerung. Leymaries Vorgänger als Leiter der Académie Française war der Maler Balthus gewesen, den ich anläßlich eines Besuches in Rom durch Vermittlung des Galeristen Claudio Bruni – Galleria La Medusa – besuchte. Auf diesen Besuch war ich besonders gespannt, denn 1939, kurz vor Kriegsausbruch, war ich in einer Galerie an der Rue du Faubourg St. Honoré in Paris völlig unvorbereitet in die Ausstellung eines mir unbekannten Malers geraten, der den seltsamen Namen Balthus trug. Die Ausstellung hatte mich sehr beeindruckt. Es hing dort auch das große, heute berühmte Straßenbild, das später in den Besitz des Museum of Modern Art gelangte. In Rom empfing mich Balthus sehr liebenswürdig, sehr aristokratisch – Bruni hatte ihn am Telephon korrekt als »Conte« tituliert – und zeigte mir zunächst den wundervollen Garten. Dabei passierte etwas Merkwürdiges. Die japanische Frau des Malers kam uns mit einem Lamm auf dem Arm entgegen, von dem sie sagte, sie habe es soeben im Park aufgefunden. Ein Lamm mitten in Rom? Wie war es in den von einer hohen Mauer umgebenen Garten gekommen? Es geschah in der Osterzeit, also war es ein veritables Osterlamm. Ein unbegreiflicher Zufall? Oder war es heimlich inszeniert? Oder wirklich ein Osterwunder? Danach ging man in die Villa, und Balthus zeigte mir ein einziges Gemälde, eine große italienische Landschaft, und sagte mir, er male im Jahr nur ein einziges Bild. Ich war von der Landschaft angetan. Sie war sehr schön, aber vielleicht war sie zu schön.

Gegen Ende meiner Tätigkeit in Hannover machte ich den Versuch, mit Pierre Matisse in New York, dem Händler von Balthus, eine Ausstellung zu organisieren. Leider scheiterte das Projekt an meiner Berufung nach Düsseldorf. Viele Jahre später bot mir Pierre Matisse ein Hauptwerk von Balthus für das Museum an, eines seiner berühmten »Lolita«-Bilder. Ich war am Kauf interessiert, konnte mich aber mit dem Preis nicht abfinden.

Nur zweimal habe ich Balthus wiedergesehen. Das war 1988 in Venedig, als er eine große Ausstellung in der Scuola San Rocco hatte. Er wurde, da er den Fuß gebrochen hatte, auf einem Rollstuhl hereingeschoben. Und dann noch einmal in Bern vor wenigen Jahren, als man im dortigen Kunstmuseum eine Ausstellung seiner schönen Zeichnungen zeigte. Bei dieser Gelegenheit sagte mir Balthus, es habe ihn seinerzeit geärgert, daß Pierre Matisse auf dem Preis des Bildes beharrt habe.

Leymarie übrigens, sein Nachfolger an der Académie Française, hat 1963
1978 die große Balthus-Monographie verfaßt.

Zurück zu den Picasso-Käufen. Einen Vorwurf kann ich mir nicht ersparen, der, auch wenn nicht allzu groß, doch leider schwerwiegt. Ich meine, bei der Wahl einiger Bilder von Picasso eine nicht ganz glückliche Hand gehabt zu haben. Dabei denke ich an so kapitale Gemälde wie »Die Gitarre« von 1913 und »Frau mit Mandoline« von 1908. Nicht, daß ich diese Ankäufe zu bereuen hätte, aber ich glaube, daß ich mich beide Male allzusehr beeindrucken ließ durch die mich überwältigende Möglichkeit, ein frühes Werk dieses Künstlers von solchem Gewicht in

Pablo Picasso
La guitare, 1913
116,5 × 81 cm

Pablo Picasso
Nu assis, 1933
130 × 97 cm

die Hand zu bekommen. Gewiß ist »Die Gitarre« ein schönes Bild, aber ihm fehlt ein gewisser Impuls, eine gewisse Entschiedenheit, eine gewisse Zündkraft, und manches daran ist sogar ärgerlich wie etwa die weißliche Form rechts, die in keiner Weise »stimmt«. Ich kaufte das Bild 1970 bei Heinz Berggruen, der mir ein paar Wochen oder Monate danach einen anderen Picasso aus derselben Periode präsentierte, der mich vollkommen beglückte. Hätte ich beim Angebot der »Gitarre« jene Geduld gehabt, die ich mir eigentlich immer auferlegt habe, dann hinge statt dessen jetzt dieses wundervolle Bild in der Sammlung.

Warum sage ich das hier? Aus übertriebener Ehrlichkeit? Ich glaube, daß ich es mir selbst schuldig bin; und ich glaube auch, daß ich mich vor dem Verdacht schützen will, mit diesem Bild ganz einverstanden zu sein, das überdies mit einem Preis von 1,27 Millionen DM im-

1963 merhin auch nicht »billig« war. Man hat ja oft geschrieben, ich hätte immer den Ehrgeiz gehabt, nur das Beste zu kaufen. Das war Unsinn, denn »das Beste« war oft gar nicht erreichbar. Es ging mir um hohe Qualität, aber natürlich gab es da Stufen. Und es gab – zum Glück selten genug – auch anderes, Unwesentliches, das mich verführen konnte. Das mochte bei diesem Picasso das große Format gewesen sein. Wer mir freundlich gesonnen ist, wird sagen: es war menschlich. Ich selbst bin mir weniger freundlich gesonnen und sage: es war falsch.

Vier Jahre später war es dann aber wieder ein Meisterwerk. Rosengart offerierte mir einen »Sitzenden Akt« von 1933, eine Art gemalte surrealistische Skulptur. Ich sah mir das Bild in Luzern an und wußte sofort, daß ich es mir nicht entgehen lassen wollte. Für manche ist es ein schwieriges Bild, was zu verstehen mir schwerfällt. Es war mit 1,65 Millionen DM erheblich teurer als die »Zwei sitzenden Akte« von 1920, aber zwischen den beiden Ankäufen lagen acht Jahre.

1994 habe ich das Bild in einer Ausstellung der Skulpturen Picassos in der Tate Gallery in London gesehen. Es war, wie mir schien, die schönste, ausgewogenste und ausgesuchteste Picasso-Ausstellung von all den vielen, die ich in meinem Leben gesehen habe. Der »Sitzende Akt« erwies sich in dieser Präsentation in seiner ganzen Großartigkeit, wie übrigens auch das »Grand Profil« von 1963, das da ebenfalls hing. Ich habe es sehr oft erlebt, daß Werke aus unserer Sammlung in irgendeiner Ausstellung gewissermaßen auf dem Prüfstand standen. Fast immer hielten sie sich hervorragend.

Schließlich kam es 1979 zum letzten Ankauf eines Picassos. Es war die schon erwähnte »Mandolinenspielerin« von 1908, das früheste Bild des Künstlers in der Sammlung. Vielleicht hätte ich mein anfängliches Zögern nicht überwinden sollen, denn ein derart gewichtiges Bild aus Picassos Frühzeit hätte einen höheren Grad der Vollkommenheit haben müssen. Dabei wußte ich durchaus, was ich tat. Ich wußte, daß dies kein Picasso wirklich ersten Ranges war. Warum also habe ich ihn gekauft? Ich denke, auch hier beeindruckte mich, mehr als legitim ist, der Umstand, noch einmal ein so großformatiges Werk aus der Frühzeit des Künstlers erwerben zu können. Auch diesen Kauf habe ich später nie wirklich bereut, aber so recht zu verteidigen vermochte ich ihn nicht, kam allerdings auch kaum je in diese Lage, da sich selten jemand dagegen aussprach. Das Bild enthält ja auch gewiß malerische Schönheiten, etwa den bestechenden rot-violetten Ton der Kleidung oder die herrlich gemalte Rückenlehne. Aber mich ärgerte immer das schwache linke Bilddrittel und auch der gewisse Lyrismus der Figur, der so gar nicht »Picasso« ist; und auch der Arm, der sich unglücklich nach unten hin verjüngt und so merkwürdig dünn das Instrument umklammert; und die grauen Schraffuren zwischen dem Körper und der Mandoline. Kurzum, dem Bild mangelt der ganz große Atem.

Ich kaufte es in der Galerie Hans Strelow, die darüber gemeinsam mit der Galerie Knoedler in New York verfügte. Der Preis: 1,25 Millionen DM. Zwanzig Jahre vorher hatte es David Thompson in Pittsburgh

Pablo Picasso
Femme à la mandoline,
1908
100 × 80 cm

gehört. Als ich 1962, kurz vor meinem Amtsantritt, aus seiner Sammlung eine ideale Auswahl traf, stand es nicht auf meiner Wunschliste.

Die »Mandolinenspielerin« war der elfte Picasso, der in die Sammlung kam. Als ich dem Kuratorium von dieser Neuerwerbung berichtete, sagte ich: »Die bedeutendste Picasso-Sammlung in Deutschland war unsere Kollektion bereits vor dem Ankauf dieses Bildes, wobei ich Sie aber bitten möchte, mir keine Rekordabsichten oder Konkurrenzmotive zu unterstellen. Es ist, wie ich meine, einfach großartig, daß man hier ein solches Ensemble von Werken des großen Malers sehen kann.« Der »Rekord« wurde viele Jahre später durch Peter Ludwig geschlagen, als er dem Museum Ludwig in Köln seine ungezählten Picassos schenkte. Ein Rekord in der Tat: ein quantitativer Rekord, der neidlos zu verzeichnen ist. Allerdings nicht völlig neidlos, weil zu der

1963 Sammlung in Köln immerhin auch die »Frau mit Artischocke« gehört, um die ich selbst mich vergeblich bemüht hatte.

Daß ich Picasso nie begegnet bin, ist in meinem Leben ein großes, beklagenswertes Defizit. Ich habe ihn nur ein einziges Mal gesehen, wohl in den späten vierziger Jahren. Morgens früh trank ich vor dem Café Deux-Magots meinen Kaffee. Ein Unbekannter setzte sich an den Nebentisch – wir waren die einzigen Gäste – und fragte mich, ob ich zum kommunistischen Friedenskongreß nach Paris gekommen sei. Nein, sagte ich, wo der denn stattfinde? Worauf der Unbekannte antwortete, der Kongreß werde in einer Stunde in der Salle Pleyel eröffnet. Ich eilte sofort dorthin, in der schwachen Hoffnung, einen Bekannten zu treffen, der mich möglicherweise hineinschleusen könnte. Dabei dachte ich an den Luzerner Maler Hans Erni, der als Kommunist galt. In der Vorhalle der Salle Pleyel stellte ich mich hinter der großen Glasfront auf, den Blick auf die Straße gerichtet, und wartete. Vergebens natürlich. Die gesamte Garde der kommunistischen Künstler und Intellektuellen zog vorüber: der Sänger Paul Robeson, der Dichter Paul Eluard, der »rote Dekan« von Canterbury und all die anderen. Überraschenderweise tauchte auch Chagall mit seiner damaligen englischen Freundin auf. Er stellte sich mit ihr, genauso wie ich, an die Glasfront und wartete auf irgendwen, um schließlich abzuziehen. Als niemand mehr zu kommen schien und ich gerade gehen wollte, sah ich Picasso schnellen Schrittes um die Ecke biegen und schnurstracks auf das Gebäude zueilen. Mein Eindruck war ein doppelter. Vor allem: die Augen! Diese unglaublichen Augen! Und dann – ich wußte, daß er klein war, aber er war noch viel kleiner! Das war der ganze Eindruck. Er kam auf mich zu, ich hielt die Tür auf, durch die ich gerade gehen wollte. Er würdigte mich keines Blickes und verschwand im Innern der Salle Pleyel.

Seit etwa 1970, als ich schon eine Reihe von Picasso-Bildern gekauft hatte, hätte ich ihn besuchen können. Siegfried Rosengart, Heinz Berggruen und auch Kahnweiler meinten, das werde für mich nicht schwer sein, sie würden Picasso meinen Besuch ankündigen; am besten würde ich meine Ferien an der Côte verbringen, um dann irgendwann zugelassen zu werden, allerdings mit dem Risiko einer mehrfachen Verschiebung. Dazu war ich nicht bereit. Zu stolz? Vielleicht. Aber ich verspürte auch keine Lust, an der schon damals mehr deutschen als französischen Côte d'Azur Ferien zu machen. Also ließ ich es. Was hätte ich Picasso – abgesehen von den Ankäufen, die er durch den Katalog des Museums schon kannte – zu bieten gehabt? Wäre ich dabei gewesen, ein Buch über ihn zu schreiben, so wie später Werner Spies, dann wäre es nicht bloß ein Besuch zur Besichtigung eines großen Mannes gewesen. Aber über Picasso geschrieben habe ich nie.

Mit einer kleinen Ausnahme. Als er gegen Ende seines Lebens schwer erkrankte und man seinen Tod erwartete, bat mich die ZEIT, den Nekrolog zu schreiben. Ich tat es, aber Picasso weigerte sich zu sterben und lebte noch einige Monate, vielleicht sogar ein Jahr. Der Nekrolog blieb bei der Redaktion. Als ich eines Morgens in San Francisco mein Hotel verließ und auf die Straße trat, leuchtete mir auf der Titelseite einer Zeitung die Headline entgegen: »Picasso tot!« Ich wußte, am folgenden Tag würde in Hamburg mein Nekrolog erscheinen, und möglicherweise würden einige Leute staunen, wie schnell ich ihn verfaßt und abgeliefert hatte.

Gris

Zurück zum Jahr 1963! Damals kam Picassos »Fernande« in die Sammlung, nachdem im Jahr davor schon Bilder von Braque und Léger erworben worden waren. Es ist von heute aus gesehen erstaunlich, wie schnell in der Sammlung der Kubismus stark wurde. Zu diesen ersten

Juan Gris
Les tasses de thé, 1914
65 × 92 cm

kubistischen Bildern gehörte auch eine großformatige Collage von Juan Gris aus der Sammlung Thompson. Noch heute meine ich, daß dies eines der schönsten Bilder des Künstlers ist. Es hatte sich einst in der Galerie Kahnweiler befunden und war auf der dritten der denkwürdigen Kahnweiler-Auktionen, im Juli 1924, versteigert worden. Kahnwei-

1963 lers gesamter Galeriebestand war ja, da er die deutsche Staatsangehörigkeit besaß, nach Ende des Ersten Weltkriegs vom französischen Staat konfisziert und in vier legendären Auktionen versteigert worden. Die Kataloge heute durchzublättern ist atemberaubend, denn nahezu der gesamte Kubismus – Picasso, Braque, Gris, Léger, aber auch Derain und andere – kam unter den Hammer. Unsere große Juan Gris-Collage gelangte in den Besitz des Dichters Paul Eluard. Später wurde sie in der »Vente Eluard« noch einmal versteigert und kam in den Besitz des Schriftstellers Armand Salacrou, bevor sie wieder zu Kahnweiler zurückkehrte. Bekanntlich trugen Kahnweilers spätere Galerien nicht mehr seinen Namen, da er seinen Besitz nicht ein zweites Mal verlieren wollte. Seine Galerie hieß zuerst Galerie Simon und dann, bis heute, Galerie Louise Leiris. Von dort war das Bild zu David Thompson gekommen und schließlich über Beyeler zu uns.

Im folgenden Jahr bot mir die Galerie Nathan in Zürich ein Gemälde von Juan Gris an, das 1913, also ein Jahr vor der Collage, entstanden war. Es ist ein ungewöhnliches Bild, da es oben durch ein Halbrund abgeschlossen ist. 1922 war es auf der zweiten Kahnweiler-Auktion versteigert worden. Der nächste Besitzer war die Galerie Simon, also wiederum Kahnweiler.

Als ich das Bild erwarb, war noch Dr. Fritz Nathan Inhaber der Galerie, die seit seinem Tod von seinem Sohn Peter geführt wird. Für mich waren und sind dies nicht nur geschäftliche, sondern freundschaftliche Verbindungen, was aber natürlich nicht bedeutet, daß nicht gelegentlich hart um einen Preis gerungen wurde. Ob das auch in diesem Fall geschah – das Bild kostete 450.000 DM –, weiß ich nicht mehr.

Fritz Nathan war ein überaus honoriger Mann, ganz und gar Kunsthändler alten Schlages. Er war eng mit der Malerei der Romantik und des Biedermeier verbunden, aber auch mit der französischen Malerei des späten neunzehnten und frühen zwanzigsten Jahrhunderts. Zu seinen großen, regelmäßigen Kunden zählten Oskar Reinhardt in Winterthur und Nathans unmittelbarer Nachbar in Zürich, Emil Bührle.

Peter Nathan erweiterte das Galerie-Programm, indem er auch Künstler der jüngeren Ecole de Paris einbezog. Ich habe von ihm einmal einen sehr schönen Bazaine gekauft, stritt mich mit ihm aber immer wieder über andere Maler wie Lapique und Chaissac, denen ich weniger abgewinnen konnte als er. Eine Zeitlang führte er, zusammen

mit dem Sammler Walther Scharf in Oberstdorf, neben der Galerie des 1963
Vaters eine Galerie für zeitgenössische Kunst, in der er »seine« Künstler zeigte, darunter auch Nicolas de Staël.

Der dritte Gris, »Stilleben mit Zeitung«, stammte aus der Pariser Sammlung André Lefèvre und wurde mir auf der Auktion von 1965 zu 300.000 DM zugeschlagen. So setzte sich in der Kunstsammlung der Kubismus weiter durch und damit diejenige Strömung, die mich

Juan Gris
Nature morte
(violon et encrier), 1913
89,5 × 60,5 cm

Juan Gris
Nature morte au journal,
1916
80,5 × 45 cm

selbst in meiner Sicht auf die Kunst unseres Jahrhunderts wohl am stärksten geprägt hat: die streng »formale«, auf Cézanne zurückgehende Linie, die in meinem Leben viel stärker gewirkt hat als die expressive Linie, die vor allem auf van Gogh zurückführt. Es war möglicherweise nicht zuletzt auch der Geist der modernen Sammlung des Basler Museums, der hier fortwirkte. Ich glaube übrigens, daß die drei Bilder von Juan Gris in Düsseldorf fast allen Basler Gris-Bildern überlegen sind, eine – keineswegs angestrebte – Überlegenheit, die leider nicht auch für die Bilder von Picasso und Léger gilt: dort war und ist Basel »unschlagbar«.

Das »Stilleben mit Zeitung« ist 1916, also später als die beiden anderen, entstanden und zeigt einen vergleichsweise harten, puristischen Charakter. Es verwundert nicht, daß es sich im Besitz von Amédée Ozenfant, dem Hauptvertreter des Purismus, befunden hatte, bevor es in die Sammlung Lefèvre gelangte.

1963 Eigentlich genügten mir diese drei Bilder von Juan Gris. Aber es kam noch ein viertes. Der englische Kunstschriftsteller Douglas Cooper, der einst seinem britischen Heimatland im Zorn den Rücken gekehrt und ein südfranzösisches Schloß als seinen Wohnsitz erworben hatte, bevor er die letzten Lebensjahre in einem sehr mondänen Appartement in Monte Carlo, mit phantastischem Blick auf das Mittelmeer, verbrachte, überraschte mich eines Tages mit der Absicht, er wolle »meinem« Museum ein Bild von Juan Gris und überdies seine ganze Bibliothek ver-

Juan Gris
Arlequin, 1917
73 × 54 cm

machen, mitsamt seiner Korrespondenz mit Picasso, Léger und den anderen großen Künstlerfreunden. Der Grund hierfür war, daß er meinte, nur dieses Museum habe richtig gesammelt. Außerdem habe er nur in ein deutsches Institut Vertrauen, daß es seine Bibliothek richtig verwalten werde. So kam es, daß 1984/85, nach seinem Tod, ein Juan Gris aus seinem Besitz in die Kunstsammlung gelangte, den ich allerdings nicht sehr mochte. Der Künstler war, als er dieses Bild malte, schon nicht mehr auf der Höhe seiner Kunst. Ich habe das Geschenk angenommen, obwohl ich wußte, daß es nicht erstrangig war. In den wenigen Jahren, in denen es in der Sammlung hing, ging ich stets mit schlechtem Gewissen daran vorbei. Immerhin hatte ich von Anfang an den Gedanken, es irgendwann zu verkaufen. Ich war immer und bin auch heute der Meinung, daß 1916 das Stichjahr war, nach welchem kein bedeutender Gris mehr entstanden ist, und mit dieser Meinung stand ich natürlich nicht allein. Angela Rosengart erinnerte mich kürzlich daran, daß ich ihr und ihrem Vater vor sehr vielen Jahren, als wir zusammen vor einem solchen Bild standen, sagte, diese späten Bilder von Juan Gris könne ich mir gut als Holzintarsien im Salon oder in der Bar eines luxuriösen Ozeandampfers vorstellen – eine böse Assoziation, die leider zutrifft, und der auch beide Rosengarts zustimmten. 1963

Mit Coopers Bibliothek lief es anders als erwartet. Den wichtigsten Teil mitsamt dem überreichen Briefwechsel mit den Künstlern hatte er seinem Lebensgefährten, den er inzwischen adoptiert hatte, vermacht. Derjenige Teil der Bibliothek, der für Düsseldorf übriggeblieben war, erschien mir nicht besonders reizvoll, zumal die meisten Publikationen in unserer Museumsbibliothek bereits vorhanden waren. Nach einem Besuch in Monte Carlo, kurz nach Coopers Tod, verzichtete ich auf die Annahme der Erbschaft. Diesen Besuch unternahm ich zusammen mit dem Verwaltungsleiter der Kunstsammlung, Theodor Janisch, bei welcher Gelegenheit dieser in Coopers Bibliothek mein Buch über Léger in der englischen Ausgabe entdeckte. Beim Durchblättern sah ich, daß Cooper meinen Text in temperamentvollen handschriftlichen Randbemerkungen mit Lob und Tadel bedacht hatte, und zwar, so wie er eben war, mit mehr Tadel als Lob. Neben die Abbildung einer Gouache hatte er »Fake« geschrieben, womit er recht haben konnte. An einer Textstelle stand in heftiger Schrift »Rubbish!« Ich habe das Exemplar des Buches selbstverständlich mitgenommen und hoffe, daß dieses Delikt inzwischen verjährt ist.

Für viele Menschen war Douglas Cooper seiner ganzen Erscheinung und seinem ganzen Gehabe nach ein wahrer Unhold. Für mich war er ganz im Gegenteil so etwas wie ein Genußmittel mit seiner hanebüchenen Impertinenz, mit der er über fast alles, was in der Kunstwelt Rang und Namen hatte, herfiel. Ich konnte sehr wohl verstehen, daß Künstler wie Picasso und Léger mit diesem genialischen Mann befreundet waren. Er kannte sie alle und schrieb über sie und stellte sie aus in den großen Museen der Welt. Gegen Ende seines Lebens publizierte er den Œuvre-Katalog von Juan Gris, bei dessen Abfassung es ihm besondere Genugtuung bereitete, Fälschungen zu entlarven. Genüßlich hat er mir davon erzählt.

Ich habe ihn erst spät, 1970, kennengelernt, am Abend einer Auktion bei Sotheby's-Parke Bernet in New York, als ich einen großen »Brushstroke« von Roy Lichtenstein erworben hatte und man anschließend, zehn Leute vielleicht, in der Bar des Hotel Carlyle zusammensaß. Raumverdrängend thronte Cooper am Tischende und dominierte

1963 die Gespräche. Später habe ich ihn einmal in Monte Carlo besucht. Da mein Gepäck nicht angekommen war, mußte ich im »Hôtel de Paris« in seinem monumentalen Pyjama übernachten, in dem drei Männer meiner Figur Platz gehabt hätten. Die Gespräche mit ihm waren immer überaus vergnüglich, ungeheuer animierend, er war bissig in alle Richtungen, nur wenige blieben von seinem Spott verschont, und ich hatte das Glück, zu diesen wenigen zu gehören. Später einmal habe ich ihn zu einem Vortrag in Düsseldorf einladen lassen, der aber leider etwas enttäuschend ausfiel: vom Podium aus vermochte er seinen Geist nicht zu versprühen. Sein Element war das Gespräch. Und sein Element war vor allem der Streit.

Delaunay

Am Rande des Kubismus: ein zauberhaftes Bild von Robert Delaunay aus der Reihe der »Fenêtres simultanées« von 1912/13. Es erscheint in diesem Fall besonders erstaunlich, wie »billig« das Bild war: es kostete in der Galerie Krugier in Genf, die keineswegs für niedrige Preise bekannt ist, 22.000 US$. Das waren weniger als hunderttausend Mark.

Ich habe dieses Bild immer für ein besonders schönes Werk in der Reihe der »Fensterbilder« gehalten, aber die Witwe des Künstlers, Sonya Delaunay, die ihren Mann um Jahrzehnte überlebt hat, war anderer Meinung. Bei einem Besuch in Düsseldorf – und auch später einmal, als ich sie in Paris besuchte – zeigte sie sich enttäuscht darüber, daß meine Wahl auf diese »unfertige« und übrigens auch unsignierte Arbeit gefallen war. Ich selbst war ganz im Gegenteil der Meinung, das Bild besitze gerade dank seiner Offenheit und Transparenz einen vielleicht sogar noch größeren Zauber als manches der definitiven Gemälde. Ganz gewiß ist es, signiert oder nicht, mehr als eine Skizze. Auf der Rückseite des Bildes kann man erfahren, was wirklich eine Skizze ist, denn dort befindet sich ein recht hübscher farbiger Entwurf zur berühmten »Equipe de Cardiff«.

Jan Krugier, der uns das Bild verkaufte, fühlte ich mich immer sehr herzlich verbunden, auch wenn es nur selten zu Käufen in seiner Galerie kam. Die Galerie hatte und hat bis heute ein hohes künstlerisches Niveau. Sie zeichnete sich allerdings auch immer durch besonders monumentale Rahmungen aus, wodurch so mancher hohe Preis gestützt wurde. Uns beide verband etwas Besonderes: immer wieder machten wir – zum Beispiel auf Auktionen in London und New York – die Feststellung, daß wir den gleichen Bildern den Vorzug gaben, und zwar nicht selten solchen, die keineswegs als Publikumslieblinge die höchsten Preise erzielt hatten. Wir schüttelten dann unsere beiden Köpfe über den künstlerischen Unverstand der anderen. Insgeheim – und das wird nun hier ge-»outet« – meinten wir, daß doch eigentlich nur wir 1963

Robert Delaunay
Fenêtre simultanée,
um 1912/13
64,5 × 52,5 cm

beide wissen, was Qualität ist. Ich schreibe das hier natürlich, trotz des Körnchens Wahrheit, mit aller gebührenden Selbstironie. Arroganz? Mein ganzes Leben lang habe ich zu hören bekommen, ich sei haarsträubend arrogant. Ich habe gewiß so manchen Fehler, aber gerade diesen habe ich nicht. Daß ich auf viele Menschen so wirke, könnte daran liegen, daß ich mit ernsten Dingen gern spielerisch umgehe – mit Ausnahme allerdings der Kunst –, wofür anderen Menschen möglicherweise das Sensorium fehlt. Ich gebe zu: je m'amuse, und dies natürlich auch gelegentlich auf Kosten anderer, aber wiederum eher spielerisch als von oben herab. Nein, von der Arroganz, die man mir so oft nachsagt, bemerke ich so gut wie nichts. Und gerade dies wird man nun wieder für arrogant halten. Ich hätte im übrigen gar nichts dagegen, als arrogant zu gelten, wenn es nur zuträfe.

Und noch dies: die Eitelkeit, die man mir ebenfalls so gern nachsagt. Ich habe nie so recht begriffen, warum. Peter Ludwig, der mit seiner Sammlung von Ehrenbürgerschaften und Ehrendoktoren Weltmeister ist, pflegt in der Presse zu betonen, natürlich sei er eitel, aber

1963 eitel seien alle, nur gebe er es zu. Das mag ja so sein, aber er übersieht, daß es nicht seine Eitelkeit ist, die man ihm vorwirft, sondern deren Übertreibung. Eitel? Ich selbst? Wenn es Eitelkeit ist, gern über sich selbst zu reden und, wie man hier sieht, zu schreiben, ja, dann bin auch ich von Eitelkeit nicht frei. Mehr aber, denke ich, ist da nicht.

Bedauerlicherweise ist es mir nie gelungen, eine der »Formes circulaires« von Delaunay zu erwerben. Ein hinreißend schönes »Exemplar« wurde mir gelegentlich von der Galerie d'Art Moderne in Basel ange-

Robert Delaunay
La tour aux rideaux, 1910
116 × 97 cm

boten und stand ein paar Tage lang auf der Staffelei in meinem Büro und bezauberte mich vollkommen, jedoch den Preis, den die Galerie verlangte, lehnte ich ab. Wenig später wurde es an ein großes amerikanisches Museum verkauft. Ich habe sofort sehr bereut und bereue noch heute, den Preis nicht akzeptiert zu haben. Als viele Jahre später ein vergleichbares wundervolles Bild auf einer Londoner Auktion erschien, hatte ich das Museum gerade verlassen. So konnte ich den Fehler von damals nicht mehr korrigieren.

Zwei Jahre später verkaufte uns der Kölner Kunsthändler Dr. Werner Rusche ein Eiffelturm-Bild von Delaunay. Es gibt wesentlich größere und spektakulärere Fassungen, aber mir »genügte« diese, nicht zuletzt auch neben dem kleinen Fensterbild. Die beiden Bilder hingen in der Sammlung immer nebeneinander und besaßen, über ihre Qualität hinaus, auch insofern einen edukativen Wert, als ich den Menschen, denen ich die Sammlung zeigte, leicht demonstrieren konnte, wie in diesem frühen Bild von 1910 der Eiffelturm, trotz aller futuristischen Deformation, noch leicht identifizierbar ist, während er im späteren Bild nur noch als eine grüne Vertikale im Mosaik rechtwinkliger farbiger Flächen, die die Pariser Häuser bezeichnen, erscheint. Man kann auf den beiden Bildern sehr klar ablesen, wie an die Stelle der Realität »Eiffelturm« die neue, autonome Realität »Bild« tritt. Das war natürlich kein Argument für den Ankauf gewesen, jedoch war es ein nützlicher didaktischer Nebenaspekt.

Mit Werner Rusche hatte ich schon in meinen Jahren in Hannover öfters zu tun gehabt, da er in Deutschland die Künstler der Galerie de France vertrat, von denen ich damals einige ausstellte. Es war immer amüsant, mit ihm über Leute zu plaudern, die in der Kunst eine Rolle spielten oder auch in den gesellschaftlichen Kreisen der Städte Köln und Düsseldorf, über die er sozusagen alles wußte. Einmal erzählte er mir von den Verhältnissen in Köln während der Nazizeit. Er lobte die »Buchhandlung am Dom«, wo man noch bis zuletzt verbotene Literatur habe kaufen können, und behauptete, in Köln habe es damals alles, einfach alles gegeben: Homosexuelle, Transvestiten und jede Menge Stinos. Stinos? Ich wußte nicht, was das ist, wollte mein Unwissen aber nicht gleich offenbaren, da man ja nicht gern zugibt, daß einem irgendwelche Perversionen nicht vertraut sind. Schließlich aber fragte ich ihn doch, was das denn sei: »Wie«, entgegnete er, »Sie wissen nicht, was ein Stino ist? Ein Stino ist ein Stinknormaler!«

Chagall

Eines schönen Tages erreichte mich ein Anruf aus Luzern. Am Apparat war Siegfried Rosengart, der wissen wollte, ob ich an Chagalls »Festtag« von 1914 interessiert sei. Das überraschte mich, denn das Bild gehörte dem Kunstmuseum in Bern. Rosengart sagte mir, daß Bern sich davon getrennt habe, um ein anderes, viel größeres Gemälde Chagalls zu erwerben, nämlich »A ma fiancée« von 1913. In Bern leitete damals Franz Meyer die Kunsthalle, bevor er die Leitung des Basler Kunstmuseums übernahm. Er war mit Ida Chagall, der Tochter des Malers, verheiratet, und so kam es wohl dazu, daß man im Berner Kunstmuseum ein gewichtigeres Werk des Künstlers haben wollte. Aber war »Der Fest-

1963 tag« nicht schöner, ja mehr noch: eines der schönsten Bilder von Chagall überhaupt? Ich war begeistert von dem Angebot. Schon am Telephon fiel die Entscheidung, die dann, als das Bild nach Düsseldorf kam, bekräftigt wurde.

Beim Telephongespräch mit Rosengart machte ich eine neue Erfahrung: er erklärte mir, am Preis – es waren 420.000 SFr. – sei auf keinen Fall zu rütteln; es gehöre zu den Prinzipien der Galerie, daß über Preise niemals verhandelt werden könne. Ich habe das selbstverständlich respektiert, bedauerte aber, auch bei späteren Gelegenheiten, daß es bei Rosengart das spannende und je nachdem reizvolle Spiel um Preise nicht gab.

Das Bild kam ursprünglich aus der Sammlung Charles im Obersteg, einem Basler Sammler, der später in Genf lebte, und dessen Sammlung seit kurzem in Oberhofen am Thunersee öffentlich gezeigt wird. Eine ganze Reihe hinreißender Werke von Chagall aus seinem Besitz hingen lange Jahre als Dauerleihgaben im Basler Museum. Ich leugne nicht, daß es mir gefiel, mit diesem Ankauf, so wie mit manchem anderen auch, eine Verbindung mit Basel herzustellen. Ich erinnere mich, daß ein paar Jahre später einmal ein amerikanischer Sammler zu mir kam, der nichts über mein Leben wußte, mir aber beim Rundgang auf einmal nachdenklich sagte, diese Sammlung erinnere ihn ganz merkwürdig an das Kunstmuseum Basel. Es mußte da also wohl irgend etwas fortwirken von dem Museum, mit dem ich aufgewachsen war, und das ich noch heute in sehr starkem Maße als »mein« Museum empfinde, vielleicht sogar mehr noch als das Museum in Düsseldorf.

Mit diesem Bild verbinden sich mir kostbare Erinnerungen, die miteinander zusammenhängen. An irgendeinem Tag fand der obligate alljährliche Betriebsausflug statt, an dem ich, da ich zu schreiben hatte, nicht teilnehmen konnte. Das Museum – es war noch das Schloß Jägerhof – war geschlossen, nur die Kasse war besetzt, und ich saß oben in meinem Büro und arbeitete. Da kam von unten ein leicht verzweifelter Anruf: es sei eine Schulklasse gekommen, etwa zwanzig bis dreißig Kinder mit ihrer Lehrerin, die sich angemeldet hätten, aber offensichtlich vergessen worden seien. Ob ich für die Museumspädagogin einspringen könne? Mir blieb nichts anderes übrig, und ich schlug vor, daß man sich vor Chagalls »Festtag« versammelte. Als ich die Kinder sah, fühlte ich mich äußerst animiert. Ich erzählte ihnen etwas über das

Laubhüttenfest, das das Bild ja, um im schrecklichen Kunstjargon unserer Tage zu sprechen, »thematisiert«, zeigte ihnen, daß hier ein Jude mit den Zeichen des Festes, dem Palmblatt und der Zitrusfrucht, vor seiner Synagoge stehe, was nicht ganz korrekt war, da eine Laubhütte keine Synagoge ist, und erklärte den Kindern, eine Synagoge sei so etwas wie die Kirche der Juden. Aber da stehe ja nun auf dem Kopf des Mannes ein weiterer, viel kleinerer Mann. Was der wohl zu bedeuten habe? Eines der Kinder wunderte sich, wieso denn das Kopftuch durch den darauf stehenden Mann nicht eingedrückt werde. Ein anderes Kind meinte, der »kleine« Mann stehe vielleicht gar nicht auf dem Kopf des großen, sondern erscheine nur deshalb so klein, weil er viel weiter

Marc Chagall
Jour de fête
(Le rabbin au citron), 1914
100 × 81 cm

weg sei. Und dann meldete sich ein sehr reizendes Mädchen mit wachen Augen zu Wort: ich hätte doch gesagt, daß dies die Kirche sei; nun aber bewege sich doch der kleine Mann auf dem Kopf des großen in die entgegengesetzte Richtung; ob das nicht bedeuten könne, es sei derselbe Mann, der deshalb in die andere Richtung gehe, weil er im Grunde nicht in die Kirche gehen wolle. Ich war von der Deutung völlig entzückt, weil sie so echt und so erlebt war, denn welches Kind will schon in die Kirche gehen? Einige Zeit später habe ich Chagall die kleine Geschichte erzählt. Auch er fand sie herrlich.

Ein anderes Mal saß ich mit dem damaligen Direktor des Museums von Tel Aviv, Chaim Gamzu, im Garten eines Hotels in der Nähe der Stadt, und wie das in Israel eben so ist: wir plauderten über Chagall. Gamzu überraschte mich mit der Meinung, so gut wie alle frühen

1963 Bilder von Chagall illustrierten, ohne daß dies beabsichtigt gewesen sein müsse, jüdische Legenden, Sprichwörter und Redensarten. Überall gebe es derartige Bezüge. Er nannte mir als Beispiele einige berühmte Bilder, und dann fragte ich ihn, wie es mit dem »Festtag« sei. Ja, meinte er, auch da gebe es einen solchen Hintergrund. Ich solle mir einmal vorzustellen versuchen, wie es in Chagalls Kindheit im Ghetto von Witebsk gewesen war. Es sei für die Leute unmöglich gewesen, zum Laubhüttenfest an ein Palmblatt zu kommen. Höchstens zwei, drei reiche Juden hätten sich Palmwedel aus dem Irak besorgen können. Im übrigen habe man sich mit Birkenzweigen begnügt und habe vielleicht, im hoffnungslosen Gedanken an echte Palmwedel, den jiddischen Stoßseufzer ausgestoßen – den es aber auch auf deutsch gibt –: »Um einen echten Palmwedel zu bekommen, stelle ich mich auf den Kopf!« Stelle ich mich auf den Kopf: genau das habe Chagall dargestellt. Gamzu betonte, daß dies dem Künstler nicht bewußt gewesen sein müsse, aber es entspreche der Legendenhaftigkeit und Redeweise in dem Milieu, in dem er aufgewachsen war. Auch davon habe ich Chagall erzählt, und wieder strahlte er: natürlich habe er nicht daran gedacht, aber es stimme insofern, als es mit seinem Denken und seinem Fühlen übereinstimme.

Wenn ich den Besuchern der Sammlung dies alles erzählte, pflegte ich zum Schluß hinzuzufügen, mir sei ganz klar, was Chagall dazu bewogen habe, den kleinen Mann dem anderen auf den Kopf zu stellen: da seien einfach noch ein paar Zentimeter übriggewesen, die irgendwie hätten ausgefüllt werden müssen, und das sei dann auf eine Chagallsche Weise geschehen. Auch dies brauchte nicht zuzutreffen, zumal sich damit ja auch nicht erklärte, warum die kleine Replik des Juden in die entgegengesetzte Richtung geht. Es spielte eigentlich alles gar keine Rolle, denn das Bild ist, so wie es ist, »richtig«. Ich wundere mich, daß ich Chagall nicht um seine eigene Deutung gebeten habe, es sei denn, ich habe es getan, und er blieb die Antwort schuldig. Es würde mich nicht überraschen, wenn es überhaupt keine zwingende Deutung gäbe.

Ich habe das Bild 1968 für die Titelseite des neuen Sammlungskatalogs verwendet, allerdings nur einen Ausschnitt. Darüber haben sich manche Leute aufgeregt: man dürfe ein Bild nicht amputieren. Ich halte das für unnötigen Purismus. Natürlich wird ein Bild auf diese Weise mißhandelt, aber eine Titelseite hat nun einmal ihre eigene Funktion, ebenso wie auch ein Buchumschlag. Im Grunde ist ja jede

Farbreproduktion eine Mißhandlung des Originals und überdies eine um so größere Täuschung, als sie den Eindruck erweckt, das Bild originalgetreu wiederzugeben, wohingegen beim Ausschnitt jeder merkt, daß es ein Ausschnitt ist. Auch daß manche Museen bei Buchpublikationen verbieten, quer über die Reproduktion eines Werkes aus ihrem Besitz Titel, Autor und Verlag zu drucken, ist pedantisch und pseudoverantwortungsvoll, ein gänzlich deplaziertes Noli me tangere, so als würde das Bild bedroht und der Künstler mit ihm. Bedeutende Museen machen bei Veröffentlichungen derartige Restriktionen, ebenso wie auch »Verwertungsgesellschaften«, die über Autorenrechte wachen und meinen, diese Rechte würden bei einer solchen Behandlung verletzt. Das ist erkennbar das Handeln von Bürokraten. Den Künstlern ist das alles gleichgültig. 1963

Am schlimmsten »trieb« ich es beim ersten Sammlungskatalog von 1965. Dort zeigte ich auf dem Umschlag, und zwar über Vorder- und Rückseite hinweg, ein Bild von Nicolas de Staël, aber natürlich nur

Marc Chagall
Le violoniste, 1911
94,5 × 69,5 cm

einen Ausschnitt, und der wurde, anstatt vertikal, horizontal abgebildet. Ich gestehe, daß mir bei diesem Ausmaß der Verfälschung selbst nicht ganz wohl war, aber mit einem Achselzucken ließ ich es geschehen. 1986, beim großen Katalog »Bilder des 20. Jahrhunderts«, wählte ich wieder einen Ausschnitt, diesmal aus einem Bild von René Magritte. Auch das war eine Sünde wider den heiligen Geist derer, die offenbar verantwortungsvoller denken als ich.

1963 Es dauerte zwölf Jahre, bis ich erneut einem Chagall nicht widerstehen konnte. Ich besuchte in London die Marlborough Gallery. Gilbert Lloyd, auch er ein guter Freund, zeigte mir ein paar Sachen, aber da war nichts, was mich interessierte. Wir verabschiedeten uns, und als ich schon in der Tür war, fiel ihm plötzlich ein, daß da noch ein Chagall sei, der vielleicht in Frage komme. Also blieb ich und wartete und wartete: der Chagall war unauffindbar. Als er schließlich auftauchte, war es ein wunderbares Bild von 1911, also noch etwas früher als der »Festtag«. Der Titel: »Der Geiger«. Ich war vollkommen begeistert, aber ich wußte nicht, wie ich den sehr hohen Preis bezahlen sollte. Gilbert Lloyd schlug mir vor, einige Bilder von Klee aus der Sammlung in Zahlung zu geben. Damit war ich im Prinzip einverstanden, und ich war mir auch ziemlich sicher, daß nicht nur mein Kuratorium, sondern auch die Landesregierung grünes Licht geben werde, was für Verkäufe aus der Sammlung die Voraussetzung war. Zunächst allerdings mußte der exorbitante Preis sehr erheblich gesenkt werden, und Gilbert Lloyd erklärte sich nach und nach mit einem neuen Preis einverstanden, der genausowenig bezahlbar war.

Wie aber sollte man mit den Klee-Verkäufen vorgehen? Ich wählte drei Bilder aus, die mir schon immer ein Dorn im Auge gewesen waren, darunter auch ein großes, ziemlich prominentes Bild, das ich nicht ausstehen konnte, mit dem Titel »omphalo-centrischer Vortrag« (1939). Ich befaßte mit der Angelegenheit die Ankaufskommission, die mit der Wahl der verzichtbaren Bilder und den zu fordernden Preisen einverstanden war, und auch die Landesregierung stimmte zu. Die Galerie in London versuchte sodann, für die drei Bilder Käufer zu finden, doch das entpuppte sich als schwierig. Während eines halben Jahres scheiterten alle Versuche. Offensichtlich hatten sich die Zeiten geändert, man konnte nicht mehr einfach, wie noch ein paar Jahre zuvor, jeden Klee, gleich ob gut oder weniger gut, an den Mann bringen. Schließlich senkte die Galerie den Preis noch einmal um eine große Summe, so daß er nun aus den Mitteln des Museums finanzierbar wurde. Für 1,3 Millionen DM kam das Bild in die Sammlung. Ich erinnere mich noch des Glücksgefühls, mit dem ich es aus der Transportkiste kommen sah. Dem großen Sammler Norton Simon in Los Angeles, dessen großartige Sammlung heute identisch ist mit dem Pasadena Museum of Art, war ich dankbar, daß er sich von dieser Herrlichkeit getrennt hatte.

Das war 1975. Zwei Jahre danach noch einmal Chagall. Hans Strelow, 1963
der Düsseldorfer Kunsthändler, mit dem ich so manche Reise in Regionen der Dritten Welt – Asien, Südamerika und Afrika – unternommen habe, besuchte mich im Schloß Jägerhof, um mir ein kleines, sehr frühes, ganz unspektakuläres Bild anzubieten, das »Selbstbildnis mit Pinseln« von 1909. So klein es auch war, 57× 48 cm, so lag der Preis doch knapp über einer halben Million, was übrigens auch dann, wenn man in Quadratzentimetern mißt und diese mit den Maßen des »Geigers« vergleicht, als völlig korrekt erscheint. Als das aus englischem Privatbesitz stammende Bild ankam, war ich entzückt, und daran hat sich auch in all den Jahren seither nichts geändert.

Marc Chagall
Autoportrait aux pinceaux,
1909
57 × 48 cm

Man hat mich oft gefragt, warum ich dieses vergleichsweise leichtgewichtige Bild gekauft habe, ob das denn wirklich so zwingend gewesen sei. Nun, für mich war es zwingend. Der Begriff der Wichtigkeit war mir nie wichtig, da er nach konventioneller Klassierung schmeckt. Ich habe das Bild gekauft, weil ich seinem stillen Zauber erlag. Ist das zuwenig? Zu subjektiv? Jahrelang hing es zwischen den beiden anderen, »wichtigeren« Werken von Chagall und behauptete sich auf eine wunderbare Weise sowohl durch seine leisen malerischen Qualitäten als auch durch den eigentümlichen menschlichen Zug: ein junger Mann, der da mit Stolz und mit Ungewißheit und doch schon so meisterlich in die Kunst eintritt – fast muß man sagen: übertritt, denn er überschritt ja mit dem Abbilden eines Menschen die Gesetze seiner jüdischen Konvention.

1963 Chagall selbst freute sich über diesen Ankauf ungemein, aber er sagte mir auch, im Stillen habe er immer gehofft, das Museum in Basel werde das Bild kaufen, da dort bereits das etwas größere Bildnis seiner einstigen Frau Bella hänge; er wäre dann gewissermaßen zu Bella zurückgekehrt. Es schien ihn wirklich zu rühren, daß ich dieses Bild erworben hatte und darüber so glücklich war. Aber er ließ auch jedesmal, wenn er mir in Saint-Paul-de-Vence Bilder zeigte – was er nur selten tat –, erkennen, daß er die Hoffnung hatte, ich würde irgendwann einmal ein spätes Werk von ihm kaufen. Er hat das nie ausgesprochen, ließ es aber durchblicken. Ich vermute, er spürte, daß ich mich nie dazu entschließen würde.

Jahre später kam es zu einer Krise in meiner persönlichen Beziehung zu Chagall. Bei meiner allerersten Begegnung mit ihm in den sechziger Jahren in Zürich – im Hotel Baur au Lac, wo er sich zu seinem alljährlichen »Check-up« aufhielt – hatte er mich sehr überrascht. Ich hatte in den frühen fünfziger Jahren eine schmale Mappe mit Farbtafeln von Chagall im Phaidon-Verlag mit einer Einleitung versehen. Chagall sagte mir zu meiner großen Verblüffung, das sei das Beste, das je über ihn geschrieben worden sei. Damit irrte er sich vollkommen, denn es war einer meiner schwächsten und konventionellsten Texte, an den ich nie gern erinnert wurde. Im Gegensatz zu einem Text, den ich kurz zuvor für eine ähnliche Mappe im selben Verlag über Paul Klee verfaßt hatte, war es mir äußerst schwergefallen, über Chagall zu schreiben; das Schreiben widerstrebte mir geradezu, trotz meiner großen Liebe zu den Bildern der frühen Jahre. Als Chagall sich so enthusiastisch äußerte, verschwieg ich ihm natürlich meinen Kummer. Schon damals sagte er mir, er hoffe, ich würde einmal ein großes Buch über ihn verfassen.

In den späten siebziger Jahren beabsichtigte der Pariser Verlag Draeger, ein großes, der ganzen Aufmachung nach populäres, überreich bebildertes Buch über Chagall in sehr großer Auflage herauszugeben, ähnlich wie die zuvor erschienenen Bände über Picasso, Braque und Dalí. Als Draeger Chagall fragte, wen er sich als Autor wünsche, sagte er mit aller Entschiedenheit: Werner Schmalenbach. So kam es, daß Claude Draeger mich in Düsseldorf besuchte. Und ich selbst besuchte bald danach, zusammen mit Wolf Jobst Siedler, Chagall in Saint-Paul-de-Vence, da Siedler die deutsche Ausgabe im Propyläen Verlag herausbringen wollte. Nun aber hatte ich ein Problem, das mich sehr beunruhigte. Mir war bewußt, daß ich dieses Buch nicht schreiben konnte, da es ganz offensichtlich so etwas wie eine literarische Inkompatibilität zwischen Chagall und mir gab. Ich denke, dies lag an all den Inhalten, die ihn bewegten und mich überhaupt nicht, und über die mich zu äußern sich alles in mir sträubte. Werner Haftmann hatte mehrfach brillant über Chagall geschrieben, und es könnte sein, daß gerade dasjenige, was seine Feder in Schwung versetzte, mich lähmte. Kurzum, ich wollte dieses Buch auf keinen Fall schreiben, wollte aber andererseits Chagall keinen »Korb« geben, dazu liebte und verehrte ich ihn in seinem hohen Alter viel zu sehr. Was also tun? Bei einem opulenten Essen mit Claude Draeger in der Nähe von Düsseldorf forderte ich ein extrem hohes Honorar, in der sicheren Erwartung, daran werde die Sache scheitern. Ich zitterte der Antwort entgegen. Nach einer Woche schrieb mir Draeger aus Paris, er könne dieses Honorar nicht bezahlen; ob ich bereit sei, zu einem – natürlich viel niedrigeren – Honorar ein Vorwort von zirka zwanzig Seiten zu schreiben? Das akzeptierte ich, und dies war ein Fehler, denn wieder machte ich dieselbe Erfahrung: es ging nicht! Wochenlang quälte ich mich in eine tiefe Frustration hinein. Das ging so weit, daß meine Handschrift zerfiel. Tag um Tag ging ich ohne Hoffnung, ja mit immensen Widerständen in mein Büro, um schon nach wenigen Sätzen zu kapitulieren. Als dann schließlich, nach viel zu langer Zeit, meine Handschrift endlich etwas flüssiger geworden war, schrieb ich mehr nolens als volens den gewünschten Text, der genauso schwach ausfiel wie der erste.

Aber damit ist die Geschichte nicht zu Ende. Ich hatte den Verleger gewarnt, meinen Text beziehungsweise die französische Übersetzung vor der Drucklegung dem Künstler zur Kenntnis zu bringen. Draeger war dieser Warnung nicht gefolgt. Vermutlich stand er unter dem Druck des Künstlers und seiner Familie. Nach längerer Zeit erhielt ich meinen Text in der französischen Version zurück und staunte gewaltig: Chagall hatte nicht etwa nur da und dort Anmerkungen angebracht, nein, er hatte ganze Seiten durchgestrichen, diagonal von unten nach oben, manchmal ganze Passagen und immer wieder auch nur ein paar Wörter. Nachdem der erste Schock verflogen war, nahm ich die brutale Mißhandlung hin und fragte mich, wie ich reagieren sollte. Mein Freund Douglas Cooper, dem ich davon erzählte, fand, es sei eine haarsträubende Unverschämtheit, ich dürfe das auf keinen Fall auf mir sit-

1963 zen lassen und müsse Chagall die ganze Angelegenheit vor die Füße werfen. Normalerweise hätte ich mich wohl so verhalten, aber ich war unfähig, dem alten Chagall solches anzutun. Beim näheren Studium seiner Streichungen wurde mir auch klar, was ihn zu der Zensur bewogen hatte: die Streichungen betrafen fast durchweg Stellen, in denen ich ihn in irgendwelche Abhängigkeiten gebracht hatte. Er wollte alles mögliche nicht. Er wollte sich nicht als jüdischer Maler apostrophiert sehen, sondern einfach als Maler. Er wollte nichts mit dem Chassidismus zu tun haben. Er lehnte jegliche Einflüsse ab, gleich ob vom Kubismus oder der russischen Volkskunst oder Tizian oder Tintoretto oder El Greco. Er wollte ganz einfach allein und einsam als ein großer Maler in diesem Jahrhundert stehen.

Der gordische Knoten mußte irgendwie durchhauen werden. Ich flog nach Nizza und besuchte Chagall in seinem Haus in Saint-Paul-de-Vence. Er hatte keinen guten Tag, vielleicht weil er meinen Besuch fürchtete. Außerdem hatte er sich morgens maßlos darüber geärgert, daß Vava, seine Frau, seine uralte, heißgeliebte Cordhose in den Müll geworfen hatte. Oder war das bei einem anderen Besuch gewesen? Wir sprachen ein bißchen über das Buch, aber er fühlte sich müde und wollte sich hinlegen. Möglich, daß es Feigheit war. So blieb ich mit Vava allein. Ich sagte ihr, ich sei gekommen, um Marc einen »jüdischen Deal« vorzuschlagen, der folgendermaßen aussehen solle: ich sei bereit, die Hälfte seiner Streichungen zu akzeptieren, sofern er bereit sei, seinerseits auf die andere Hälfte zu verzichten; allerdings müsse ich die Wahl haben, was bei diesem Kompromiß übrigbleibe und was zu opfern sei. Chagall ließ sich auf den salomonischen Kompromiß ein, und dabei blieb es. Das Buch, dessen Autor nun nicht mehr ich war, sondern Charles Sorlier, erschien 1979 mit meinem Vorwort. Zum Glück war es so gut wie unlesbar, da man es in Großbuchstaben gesetzt hatte, so daß kaum jemand bemerkte, wie mager es war. Es war und blieb einer der schwächsten Texte, ja vielleicht der schwächste überhaupt, den ich je veröffentlicht habe. Den Fehler, über Chagall zu schreiben, werde ich kein drittes Mal machen. Ihn selbst habe ich nie wiedergesehen, nicht weil ich – oder er – es nicht gewollt hätte, sondern weil es sich nicht mehr ergab.

1914 hat August Macke seine »Kathedrale zu Freiburg in der Schweiz« gemalt, zu deren Ankauf ich mich entschloß. In späteren Jahren wurde mir irgendwann einmal bewußt, wie vergleichsweise zahlreich in der Sammlung die Bilder aus dem Jahr 1914 waren. Es war offenkundig ein unerhörter Höhepunkt europäischer Malerei, ein wahrhaft »florentinischer« Höhepunkt, wie ich es gelegentlich genannt habe. In unserer Sammlung zum Beispiel: Léger, Chagall, Kirchner, Macke, Carrá – immer wieder 1914. Und im gleichen Jahr brach alles zusammen.

August Macke
Kathedrale zu Freiburg in der Schweiz, 1914
60,6 × 50,3 cm

Auch künstlerisch war der Krieg eine Tragödie, nicht nur wegen der Toten, die er forderte, und zu denen gleich zu Beginn auch August Macke gehörte.

Ich muß das Bild 1936 in der Macke-Ausstellung der Basler Kunsthalle gesehen haben und am selben Ort 1950 in der Ausstellung »Der Blaue Reiter«. Es ist überhaupt in sehr vielen Ausstellungen gezeigt worden. Ich erinnere mich, daß mein Freund Georg Schmidt dieses Bild ganz besonders liebte, mehr als irgendein anderes von Macke. Man weiß nie, ob und in welchem Maße man beeinflußt ist.

Jahrzehntelang war das Bild im Besitz der Familie Macke geblieben, bis ich es über die Kölner Galerie Aenne Abels zu recht bescheidenen 150.000 DM erwarb. Oder war dies damals, 1963, wirklich für einen Macke bescheiden?

Macke hat das Bild im selben Jahr gemalt, zu dessen Beginn er zusammen mit Klee und Louis Moilliet die denkwürdige Reise nach

1963 Tunesien unternommen hatte, die man später als einen Markstein in der Geschichte der europäischen Kunst erkannte. Den Dritten im Bunde, den Schweizer Maler Louis Moilliet, kennt man recht wenig. Er war der einzige von den dreien, dem ich persönlich begegnet bin. 1960 besuchte ich ihn in seinem Wohnort La Tour-de-Peiltz in der französischen Schweiz, zur Vorbereitung seiner Ausstellung in der Kestner-Gesellschaft. Zehn Jahre vorher, 1950, hatte das Basler Museum eine Ausstellung von Aquarellen der drei Reisekameraden veranstaltet, die leider nicht durch einen Katalog dokumentiert wurde. Dort wurde deutlich, daß Moilliets Aquarelle denen von August Macke kaum nachstanden. In späteren Jahren allerdings war er ein nicht sehr bemerkenswerter Glasmaler geworden. Der Tag mit ihm und seiner Lebensgefährtin ist mir in schöner Erinnerung geblieben. Er erzählte vor allem viel von Macke, der ihm mit seiner Frohnatur offensichtlich näher stand als Klee. Moilliet meinte, er habe damals Klee als den intellektuelleren empfunden, als denjenigen von ihnen, der sich über die Kunst theoretische, ja philosophische Gedanken gemacht habe. Für ihn selbst, aber auch für Macke, sei die Malerei eine viel direktere Sache gewesen. Er sprach über Klee mit großem Respekt, aber über Macke mit Liebe, noch über ein halbes Jahrhundert nach dessen Tod. Als 1972 der Verlag DuMont Schauberg die Dissertation von Jean-Christophe Ammann über Moilliet in einer schönen Ausgabe als Buch herausgab, stellte er ihr meinen Text aus dem hannoverschen Katalog voran. Dieser Text war mir selbst wichtig gewesen. Er war wenige Monate nach einem ausgezeichneten Aufsatz von Georg Schmidt über den Künstler erschienen. Dabei kam es zu einem bedauerlichen Vorfall. Georg Schmidt belauschte ein Telephongespräch, das einer seiner Mitarbeiter mit Moilliet führte, wobei ihm dieser sagte, mein Text über ihn gefalle ihm wesentlich besser als derjenige von Georg Schmidt. Georg ärgerte sich darüber so sehr, daß er den Mitarbeiter zu sich zitierte und abkanzelte. Einerseits tat es mir leid, Georg ungewollt gekränkt zu haben, aber vielleicht war es die gerechte Strafe für den »Lauschangriff«.

Ein gewaltiger Sprung: »Die Nacht« von Max Beckmann. Kein anderes Gemälde in der Kunstsammlung ist so oft ausgestellt und abgebildet worden wie dieses herausragende Hauptwerk aus Beckmanns frühen Jahren. Man kann die Prominenz des Bildes im Anhang des großen Sammlungskataloges nachvollziehen: nicht enden wollende Hinweise auf Ausstellungen und Publikationen. Wäre dies ein Maßstab, dann wäre es das prominenteste Bild des Museums überhaupt.

Ich habe es bei Günther Franke in München gekauft, Beckmanns Galeristen in Deutschland, aber es kam aus Frankes Privatsammlung. Der Preis von 300.000 DM galt, als ich es erwarb, als extrem hoch. Ich

Max Beckmann
Die Nacht, 1918-19
133 × 154 cm

war mir darüber im klaren, daß es ein Preis war, wie es ihn für Beckmann bis dahin noch nie gegeben hatte; aber ein so bedeutendes Werk des Künstlers war, wenn ich mich nicht täusche, auch noch nie auf den Markt gekommen. Ich wußte also, was ich tat, um so mehr, als ich schon damals – und bis zum Ende meiner Amtszeit – es immer ablehnte, einen neuen, noch nie dagewesenen Preis für einen Künstler zu bezahlen und damit dessen Preisniveau zu heben. Ich habe stets die Meinung vertreten, ein öffentlicher Sammler dürfe dies nicht tun. Zwar habe ich Spitzenpreise für »Spitzenbilder« akzeptiert, aber niemals oberhalb der bis dahin gezahlten Höchstpreise. Der Beckmann also war eine Ausnahme, die meiner sicheren Überzeugung nach für dieses herausragende Objekt legitim war. Leider wurde der Preis publik. Einer Zeitung war es gelungen, ihn in Abwesenheit Günther Frankes aus seiner Sekretärin herauszulocken, und so kam er in die Presse, aller-

1963 dings fehlerhaft, nämlich DM 350.000 anstatt 300.000. Darüber wurde viel geredet, aber Ärger gab es nicht, nur eine gewisse Stimmung um »Schmalenbachs Preise«.

Wann immer ich der Presse Neuerwerbungen vorstellte, wurde ich nach den Preisen gefragt. Ich habe sie nie verraten, in all den Jahren kein einziges Mal, da ich der Meinung war, wenn man zum Zeitpunkt eines Ankaufs den Preis veröffentliche, starrten alle Leute auf den Preis, während dahinter das Objekt vollkommen verschwinde. Daß ich die Preise geheimhalten konnte, lag am privatrechtlichen Status der »Stiftung Kunstsammlung Nordrhein-Westfalen«. Es handelte sich nicht um Geheimniskrämerei oder gar um Furcht vor den Folgen, sondern um eine gewisse Psychologie. Allmählich gewöhnte man sich an meine Haltung, sie wurde mehr oder weniger akzeptiert, auch von der Presse. Dem Kuratorium habe ich selbstverständlich jeden Preis mitgeteilt. Im übrigen habe ich einmal nahezu sämtliche Preise, die ich bis dahin bezahlt hatte, in einer großen Tageszeitung veröffentlicht, aber nicht im Feuilleton, sondern ganz bewußt im Wirtschaftsteil.

Ich empfand damals gegen dieses außerordentliche Bild eine starke Aversion, und auch heute könnte ich nicht sagen, daß ich es liebe. Es ist ja auch nicht gemalt worden, um geliebt zu werden. Gelegentlich fiel mir in einer Führung spontan die Formulierung ein, das Bild sei zu wahr, um schön zu sein. Es mag durchaus sein, daß ich von Natur ein ästhetisches Grundgefühl habe, das gewisse »Häßlichkeiten« abwehrt, wie expressiv sie immer seien. Hier aber, bei Beckmanns »Nacht«, wurde ich trotz meiner Aversion durch das Bild besiegt, und gerade dies hatte fast den Charakter eines objektiven Kriteriums, indem das Bild stärker war als meine sehr starke Resistenz. Dieses Dilemma zwischen Bewunderung und Abneigung habe ich im Herbst 1995 in der Frankfurter Allgemeinen beschrieben, die mich gebeten hatte, mich an einer Reihe kurzer Essays unter dem Sammeltitel »Mein meistgehaßtes Meisterwerk« zu beteiligen. Ich wählte Beckmanns »Nacht«. Man sieht daran: es muß keineswegs Liebe sein, die einen zwingt, ein Kunstwerk zu erwerben. Ganz ist gewiß auch nicht auszuschließen, daß meine Entscheidung durch die große kunsthistorische Bedeutung des Gemäldes beeinflußt wurde, sozusagen gegen meine eigenen Grundsätze; aber es gehört ja wohl zur Offenheit des Denkens und des Sehens, wenn man bereit ist, sich im »richtigen« Augenblick über seine Prinzipien hinwegzusetzen, sofern dies nicht zu oft geschieht.

Immerhin muß ich mich fragen, ob meine Aversion gegen Beckmanns »Nacht« zeigt, daß ich mich durch »Schönheit« mehr angezogen fühle, was, wenn es so wäre, durchaus seine Bedenklichkeit hätte. Ich frage mich manchmal, ob sich hierin, und übrigens auch in meinen musikalischen Präferenzen, ein fundamentales Harmoniebedürfnis zeigt. Im Leben wohl nicht, da ich den intellektuellen Streit liebe, aber vielleicht doch in der Kunst? Könnte es hieran liegen, daß ich mich nie entschließen konnte, einen Otto Dix zu kaufen? Wie gesagt, dies sind und bleiben offene Fragen. Merkwürdig ist übrigens, daß es zweimal mein Freund Konrad Klapheck war, der mich dringend auf »häßliche« Bilder aufmerksam machte. Das eine Mal war es eine wüste Bordellszene von Otto Dix. Das andere Mal war es eines der großen »Women«-Bilder von Willem de Kooning. Bei keinem von beiden brachte

Max Beckmann
The Cabins, 1948
140,5 × 190,5 cm

ich es fertig, über meinen Schatten zu springen. Aber andererseits: widerspricht nicht meine große Liebe zur Kunst Afrikas und Melanesiens dieser Festlegung auf »Schönheit«?

Merkwürdig ist auch dies: ich erzählte einmal Chagall, sein »Festtag« hänge in unserer Sammlung neben Max Beckmanns »Nacht«. Es war ein kühnes Nebeneinander: Beckmanns teutonischer Zorn neben Chagalls jüdischer Poesie. Die Bilder hingen zwar nicht an derselben Wand, aber doch nebeneinander an zwei Wänden, getrennt durch die Raumecke. Dabei wurde keines von beiden gekränkt. Ich war sicher, Chagall werde das entsetzlich finden, aber ganz im Gegenteil: es freute ihn, und er äußerte sich, für mich völlig unerwarteterweise, über Beckmann voller Respekt.

1963 Ich bin mit einer starken Abneigung gegen Beckmann sozusagen aufgewachsen, auch darin möglicherweise beeinflußt von Georg Schmidt, der in meiner Studentenzeit und noch darüber hinaus eine große Rolle in meinem Leben spielte. Noch 1969, als ich bei Richard Feigen in New York, in dessen etwas allzu modischer, sozusagen prä-postmoderner, von Hans Hollein entworfener Galerie an der Park Avenue, Beckmanns »Cabins« von 1948 kaufte, fiel mir die Entscheidung nicht ganz leicht. Ich war nicht nur kein großer Freund des Malers, sondern ganz besonders nicht seiner späten Werke, nicht einmal der vielgerühmten großen Triptychen, die mich trotz aller Beeindruckung auch heute künstlerisch weitgehend im Stich lassen. Die Ursache dieser Abneigung liegt nicht nur bei Beckmann, sie liegt durchaus auch bei mir selbst: in meiner Unlust, mich in der Malerei auf schwere geistige Frachten einzulassen und auf eine künstlerische Sprache, die allzuviel erzählt, ja illustriert; und schließlich gewiß auch in meiner tief verwurzelten Abneigung gegen jegliche Art von Pathos, im Leben wie in der Kunst. An den »Cabins« zum Beispiel beschäftigte mich nie die von den Autoren vermutete und ausführlich diskutierte Symbolik des großen, das Bild beherrschenden Fisches. Sie hätte mich vielleicht interessieren müssen, aber sie tat es nicht. Auch die Deutung der Szenenfolge vermochte mir das Bild nicht zu erschließen. Ganz besonders stieß ich mich an der im rechten Bilddrittel am Tisch sitzenden Frau, von der ich meinte, sie sei formal überhaupt nicht bewältigt. Ist sie es? Auch die gefühlvolle Szene mit dem weißen Engel mißfiel mir und so manches andere Detail. Und dennoch setzte ich mich über all dies hinweg und kaufte das Bild wegen seiner dann eben doch großen künstlerischen Intensität. Bereut habe ich den Ankauf nie, auch wenn sich meine Reaktion bis heute nie ganz geändert hat. So bleibt mein Verhältnis zu diesem Künstler bei aller Bewunderung zwiespältig.

Fast zehn Jahre später geriet noch einmal ein Beckmann in mein Blickfeld. Diesmal war es Serge Sabarsky in New York, der mir den herrlichen »Eisernen Steg« von 1922 anbot, ein Bild, mit dem ich nun allerdings keinerlei Probleme hatte. Es zeigt die gleichnamige Frankfurter Eisenbrücke, die noch heute über den Main nach Sachsenhausen führt, und von der sich auch andere Künstler, Kirchner zum Beispiel, haben inspirieren lassen. Der Entschluß, das Bild zu kaufen, fiel mir leicht, nachdem wir uns über den Preis – er betrug 635.000 DM – geeinigt

hatten. In denselben Tagen erreichte mich ein Anruf meines Kollegen 1963
vom Frankfurter Städel, Klaus Gallwitz, der mir nahezulegen versuchte, auf den Kauf zu verzichten, da dieses Bild doch eigentlich nach Frankfurt gehöre: als eine Vedute dieser Stadt und als das Werk eines Künstlers, der wichtige Jahre seines Schaffens in Frankfurt verbracht hatte. Ich konnte ihm seinen Wunsch nicht erfüllen, ganz abgesehen davon, daß sich im Städel bereits Beckmanns »Synagoge« befand, ebenfalls ein Frankfurter Motiv aus derselben Werkgruppe. Und wieder eine Verknüpfung mit Basel: dort hing seit Georg Schmidts »Entarteten«-Käufen von 1939 Beckmanns »Nizza«, auch dies ein Frankfurter Motiv, entstanden um dieselbe Zeit.

Das Beckmann-Ensemble war damit auf drei herausragende Gemälde angewachsen, wobei die »Nacht« natürlich dominierte. Es war für mich immer wieder erstaunlich, daß zwischen der »Nacht« und

Max Beckmann
Der Eiserne Steg, 1922
120,5 × 84,5 cm

dem »Eisernen Steg« nur drei Jahre lagen. Dabei ist der »Nacht« anzusehen, daß sie am Rande des Ersten Weltkriegs entstanden ist, während über den Umstand, daß der »Eiserne Steg« in den unruhigen zwanziger Jahren, auf dem Höhepunkt der Inflation, entstanden ist, das Bild nichts aussagt. Beckmann gehört ja zu jenen Künstlern, die man gern als Kronzeugen für eine »engagierte« Kunst in Anspruch nimmt. Das ist gewiß nicht nur falsch. Aber er selbst hat dem einmal auf eine bemerkenswerte Weise widersprochen. Das war 1938. Zur Eröffnung der denkwürdigen Ausstellung zeitgenössischer deutscher Kunst in den Burlington Galleries in London hielt er eine Rede, die mit diesen Wor-

1963 ten begann: »Ich betone, daß ich niemals auf irgendeine Weise politisch aktiv war. Ich habe lediglich meine Vorstellungen von der Welt so intensiv wie möglich verwirklichen wollen. Malen ist eine schwierige Sache, sie braucht den Menschen ganz, Körper und Seele. So bin ich an manchen Sorgen vorbeigegangen, die zum realen und politischen Leben gehören.« Beckmann unterschied in seiner Rede sodann zwischen dem spirituellen Leben und der politischen Wirklichkeit und überließ es ausdrücklich seinen Zuhörern zu entscheiden, welches von beidem ihnen wichtiger sei. Und schließlich beendete er seine Rede mit den erstaunlichen Worten: »... und ruhig lege ich meinen Kopf wieder auf das Kissen, um zu schlafen und weiter zu träumen.« Das sagte ein Maler, der von Hitler ins Exil getrieben worden war, ein Jahr vor Ausbruch des schrecklichsten aller Kriege. Mit der alten Politikfeindlichkeit des deutschen Geistes, dieser verhängnisvollen Polarisierung des »reinen« Geistes und der »schmutzigen« politischen Wirklichkeit, konnte dies gerade bei Beckmann kaum zu tun haben. Denjenigen, die den Künstlern so gern sozialpolitisches Engagement abfordern, müssen seine Worte ins Stammbuch geschrieben werden.

Schwitters

1956 habe ich in der Kestner-Gesellschaft Kurt Schwitters gezeigt. Damit begann die Wiederentdeckung dieses Künstlers in Europa, zumal die Ausstellung weiterwanderte nach Amsterdam, Brüssel und Bern. Es war mehr als eine Wiederentdeckung: es war eine Neuentdeckung, denn in der Zeit zwischen den großen Kriegen hatte Schwitters zwar viel Furore gemacht und wurde in den Zirkeln der Avantgarde geschätzt, aber als einen Künstler hohen Ranges erkannte man ihn erst jetzt. Die Ausstellung kam, wie mir damals gar nicht bewußt war, im historisch richtigen Augenblick, denn um dieselbe Zeit setzte in Europa und den Vereinigten Staaten eine starke neodadaistische Strömung ein, in welcher Schwitters sehr schnell seinen festen Platz fand. Bei Rauschenberg und Arman, also auf beiden Seiten des Atlantik, ist um 1960 der Einfluß mit Händen zu greifen.

Für mich kam es zur Erkenntnis der Bedeutung des Künstlers erst 1955/56, acht Jahre nach seinem Tod, als ich mich nach Oslo begab, um die geplante Ausstellung in Hannover mit seinem Sohn Ernst Schwitters zu besprechen. Erst dort, in Schwitters' einstigem Haus am Oslofjord, wurde mir klar, daß dies ein viel bedeutenderer Künstler war, als ich bis dahin geahnt hatte. Ich habe darüber gelegentlich berichtet, zuletzt im Katalog der großen Schwitters-Retrospektive im Centre Pompidou, so daß ich das hier nicht wiederholen will, obgleich es eine sehr erstaunliche und auch vergnügliche Geschichte ist. Von da an blieb ich mit Schwitters eng verbunden. 1960 zeigte ich ihn im Internationalen Pavillon der Biennale Venedig, 1961 an der Biennale São Paulo. Immer wieder hatte ich über ihn zu schreiben. 1967 erschien meine große Monographie. Seither gelte ich als »der« Schwitters-Spezialist, was ich nicht besonders goutiere, da ich überhaupt kein Spezialist sein will, es sei denn – ironischermaßen – ein Spezialist für Schwitters-Fälschungen, deren ich vermutlich weit über hundert in Händen gehabt habe. Schon in den frühen sechziger Jahren, während der Eröffnungstage einer venezianischen Biennale, machte sich der Maler und Kunstschriftsteller Hans Platschek den Spaß, mich allen möglichen Leuten mit den Worten vorzustellen: »C'est Monsieur Schmalenbach, né Schwitters«. 1963

Nach alldem war es ganz natürlich, daß ich in Düsseldorf schon früh eines der großen Merzbilder kaufen wollte, und zwar bei Ernst Schwit-

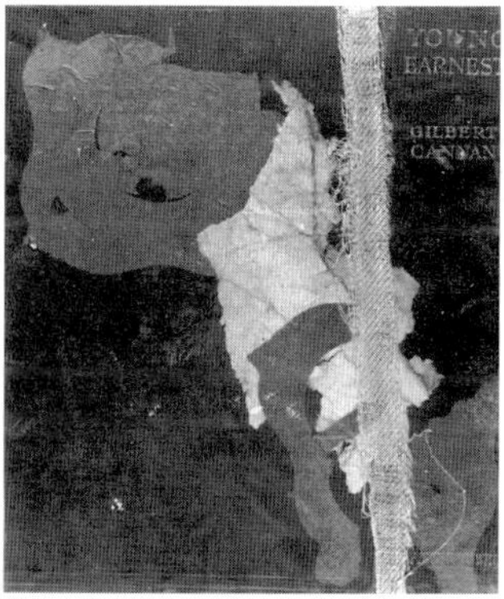

Kurt Schwitters
Merzbild 25A.
Das Sternenbild, 1920
104 × 79 cm

Kurt Schwitters
Young Earnest, 1946
19,5 × 16,2 cm

ters, mit dem ich seit jenem ersten Besuch in Oslo befreundet war. Meine Wahl fiel auf das »Sternenbild« von 1920. Gemäß denselben selbstkritischen Gedanken, die ich hier bei Beckmanns »Nacht« geäußert habe, erscheint es bezeichnend, daß ich nicht eines der radikaleren

1963 Bilder wie »das Kreisen« oder »Das Arbeiterbild« wählte, so wie es umgekehrt bezeichnend sein mag, daß Pontus Hultén nun gerade das »Arbeiterbild« für sein Museum in Stockholm erwarb. Aber nur »schön« oder, wie man später sagte, »kulinarisch« ist das »Sternenbild« mit seinen wüsten Altstoffen und den politischen und zeitgeschichtlichen Wortfetzen wahrhaftig nicht. Und zur Zeit seiner Entstehung war es, genauso wie die anderen Bilder, das radikale Gegenteil jeglicher ästhetischen Kultur: eine Beleidigung des bürgerlichen Geschmacks.

Das großartige Bild hatte, zusammen mit den erwähnten sowie weiteren Merzbildern, 1956 in meiner hannoverschen Ausstellung gehangen, und dann natürlich auch in São Paulo. Ich staune noch heute, daß die Transporte den sehr fragilen Bildern überhaupt nicht geschadet haben. All diese Assemblagen – eine Bezeichnung, die erst später aufkam – waren damals in relativ üblem Zustand nach Hannover gekommen, verschmutzt und verstaubt nach den zwei Jahrzehnten, in denen sie seit Schwitters' Emigration nach Norwegen in den Kisten geruht hatten, die wir im Januar 1956 in Oslo zum erstenmal öffneten. Da ich nicht die leisesten Vorstellungen von restauratorischer Pflege besaß, bat ich meine Frau, die Bilder zu reinigen, was sie resolut mit einem ganz gewöhnlichen Küchenmittel in Angriff nahm. Geschadet hat es den Bildern nicht, wie ich bei Museumsbesuchen in aller Welt, wo die Bilder inzwischen gelandet sind, immer wieder feststellen konnte.

Das »Sternenbild« war übrigens der erste große Schwitters, der nach dem Krieg in ein europäisches Museum kam. Hannover hatte seinerzeit nicht zugegriffen, als man die großen Merzbilder noch zu 25.000 DM kaufen konnte. Ich hatte den Oberstadtdirektor beschworen, eines der schönsten Exemplare zu erwerben, wobei ich ihn darauf hinwies, daß die Preise auf den folgenden Stationen der Tournee – Amsterdam, Brüssel und Bern – auf 35.000 DM steigen würden; für Hannover hätten wir einen Sonderpreis vereinbart. Er fühlte sich, wie er mir später einmal sagte, mit dieser »Drohung« unter Druck gesetzt; darum habe er den Kauf abgelehnt. Dank eines sehr großen Entgegenkommens von Ernst Schwitters erwarb ich das Bild nun, 1963, also sieben Jahre nach der Ausstellung, für nur 130.000 DM.

Während einiger Jahre hing in der Kunstsammlung noch ein anderes Merzbild mit dem Titel »Das große Ich-Bild«, als Dauerleihgabe von Ernst Schwitters. Zu einem Ankauf konnte ich mich nicht entschließen, weil dem Bild bei weitem die Kraft und der Reichtum des

»Sternenbildes« fehlten. Es wurde später von Peter Ludwig erworben 1963
und von ihm dem Centre Pompidou als Dauerleihgabe überlassen, bevor der Sammler es schließlich in das Museum in Köln aufnahm, das seinen Namen trägt.

Im Lauf der Jahre kaufte ich einige der sogenannten »Merz-Zeichnungen«, wie Schwitters seine kleinformatigen Collagen nannte. Leider hatten sie es in der Sammlung neben den großen Objekten immer schwer, da sie zu klein sind, und da auch die unvermeidliche Präsentation in Passepartouts sie neben den Gemälden und Assemblagen etwas unglücklich wirken läßt. Sie gehören ihrer Natur nach eher in ein graphisches Kabinett, und ein solches gab es weder im Schloß Jägerhof noch im späteren Neubau. Das Problem ist nie gelöst worden.

Die erste Collage erwarb ich im selben Jahr wie das »Sternenbild«: eine späte Arbeit von 1946 mit dem Titel »Young Earnest«. Der Titel überrascht, da sich auf dem Blatt selbst kein Hinweis findet. Möglicher-

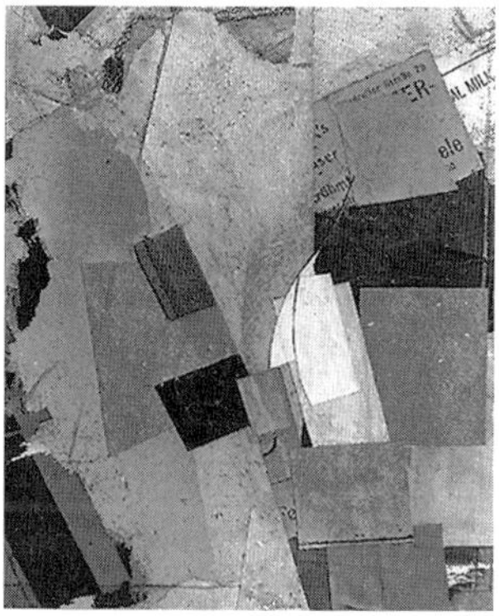

Kurt Schwitters
Mz 169.
Formen im Raum,
1920
18 × 14,3 cm

Kurt Schwitters
Mz 271. Kammer,
1921
17,8 × 14,3 cm

weise ist es ein Spiel mit dem Namen seines Sohnes. Es ist ja bemerkenswert, daß dieser so humorvolle Künstler – humorvoll mehr in seinem literarischen als in seinem bildkünstlerischen Werk – seinem Sohn den ernsten Namen Ernst gegeben hat. Die Collage hatte ich mir bereits für meine Ausstellung in Hannover ausgeliehen, in deren Katalog sie abgebildet ist. Inzwischen war sie in den Besitz des Sammlers J.-B. Urvater in Brüssel gelangt, dem ich einen Besuch abstattete, da ich gehört hatte, daß er Werke aus seiner Sammlung vorwiegend surrealistischer Kunst zu verkaufen beabsichtigte. Ich entschied mich nur für

1963 dieses kleine Opus und spürte seine Enttäuschung, da er eigentlich viel bedeutendere Objekte zu verkaufen gehofft hatte. Zwar kaufte ich später einen Kandinsky aus seiner Sammlung, aber der kam inzwischen aus dem Kunsthandel.

1965 erwarb ich zwei schöne Collagen von 1920 und 1921. Die eine kam von Berggruen, der schon vor der Retrospektive in Hannover eine Schwitters-Ausstellung veranstaltet und dazu einen überaus reizvollen Katalog herausgebracht hatte. Die andere kaufte ich bei dem englischen Kunsthändler Philipp Granville in London, der seit vielen Jahren mit Werken von Schwitters handelte, lange Zeit vor dessen großem Ruhm. Die eine der beiden Collagen, »Formen im Raum«, hatte ich 1956 in Hannover gezeigt, die andere, »Kammer«, 1961 in der Schwitters-Sonderschau an der Biennale Sao Paulo.

In Hannover hing damals eine Collage, die mir als die schönste von allen erschien, gewissermaßen ein Merzbild en miniature, 13,1 × 9,7 cm klein. Sie hieß »Oscar« und stammte von 1920. Ich hätte sie sehr gern gekauft, aber Ernst Schwitters wollte sie behalten und gab sie mir 1969 als Dauerleihgabe, bis ich sie endlich, gegen Ende meiner Amtszeit, erwerben konnte. Die beiden Collagen, die ich 1965 erworben hatte, hatten noch je 16.000 DM gekostet. Für »Oscar« mußte ich zwanzig Jahre danach 112.000 DM hinlegen, fast so viel wie 1963 für das große Merzbild.

1980 kaufte ich in der Marlborough Gallery in London, die seit langem für Ernst Schwitters kunsthändlerisch tätig war, die Assemblage »Kleines Seemannsheim« von 1925. Ich hatte sie vier Jahre vorher in meiner Schwitters-Monographie farbig abgebildet. Ich liebte diese Arbeit sehr als ein Werk aus dem Umkreis des Konstruktivismus, das dennoch durch und durch unkonstruktivistisch ist: zusammengeschustert aus Hölzern, die Schwitters am Strand in Holland gefunden und »vermerzt« hatte, wie er das gern nannte, das Ganze versehen mit einem witzigen, ebenfalls dem puristischen Geist der strengen Avantgarde zuwiderlaufenden Titel. Ein Bild sozusagen zwischen MERZ und Lissitzky, dem Freund und Streitgenossen, der in den zwanziger Jahren eine Zeitlang in Hannover gelebt und gelegentlich als Typograph mit Schwitters zusammengearbeitet hatte.

Pontus Hultén sagte mir viel später einmal, er habe sich lange bemüht, das »Kleine Seemannsheim« für das Centre Pompidou zu erwerben, da es seiner Meinung nach eines der schönsten Werke von Schwitters sei. Ich weiß nicht, ob seine Versuche am Preis scheiterten, der, als ich es kaufte, 650.000 DM betrug. 1963

Auch die überaus aktive Galerie Gmurzynska in Köln arbeitete eng mit Ernst Schwitters zusammen, der dort auch gelegentlich eine Ausstellung seiner eigenen Photographien zeigte. Bei ihr erwarb ich 1980 eine späte, unbetitelte Assemblage, die ich ebenfalls 1961 an der Biennale São Paulo gezeigt hatte. Für solche Anknüpfungen an frühere Jahre hatte ich immer viel Sympathie.

In meiner großen Schwitters-Monographie hatte ich das Spätwerk etwas dilatorisch behandelt. Das ist leicht verständlich, wenn man bedenkt, wie es war, als ich im Januar 1956 in Oslo auf Schwitters stieß. Da kamen die großen Merzbilder und die unendlich vielen Collagen

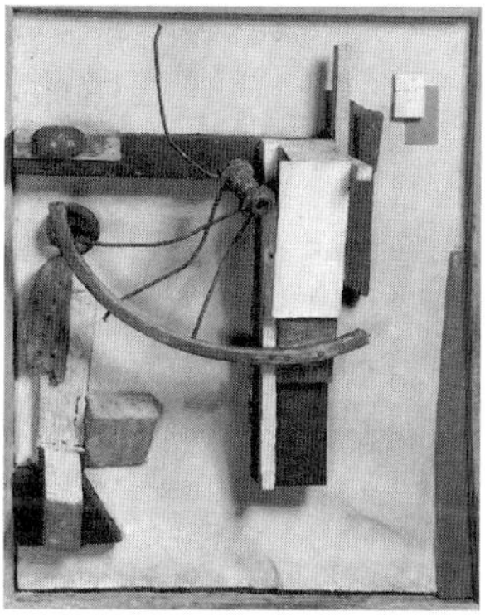

Kurt Schwitters
Mz 150. Oscar,
1920
13,1 × 9,7 cm

Kurt Schwitters
Kleines Seemannsheim,
1926
66 × 52 cm

aus den seit Schwitters' Emigration 1937 nie geöffneten Kisten zum Vorschein und überwältigten mich völlig. Für das Spätwerk war bei diesem plötzlichen Zusammenstoß einfach kein Platz, und dabei blieb es dann für lange Zeit. Erst viel später erkannte ich, daß auch in Schwitters' norwegischen und englischen Jahren bedeutende Arbeiten entstanden sind, Assemblagen vor allem, die über den noch »kubo-futuristisch« bestimmten frühen Schwitters hinausweisen in eine neue, offenere Richtung. Die vielen Gemälde allerdings aus diesen späten Jahren blieben für mich ein Ärgernis, bis heute. Es ist schwer zu verstehen,

1963 wie es möglich war, daß dieser geniale Künstler neben den bis zuletzt immer wieder – freilich auch seltener – hinreißenden Objekten so absolut minderwertige, sowohl formal wie farbig peinliche Bilder anzufertigen imstande war. Viele Künstler dieses Jahrhunderts sind ja im Lauf der Zeit künstlerisch tief gesunken, aber mir scheint, daß Schwitters mit diesen Malereien noch tiefer sank. Wenn ich bedenke, wie sehr ich mich in meinem Leben mit ihm verbunden habe, dann ist dies auch für mich selbst eine traurige Erkenntnis.

Viel könnte ich erzählen über die ungezählten Schwitters-Fälschungen, mit denen ich jahrzehntelang befaßt war. Es gab Zeiten, da verging keine Woche ohne mindestens eine Fälschung. Ich leugne nicht, daß es mir Spaß machte, die Arbeiten, die man mir brachte, zu begutachten. Ernst Schwitters hatte dafür überhaupt keinen Sinn: er ärgerte sich über jede Fälschung, während ich ihm einzutrichtern versuchte, er solle doch froh sein, daß es so viele Fälschungen gebe; das zeige doch, wie hoch sein Vater geschätzt werde. Gewiß war es manchmal traurig zu sehen, wie Menschen sich hatten täuschen lassen, und wieviel Geld sie

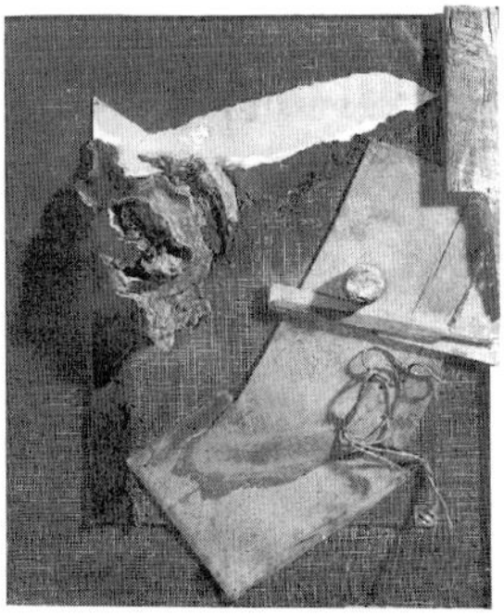

Kurt Schwitters
Ohne Titel
(Holz auf Schwarz), 1943-46
54,7 × 43,7 cm

dabei verloren hatten. Aber zynischerweise sagte ich oft, eine Woche ohne einen falschen Schwitters sei eine verlorene Woche. Von all den vielen Geschichten will ich nur zwei erzählen.

Die eine: Es brachte mir jemand eine Assemblage aus Schwitters' Frühzeit. Falscher konnte ein Schwitters nicht sein. Es war ein wüst aus alten Hölzern und anderen Materialien zusammengeschraubtes, vergleichsweise großes Objekt. Nach ein oder zwei Jahren tauchte es wieder bei mir auf, nunmehr aus einer anderen Galerie. Und dann, nach Monaten oder Jahren, erneut, diesmal aus einer ausländischen Galerie.

Etwa fünf- oder sechsmal kehrte es aus Galerien in verschiedenen Ländern zu mir zurück. Vielleicht hätte ich zum »Kadi« gehen sollen, aber das habe ich nie getan. Irgendwann einmal war ich in New York und besuchte an der Madison Avenue Serge Sabarsky, dessen Galerie sich gegenüber von Sotheby's Parke-Bernet befand. Nach ein paar Minuten kam ein Anruf von vis-à-vis: man habe soeben beobachtet, daß Herr Schmalenbach die Galerie betreten habe; ob er wohl bereit sei, einen Blick auf einen Schwitters zu werfen? Natürlich hatte ich nichts dagegen und siehe, es war wieder dasselbe Corpus delicti, zum sechsten oder siebten Mal. Diesmal mimte ich eine gewisse Empörung und sagte dem Abgesandten von Sotheby's: »Wenn dieses Ding mir noch einmal vor Augen kommt, dann seid ihr dran!«. Es war eine leere Drohung, aber ich habe das »Ding« nie wieder gesehen.

Die andere Geschichte: Mich besuchte eines Tages in meinem Büro der »chef du laboratoire scientifique« der Genfer Polizei. Ob er mir zwanzig Schwitters zugeschriebene Collagen zeigen dürfe? Gewiß doch, sagte ich, aber ob das Köfferchen, das er bei sich trug, nicht ein bißchen klein für zwanzig Collagen sei; worauf er entgegnete, es seien leider nur Photos, und nicht einmal farbige. Ich sagte ihm, daß ich nach Photos grundsätzlich keine definitive Meinung abgeben könne, aber ich könne ja einmal einen Blick darauf werfen. Also sah ich mir die Photos an, und schon nach weniger als einer Minute sagte ich meinem Gast, diese fünf Arbeiten seien vermutlich echt, jene vierzehn seien vermutlich falsch, und bei dieser einen sei ich unsicher. Darauf blickte er mich vollkommen verblüfft, fast konsterniert an: genau dasselbe habe Ernst Schwitters gesagt, als er in Genf die Originale begutachtet habe; auch er sei bei der einen unsicher gewesen, im übrigen: fünf echte und vierzehn falsche. Mein Besucher war fassungslos.

Nach einiger Zeit wurde ich gebeten, nach Genf zu kommen und die zwanzig Originale zu begutachten. Ein Termin wurde vereinbart. Gleich danach rief mich dieselbe Dame noch einmal an: sie habe vergessen, sich nach meiner Honorarforderung zu erkundigen. Ich entgegnete, daß ich als Museumsdirektor prinzipiell für Expertisen kein Honorar verlangte. Sie schien etwas bestürzt zu sein und sagte, sie werde mich noch einmal anrufen, denn darüber müsse sie mit ihrem Vorgesetzten reden. Als sie mich dann wieder anrief, erklärte sie mir, wenn ich mich für meine Expertisen nicht bezahlen ließe, hätten sie nach Auffassung des Gerichts keinen Wert. Also nannte ich ihr meinen

1963 Preis. Es war das einzige Mal während meiner Amtszeit, daß ich mich über meine selbstauferlegte Moral hinwegsetzte.

Nach weiteren Monaten kam es zum Gerichtstermin in Genf. Der Angeklagte entpuppte sich als ein ungarischer Graf, der an der Côte d'Azur lebte und behauptete, Schwitters habe die inkriminierten Collagen einst in Berlin seinem Vater geschenkt. Alles wirkte äußerst suspekt. Wie aber konnte ich beweisen, daß die Arbeiten falsch waren? Mein Gutachten beruhte natürlich auf reiner Stilkritik. Das Genfer Laboratorium hatte bei nur ganz wenigen Arbeiten naturwissenschaftliche Erkenntnisse gewonnen, aus denen hervorging, daß zumindest dies Fälschungen waren. Was also konnte ich tun? Ich hatte nur die Möglichkeit, die Gegenseite durch fachliche Autorität zu beeindrucken. Darum erzählte ich die Geschichte vom Besuch des Herrn aus Genf in Düsseldorf und von der erstaunlichen Übereinstimmung meiner spontanen Begutachtung mit derjenigen von Ernst Schwitters, der übrigens während der Verhandlung neben mir saß, ebenso wie auch der Herr, der mich in Düsseldorf besucht hatte und meine Darstellung hätte bezeugen können. Der Anwalt der Gegenseite unternahm daraufhin keinen Vesuch, meine Beurteilung als völlig subjektiv und daher irrelevant abzuqualifizieren, er beharrte auf keinen »objektiven« Beweisen, und so war der Prozeß für ihn verloren.

Um mich nun aber nicht als unfehlbaren Kurt Schwitters-Papst zu profilieren, will ich nicht verschweigen, daß ich einmal einen Schwitters als höchstwahrscheinlich falsch erklärt habe, dem ich zehn Jahre vorher die Echtheit bescheinigt hatte. Eberhard Kornfeld in Bern machte mich auf den fatalen Widerspruch aufmerksam. Meine Reaktion lautete ganz einfach – denn wie hätte ich mich retten können? –: »Nobody is perfect.«

Gewiß, nobody is perfect; aber das kann auch zu weit gehen. Ich habe einmal eine wirklich unverzeihliche Sünde begangen. Während einiger Wochen schickte mir Sami Tarica Photos nach Schwitters-Collagen, die er zum größten Teil von Schwitters' englischer Freundin Wanty erhalten hatte. Er bat mich, auf der Rückseite der Photos die Echtheit zu bestätigen. Ich habe das getan, da mir die Arbeiten echt und die Quellen, aus denen sie kamen, vollkommen unverdächtig erschienen. Selbstverständlich hätte ich darauf bestehen müssen, die Originale zu sehen, aber das wurde mir frevelhafterweise erst nach Wochen bewußt. Nie wieder in späteren Jahren habe ich Arbeiten

»expertisiert«, die ich nicht im Original kannte. Der Leichtsinn, den ich damals beging, ist der schwerste berufliche Fehler, den ich mir vorzuwerfen habe. »Zur Strafe« tauchen noch heute, zwanzig Jahre später, manche dieser Photos bei mir auf. Ich kann sie leider nicht konfiszieren lassen. 1963

Mondrian

Etwa ein Jahr vor seinem Tod saß ich während eines Eröffnungsabends in der Cafeteria der Kunstsammlung mit Max Bill am Tisch. Er hatte auf seinem Rundgang durch die Sammlung gerade die vier Bilder von Mondrian gesehen und beglückwünschte mich, daß ich schließlich nun offenbar doch endlich den Weg zu Mondrian gefunden hätte. Ich verstand nicht recht, was er meinte, und er sagte: »Sie wollten doch von Mondrian nie etwas wissen.« Ich war völlig perplex und antwortete, daß für mich Mondrian spätestens seit seiner Ausstellung 1948 in Basel immer eine der überragenden Gestalten des Jahrhunderts gewesen sei, und daß ich das erste Bild von ihm bereits in meinem zweiten Jahr in Düsseldorf, also 1963, gekauft hätte. Das irritierte ihn sehr. Ich weiß natürlich, woher diese Meinung kam. Bill wußte oder spürte, daß ich kein Parteigänger der Geometriker war, und er wußte wohl auch, daß ich seine eigene Malerei wenig schätzte. Es gab zwischen ihm und mir schon seit den vierziger Jahren eine Spannung, die sich auch einmal in Zürich in einem scharfen Zusammenstoß entlud. Andererseits aber trafen wir uns in den letzten Jahrzehnten immer wieder, ohne daß der alte Groll – der eigentlich nur bei ihm, nicht bei mir bestand – zum Vorschein kam. Einmal machten wir sogar, nachdem wir uns zufällig auf der Straße getroffen hatten, einen gemeinsamen Galeriebummel in New York. Aber bei Mondrian nun kam wieder etwas von dem alten Mißtrauen hervor. 1994 trafen wir uns in Berlin, als ihm ein sehr großer japanischer Preis verliehen wurde. Er wußte, daß ich mit diesem Preis zu tun hatte, und sagte, als wir uns begegneten, gleich beim ersten Atemzug: »Sie waren ja dagegen!« Das könne er doch gar nicht wissen, antwortete ich, aber er hatte recht. Es kam dann ganz kurz vor seinem Tod zu einer letzten Begegnung während der Eröffnung der großen Schwitters-Ausstellung im Centre Pompidou. Ich ging sehr fröhlich und wirklich erfreut auf ihn zu, und wir unterhielten uns über Schwitters, den er natürlich noch persönlich gekannt hatte. Ich mochte ihn, so wie

1963 er war – oder besser: so wie er im Alter geworden war –, in seinen letzten Lebensjahren immer mehr, doch ich bezweifle, ob dies auf Gegenseitigkeit beruhte.

Aber nun geht es ja um Mondrian. 1963 kaufte ich die »Vertikale Komposition mit Blau und Weiß« von 1936. Das Bild hatte früher einmal Walter P. Chrysler gehört, der es vermutlich von Harry Holtzmann erworben hatte, dem Freund Mondrians in dessen Exil-Jahren in New York. Nach Düsseldorf gelangte es über die Marlborough Gallery in New York, zum Preis von 390.000 DM. Dem Preis ist anzusehen, daß er ursprünglich ein ganzes Stück über 400.000 DM gelegen hatte. Ich hatte die Vier am Anfang der Zahl abgelehnt, und selbst ein so cleverer Kunsthändler wie Frank Lloyd, der Inhaber der Galerie, schien mir Glauben zu schenken, als ich ihm klarmachte, über 400.000 DM gehe es nicht, das werde meine Ankaufskommission nicht akzeptieren. In solchen Fällen war der Wink mit dem Zaunpfahl Ankaufskommission überaus nützlich. Vielleicht aber war Frank Lloyd noch cleverer und wußte, was ich nicht wußte, daß er nämlich auch einen noch niedrigeren Preis akzeptiert hätte. Man weiß eben nie, wie weit man gehen kann, ohne einen Ankauf zu gefährden. Es ist ein Vabanquespiel. Für mich war es am wichtigsten, das Bild zu bekommen, auch wenn ich nicht allzu deutlich erkennen lassen durfte, daß dies unbedingt sein mußte.

Ich habe damals und später immer wieder Bilder bei Marlborough erworben, sicher zum Verdruß mancher Kunsthändler, bei denen die Galerie nicht in bestem Ansehen stand. Man hatte ihr manches vorzuwerfen, aber gewiß war auch Neid im Spiel, denn die Galerie entwikkelte sich zu einer der stärksten der Welt. Damals hatte sie neben London und New York noch nicht ihre weiteren Filialen zwischen Madrid und Tokio. Sie wurde geleitet von Frank Lloyd und Harry Fischer, die beide ein Stück jüdisches Wien in die angelsächsische Kunstwelt brachten – sie waren nicht die einzigen! Frank Lloyd verlor viele Jahre später den berühmt-berüchtigten Mark Rothko-Prozeß, und Harry Fischer trennte sich von ihm, um in London eine eigene, nach seinem Tod von seinem Sohn Wolfgang geleitete Galerie zu eröffnen.

In den sechziger Jahren dachte Frank Lloyd daran, eine deutsche Filiale der Marlborough Gallery einzurichten. Er fragte mich, ob ich sie leiten wolle, und lockte mich mit dem Hinweis, er werde mir mein ge-

genwärtiges Jahresgehalt als Monatsgehalt bezahlen. Natürlich lehnte ich ab. Einige Zeit später wurde die Filiale unter dem früheren Ministerialbeamten Wolf Donndorf in Stuttgart eröffnet, um ein paar Jahre danach wieder geschlossen zu werden. 1963

Die häufigen Begegnungen mit dem überaus witzigen Frank Lloyd waren immer hoch amüsant. Oft ging man teuer essen, in London zu Prunier, in New York ins Pierre oder in die Côte Basque. Ich habe das immer genossen und kam nie auf den Gedanken, es für eine Art von Bestechung zu halten. Schließlich konnte ein Essen in der Côte Basque mich ja schlechterdings nicht dazu verleiten, vom Gastgeber ein Bild zu kaufen! Ich hielt und halte es für wichtig, in diesem Amt vielfältige

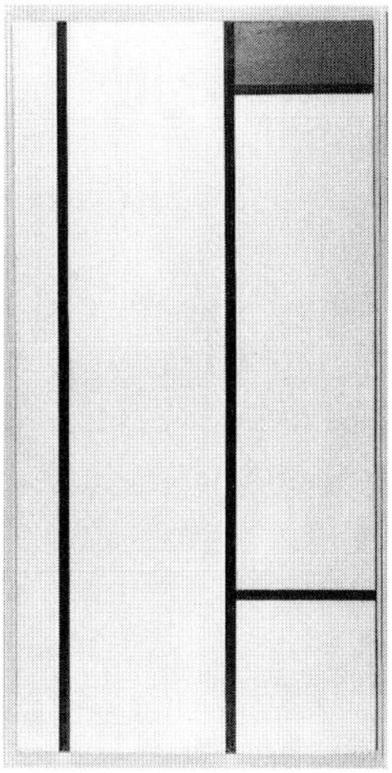

Piet Mondrian
Vertikale Komposition
mit Blau und Weiß,
1936
121,3 × 59 cm

Kontakte mit dem Kunsthandel zu pflegen, und selbstverständlich auch in dieser Form. Im Gegensatz zu manchen meiner Kollegen habe ich dem Kunsthandel gegenüber niemals Berührungsängste gehabt, ganz im Gegenteil: gerade die Kontakte mit Leuten, die in ihrem Beruf ständig harte künstlerische Entscheidungen zu treffen haben, empfand ich als besonders belebend. Wenn bei mir bestimmte Galerien häufiger zum Zuge kamen als andere, dann lag das selbstverständlich nicht an besonderen Sympathien, auch wenn sie vorhanden waren, sondern an der »Ware«, die sie anzubieten hatten. Man hat mir oft nahegelegt, bei den Kunsthändlern auf der Hut zu sein, namentlich bei ganz bestimmten Händlern. Meine bald schon stereotype Antwort lautete: auf der

1963 Hut sein muß man in diesem Leben sowieso, zum Beispiel, wenn man eine Straße überquert.

Wurde ich jemals mit einem Preis übers Ohr gehauen? Ich glaube das nicht. Nach den allerersten Erfahrungen im Winter 1962/63 habe ich schnell gelernt, über einen geforderten Preis zu verhandeln; nicht grundsätzlich, aber doch von Fall zu Fall. Eine gewisse Marktkenntnis erwirbt man sich im übrigen schnell in diesem Metier. Die Erfahrungen beschränkten sich ja auch nicht auf die paar Bilder, die ich im Jahr erwarb: Offerten kamen täglich aus aller Welt, so daß ich täglich mit den Fragen des Marktes konfrontiert war.

Verhältnismäßig spät erst wurde mir bewußt, daß man, wenn man mit öffentlichen Mitteln Bilder kauft, einer Gefahr ausgesetzt ist. Über Werner Haftmann kam eines Tages ein übles Gerücht auf: er habe sich beim Ankauf eines Bildes von Francis Bacon für die Berliner Nationalgalerie von der Marlborough Gallery mit 50.000 DM schmieren lassen. Er stand dem hilflos gegenüber. Wer Werner Haftmann kennt, weiß, daß es sich nur um eine üble Verleumdung handeln konnte. Es war vollkommen indiskutabel. Aber wer einem solchen Verdacht ausgesetzt ist, kann sich kaum dagegen wehren. Nicht lange danach passierte mir dasselbe. Wieder war es die Marlborough Gallery, von der ich mich einem plötzlich aufkommenden Gerücht zufolge hatte bestechen lassen, ebenfalls in der Höhe von 50.000 DM. Ich könnte nicht sagen, daß mich das beunruhigt hätte, aber was sollte ich tun? Konnte ich überhaupt etwas tun? Ich folgte dem Rat eines weisen Mannes – es war Dr. Ernst Schneider, der zu meiner Ankaufskommission gehörte – und schrieb einen Brief an den Vorsitzenden meines Kuratoriums, den nordrhein-westfälischen Ministerpräsidenten Heinz Kühn: dieses Gerücht sei aufgekommen; ich hätte keine Handhabe, dagegen vorzugehen, da keine Namen genannt worden seien; ich wisse, daß er wisse, daß ich vollkommen integer sei; ich legte lediglich Wert darauf, ihn davon in Kenntnis zu setzen. Das Gerücht hat sich, genauso wie bei Haftmann, in nichts aufgelöst. Ein Jahr später erfuhr ich, wer der Bösewicht war, der es in die Welt gesetzt hatte, übrigens weniger aus Bosheit als aus einer momentanen übermütigen Laune. Es war ein guter Freund, ein sehr bekannter Künstler, den ich prompt zur Rede stellte. Da er es natürlich nicht ernst gemeint hatte, wurde die Freundschaft nicht getrübt. Warum soll ich den Namen verschweigen? Es war Norbert Kricke.

Nach diesem Intermezzo zurück zu Mondrian. 1965 kaufte ich zwei Bilder von ihm. Das eine war ein kleinformatiges quadratisches Bild von 1930, »Komposition mit gelbem Fleck«. Den Besitzer kannte ich seit langem sehr gut. Es war Jan Tschichold, der 1935 Deutschland den Rücken gekehrt hatte und nach Basel emigriert war. In den zwanziger Jahren war er einer der namhaftesten fortschrittlichen Typographen gewesen, einer von jenen, die die »neue typografie« einführten und durch- 1963

Piet Mondrian
Komposition mit gelbem Fleck, 1930
46 × 46,5 cm

setzten, sowohl publizistisch als auch mit der eigenen Arbeit. Später war er in seinen Buchgestaltungen konservativer oder, wie wir damals meinten, »reaktionär« geworden, was ihn ja auch instand setzte, nach dem Zweiten Weltkrieg in London für Penguin Books zu arbeiten. Als ich selbst 1948 ein kleines Büchlein über die griechische Vasenmalerei veröffentlichte, das ich schon Jahre vorher, als Student, geschrieben hatte, besorgte Tschichold die Typographie. Ich erinnere mich, wie entsetzt ich war, als er den Innentitel mit einem klassischen Mäander umrahmen wollte, wobei es dann aber zum Glück nicht blieb. Wesentlich interessanter war die Zusammenarbeit mit ihm, als er mein 1953 erschienenes Afrika-Buch gestaltete.

Das Bild von Mondrian, das ich nicht bei ihm, sondern in der Galerie Beyeler erwarb, hatte er noch beim Künstler selbst gekauft. Mondrian lebte damals unter tristen Bedingungen in Paris und brauchte Geld. Ein paar Freunde in der Schweiz starteten eine Sammelaktion, an der sich neben dem Ehepaar Tschichold Siegfried und Carola Giedion in Zürich sowie Oskar Müller und seine Frau in Basel beteiligten; ich könnte mir denken, daß auch Max Bill und der Architekt Alfred Roth mit von der Partie waren. Mondrian sollte – und wollte – sich mit ei-

1963 nem Bild bedanken, das unter den Beteiligten auszulosen war. Jeder hatte hundert Franken bezahlt. Tschichold war der Gewinner. Sein Bild hatte ihn also hundert Schweizer Franken gekostet. Und nun, zwanzig Jahre später, kam das wunderbare, fast ikonenhaft zu nennende Bild für 140.000 DM nach Düsseldorf. Mir war es übrigens seit langem vertraut, da ich es mehrfach in Ausstellungen der vierziger und fünfziger Jahre in Basel und Zürich gesehen hatte.

Piet Mondrian
Rhythmus aus schwarzen Linien,
1935-42
72,2 × 69,5 cm

Jan und Edith Tschichold habe ich wenige Jahre später in dem kleinen Tessiner Bergdorf Berzona im Onsernone-Tal wiedergesehen, als ich dort einmal Max Frisch besuchte, den ich seit seinem ersten Bühnenerfolg am Zürcher Schauspielhaus – es war »Nun singen sie wieder« – kannte und oft in Zürich sah. Berzona war wirklich ein erstaunliches Nest. Auch Alfred Andersch wohnte dort, und auch ihm sowie seiner Frau, die Malerin war, stattete ich einen Besuch ab. Sie alle hatten sich in dieses Seitental des Ticino zurückgezogen, wenn ich nicht irre, auch Golo Mann. Edith Tschichold gehörte übrigens zu den alten Schwitters-Freundinnen, die sich 1956 anläßlich der Eröffnung meiner Schwitters-Ausstellung in der hannoverschen Kestner-Gesellschaft einfanden. Auch Carola Giedion war damals gekommen und Ella Bergmann-Michel, und ein paar Tage später die herrliche Hannah Höch.

Zu der Begegnung mit Frisch kam es dadurch, daß ich ihn an der Piazza von Ascona vor einem Restaurant sitzen sah. Er lud mich auf den nächsten Abend zu sich nach Berzona ein. Er war allein, seine damalige Freundin war verreist. Er briet ein herrliches Steak, und dann saßen wir da und redeten über die alten Zeiten am Schauspielhaus Zürich und über Politik. Er war der Meinung, die Deutschen seien ihrer

Natur nach ein politisch unterentwickeltes, obrigkeitshöriges, zu keiner Demokratie fähiges Volk. Ich widersprach dem heftig, um so mehr, als ich nichts von volkspsychologischen Festlegungen halte, doch er war nicht davon abzubringen. Ich verwies darauf, das Fernsehen sei die politische Schule der Nation geworden. Bald danach kam in Deutschland die Studentenrevolte, die ihn eines Besseren belehrte. Im übrigen erzählte er mir an jenem Abend ausführlich von seinem Stück »Biographie«, an dem er gerade arbeitete, und mit dem er an einen Punkt gelangt war, wo er nicht mehr weiterwußte.

Der andere Mondrian, der im selben Jahr angekauft wurde, hat den Titel »Rhythmus mit schwarzen Linien« und stammt aus den Jahren 1934 bis 1942. Der Künstler dürfte kaum so lange an dem Bild gearbeitet haben. Ich vermute, daß er nach Jahren etwas hinzugefügt hat. Was das sein könnte, hat mich nie beschäftigt, da es ein Bild »aus einem Guß« ist.

Siegfried Rosengart, von dem ich es erwarb, bat mich dringend, den amerikanischen Sammler, von dem es kam, nicht zu nennen, was ich selbstverständlich versprach. Der Sammler wird seine Gründe gehabt haben, vielleicht auch Rosengart. Ich selbst habe diese Verschwiegenheit bedauert, da ich meine, daß die Herkunft eines Bildes zu dessen Transparenz gehört und von einem gewissen historischen Interesse ist. Aber natürlich offenbare ich die Provenienz auch hier nicht.

So hatte die Kunstsammlung innerhalb von drei Jahren drei Bilder des holländischen Malers gekauft. Der vierte Ankauf ließ noch fünfzehn Jahre auf sich warten. Diese Kumulation weniger Werke ein und desselben Malers zeigt sehr klar das sammlerische Prinzip: einen großen Künstler wenn möglich mit einer starken Werkgruppe darzustellen; lieber also einen zweiten und dritten und vierten Mondrian zu kaufen als zum Beispiel einen ersten Theo van Doesburg oder auch einen ersten Vantongerloo, Mondrians Weggenossen aus den Zeiten des »Stijl«.

Aber war Mondrian wirklich der große Künstler, für den man ihn hielt? Ich habe nie auch nur einen Augenblick lang daran gezweifelt. Um so verzweifelter war ich jedesmal, wenn ich Gruppen durch die Sammlung führte und vor den Bildern von Mondrian stand: beim Bemühen, den Gästen die Größe des Künstlers nahezubringen, versagte sich mir jedesmal die Sprache. Schließlich gab ich es einfach auf

1963 und sagte den Zuhörern, sie sollten die Bilder immer wieder anschauen, bis es vielleicht eines Tages »klick« mache, anders gehe es nicht. Es ist mir selbst rätselhaft, warum diese Bilder mit ihren wenigen schwarzen Balken und ihren wenigen Farben so großartig sind; warum sie so viel »Substanz« haben; warum sie sogar eine so große Wärme besitzen und somit nichts zu tun haben mit dem Begriff der »kalten Kunst«, mit dem man die Geometriker so oft bedacht hat: von Kälte kann bei Mondrian keine Rede sein. Aber noch einmal: dies alles ist mir selbst rätselhaft.

Vielleicht ist es mir um so rätselhafter, als ich mich ganz allgemein der geometrischen und konstruktiven Kunst fern fühle, was natürlich nach der Jahrhundertmitte auch die Op-Art und die kinetische Kunst einschloß. Kunst, in der das Konzept das eine und die Exekutive das andere ist – womit ich natürlich nicht die Dualität von Skizze und Werk meine –, ist mir fremd. Ich spreche von ganz persönlichen Prämissen. Dem Spontanen, dem Intuitiven gebe ich den Vorzug, sowohl in meinem Leben als auch in der Kunst. Andererseits aber, und das ist durchaus ein Widerspruch, halte ich in der Regel auch der expressiven Rhetorik gegenüber Distanz. Ich sagte es schon: näher der »Linie Cézanne« als der »Linie van Gogh«. Es wird mit meinem eigenen Temperament zusammenhängen. Ich hatte immer viel Sinn für Georges Braques berühmtes Wort: »J'aime la règle qui corrige l'émotion. J'aime l'émotion qui corrige la règle«, auch wenn man das für lauwarm halten und den Verdacht haben kann, es bezeichne so etwas wie einen goldenen Mittelweg. Für mich selbst habe ich gelegentlich als eine Art Wahlspruch die Worte »Engagement und Distanz« gewählt. Das hat durchaus damit zu tun, auch wenn es nicht nur die künstlerischen Vorlieben, sondern meine geistige Grundhaltung betrifft. In diesem scheinbaren Paradox von Engagement und Distanz erkenne ich mich wieder. Als mich 1984 die Frankfurter Allgemeine bat, für ihr »Magazin« den berühmten Fragebogen auszufüllen, wählte ich es als mein Motto. Zehn Jahre später hat man die beiden Wörter als Titel eines Fernsehfilms gewählt, den man über mich drehte.

So entspricht es mir auch, daß ich 1980 einen Mondrian kaufte, der den rigorosen Prinzipien des Künstlers zuwiderlief. Es ist eine große collagierte Arbeit. Obgleich nur eine Studie, da die aufgeklebten Farbstreifen natürlich in der – nie entstandenen – endgültigen Fassung durch gemalte Streifen ersetzt werden sollten, ist es ein hinreißendes Werk, aufregend auch gerade deswegen, weil es eigentlich ein Anti-Mondrian ist, mit Spuren improvisierender, tastender Versuche, mit Überklebungen und »schmutzigen« Stellen. Man spürt, wie dieser Künstler keineswegs kalkulierend, sondern spontan vorging, fern aller Mathematik, fern also auch von Max Bills vielbeschworenem »mathematischen Weltbild«. Das Ziel war sozusagen immer puristisch, also »pur«, aber der Weg dorthin führte durch Niederungen. Pathetisch gesprochen: per aspera ad astra. Wie muß sich Mondrian, der die Studie nicht signiert hat, allein an den unvermeidlichen räumlichen Überschneidun-

Piet Mondrian
New York City II, 1942-44
119 × 115 cm

gen der einander kreuzenden Farbbänder gestoßen haben! Ich bin überzeugt, er hätte kein Verständnis dafür gehabt, daß man »so etwas« kauft und dann noch zu einem so hohen Preis. Und gar in einem Museum!

Der Preis des Bildes betrug 1,54 Millionen DM. Die Millionengrenze zu überschreiten war um 1980 nichts Ungewöhnliches mehr. Zwar bedeutete es jedesmal eine harte Entscheidung, aber sie wurde immer durch die Bilder selbst erleichtert. Allerdings hieß es auch, daß man viel öfter verzichten mußte als in den früheren Jahren, denn die jährlichen Mittel unterschieden sich von den Bilderpreisen insofern, als sie nicht stiegen.

Daß ich den Mondrian kaufen konnte, war wieder einer dieser herrlichen Zufälle. Ich war, wie so oft, bei Ernst Beyeler in Basel. Er schien nichts für mich zu haben. Aber auf einmal sagte er: »Doch, da ist etwas!« – und herein kam dieses Bild. Ich war sofort bereit und sehr glücklich. Einige Zeit später sagte mir Beyeler, durch meine unerwartet schnelle Zustimmung zum Ankauf sei er völlig überrumpelt worden und habe keine Zeit gehabt, über den Preis richtig nachzudenken, da das Bild gerade erst eingetroffen war. Es hätte wesentlich mehr kosten müssen, aber dazu sei es nun zu spät gewesen.

Beyeler hatte noch eine zweite, sehr ähnliche collagierte Arbeit von Mondrian, für die sich bald danach Peter Beye für die Württembergische Staatsgalerie in Stuttgart interessierte. Der Preis lag erheblich oberhalb von zwei Millionen. Nachdem Beye »meinen« Preis erfahren hatte, meinte er – wohl mit Recht –, nach so wenigen Monaten einen so viel höheren Preis nicht verantworten zu können, und verzichtete auf den Kauf. Oder hätte er sich doch entschließen sollen? Der Preis wäre heute längst vergessen und längst überholt, aber das wunderbare Bild wäre da.

1964

Im Jahr 1964 war die »Ausbeute« gewaltig, da dank eines in Nordrhein-Westfalen geltenden Gesetzes und vor allem dank des starken persönlichen Engagements des Ministerpräsidenten Dr. Franz Meyers fünf Millionen Mark aus den Mitteln des Westdeutschen Rundfunks allein für Ankäufe zur Verfügung gestellt wurden. Dies geschah in einem Augenblick, als das Land wegen einer herrschenden Rezession – der ersten seit der Hochblüte des »Wirtschaftswunders« – aus seinen eigenen Mitteln kein Geld bereitstellte. Fünf Millionen – das war damals eine astronomische Summe. Im darauffolgenden Jahr war der Segen, der über die Kunstsammlung kam, noch größer: diesmal gelangten vom Westdeutschen Rundfunk zehn Millionen Mark in die Kasse der »Stiftung Kunstsammlung Nordrhein-Westfalen«. Und da es beide Male nicht Landesgelder, sondern Stiftungsgelder waren, durften wir sogar die Zinsen, die sich rasant anhäuften, für Bilder verwenden. So waren die beiden Jahre 1964 und 1965 die bei weitem üppigsten in der Geschichte des noch immer sehr jungen Museums.

Was war das für ein Gesetz, das uns so enorme Mittel in die Kasse brachte? Es besagte, daß Überschußmittel aus dem Werbefernsehen an kulturelle Einrichtungen im Land gehen mußten, und hierzu hatte Ministerpräsident Franz Meyers die von ihm gegründete und stark geförderte neue »Staatsgalerie« als Empfänger auserkoren. Nach zwei Jahren allerdings war dieses große Glück bereits beendet, da infolge des

aufkommenden, enorme Mittel verschlingenden Farbfernsehens viel 1964
weniger Überschußmittel frei wurden, die dann außerdem vom neuen Ministerpräsidenten in andere Kanäle geleitet wurden.

Im Verlauf des Jahres 1964 kamen aus diesen Mitteln zwölf Werke in die Sammlung. Im Kuratorium habe ich dazu am 11. November 1964 folgendermaßen Stellung genommen: »Aus Rundfunkgeldern insgesamt zwölf Gemälde – das erscheint auf den ersten Blick als eine geringe Zahl im Verhältnis zur Gesamtsumme. Aber wie falsch wäre es gewesen, davon möglichst viele Bilder zu kaufen. Zusammen mit der Ankaufskommission stehe ich auf dem Standpunkt, daß Quantität nicht entscheidend sein kann. Die außerordentliche Zuwendung setzte uns in die Lage, Bilder von Weltgeltung zu erwerben, die normalerweise unerreichbar sind. Ich meine, daß die einzigartige Gelegenheit, etwas Ungewöhnliches zu tun, durch weniger ungewöhnliche Ankäufe verscherzt worden wäre. Die Gelegenheit mußte zum Ankauf absolut überragender Werke genutzt werden. Der Bedeutung der Schenkung mußte die Bedeutung der Objekte entsprechen. Es ist ja auch kein Zweifel, daß sich die Sammlung durch einige Meisterwerke von höchstem Rang mit ganz anderer Intensität in das allgemeine Bewußtsein einschreibt, als wenn man die Mittel auf eine Vielzahl durchaus qualitätvoller Werke verteilt hätte. Einige kapitale Bilder geben ihr ein viel größeres Gewicht und eine viel stärkere Leuchtkraft als eine größere Anzahl von Werken, auch wenn sie vorzüglich sind. Von Fall zu Fall fällt der Entschluß, einen sehr hohen Preis zu bezahlen, natürlich nicht leicht. Aber ich darf zugleich sagen, daß die Preise immer ausgehandelt wurden, und daß sie oft weit unterhalb des ersten Angebotes lagen. Und wenn die Preise bei exzeptionellen Bildern eine exzeptionelle Höhe hatten, so lagen sie doch immer innerhalb des Preisniveaus für die jeweiligen Künstler.«

In der Frühjahrssitzung des Kuratoriums hatte ich erklärt, es sei selbstverständlich, daß ich mich von der Euphorie, die die neuen Mittel brächten, nicht zu überschnellen Käufen hinreißen ließe. Habe ich mich daran gehalten? Wenn ich mir heute die Liste der in diesen beiden Jahren gekauften Bilder ansehe, dann habe ich mir – fast – nichts vorzuwerfen.

Was waren das für Bilder, die dank dieser gewaltigen Vitalitätsspritze in die Sammlung kamen? Von einer ganzen Reihe von ihnen war hier schon die Rede. Man spürt bei der Aufzählung – wie auch in

1964 den Vorjahren schon –, daß völlig punktuell, also zusammenhanglos und unsystematisch gekauft wurde: einzelne individuelle, auf sich gestellte Bilder, bei denen es stets einem glücklichen Zufall zu verdanken war, daß sie auf dem Markt erschienen. Mein alter Freund Georg Schmidt, der Direktor des Basler Museums, hat 1962 einmal in einem Vortrag gesagt: »Der Zufall ist der beste Freund, das Zufällige der schlimmste Feind jeder Museumssammlung.« Diesen pointierten Satz habe ich 1965 dem ersten Katalog der Sammlung als Motto vorangestellt. Man ist immer auf Zufälle des Marktes angewiesen, aber man muß beim Sammeln das Zufällige vermeiden. Wenn man sich auf die große Qualität verläßt, dann ist die Gefahr von Zufälligkeiten vergleichsweise gering, auch wenn sich nur ein Bild ans andere reiht. Dabei bilden sich im Lauf der Zeit unwillkürlich historische Gruppen, ohne daß dies beim jeweiligen Ankauf beabsichtigt war. Und Gruppen bilden sich auch nach und nach durch die Nachbarschaft von Bildern, die nebeneinander hängen »wollen«. Dieser letzte Satz besagt auch: man darf selbst nichts wollen, man muß die Bilder befragen, die einem, sofern man Ohren hat zu hören – also Augen hat zu sehen –, von sich aus sagen, welche Nachbarschaft sie dulden und welche nicht; sie »sagen« dies in der Regel mit erstaunlicher Deutlichkeit.

Kirchner

Individuelle Bilder: das heißt zum Beispiel, daß ich nicht an der »Brücke«, sehr dagegen an Ernst Ludwig Kirchner interessiert war. Heckel, Schmidt-Rottluff, Otto Müller »mußten« nicht sein, dafür aber Kirchner mit schließlich vier Bildern; und bevor der erste Schmidt-Rottluff in die Sammlung gekommen wäre, hätte ich mich viel eher von einem fünften Kirchner bezwingen lassen. Natürlich kamen nur frühe Bilder des Künstlers in Betracht, allenfalls bis in die ersten Davoser Jahre. Dabei hatte ich auch mit Kirchner anfangs gewisse Schwierigkeiten, fixiert wie ich damals war auf die französische Kunst. 1947, also noch lange bevor ich die Schweiz verließ – ich war sechsundzwanzig Jahre alt –, bat mich eine Basler Galerie, zur Eröffnung einer Kirchner-Ausstellung eine Rede zu halten. Damals lagerte im Depot des Kunstmuseums Kirchners umfangreicher Nachlaß. Ich begab mich mit der Galeristin in die Museumskatakomben – honi soit qui mal y pense! –

und erlebte Schreckliches: da standen Kirchner-Bilder en masse herum, ein einziges Tohuwabohu unkontrollierter – wie ich meinte – Gefühlsausbrüche, ein inflationäres expressives Gehabe, eine Malerei ohne Form und ohne Halt. Ich war drauf und dran, meine Rede abzusagen. Aber als wir am folgenden Tag die Auswahl für die Ausstellung trafen, änderte sich alles: auf einmal entstand vor meinen Augen ein großer Maler. Diese erste Irritation hatte natürlich auch mit Deutschland zu tun, zwei Jahre nach dem Ende des Regimes. Ich glaubte, daß von den Brutalitäten dieses Regimes sich in Kirchners Bildern etwas ankündigte, auch wenn man ihn als »entarteten« Künstler verfolgt hatte. Das war ungeheuer falsch, aber es zeigte zumindest, daß ich schon damals nicht bereit war, konventionelle Größen einfach zu übernehmen. Und es zeigte auch, daß allein der Qualitätsgedanke es war, der bei der Auswahl herrschte und den Künstler in meinen Augen »rettete«. 1964

Und nun kaufte ich also, im Jahr 1964, zwei Bilder von Kirchner: das noch sehr fauvistische »Mädchen unter Japanschirm«, das um 1909 entstanden sein muß, und den wohl zwei Jahre später gemalten »Negertanz«. Das »Mädchen unter Japanschirm« wurde mir von Roman Nor-

Ernst Ludwig Kirchner
Mädchen unter Jabanschirm, um 1909
92,5 x 80,5 cm

Ernst Ludwig Kirchner
Negertanz, um 1911
151,5 × 120 cm

bert Ketterer aus seiner Privatsammlung angeboten. Ketterer war damals noch Inhaber des Auktionshauses »Stuttgarter Kunstkabinett«, das nach dem Krieg so wichtig für die Rehabilitation der »entarteten« Kunst und für die Entstehung eines bundesdeutschen Sammlertums gewesen war. Zwei Jahre zuvor hatte ich dort ein Gemälde von Vieira da Silva ersteigert. Bei diesem Kirchner nun griff ich mit Begeisterung

1964 zu. Er ist auf das Jahr 1906 datiert, kann aber so früh nicht entstanden sein. Nicht nur Kirchner hat seine Bilder gelegentlich in bewußter Täuschung vordatiert, um zu demonstrieren, daß er der erste war, der so gemalt hat. Ich vermute, daß er in diesem Fall den Einfluß von Matisse vertuschen wollte. Manche Menschen werfen einem Künstler solche Geschichtsfälschung vor. Mir selbst gefällt es, daß auch große Künstler sich bei kleinen menschlichen Schwächen ertappen lassen.

Das farbig strahlende Bild repräsentiert geradezu paradigmatisch die frühe, fauvistische Periode der »Brücke« in Dresden, aber auch hier war es wie bei allen Ankäufen: nicht darum ging es mir, zumindest nicht primär, sondern es ging mir um ein prachtvolles Bild.

Den viel größeren »Negertanz« kaufte ich bei dem Düsseldorfer Kunsthändler Wilhelm Grosshennig, der viele Jahre lang oft, nach kurzer Voranmeldung, bei mir hereinschneite. Er wirbelte geradezu herein, was bei seiner Statur und seinem Alter bemerkenswert war. Ich hätte den »Negertanz« kurz vorher, im Dezember 1963, bei Lempertz in Köln ersteigern können. Das habe ich verpaßt. Vielleicht war er nun bei Grosshennig teurer, was allerdings nicht sicher ist, denn hätte ich an der Auktion in Köln teilgenommen, dann hätte der Preis bei einem heißen Bietgefecht durchaus höher steigen können. Warum aber habe ich es nicht versucht? Ich weiß es nicht mehr. Grundsätzlich kaufte ich ungern auf Auktionen, was mir allerdings wohl erst später bewußt wurde. Ich wollte über einen Ankauf verhandeln können, wollte mit dem Verkäufer kommunizieren, über das Bild und seinen Preis reden und mehr als das: über »Gott und die Welt«, und ich wollte ein Bild auch gern ein paar Tage in meinem Büro auf der Staffelei stehen sehen, um mich ihm auszusetzen und es auch »auf Herz und Nieren« zu prüfen. Dies alles entfällt auf einer Auktion, wo man sich überdies in die Abhängigkeit von den Zufälligkeiten anwesender oder abwesender Konkurrenten bringt. So kam es, daß ich in all den Jahren nur sehr selten auf Auktionen gekauft habe – überraschend, wenn man bedenkt, wie eng ich mich nach dem Ende meiner Amtszeit mit einem der großen Auktionshäuser, nämlich Sotheby's, verband.

Der Titel des Bildes ist etwas sonderbar, da da keine Schwarzen zu sehen sind. Ich vermute, daß er sich der Assoziation »Jazz« verdankt, doch auch das ist nicht besonders einleuchtend. Schließlich aber ist es belanglos, vielleicht wird man einmal eine Erklärung finden. Eine Stu-

die zu dem Bild jedenfalls heißt einfach »Tänzerinnen im Varieté«, und 1964
das paßt wesentlich besser. Ist es ein erstklassiger Kirchner? Ich denke: ja, auch wenn ich später zwei weitere Bilder von ihm gekauft habe, die diesem überlegen sind.

Das eine davon ist die »Grüne Dame im Gartencafé« von 1912. Es ist ein Bildnis seiner Frau Erna, die ich kurz nach dem Krieg einmal in Basel getroffen habe, doch die Erinnerung an sie ist verblaßt. Um diesen Ankauf, der ganz »glatt« vonstatten ging, ranken sich keine Erinnerungen. Das schöne Bild kostete 1971 316.000 DM.

Der vierte Kirchner in der Sammlung mit dem Titel »Zwei Frauen auf der Straße« stammt aus dem Besitz des einstmals außerordentlich einflußreichen Kunstschriftstellers Paul Westheim, der nach der Machtübernahme Hitlers über Paris nach Mexiko emigriert und dort einer der namhaftesten Schreiber über die präkolumbische Kunst geworden war. Als ich 1961 zum erstenmal in Mexico-City war, fiel mir sein Name plötzlich in meinem Hotel ein. Ich fand im Telephonbuch seine Num-

Ernst Ludwig Kirchner
Grüne Dame im Gartencafé,
1912
89,5 × 66,5 cm

Ernst Ludwig Kirchner
Zwei Frauen auf der Straße,
1914
120,5 × 91 cm

mer, erreichte aber nur die mexikanische Haushälterin und erfuhr, daß das Ehepaar Westheim verreist war. Viele Jahre später erst habe ich ihn ein einziges Mal getroffen, im Haus von Ernst Wilhelm Nay in Köln, als er seinen ersten Besuch in Deutschland machte. Während dieses Deutschland-Aufenthalts ist er einige Zeit danach gestorben.

Ich habe dann öfters, wenn ich mich in Mexiko aufhielt, seine Witwe Mariana Frenk-Westheim besucht, die eine gute Freundin wurde. Sie arbeitete am dortigen Museum für Moderne Kunst. In ihrer Wohnung hing dieses wunderbare Kirchner-Bild, das übrigens das einzige Kunstwerk war, das Westheim auf seiner Odyssee über Paris nach Mexico-City geblieben war, alles übrige war in den Wirren der Zeit verlorengegangen, auch die Porträtradierung, die Oskar Kokoschka von ihm gemacht hatte. Öfters also saß ich in der kleinen Westheimschen Wohnung unter diesem Bild, und zwischen Frau Westheim und mir war immer klar, daß es, sollte sie sich jemals davon trennen, in die Düsseldorfer Sammlung kommen werde. Sie gab mir ganz formell das Vorkaufsrecht. Von Preisen wurde nicht gesprochen, da sie es vorläufig noch behalten wollte.

So gingen die Jahre dahin, bis 1979/80 die große Kirchner-Retrospektive in Berlin, München und Zürich stattfand. Ich habe sie nur im Kunsthaus Zürich gesehen, wo ich »meinem« Bild voller Begeisterung wiederbegegnete. Es hing an einer grandiosen Wand mit Kirchners Straßenbildern von 1913/14. Da dachte ich, der psychologisch günstige Augenblick sei gekommen, den Versuch zu unternehmen, es nun endlich zu ergattern, denn immerhin hatte es sich ja räumlich von den Augen der Besitzerin getrennt. Kurz entschlossen machte ich mich auf zu einem Besuch bei ihr in Mexico-City.

Wir trafen uns in ihrer kleinen Wohnung, zusammen mit ihrem Sohn, der in derselben Stadt als Arzt praktizierte. Es zeigte sich, daß Mariana Westheim zum Verkauf bereit war. Aber leider hatte sie eine Preisvorstellung, die ich nicht teilte. Ihr war bekannt geworden, zu welchem Preis kurz zuvor Berlin ein Straßenbild von Kirchner erworben hatte, und das war nun verständlicherweise ihr Maßstab. Ich selbst aber lag mit meinem Preislimit um eine halbe Million tiefer. Und dann wurde es noch beunruhigender, denn es stellte sich heraus, daß sie von einem Händler, der für einen Sammler in Süddeutschland sprach, ein festes Angebot zu dem von ihr geforderten Preis hatte. Damit hatte ich keine Chance mehr und erklärte ihr, daß ich unter diesen Umständen auf den Ankauf verzichten müsse, daß unsere Freundschaft dadurch aber nicht berührt werden dürfe. Sie war sehr unglücklich, da sie sich seit zehn Jahren in den Kopf gesetzt hatte, ihr Bild müsse in die Düsseldorfer Sammlung und in keine andere gehen. Irgendwann während unseres Zusammenseins sagte sie, die Differenz von einer halben Million sei doch wirklich erheblich; zwar könne sie diese riesige Summe in ihrem Leben nicht mehr »aufessen«, aber da seien ihre dreizehn – waren es dreizehn? – Kinder und Enkel. Daraufhin unterbrach sie ihr Sohn fast feierlich mit den Worten: »Mutter, deine dreizehn Kinder und Enkel haben mit diesem Bild nichts zu tun. Wenn Du willst, daß es nach Düsseldorf geht, dann geht es nach Düsseldorf.« Vor meinen Augen, vor meinen Ohren verzichtete er auf die ungeheure Summe. Und auch sie verzichtete, wenngleich zunächst noch unter einem gewissen Vorbehalt, so daß die Bahn zwischen Mexiko und Düsseldorf frei zu sein schien.

Indessen, die Bahn war nicht frei, und die Sache war noch lange nicht ausgestanden. Das Land Nordrhein-Westfalen steckte in einer tiefen wirtschaftlichen Krise, deren Ende unabsehbar war. Just in dem Augenblick, als das definitive Einverständnis von Frau Westheim eintraf, kam vom Finanzminister die Mitteilung, daß die Kunstsammlung im kommenden Jahr mit keinerlei Mitteln zu rechnen habe. In unserer Kasse waren noch 400.000 Mark vorhanden, also fehlten zum Ankauf 700.000. Bereits in Mexiko hatte ich Frau Westheim gesagt, daß mir möglicherweise überhaupt keine Mittel bewilligt würden. Das hatte sie nicht gehindert, das andere erwähnte Angebot fahrenzulassen. Der Kunsthändler, der ihr dieses Angebot gemacht hatte, hatte ihr, wie sie mir erzählte, die allgemeine Finanzmisere in Nordrhein-Westfalen geschildert und sie gewarnt: es habe keinen Sinn, auf Düsseldorf zu warten, denn dort werde es im kommenden Jahr keine Gelder geben. Mich empörte dies sehr, zumal ich bei demselben Händler, der mir da in den Rücken fiel, mehrere kostbare Gemälde erworben hatte, darunter soeben erst Kirchners »Grüne Dame im Gartencafé«. Viele Jahre später traf ich ihn zufällig an einer Kunstmesse. Ich hielt ihm sein damaliges Verhalten vor, aber er leugnte alles: kein Wort von alldem sei wahr. Und dabei wirkte er genauso glaubwürdig wie Mariana Westheim.

Nach meiner Rückkehr aus Mexiko habe ich viele Hebel in Bewegung gesetzt. Ich habe den Ministerpräsidenten und auch den Kultusminister aufgesucht und habe mit einigen meiner »Partisanen« unter den Abgeordneten des Düsseldorfer Landtags gesprochen. Meine Argumente waren stark: es handele sich um eine Inkunabel des deutschen Expressionismus und damit um ein Werk der einstmals verfemten »entarteten Kunst«; ein einst führender deutscher Kunstschriftsteller habe es in die Emigration mitgenommen und so gerettet; seine Witwe wolle, daß es in dieses und kein anderes Museum gehe; und sie habe aus diesem Grunde auf eine halbe Million verzichtet. Nach lan-

1964 gem Hin und Her beschloß das Parlament endlich, für 1981 nun doch Ankaufsmittel zur Verfügung zu stellen, jedoch nur in der Höhe des Restpreises dieses Bildes, also 700.000 DM. Allerdings hat man dann aus einem mir nie bekannt gewordenen Grund 35.000 Mark weniger bewilligt, so daß ich diesen Betrag aus schmalen Restmitteln, über die das Museum noch verfügte, beisteuerte.

Dies war einer der ganz wenigen Fälle während meiner Amtszeit, in denen um ein Bild gerungen werden mußte.

Mit dem Ankauf verbindet sich noch eine Erinnerung aus jüngerer Zeit. Innerhalb einer Woche wurde die Sammlung von zwei prominenten Französinnen besucht. Zuerst kam Juliette Gréco, die von dem Bild, und gerade von diesem, vollkommen hingerissen war. Zwei oder drei Tage später erschien die Filmemacherin Agnès Varda, die sich mit großer Vehemenz negativ äußerte und zu erkennen gab, daß sie das Bild »germanique« fand: die alte französische Aversion gegen den deutschen Expressionismus. Ganz kurze Zeit danach kam erneut Besuch aus Paris. Diesmal war es der Präsident der Republik, François Mitterrand. Er war von dem Bild sehr angetan, obwohl ihm, wie er mir sagte, der Name Kirchner bislang unbekannt gewesen sei. Überhaupt habe er nur allmählich Zugang zu manchen großen Künstlern der Moderne gefunden. So habe er zum Beispiel lange Zeit von Léger nichts gehalten, doch nun hänge in seinem Zimmer im Elysée ein Bild von ihm. Größte Anteilnahme zeigte Mitterrand bei den Bildern von Giacometti, den er, wie er mir sagte, persönlich gekannt habe. Mitterrand wirkte übrigens auf mich sehr vertraut, sehr »Rive Gauche« und also ganz und gar nicht »Rive Droite«, wo der Elysée-Palast steht. Anschließend an den überaus anregenden Rundgang hielt er im »Amerikanersaal« eine Ansprache an die dort versammelten, in Nordrhein-Westfalen lebenden Franzosen.

Nolde

Zweimal habe ich es erlebt, daß ein Museum eines seiner schönsten Gemälde abstieß. Das eine Mal war es das Kunstmuseum Bern, das sich unbegreiflicherweise von Chagalls »Jour de Fête« trennte, so daß ich das herrliche Bild erwerben konnte. Das andere Mal war es die Nolde-Stiftung in Seebüll, von der ich 1964 – über Marlborough – »Frauen und Pierrot« (1917) kaufte, zum Preis von 200.000 DM.

Ich könnte nicht sagen, daß ich ein besonderer Nolde-Freund war, und ganz gewiß hätte sein Name nicht auf meiner Wunschliste gestanden, wenn es eine solche gegeben hätte. Es war dieses Bild, das mich »im Sturm« eroberte mit seiner nicht nur thematischen, sondern auch malerischen Sinnlichkeit und der völligen Absenz geistiger »Anstrengungen«, die so oft bei Nolde Überanstrengungen sind. Es ist bis heute der einzige Nolde in der Sammlung geblieben. 1964

Ungefähr zwanzig Jahre später wäre es beinahe zu einem zweiten Nolde-Ankauf gekommen. Der Bremer Kunsthändler Michael Hertz bot mir eines der religiösen Hauptwerke Noldes an, »Die Verspottung« von 1909. Das war der Typus Nolde, der mir immer fatal gewesen war, aber die Stärke des Bildes war nicht zu leugnen. Wochenlang habe ich mich in meinem Büro seiner Wirkung ausgesetzt, habe mich wirklich

Emil Nolde
Frauen und Pierrot, 1917
100,5 × 86,5 cm

mit dem Bild herumgeschlagen, ganz und gar gegen meine Gewohnheit. Es war ein schreckliches Hin und Her zwischen Zustimmung und Ablehnung. Schließlich ging das Ringen zuungunsten eines Ankaufs aus. Ich konnte einfach nicht über meinen Schatten springen. Aber auch als ich den Ankauf verweigerte, und noch darüber hinaus, blieb ich unsicher, ob ich die richtige Entscheidung getroffen hatte. Ich wußte lediglich, daß ich dieses sehr bemerkenswerte Gemälde auf keinen Fall in der Sammlung sehen wollte. Ich stelle es gern so subjektiv dar, obwohl ich eben doch auch »objektiv« an der künstlerischen Gültigkeit zweifle. Vermißt jedenfalls habe ich das Gemälde später nie. Es hängt heute im Brücke-Museum in Berlin.

1964 Ähnlich »gerungen« habe ich während meiner »Laufbahn« nur sehr selten. Einmal war es ein bedeutendes Bild von Henri Matisse, auf das ich schließlich verzichtete. Ein anderes Mal ging es um einen Beuys, den ich nach langem Hin und Her ablehnte. Und dann ging es um Guttusos großes Bild der Pariser Studentenrevolte von 1968, das dann von Ludwig erworben wurde und heute im Aachener Museum hängt. Als ich es dort nach Jahren wiedersah, konnte ich nicht mehr begreifen, warum mich das Bild überhaupt so intensiv beschäftigt hatte.

Zu Nolde noch dies: es gibt von ihm eine Reihe wundervoller schwarz-weißer Tuschen mit See-Motiven. Vor einiger Zeit hätte ich gern eine Publikation über diese Arbeiten herausgegeben, aber das Projekt scheiterte am restriktiven Verhalten der Nolde-Stiftung, die den Eindruck erweckte, als betrachte sie derartige Pläne als einen Eingriff in ihre eigenen Kompetenzen. Die Stiftung wird das leugnen, aber so mußte ich es empfinden.

Auch sonst hatte man ja immer Probleme mit der Stiftung. Zum Beispiel machte sie große Schwierigkeiten, wenn es um Reproduktionen nach Nolde-Bildern ging, für die sie über die Rechte verfügt. Je nachdem, um was für eine Publikation es sich handeln sollte, lehnte sie ab. Mit meinem Freund Bernhard Sprengel, der mit Nolde befreundet gewesen war und im Kuratorium der Stiftung saß, habe ich mich einmal heftig gestritten. Es ging um eine Farbabbildung in einer Billig-Publikation. Natürlich konnte die Reproduktion nicht erstklassig sein. Ich versuchte, Bernhard Sprengel klarzumachen, daß in einer Massengesellschaft solche Veröffentlichungen Bedeutung hätten und sich nicht durch zu hohe Anforderungen an die Qualität der Bildwiedergabe verteuern dürften. Er war nicht bereit, meinen Argumenten zu folgen, und berief sich auf Noldes testamentarische Bestimmungen.

Ich hatte nie die Sehnsucht nach einem weiteren Bild von Nolde und bin mir auch über die Größe Noldes nie wirklich klargeworden. Es gibt die erwähnten Tuschen, es gibt wundervolle Aquarelle, und es gibt großartige Holzschnitte, aber selten ist mir ein Gemälde begegnet, das mich wirklich erobert oder um das ich ein anderes Museum beneidet hätte. Immerhin: manche Landschaften! Nolde erschien mir paradoxerweise immer als ein großer Künstler, der aber nur sehr selten ein großes Werk geschaffen hat. Das ist kein apodiktisches Urteil und kann durchaus ein Irrtum sein, den ich aber in Jahrzehnten nie ganz zu korrigieren vermochte.

Kandinsky

Der erste Kandinsky, der in die Sammlung kam, war »Im Blau« von 1925, ein nicht besonders großes Bild, 80 × 110 cm. Noch im selben Jahr erwarb ich eine der überragenden großen »Kompositionen« von 1911 und im folgenden Jahr noch einmal ein sehr großes Gemälde, den »durchgehenden Strich« von 1923. Diese beiden Ankäufe, besonders der aus der Bauhauszeit, machten das viel kleinere Bild im Grunde überflüssig. Ich konnte beim Ankauf nicht ahnen, daß es so bald in den Schatten der Hauptwerke treten würde. Aber nicht nur wegen seines Formates, sondern auch künstlerisch war es den anderen Gemälden nicht gewachsen. Gern hätte ich mich wieder davon getrennt.

Ich hatte das Bild einige Zeit zuvor im Haus des Sammlers Urvater in Brüssel gesehen, der eigentlich ein Surrealismus-Sammler war. Zu einem Kauf hatte ich mich nicht entschließen können. Doch dann erwarb ich es bei einem Besuch in Amerika von einem dortigen Händler zu dem für die damalige Zeit nicht eben niedrigen Preis von 430.000 DM.

Reizvoll an dem Bild ist sein Pedigree: in den zwanziger Jahren hatte es sich in der berühmten Galerie Alfred Flechtheim in Berlin und Düsseldorf befunden, war schon im Jahr seiner Entstehung in der

Wassily Kandinsky
Im Blau, 1925
80 × 110 cm

»Großen Kunstausstellung« in Dresden gewesen und im selben Jahr im Zürcher Kunsthaus, dann 1927 in einer Kandinsky-Ausstellung bei Hans Goltz in München und später in vielen weiteren Ausstellungen. Offensichtlich genoß gerade dieses Bild eine besondere Beliebtheit, was daran liegen könnte, daß es nicht gänzlich frei von Süßlichkeit ist. Als ich es erwarb, wußte ich von dem stattlichen Pedigree nichts.

1964 Im folgenden Jahr kam mit der Zehn-Millionen-Spende des Westdeutschen Rundfunks der große Segen über das Haus. Ein Teil der Fünf-Millionen-Spende des Vorjahrs war noch nicht ausgegeben. Die Kunstsammlung Nordrhein-Westfalen stand im Zenit, drei Jahre nach Beginn der Ankaufstätigkeit. Gegen Ende des Jahres wurde sie zum ersten Mal im Schloß Jägerhof der Öffentlichkeit vorgeführt. Viele Gäste aus dem In- und Ausland nahmen am feierlichen Eröffnungsakt im alten Schauspielhaus teil, als Ehrengast Nina Kandinsky. Die Resonanz, auch in

Wassily Kandinsky
Komposition IV, 1911
159,5 × 250,5 cm

den Medien, war überwältigend. Im Kuratorium konnte ich behaupten: »Die Kunstsammlung Nordrhein-Westfalen ist im Bewußtsein der Kunstwelt ein Begriff geworden. Wer heute – wo immer – von moderner Kunst in den großen Museen der Erde spricht, der läßt Düsseldorf nicht aus.«

Aber natürlich gab es auch Kritik. Ein seinerzeit bekannter englischer Kunstkritiker, der in Deutschland lebende Anthony Thwaites, hielt mir vor, zuwenig deutsche Künstler gekauft zu haben, und dabei nannte er einige Namen, darunter auch zutiefst provinzielle, die heute niemand mehr kennt. Der unsägliche deutsche Kaiser hatte bekanntlich 1914, bei Ausbruch des Krieges, großspurig erklärt: »Von heute an kenne ich keine Parteien mehr, ich kenne nur noch Deutsche!« Ihn zitierte ich, indem ich erklärte: »Ich kenne keine deutschen Künstler, ich kenne nur Künstler.« Der öde nationalistische Anwurf ist später nur noch selten laut geworden.

Ich sagte schon: es mußte meiner Meinung nach »kongenial« zu dieser gewaltigen Spende gekauft werden, »große Objekte« also, die jetzt gerade noch erreichbar waren und kaum je wieder erreichbar sein würden. So geriet Kandinskys »Komposition IV« von 1911 in mein

Blickfeld. Eigentlich hatte ich gar keine Hoffnung, dieses exzeptionelle Bild erwerben zu können. Es gehörte Nina Kandinsky, der berühmtesten oder, wie manche fanden, berüchtigtsten aller Künstlerwitwen, und ich wußte, daß sie es auf keinen Fall jemals verkaufen wollte. Ich aber wollte es auf jeden Fall kaufen. Ich hatte »Nina«, wie alle Welt sie nannte, dann und wann in Paris getroffen und wußte, daß ich bei ihr einen Stein im Brett hatte. Als ich nun dank der Rundfunkmillionen im Gelde schwamm, kaprizierte ich mich auf die exzeptionelle »Komposition IV«, dieses Hauptwerk an der Schwelle zur Abstraktion, eines der Hauptwerke des »Blauen Reiter« überhaupt. Ich mußte einfach versuchen, das Unmögliche möglich zu machen, wie schwach auch immer meine Hoffnung war.

Also rief ich Nina Kandinsky an und sagte ihr, ich wolle sie in Paris besuchen, und zwar wegen dieses Bildes. Nein, antwortete sie, sie freue sich zwar auf meinen Besuch, aber dieses Bild komme nicht in Frage, schon Kandinsky habe immer erklärt, es dürfe nie verkauft werden. Aber sie besitze noch andere großartige Werke, von denen sie gern bereit sei, eines nach Düsseldorf zu verkaufen. Billig sei das natürlich nicht. Dies alles sagte sie mir am Telephon auf französisch oder deutsch, ich weiß es nicht mehr, mit ihrem starken russischen Akzent.

Ich gab nicht auf. Ich schmiedete ein Komplott mit engen Freunden von Nina, nämlich Karl und Krista Gutbrod, die auch meine Freunde waren. Karl Gutbrod hatte 1961 bei DuMont Schauberg die große Kandinsky-Monographie von Will Grohmann veröffentlicht und war seither bei Nina persona gratissima, ebenso wie auch Krista Gutbrod, die eine der beiden Töchter Willi Baumeisters. Bei DuMont ist drei Jahre später auch meine Schwitters-Monographie erschienen.

Zu dritt also begaben wir uns nach Paris und wohnten im Hotel Bristol an der Rue du Faubourg St. Honoré. Nina empfing uns in Neuilly, in der Wohnung, in der sie mit Kandinsky gelebt hatte, kapriziös, wie sie war, auch in ihrem hohen Alter noch, das ich übrigens nicht einmal in ihrer Abwesenheit zu schätzen gewagt hätte.

Wir bekamen eine Menge Bilder zu sehen, vor allem dasjenige, das sie für Düsseldorf ausersehen hatte: »Im schwarzen Kreis« von 1923 – ein herrliches Bild, aber ich war nun einmal auf die »Komposition IV« fixiert. Dann aßen wir zu Mittag, sitzend auf den berühmten Bauhaus-Stühlen von Marcel Breuer, die bequemer sind, als sie aussehen. Ich habe in späteren Jahren öfters darauf gesessen, jedesmal erneut über-

1964 rascht von der Beqemlichkeit, wobei ich mir aber doch die Frage stellte, ob zur Bequemlichkeit von Stühlen nicht auch ein bequemes Aussehen gehört. Es gab einen gewaltigen Gänsebraten, dazu einen schweren Burgunder – bei der ungeheuren Hitze, die in jenen Tagen in Paris herrschte, genau das richtige! Nach dieser Strapaze respektierten wir dankbar Ninas Wunsch, einen Mittagsschlaf abzuhalten, und fuhren zurück in unser Hotel. Gegen fünf Uhr erschienen wir wieder in Neuilly. Während des Tees sprachen wir über alles mögliche, und ich fragte mich, wie ich wohl auf den eigentlichen Zweck der Reise zurückkommen sollte. Der Augenblick kam, als Nina uns sagte, sie träume davon, sich in Gstaad ein Châlet zu kaufen. In dieser Sekunde machte ich meinen Vorstoß, denn ich erkannte: für ein Châlet braucht man eine Menge Geld. Es ging blitzschnell. »Also gut«, sagte sie, »Sie bekommen Ihr Bild«. Ich war überglücklich. Gutbrods ebenfalls.

Allerdings gab es da noch die Frage des Preises. 1,5 Millionen, meinte Nina sehr schnell und resolut. Offenkundig hatte sie es sich schon vorher überlegt. Ich entgegnete, das sei in meiner Ankaufskommission kaum durchsetzbar, ja hoffnungslos, ich könne mich aber für 1,2 Millionen stark machen. Sie stimmte zu. Der Preis, der in unseren heutigen, längst durch ganz andere Preise demoralisierten Ohren anders klingt, als er damals klang, war ungeheuer hoch. Dennoch hatte ich überhaupt nicht das Gefühl, Mut zu brauchen, denn dies war, sowohl künstlerisch als auch historisch, ein absolutes Ausnahmebild, das eine solche Entscheidung rechtfertigte. Davon war ich völlig überzeugt. Im übrigen gab es auch einen Vergleichspreis, denn einige Zeit zuvor hatte das Museum Folkwang in Essen für einen sehr schönen, aber viel kleineren Kandinsky aus derselben Zeit 880.000 DM bezahlt. Darauf hätte ich mich, falls man »meinen« Preis in Zweifel gezogen hätte, stützen können. In der Ankaufskommission gab es nicht die geringsten Schwierigkeiten. Schwierigkeiten gab es hier in achtundzwanzig Jahren kein einziges Mal.

Als das Bild nach Düsseldorf kam, rief ich Dr. Franz Meyers an, den Ministerpräsidenten und Vorsitzenden des Kuratoriums, und sagte ihm, ich hätte soeben für ein Bild mehr als eine Million ausgegeben, ob er es sich nicht ansehen wolle. Eine Stunde später kam er mit Polizeieskorte an – ganz anders übrigens, als seine Nachfolger Heinz Kühn und Johannes Rau es getan hätten, die für ein solches Trara wenig Sinn hatten. Er stellte sich vor das Bild und fand es großartig. Es war wirklich sehr einfach, in diesen Jahren des »Wirtschaftswunders« einen solchen Riesenbetrag auszugeben, sofern man über ihn verfügte. Und in Franz Meyers hatte das Museum eine fabelhafte Stütze.

Schon im folgenden Jahr kam es noch einmal zum Kauf eines hochbedeutenden Bildes. Wieder besuchte ich Nina Kandinsky. Wieder hoffte ich auf eines der herausragenden Werke, diesmal aus der Bauhaus-Zeit: den »durchgehenden Strich« von 1923. Und wieder gelang es, nunmehr ohne fremde Schützenhilfe. Nina zeigte sich glücklich darüber, daß sich das Bild zu dem anderen gesellen sollte, und ich war erstaunt, wie richtig sie es sah, indem sie erkannte, daß auf diese Weise in einem Museum von großem internationalen Zuschnitt ein Kandinsky-Schwer-

Wassily Kandinsky
durchgehender Strich, 1923
141 × 202 cm

punkt entstand. Vielleicht dachte sie auch daran, daß es ein Gegen-Schwerpunkt zur Sammlung derjenigen Frau wurde, die vor ihr in den Armen Kandinskys gelegen hatte, nämlich der ungeliebten Gabriele Münter, ein Gegengewicht also zur Lenbach-Galerie in München. Mir selbst sagte sie einmal, das Gerücht von ihrer Eifersucht auf Gabriele Münter sei doch ein großer Unsinn, schließlich sei sie ihr dankbar, daß sie zu ihren, Ninas, Gunsten auf Kandinsky verzichtet habe. Das klang allerdings nicht sehr überzeugend. Vor allem mein genialischer Freund Lothar Günter Buchheim sieht das natürlich ganz anders, aber diese alte Geschichte soll hier nicht aufgewärmt werden.

Nachdem wir uns über den Preis von 1,1 Millionen Mark geeinigt hatten, gingen wir, wie später so oft, zum Essen in ihr Lieblingsrestaurant am Boulevard Saint-Germain. Bei der Ankunft nahm ihr der Kellner den Mantel ab. »Seien Sie vorsichtig«, ermahnte sie ihn, »das ist der teuerste Pelz der Welt!« Es war ein Chinchilla. Ähnliche Unvorsichtig-

1964 keit könnte mitgespielt haben, als sie viele Jahre später nach einem Klingelzeichen in ihrem Haus in Gstaad – jenem Châlet, das sie mit »unserem« Geld gekauft hatte – von Einbrechern erdrosselt wurde. Die Einbrecher, die nie gefaßt wurden, nahmen Schmuck und Pelze mit, aber keine Bilder.

Man mußte Nina manches nachsehen, wenn man sie mochte und mit ihr keinen kapitalen Streit wie Buchheim hatte. Ich hatte sie, lange bevor ich nach Düsseldorf kam, bei der Eröffnung einer Braque-Ausstellung in der Galerie Maeght an der Rue de Téhéran kennengelernt. Sie nahm mich sofort in Beschlag, führte mich vor ein großes kubistisches Gemälde von Braque und behauptete, »so etwas« habe Wassily Kandinsky schon viel früher gemalt. Das war natürlich Unsinn, zumal das Bild, vor dem wir standen, mit Kandinsky nicht das geringste zu tun hatte. Aber mir machte es Spaß, wenn sie solchen Nonsens von sich gab. So war sie eben: hemmungslos in ihren Behauptungen, durch nichts zu erschüttern und ungeheuer kapriziös. Als mein Freund Georg Schmidt vor 1930 am Bauhaus in Dessau einen Vortrag mit dem Titel »Von Adam bis Kandinsky« hielt, spotteten die Studenten: »Von Eva bis Kandinskaya«. Schon damals spielte sie ihre Rolle.

Es dauerte fünfzehn Jahre, bis noch einmal ein großer Kandinsky in die Sammlung kam, die »Komposition X« von 1939, aus der Pariser Zeit. Ich kaufte das Bild wiederum bei Nina Kandinsky. Damit machte ich

Wassiliy Kandinsky
Komposition X, 1939
130 × 195 cm

ganz bewußt eine Ausnahme von meiner eigenen Grundlinie. Es war mir vollkommen bewußt, daß dieses Bild neben den beiden anderen großen Werken in der Sammlung nicht standhielt, ich meinte aber, es habe Sinn und einen großen Reiz, aus jedem der drei Jahrzehnte ein herausragendes Hauptwerk zu besitzen, da sich dies nun einmal anbot. Also in diesem Fall doch: Kunstgeschichte und damit genau das, was ich eigentlich ablehnte. Trotz des deutlichen Gefälles zwischen den Bildern habe ich den Ankauf nie bereut.

Mit diesen drei außerordentlichen Gemälden wurde die Kunstsammlung Nordrhein-Westfalen eine der wichtigsten Stätten für Kandinsky, wenngleich im Umfang bei weitem nicht vergleichbar mit dem Lenbachhaus in München, dem Guggenheim-Museum und schließlich auch dem Centre Pompidou, in das viele Werke aus dem Besitz von Nina Kandinsky gelangt sind. Dank dieser Erwerbungen und aufgrund unserer freundschaftlichen Beziehung wünschte Nina, daß ich von der Gründung an Mitglied der von Claude Pompidou, der Witwe des früheren Staatspräsidenten, präsidierten Société Kandinsky wurde. Ich habe die Gesellschaft wenige Jahre nach meinem Weggang von der Kunstsammlung verlassen, zumal ich mich trotz allem der Kunst Kandinskys nie wirklich nahe gefühlt habe. Zu »meinen« Künstlern gehörte er nicht. Damit ist kein Urteil gesprochen, sondern ein Eingeständnis gemacht.

An der »Komposition X« läßt sich, darauf habe ich oft, aber nie in schriftlicher Form, hingewiesen, eine Merkwürdigkeit ablesen, der ich bei keinem anderen Künstler je begegnet bin. Man kann sehen, wie sich da eine große Bildvision aus unzähligen kleinen und größeren formalen Peinlichkeiten entwickelt. Bei fast allen Bildern Kandinskys ist dies zu beobachten. Es ist schwer faßbar, wie aus all diesen ganz und gar unkünstlerischen Einzelheiten eine dann doch bedeutende Komposition entstehen konnte. Selbst im »durchgehenden Strich« von 1923 läßt sich das beobachten, und auf fast dekouvrierende Weise an dem kleineren »Im Blau«. Und schließlich zeigt sich dasselbe sogar in den frühen Werken, also etwa der »Komposition IV«, allerdings durch die aktionistische Gestik verborgener. Daß dieser Aktionismus übrigens viel weniger spontan ist, als man denken könnte, zeigen die zeichnerischen Studien, die der Künstler vorher anfertigte; und auch in diesen Studien – zwei von ihnen habe ich im Museumsbuch abgebildet – erkennt man das Phänomen, das mich bei dem großen Atem der Gemälde so sehr verwundert.

Giorgio de Chirico! Von ihm hätten es fünf oder sieben oder noch mehr Bilder sein können. Der »Hunger« auf de Chirico war unstillbar. Er ist der einzige Maler, bei dem ich das Gefühl habe, ich könnte süchtig werden. Seine Bilder sind für mich wie eine Droge. Aber natürlich nur die aus der Frühzeit, denn einer der großen Maler des Jahrhunderts war er nur wenige Jahre lang, etwa zwischen 1913 und 1916, allenfalls bis 1918. Dafür kann man Ursachen nennen, die für viele Künstler gelten, doch der Fall de Chirico liegt anders. Er hatte, wie ich vermute, einen psychopathologischen Aspekt. Es muß da vor 1920 einen »Knacks« gegeben haben, der möglicherweise auch mit seiner Frau zu-

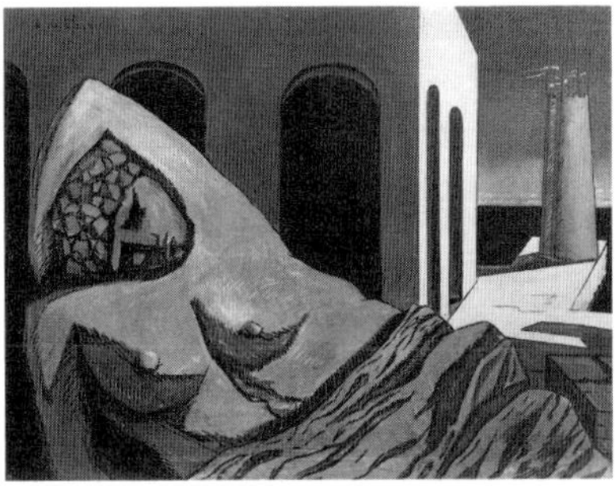

Giorgio de Chirico
Les deux soeurs
(L'ange juif), 1915
55 × 46 cm

Giorgio de Chirico
La statue silencieuse
(Ariane), 1913
99,5 × 125,5 cm

sammenhing, die in ihm den Ehrgeiz geschürt haben soll, so zu malen wie Delacroix oder Renoir, was er dann unglücklicherweise ja auch oft getan hat. Man hat immer wieder den Versuch einer Ehrenrettung des späteren de Chirico unternommen, zumindest bezogen auf die zwanziger Jahre, aber wer Augen hat zu sehen, der sieht, daß schon in diesem Jahrzehnt nichts an die Werke der »Pittura metafisica« heranreicht.

Den ersten de Chirico kaufte ich 1964 bei Georges Bernier, der damals in Paris die sehr beliebte Zeitschrift »L'Oeil« herausgab und eine gleichnamige Galerie führte. Es war das vergleichsweise kleinformatige Bild »Les deux soeurs« von 1915, das auch den nicht ganz plausiblen Titel »L'ange juif« trägt. Knapp über 100.000 DM waren zu entrichten. Das Bild kam aus der Sammlung des englischen Kunstpublizisten Roland Penrose, der selbst ein surrealistischer Maler war und eine außerordentliche Sammlung von Werken seiner surrealistischen Freunde besaß. Ich habe ihn einmal in London besucht, in der Hoffnung, ihn dazu zu bewegen, uns den »Elefant Celebes«, zu verkaufen, eines der großartigsten Werke von Max Ernst. Dem war leider kein Erfolg beschieden, denn Penrose hatte die Absicht, das Bild nach seinem Tod der Tate Gallery zu überlassen. Dort hängt es heute. 1964

De Chirico selbst bin ich nur zweimal begegnet. Beim ersten Anlauf in Rom war er verreist, nur seine Frau war anwesend, umgeben von zahllosen de Chiricos, von denen einer schlimmer war als der andere. Während der de Chirico-Ausstellung, die mein Nachfolger Wie-

Giorgio de Chirico
La grande torre, 1913
123,5 × 52,5 cm

land Schmied 1970 in Hannover veranstaltete, habe ich ihn zum ersten Mal getroffen, und dann noch einmal im Plaza Hotel in New York. Wie allgemein bekannt, hat er häufig frühe Arbeiten als Fälschungen deklariert. Ich war mir »meiner« de Chiricos – es wurden im Lauf der Jahre drei – vollkommen sicher, aber als ich in New York mit ihm über die vielen Fälschungen sprach, fragte ich ihn auch nach der Echtheit unserer Bilder in Düsseldorf. Er bestätigte, sie seien alle echt. Was hätte ich getan, wenn er sie als falsch erklärt hätte? Nichts hätte ich getan.

Das zweite Bild war »La Statue silencieuse«, das auch den Titel »Ariadne« trägt. Ich kaufte es 1967 zu 380.000 DM bei Krugier in Genf. Es ist 1913 entstanden, also fast zu Beginn der »Pittura metafisica«, als der Maler fünfundzwanzig Jahre alt war. Es ist immer wieder staunenswert, wie jung die großen Künstler waren, als sie um jene Zeit die Kunst auf neue Wege brachten.

1964 Zehn Jahre dauerte es, bis noch einmal ein de Chirico Eingang in die Sammlung fand, und wiederum war es ein Bild aus dem Jahr 1913: »Der große Turm«. Das ebenso einfache wie geheimnisvolle Bild stammte aus der Sammlung Bernard Poissonier in Paris, in der sich einst noch andere wundervolle Werke des Künstlers befunden hatten, darunter eines im späteren Besitz des Kunsthauses Zürich, das für mich immer so etwas wie der Maßstab für de Chirico war. Es besteht die Vermutung, unser Bild habe früher Apollinaire gehört, aber das läßt sich leider nicht beweisen. Wichtig sind solche Provenienzen nicht, aber sie können einen gewissen Reiz haben.

»Der große Turm« kostete, zehn Jahre nach dem Ankauf der »Statue silencieuse«, mit 850.000 DM mehr als das Doppelte. Es war abzusehen, daß es innerhalb weniger Jahre auf dieser künstlerischen Ebene nicht mehr weitergehen würde.

Carrà

Noch ein anderes Bild aus dem Bereich der »Pittura metafisica« kam 1964, als ich den ersten de Chirico erwarb, in die Sammlung: Carlo Carràs »Mädchen aus dem Westen« aus der Sammlung Frua de Angeli, vermittelt durch die Galerie Aenne Abels in Köln. Der Preis: 153.000 DM. Ich hatte das Bild 1950 in der unvergeßlichen Ausstellung »Futurismo – Pittura metafisica« im Zürcher Kunsthaus gesehen, als ich noch in Basel lebte. Damals entstand bei mir eine große Liebe zu den frühen Bildern von de Chirico, Carrà und Morandi. Es war eines der ganz großen Kunsterlebnisse nach dem Krieg, und als ich nach Düsseldorf kam, hatte ich den hoffnungslosen Traum, irgendwann einmal den »Betrunkenen Edelmann« von Carrà zu erwerben, an dem ich mich damals in Zürich nicht hatte sattsehen können. Wenn ich nicht irre, stammte er aus der Sammlung Jesi. Als Jesi mich einmal in Düsseldorf besuchte, begann ich mir Hoffnungen zu machen, erfuhr aber bald, daß die Werke aus seiner Sammlung wohl eines Tages in die Mailänder Brera gehen würden, ganz abgesehen davon, daß es sehr unwahrscheinlich war, daß der italienische Staat jemals die Ausfuhr genehmigen würde. Damit war der Traum ausgeträumt. Aber nun war ich sehr glücklich mit dem »Mädchen aus dem Westen«, obwohl es sich in einem schlechten Zustand befand. Man hatte es einer erheblichen

Restaurierung unterzogen, und ich stand vor der ernsten Frage, ob man in einem Museum eine solche »Ruine« kaufen dürfe. Ich habe mich darüber hinweggesetzt, denn trotz seines Zustands besaß das Bild seine volle künstlerische Ausstrahlung. Den Ankauf habe ich nie bereut. Eine Zeitlang meinte ich sogar, dies sei das Bild, das ich bei einem Brand als erstes retten würde. 1964

Als ich es kaufte, war Carlo Carrà noch am Leben. Er starb 1966. Begegnet bin ich ihm nie. Einmal flanierte ich zusammen mit Carola Giedion durch die »Giardini« der Biennale Venedig, als sie plötzlich, in ein paar Metern Entfernung, die gedrungene Gestalt von Carrà er-

Carlo Carrà
La figlia dell'ovest, 1919
90 × 70 cm

spähte. Sie begrüßte ihn und kam nach ein paar Worten zurück. Ich machte keine Anstalten, mich ihm zu nähern, was ich später, als ich das Bild erwarb, ein wenig bedauert habe. Aber damals interessierte er mich wohl nicht genug. Er war ja nur während ganz weniger Jahre eine bedeutende Figur der neueren Malerei gewesen, um dann, seit etwa 1920, für mehr als vierzig Jahre ein traditioneller Landschaftsmaler zu werden, sympathisch zwar, aber ohne starken künstlerischen Atem. Auch de Chirico war ein schlechter, ja ein viel schlechterer Maler geworden, aber er blieb immerhin, anders als Carrà, eine interessante Figur.

Es überraschte mich selbst, daß ich 1977 noch einmal in die Lage kam, mich, und zwar leichten Herzens, zu einem Carrà zu entschließen. Es handelte sich um ein bezauberndes Objekt, das schon Carl Einstein entzückt haben muß, da er es 1926 in seiner legendären »Kunst des

1964 zwanzigsten Jahrhunderts« abgebildet hat, obgleich es doch in keiner Weise den Charakter eines Hauptwerks hat. »Sifone di seltz« nannte der Künstler das kleine Bild; auf deutsch klingt es banaler: »Stilleben mit Siphonflasche«. Das Bild besitzt insofern eine gewisse historische Aura, als es schon 1914, in der Frühzeit der Collagetechnik, entstanden ist und über diese dank der aufgeklebten echten Zigarette, die den Flaschenschnabel bildet, sogar noch hinausgeht. Ich weiß nicht, ob Carrà Humor besaß, nach seinen späten Malereien und seinen vielen Schrif-

Carlo Carrà
Sifone di Seltz, 1914
44,6 × 33 cm

ten drängt sich dieser Eindruck zumindest nicht auf, aber amüsant ist die auf der Collage klebende Visitenkarte mit der Berufsbezeichnung »Pittore Futurista«: selbst auf seiner Visitenkarte zeigte er Flagge.

Die Provenienz des Bildes ist besonders sympathisch, denn es befand sich einst im Besitz von Léonide Massine, dem berühmten Tänzer der »Ballets Russes«, für die so viele große Künstler der Zeit gearbeitet haben.

Ich kaufte das kleine Bild bei dem New Yorker Kunsthändler Xavier Fourcade, der es mir entweder bei einem seiner häufigen Besuche in Düsseldorf oder bei einem meiner noch häufigeren Besuche in seiner Galerie in New York zeigte. Der Preis betrug etwas weniger als 300.000 DM.

Max Ernst

1964

Als ich im Herbst 1962 nach Düsseldorf kam, fand ich unter den Bildern, die das Kultusministerium bereits gekauft hatte, einen großen Max Ernst vor: »Frühling in Paris«. Vom ersten Augenblick an konnte ich das Bild nicht ausstehen. Es war das erste, das Max Ernst 1950 nach seiner Rückkehr aus den USA in Paris gemalt hatte. Eine Zeitlang hing es im Treppenhaus des Schlosses Jägerhof.

Das Ministerium hatte in den Monaten, in denen ich mit dem Land verhandelte, vierundzwanzig Werke von Künstlern gekauft, die aus Nordrhein-Westfalen stammten oder hier zumindest eine Zeitlang gelebt hatten, darunter Arbeiten von Macke, Rohlfs, Campendonck und diese eine von Max Ernst. Keines der vierundzwanzig Bilder erfüllte meine Qualitätsvorstellungen, so daß ich sie alle loswerden wollte. Die Landesregierung kam auf die rettende Idee, sie an verschiedene Museen im Land als Dauerleihgaben zu verteilen. Das war eine höchst elegante Lösung, durch die die alteingesessenen Museen in ihrem Zorn auf die Museumsgründung in Düsseldorf besänftigt wurden. Der Aufruhr war dadurch entstanden, daß eine Ansicht der Stadt Soest von Christian Rohlfs, sicher eines seiner besten Bilder, in einem Bietgefecht bei Ketterer in Stuttgart vom Vertreter des Düsseldorfer Kultusministeriums gegen den Direktor des Westfälischen Landesmuseums in Münster ersteigert worden war; das Land hatte also eines seiner eigenen Museen überboten – ein wahrhaft starkes Stück! Nun also befand sich das Bild in der Düsseldorfer Sammlung, und ich legte keinen Wert darauf, es zu behalten, so daß es schließlich als Leihgabe nach Münster ging, dorthin also, wo man es so gern haben wollte. Und was das von mir so verabscheute Bild von Max Ernst angeht, so wanderte es in dasjenige Museum in Köln, das später auf den Namen Ludwig umgetauft wurde. Dort habe ich es seither oft gesehen, und nie habe ich bedauert, es nicht in Düsseldorf behalten zu haben.

Dies hatte nichts zu tun mit der gewissen Sperre, die ich zu jener Zeit gegenüber Max Ernst noch hatte. Mit dieser Sperre bin ich sozusagen aufgewachsen. Ich vermute, daß ich hierin, und zwar seit sehr vielen Jahren schon, beeinflußt war von dem Basler Museumsdirektor Georg Schmidt, der zu Max Ernst eine fast feindselige Einstellung hatte, ähnlich wie auch einem anderen Großen des Jahrhunderts gegenüber, Max Beckmann, dessen Größe sich mir ebenfalls erst ver-

1964 gleichsweise spät erschloß. Woran diese Aversionen lagen – ich weiß es nicht, erinnere mich aber an eine Situation in den fünfziger Jahren in Bern, als dort im Kunstmuseum eine große Ausstellung von Paul Klee und gleichzeitig in der Kunsthalle eine Ausstellung von Max Ernst gezeigt wurde. Georg Schmidt, der die Klee-Ausstellung mit einer brillanten Rede eröffnete, ereiferte sich ungeheuer, indem er zeigte, wie Klee durch und durch ein Maler war, während bei Max Ernst alles nur Technik sei. Er irrte sich gewaltig, aber auch ich sah es nicht anders. Max Ernst zeigte sich einmal mir gegenüber im persönlichen Gespräch überraschend stark verärgert über Georg Schmidt. Ich versuchte, ihm nahezubringen, daß Irrtümer zuweilen nicht einfach Irrtümer seien, sondern an der Qualität des Irrenden gemessen werden müßten: je stärker die Person sei, desto stärker dürften auch die Irrtümer sein. Max Ernst wollte das nicht wahrhaben. Ich hoffe, man traut mir nicht zu, pro domo gesprochen zu haben.

Als Georg Schmidt 1964 mit einem Gehirntumor todkrank in seinem Haus in der Nähe von Basel lag, schrieb ich ihm, um ihn zu unterhalten und von seiner Krankheit abzulenken, einen Brief, worin ich ihm meine Ankäufe der ersten zwei Jahre mitteilte. In seinem Antwortschreiben wiederholte er die Titel der einzelnen Bilder und schrieb neben fast jeden von ihnen stereotyp die Worte: »Hat meine Kommission abgelehnt« oder »Hätte meine Kommission abgelehnt«. Wie glücklich konnte ich mich schätzen, von keiner Kommission gegängelt zu werden! Bei Georg Schmidt ging das sehr weit. Einmal, auf einer Gondel in Venedig, brach er bei der Erzählung von Mißhandlungen durch die Museumskommission in Tränen aus, Tränen der Verzweiflung. In seinem Brief hieß es nach den Kommentaren zu Picasso, Braque, Gris, Léger, Miró usw. schließlich: »Max Ernst – wie kannst Du nur!«

Er hatte enorme Meriten, die hier nicht aufzuzählen sind. In der Schweiz war er seit den zwanziger Jahren streitbar und umstritten wie kein anderer. Keiner kämpfte, so wie er, jahrzehntelang publizistisch für die moderne Kunst, die moderne Architektur, die Moderne überhaupt, lange bevor er 1939 die Leitung des Basler Kunstmuseums übernahm. Daß man ihm dieses altehrwürdige Museum anvertraute, kam einem Wunder gleich, denn er war nicht nur ein Mann der Moderne, er war auch Marxist. Und dieser Mann baute dann die unvergleichliche moderne Sammlung des Basler Museums auf, beginnend mit den »Entarteten«-Käufen auf der Luzerner Auktion von 1939 und kurz zuvor in

Berlin, die er bei seiner Regierung durchsetzte. Ich könnte »stundenlang« von ihm erzählen, natürlich auch viele Anekdoten, aber dafür ist dies der falsche Ort. Immerhin dies: er war ungeheuer begeisterungsfähig; er war ein glänzender »Führer« durch sein Museum und durch Ausstellungen, mit einem großen pädagogischen Talent behaftet; er gehörte zu den nicht allzu vielen in unserem Metier, die zwei Augen im Kopf haben; er dachte ebenso scharf wie einfach und schrieb daher, anders als so viele andere, lesbar; und er kämpfte leidenschaftlich für oder gegen die Dinge, um die es ihm ging.

Seine Zustimmung zu fast allem, was ich tat und schrieb, und seine Freundschaft empfand ich als der viel Jüngere als ein großes Privileg, ganz besonders nach seinem Tod. Ich stand wohl stärker, als mir zu seinen Lebzeiten bewußt war, unter seinem Einfluß. Diese Lehrer-Funktion in meinem Leben – er war etwas mehr als zwanzig Jahre älter – wurde durch die Tatsache verschleiert, daß sich schon früh, in den vierziger Jahren, als ich selbst in den Zwanzigern war, eine enge Freundschaft entwickelte. 1942 arbeiteten wir gemeinsam an einer Ausstellung über den Film, einer Art ABC des Films, woraus nach dem Krieg das Buch »Der Film – wirtschaftlich, gesellschaftlich, künstlerisch« wurde. Allein an diesem Titel erkennt man den marxistischen Ansatz. Das Buch war ganz wesentlich geprägt durch die typographische Gestaltung, die unser gemeinsamer enger Freund Hermann Eidenbenz besorgt hatte; man kennt ihn unter anderem durch seine Entwürfe der früheren schweizerischen und dann auch der deutschen Banknoten und durch seine Packungen für Reemtsma-Zigaretten. 1945 wurde mir für elf Jahre die Funktion übertragen, die Georg Schmidt elf Jahre innegehabt hatte: die Ausstellungen im damaligen Gewerbemuseum aufzubauen. Ich war dort also sein – fast direkter – Nachfolger.

Mit seinem Tod verbindet sich etwas, das ich bis heute tief bedaure. Einige Wochen vorher rief er mich an sein Krankenbett und bat mich, als Herausgeber eines geplanten Bandes mit einer Auswahl seiner Aufsätze zu fungieren. Ich versprach es ihm und konnte das Versprechen nicht halten, da mir in diesen ersten Jahren in Düsseldorf kein Atem für anderes blieb. Ich hätte Zeit gebraucht, doch das Buch sollte bald erscheinen. So erschien es ohne mein Zutun. Aber an der Gedenkstunde im Treppenhaus des Basler Kunstmuseums hielt ich eine Rede, von der ich glaube sagen zu dürfen, daß sie ihm gefallen hätte.

1964 Es waren zwei enge Freunde, beide zwanzig Jahre älter als ich, die mich in den vierziger und fünfziger Jahren wohl stark geprägt haben. Der eine war Georg Schmidt. Der andere war Kurt Hirschfeld, der Dramaturg des Zürcher Schauspielhauses in dessen großer Zeit und später dessen Direktor. Durch ihn habe ich während des Krieges und im ersten halben Jahrzehnt danach fast alle berühmten Inszenierungen gesehen. Oft fuhr ich »per Velo« von Basel nach Zürich – ich erinnere mich genau: 86 km –, sah die Aufführungen am Freitagabend, am Samstagabend und am Sonntag die Matinee und fuhr dann nach Basel zurück. Viele Kontakte mit den Regisseuren – Leonard Steckel vor allem und Leopold Lindtberg –, den Schauspielern, den Bühnenbildnern – Teo Otto! –, aber auch mit Bert Brecht, Max Frisch, Friedrich Dürrenmatt, Rolf Liebermann und so manchem anderen kamen durch ihn zustande. Bei beiden Freunden, Georg Schmidt und Kurt Hirschfeld – alle nannten ihn »Hirschi« –, war ich mir der prägenden Wirkung nicht wirklich bewußt, aber in der Erinnerung nach Jahrzehnten – sie starben beide 1964/65 innerhalb von zwölf Monaten – ist mir das sehr deutlich geworden. Ich verdanke beiden viel.

Der Bremer Kunsthändler Michael Hertz offerierte mir 1964 das große Bild »Après nous la maternité« von Max Ernst aus der Gruppe der »Vogelmonumente« um 1927. Es befand sich in einer mir zuvor nicht bekannten Pariser Galerie. Ich hatte damals die fixe Idee, die wesentlichen Bilder Max Ernsts seien alle um diese Zeit entstanden, vor allem die Wälder und die Vogelmonumente. In den folgenden Jahren wandelte sich meine Einstellung zu dem Künstler immer mehr, immer deutlicher wurde mir seine überragende Größe, so daß Werke auch aus anderen Perioden in die Sammlung aufgenommen wurden. Schließlich waren es fünf »kapitale« Bilder, und damit wurde Max Ernst in der Sammlung ein Hauptakzent. Das hatte natürlich mit dem Umstand, daß er in seinen frühen Jahren zum Kreis der legendären »Mutter Ey« in Düsseldorf gehört hatte, nicht das geringste zu tun, obgleich der Neubau von 1986 auf einem Areal errichtet wurde, auf dem unter anderem auch Frau Ey – »das Ey«, wie Max Ernst sie zu nennen pflegte – ihr berühmtes Lokal gehabt hatte. »Das Ey« hätte ich später gern das Museumsrestaurant genannt. Zu meinem Bedauern bekam es einen anderen Namen, der zwar sehr, allzu sehr zur Düsseldorfer Altstadt mit ihren vielen Kneipen paßt, nicht aber zu einem Museum von internationalem Zuschnitt. Das konnte ich, da ich das Haus bereits verlassen hatte, nicht mehr verhindern. 1964

An dem Bild, das ich 1964 kaufte, habe ich mich 1970 ähnlich »versündigt« wie an Bildern von Chagall, Magritte und de Staël – davon war schon die Rede –, indem ich einen sehr wirksamen Ausschnitt auf den Umschlag eines monumentalen Buches über die Kunstsammlung setzte. Dieses Buch erschien bei DuMont in Köln und bestätigte für manche Leute, wie sich bald zeigte, das pure Repräsentationsbedürfnis,

Max Ernst
Après nous la maternité, 1927
146,5 × 114 cm

das man mir oder auch dem Land unterstellte. Man wird mir glauben, daß mich dieser Anwurf nicht treffen konnte. Es ist merkwürdig, wie falsch ein solches Sammeln von außen gesehen werden kann. Da hat man eine große Leidenschaft und erfährt dann aus Zeitungen und Kunstmagazinen, daß es etwas ganz anderes ist, nämlich Repräsentationsgehabe, Prestigesucht und dergleichen. Neid? Ich weiß es wirklich nicht. Ich meine, so können nur Leute urteilen, die für Kunst nicht entflammbar sind, oder die eine solche Entflammbarkeit einem Museumsdirektor nicht zutrauen. Daß beim Staat Repräsentationswille im Spiel war, will ich nicht ausschließen. Warum auch nicht?

1965, also ein Jahr später, war es der »Cocktailtrinker« von 1945. Das künstlerische Gefälle zwischen dem frühen Bild und diesem ist unübersehbar. Ich habe es dennoch gekauft, wenngleich zögernder als das andere. Auch heute noch begeistern mich der sehr dichte, sehr phantastische, von fern an Arcimboldo gemahnende Kopf und die im Verfah-

1964 ren der Decalcomanie ausgeführte Brustpartie, während mich von Anfang an der allzu dekorative, sogar etwas geschmäcklerische Grund etwas störte, wie ihn ähnlich auch das Pendant-Bild aus demselben Jahr, der »Euklid«, zeigt. Das Bild wurde mir wiederum von Michael Hertz angeboten und kostete 199.000 DM. Ich erinnere mich, daß Hertz einen Preis von weit über 200.000 DM forderte, den ich mit dem Hinweis ablehnte, meine Ankaufskommission werde große Schwierigkeiten machen, wenn am Anfang der Summe eine Zwei stehe – eine Notlüge,

Max Ernst
The Cocktail Drinker, 1945
116 × 72,5 cm

Max Ernst
La femme chancelante, 1923
130,5 × 97,5 cm

leicht durchschaubar, aber schwer zu widerlegen; selbstverständlich hätte die Kommission auch einen höheren Preis hingenommen. Nun erwartete ich, Hertz werde den Preis auf zumindest 190.000 DM senken, aber er blieb bei der etwas lächerlichen Zahl 199.000 stehen, einem typischen Warenhauspreis, den ich stirnrunzelnd akzeptierte. Vielleicht hätte ich nicht nachgeben und das Scheitern des Geschäfts riskieren sollen, denn der »Cocktailtrinker« hat sich eben bei weitem nicht so gut gehalten wie die anderen Bilder des Künstlers in der Sammlung.

Zum Beispiel: »Die schwankende Frau« von 1923 aus dem Besitz von Roland Penrose, der es seinerseits von Paul Eluard erworben hatte. Ich kaufte es 1978 von einem Kunsthändler in der Schweiz zum Preis von 680.000 DM.

Wie man weiß, hat Max Ernst nicht nur ungezählte Collagen angefertigt, sondern hat auch seine Bilder häufig wie Collagen gemalt, indem er als Vorlagen sehr heterogene Abbildungen oder auch Anzeigen aus alten Journalen verwendete und Teile von ihnen auf suggestive Weise miteinander koppelte. Mein Freund Werner Spies, der Monograph und enge Freund des Künstlers, hat herausgefunden, welche Vorlagen Max Ernst für dieses Bild benutzt hatte: die Photographie einer Zirkusakrobatin und die Anzeige einer Schiffsmaschine. Aus der Kombination der beiden völlig disparaten Elemente entstand die Traumvision einer Frau, die leicht geschürzt und merkwürdig unbedroht in der bedrohlichen Apparatur einer Maschine schwebt. »Die schwankende Frau« hat er das Bild genannt und damit auf das schwankende Glück hingewiesen: eine Fortuna-Allegorie. Dies alles war mir, als ich mich zum Kauf entschloß, unbekannt. Es hat mich dann natürlich interessiert, aber doch nicht zentral, zumal ich nie in meinem Leben ein Freund ikonographischer Erkenntnisse war: ich sah immer nur das Bild und nur ungern ein Thema mit seiner Bedeutung. Ich vermute auch, daß, hätte man dem Bild eine ganz andere Deutung gegeben, mir auch diese recht gewesen wäre. Dieses gewisse ikonographische Desinteresse äußert sich natürlich auch darin, daß ich Max Ernst nie gebeten habe, sich mir gegenüber zum Inhalt seines Bildes zu äußern, was er im übrigen, wie ich annehme, abgelehnt hätte.

Um die Entstehungszeit des Bildes empfing Max Ernst in Köln den Besuch von Paul Eluard und seiner Frau Gala, der späteren Frau von Salvador Dalí. Damals begann die Liebesaffäre zwischen Max und Gala. Zu dritt fuhren sie nach Paris, wo »Die schwankende Frau« entstanden sein dürfte.

Im selben Jahr 1970 kaufte ich bei der Marlborough Gallery in London ein weiteres Werk des Künstlers: »Paysage au germe de blé« von 1936. Daran knüpft sich eine Erinnerung. Zum ersten Mal besuchte Max Ernst die Sammlung in Düsseldorf, die damals noch im Schloß Jägerhof untergebracht war. Ich glaube, es war meine erste Begegnung mit ihm. Er kam nach Düsseldorf, um die große Figur des »Habakuk« vor der Kunsthalle einzuweihen, die man nach einer Gipsstatuette aus dem Besitz des Sammlers Wilhelm Hack angefertigt hatte – durchaus problematisch wie all diese Vergrößerungen in anderem Material, aber Max Ernst hat die Replik »abgesegnet«. Zusammen mit Werner Spies holte ich ihn am Düsseldorfer Flughafen ab, und am selben oder am folgenden Tag besuchte er die Sammlung. Er war besonders glücklich, sein Bild von 1936 wiederzusehen, jedoch wunderte er sich, daß es signiert

1964 war. Warum hätte es nicht signiert sein sollen? Max Ernst erzählte mir, der Sammler Frua de Angeli habe es damals, 1936, sozusagen von der Staffelei weg gekauft und habe erst später bemerkt, daß es nicht signiert war. Frua habe ihn, Max Ernst, immer wieder gebeten, wenn er einmal in Italien sei, die Signierung nachzuholen. Dazu aber sei es nie gekommen. Dann kam der Krieg dazwischen, und Max Ernst ging nach Amerika. Doch auch später ergab sich keine Gelegenheit. Also mußte die Signatur falsch sein. Sie sah zwar einigermaßen echt aus, aber sie war gefälscht. Das störte den Künstler nicht im geringsten, und mich schon gar nicht, denn für mich ist das Bild selbst die Signatur. Das mag in der Druckgraphik anders sein, aber für Gemälde ist es, wie ich denke, von

Max Ernst
Paysage au germe de blé, 1936
130,5 × 162,5 cm

geringer Bedeutung, ob sie signiert sind oder nicht. Da jedoch die Menschen an Signaturen glauben, kann es sein, daß sich das Fehlen einer Signatur auf den Preis auswirkt, wider alle Vernunft. Ich habe die falsche Signatur nie entfernen lassen.

Bei diesem Besuch von Max Ernst machten wir einen Rundgang durch die ganze Sammlung. In einem größeren Raum im Erdgeschoß, wo Gemälde verschiedener Künstler der Nachkriegszeit hingen, fragte ich ihn aus purer Verlegenheit, welches Bild ihm hier am besten gefalle. Er antwortete, er könne mir lediglich sagen, welches ihm absolut mißfalle, das sei die Landschaft von Dubuffet (1952). Dubuffet habe ihn ganz einfach bestohlen. Das Bild sei eine schwache Nachahmung seiner eigenen Bilder aus den zwanziger Jahren. Er war nicht bereit, sich weiter darauf einzulassen. Der Vorwurf war deshalb besonders hart, weil gerade Dubuffet, wie er mir einmal sagte, immer einen Horror vor Nachahmern seiner eigenen Kunst hatte. Und ungerecht war der Vorwurf natürlich auch.

Ich habe Max Ernst in den späteren Jahren immer wieder getroffen, 1964
auch in seinem Haus in Seillans in Südfrankreich, mit der großen Terrasse, auf deren Brüstung kleinere Skulpturen von ihm standen, und von der aus man einen herrlichen Blick auf das weite Land genoß. Es waren wunderbare Begegnungen, auch wenn ich seinem Spätwerk keine große Bewunderung mehr entgegenzubringen vermochte: seine Kunst war doch sehr »brav« geworden, von der Genialität der Jahre bis zum Zweiten Weltkrieg war nicht mehr viel übriggeblieben. Sehr traurig war die letzte Begegnung im Jahre 1976, am Tag der Eröffnung der großen Max Ernst-Ausstellung im Pariser Grand Palais. Max Ernst lag, von einem Schlaganfall gelähmt, in seiner Wohnung an der Rue de Lille. Er hatte mir signalisiert, daß er sich über meinen Besuch freuen würde. Also besuchte ich ihn am Vormittag. Er saß in einem Lehnstuhl, konnte nur mit Mühe andeutungsweise sprechen und nur den einen Arm leicht bewegen. Dabei aber strahlte er eine wunderbare Heiterkeit aus. Irgendwann brachte ihm die Hausangestellte die Post. Es war ein einziger Brief mit dem Absender Meret Oppenheim. Ich fragte ihn, ob ich den Brief öffnen und ihm vorlesen solle, was er bejahte. Offensichtlich freute er sich, daß Meret an ihn dachte. Es war ein ganz kurzer Brief an »meinen lieben Max«: sie habe gehört, daß er krank sei, und wünsche ihm von Herzen gute Besserung. Das war nicht ein Brief unter Surrealisten, nicht einmal unter Künstlern, sondern unter »ganz normalen Menschen«, schlicht und sehr sympathisch. Ich habe Meret später erzählt, wie es war, als ihr Brief ankam.

Bei Beyeler in Basel erwarb ich 1974 eines des Wandbilder aus dem Zyklus, den Max Ernst 1923 im Haus von Paul Eluard in Eaubonne, in der Nähe von Paris, geschaffen hatte, wo er mit Gala lebte. Den Titel »Au premier mot limpide«, der einem Gedicht von Paul Eluard entstammt, hat man nachträglich gewählt, ich vermute mit Zustimmung des Künstlers. Jahrzehntelang waren die Wandbilder verschollen und vergessen. Der Bewohner, der das Haus nach dem Wegzug Eluards erwarb, hatte sie teilweise überklebt und übertüncht, bis der Pariser Kunsthändler André-François Petit sie fast ein halbes Jahrhundert später wiederentdeckte. Er ließ sie freilegen und auf Leinwand übertragen, wobei manches zerstört wurde. Die Bilder wurden restauriert, und das Ergebnis der Restaurierung hat Max Ernst durch seine Signatur legalisiert. Hier hatte die Signierung natürlich eminente Bedeutung.

1964 Es handelt sich um den wohl bedeutendsten Wandbildzyklus im zwanzigsten Jahrhundert überhaupt. Aber als solcher blieb er nicht erhalten: die Bilder kamen in den Kunsthandel, zunächst alle zusammen und dann, als das Ganze sich nicht verkaufen ließ, nur noch die einzelnen Teile. Die Entscheidung für das Bild, das ich bei Beyeler kaufte, fiel mir sehr leicht, denn es war das bei weitem schönste, traumhafteste, poetischste von allen. Ich habe mir aber auch mehr als ein Mal das doppelt so große, querformatige Gemälde, das sich im Hause Eluards an der seitlichen Wand direkt an unseres anschloß, bei André-François Petit in Paris angesehen, um es eventuell ebenfalls zu erwerben, zumal es sich motivisch mit unserem verbindet, habe es aber jedesmal erneut

Max Ernst
Au premier mot limpide, 1923
232 × 167 cm

abgelehnt, da es unserem bei weitem unterlegen war. Viel später habe ich es im Museum für zeitgenössische Kunst in Teheran, das kurze Zeit vor der Vertreibung des Schahs eröffnet und sofort nach der Machtübernahme durch den Ayatollah Khomeini geschlossen wurde, zum letzten Mal gesehen.

Die Atmosphäre dieser Eröffnung in Teheran war wenig erfreulich: der Schah, der sich von seinen persischen Gästen unterwürfig die Hand küssen ließ; auf den Dächern rings um das Museum Heckenschützen. Sympathisch war nur ein kurzes Gespräch, das ich zusammen mit meinem Freund Tom Messer, dem Direktor des Guggenheim Museums, mit der sehr bezaubernden Kaiserin Farah Dibah führte. In den folgenden Tagen erlebten wir in Shiraz den Islam in seiner, wie man bald danach sagte, »fundamentalistischen« Form: ungeheuer intensiv, ungeheuer fanatisch, ungeheuer erschreckend. Es waren nicht die wundervollen Moscheen in Schiraz und Isfahan, in denen sich das abspielte, sondern Bauten aus dem neunzehnten Jahrhundert ohne architektonische Attraktivität. Die Stimmung war hochexplosiv, man spürte, daß das Land reif war für eine Veränderung, die dann in katastrophaler Weise kam.

Werner Spies hat auch dieses Bild aus dem Eluard-Zyklus einer intensiven Deutung unterzogen, die ich im Museumskatalog andeutungsweise wiedergegeben habe. Sie hat viel für sich, aber verbrieft ist sie nicht. Bedauerlicherweise habe ich den Künstler auch danach nicht gefragt. Die Interpretation des Bildes mit all ihren Implikationen ist hochinteressant, aber für das Bild selbst, für seine Schönheit und seinen Zauber, ist sie irrelevant. Warum soll man so viel über ein Bild erzählen, wenn es selbst nichts erzählt, ja wenn sein Wesen geradezu eine wunderbare Lautlosigkeit ist? Als ich das rätselvolle Bild erwarb, kam ich nicht im entferntesten auf den Gedanken, es enträtseln zu wollen.

Der Preis soll nicht verschwiegen werden. Das Bild, das immerhin 232 × 167 cm mißt, kostete 1,4 Millionen DM.

Schlemmer

Ich bin Oskar Schlemmer, der während des Zweiten Weltkriegs starb, nie begegnet, aber mit seiner Frau Tut stand ich bis zu ihrem Tod in herzlicher Verbindung, besonders seit ich 1960 eine Ausstellung der Aquarelle Schlemmers in der Kestner-Gesellschaft gezeigt hatte. Aus ihrem Besitz kam nun, über Krugier in Genf, das Bild »Frauen am Tisch« von 1923 in die Sammlung. Ich habe diese frühen, stillen, stillebenhaften Gruppenbilder immer ganz besonders geliebt, und das änderte sich auch nicht, als ich später einen »typischen« Schlemmer erwarb, der viel mehr »Bauhaus« ist als dieses kleine, dunkle Bild. Man spürt die Nähe Schlemmers zu seinem frühen Mentor Otto Meyer-Amden, den man noch immer viel zuwenig kennt. In Schlemmers letzten Lebensjahren versuchte sein enger Freund Julius Bissier, ihn dazu zu bewegen, zur geistigen Stimmung dieser frühen Bilder zurückzukehren. Kleine Bilder sollten es sein, »so groß wie ein Kinderhandschuh«. Bissiers Drängen hatte Anteil an der Entstehung der späten Fensterbilder Schlemmers. Davon hat mir Bissier, der Meyer-Amden hoch verehrte,

1964 oft erzählt. In jüngerer Zeit hat man den Briefwechsel der beiden Freunde veröffentlicht, worin ihr Verhältnis sowohl zueinander als auch zu Meyer-Amden seinen Niederschlag gefunden hat.

Viele Jahre nach dem Ankauf des Bildes hat Lisbeth Bissier, die Witwe des Malers, der Kunstsammlung Nordrhein-Westfalen eine vergleichsweise große Gouache geschenkt, auf der Schlemmer den Freund

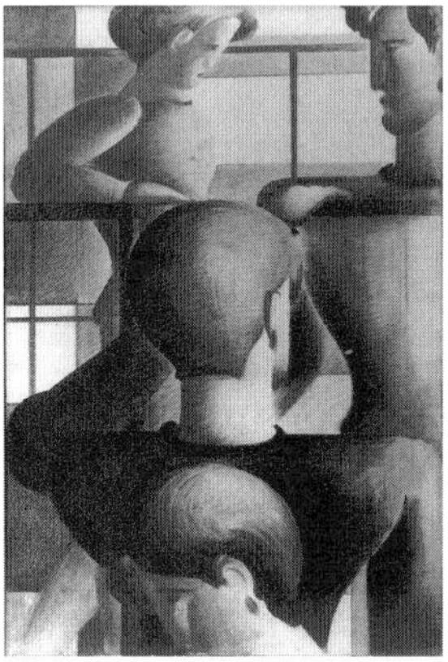

Oskar Schlemmer
Frauen am Tisch,
1923
73 × 61 cm

Oskar Schlemmer
Gruppe am
Geländer I,
1931
92,5 × 60,5 cm

porträtiert hat. Auch da spürt man den Einfluß Otto Meyer-Amdens. Ich habe die Schenkung gern angenommen, aber mehr wegen Bissier als Schlemmers wegen, denn es ist alles andere als ein gutes Bild.

Der Kauf des frühen Schlemmer-Bildes war für mich viel emotionaler als der Kauf der »Gruppe am Geländer« von 1931, zu dem es zwei Jahre später kam. Der Grund ist sehr einfach: das frühe Bild ist selbst emotionaler, lyrischer, innerlicher, introvertierter als das farbigere, rationalere, durchkonstruierte Bild von 1931, das den »eigentlichen«, den klassischen Schlemmer repräsentiert, nicht zuletzt auch thematisch, da es sich offenbar um die Bauhaustreppe handelt. Julius Bissier hätte mir zweifellos widersprochen, denn er meinte, gerade der frühe Schlemmer sei der eigentliche Schlemmer, und erst ganz spät, mit den Fensterbildern, sei der Künstler zu sich selbst zurückgekehrt.

Ich habe das schöne Bild, das ich 1966 bei Marlborough in London zum Preis von 145.000 DM kaufte, immer der großen und vielgerühmten »Bauhaustreppe« vorgezogen, die während so vieler Jahre im Treppenhaus des Museum of Modern Art hing und zweifellos viel mehr als unser Bild den Charakter eines Hauptwerks hat. In der Schlemmer-Ausstellung 1993 in der Kunstsammlung Nordrhein-Westfalen hingen die beiden Bilder im selben Raum, so daß der Vergleich leichtfiel. Für mich bestätigte sich meine langjährige Beurteilung in aller Klarheit. Das New Yorker Bild ist zu groß und übrigens auch zu blau: die Bläue mildert, mindert die Strenge der Komposition. Es besitzt bei weitem nicht die Dichte des Düsseldorfer Bildes. Aber man verstehe mich recht: hier geht es nicht um Rivalität zwischen Museen. Da wäre dem Museum of Modern Art ohnehin kein anderes auf der Welt gewachsen. Es geht um diese zwei Bilder, deren Vergleich sich mir so oft aufdrängte, weil ich sie beide so oft sah. Der kritische Vergleich hätte genausogut ein gegenteiliges Ergebnis haben können.

Viele Jahre später, 1978, kam es noch einmal zu einem Schlemmer-Ankauf, und diesmal war es einer, den ich wirklich sehr bereut habe. »Ornamentale Plastik auf geteiltem Rahmen« heißt das reliefartige Objekt, und es stammt von 1919. Ich fühlte mich von Anfang an unsicher und setzte mich schließlich, durchaus widerstrebend, über meine eigenen Bedenken hinweg. Das war falsch. Ich glaube, es bestand da, ganz und

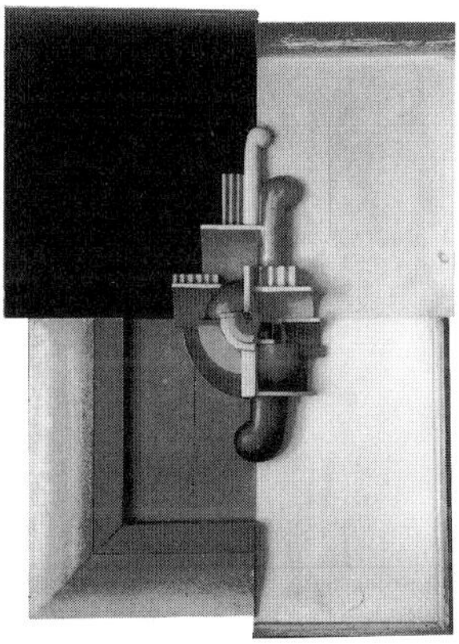

Oskar Schlemmer
Ornamentale Plastik auf geteiltem Rahmen, 1919–23
90 × 68 × 4,2 cm

gar gegen meine eigenen Grundsätze, eine mehr historische als künstlerische Attraktivität. Mich reizte das Konzept einer Idealkomposition für eine imaginäre Wand, ganz aus dem Geist jener zu Utopien neigenden Zeit. Ich habe ja in meinen häufigen Deklarationen immer wieder betont, bei jedem einzelnen Werk in der Sammlung gehe es allein um

1964 Meisterschaft und nie um Zeugenschaft. Nun, dieses Bild besitzt lediglich als Zeitzeugnis einen Wert. Es ist ein »interessanter« Gegenstand, auf den der Begriff »Meisterwerk«, den ich übrigens meistens abgelehnt oder umgangen habe, nicht zutrifft. Seiner ganzen Natur nach ist es etwas anderes: ein Werk, das sich allein durch seine ideale Funktion definiert.

Ich habe das Objekt zu etwas weniger als 300.000 DM bei dem New Yorker Kunsthändler Leonard Hutton gekauft, der seine Galerie an der Madison Avenue hatte, unmittelbar neben derjenigen von Serge Sabarsky, etwa in der Höhe der 76. und 77. Straße. Ich habe die Galerie auf meinem regelmäßigen Galerien-Slalom an der Madison oft besucht und habe Hutton, der ursprünglich Hutschnecker hieß – ein, wie ich finde, viel wirksamerer Name als der amerikanische Allerweltsname Hutton –, gut gekannt. Einmal sah ich von der Straße aus, daß er eine Ausstellung des Kandinsky-Schülers oder besser: Kandinsky-Imitators Rudolf Bauer zeigte. Ich ging hinein und begrüßte Mr. Hutton, der freundlich wie immer auf mich zukam, mit dem reichlich haarsträubenden Kalauer: »Aber, Mr. Hutton, Sie zeigen Kleindinsky?« Zu meiner Erleichterung amüsierte er sich und nahm es nicht krumm, denn natürlich wußte er selbst, was von dem Künstler zu halten war.

Noch ein Wort zum fatalen Begriff »Meisterwerk«. Er klang in meinen Ohren dermaßen antiquiert und überdies »bourgeois«, daß ich es ablehnte, ihn im Titel des großen Museumsbuches zu verwenden, dessen Titel »Bilder des 20. Jahrhunderts« lautete. Als dann aber die amerikanische Ausgabe geplant wurde, mußte ich mir den Titel »Masterpieces of Twentieth Century Art« gefallen lassen.

Baumeister

Willi Baumeister ist den schönsten Tod gestorben, den ein Maler sterben kann: beim Malen, vor der Staffelei sitzend. Das war 1955. Wenige Tage vorher hatte ich ihn von Basel aus besucht. Ich war nach Stuttgart gekommen, um mit Guido Lehmbruck, dem einen der beiden Söhne des Bildhauers, eine Ausstellung von Wilhelm Lehmbruck zu besprechen, mit der ich meine Tätigkeit in Hannover beginnen wollte. Das war der Anlaß, um Baumeister einen Besuch abzustatten. Nichts war zu erkennen von dem so kurz bevorstehenden Tod. Er gefiel mir mit seinem extravertierten Naturell, wie ich damals fand, beinah besser als mit seinen Bildern, zu denen meine Beziehung sehr distanziert war. Am Ende des Besuchs schenkte er mir zwei Lithographien, späte Arbeiten mit den für diese Zeit typischen Themen »Montaru« und »Monturi«. Meine Beziehung zu Baumeisters Kunst blieb auch distanziert, als ich ihn 1956 in einer Ausstellung in Hannover zeigte. 1964

Das Bild, auf das mich 1964 Michael Hertz aufmerksam machte, fast zehn Jahre nach meinem Besuch in Stuttgart, gehörte Margarete Baumeister, der Witwe des Künstlers. Ich kaufte es zum bescheidenen

Willi Baumeister
Mauerbild mit Metallen, 1923
89 × 61 cm

Preis von 48.000 DM. Den Ankauf habe ich nie bereut, aber ob ich das Bild später noch gekauft hätte, bezweifle ich. Ich fürchte auch, eingestehen zu müssen, daß es aus diesen frühen Jahren das eine oder andere bessere gibt.

In dem großen Band mit dem Titel »Die Kunstsammlung Nordrhein-Westfalen in Düsseldorf«, der 1970 erschien – nicht zu verwechseln mit dem eigentlichen Museumskatalog von 1986 –, ist ein spätes Bild von Baumeister farbig abgebildet: »Montaru-G VI« von 1954. Dieses Bild hatte ich mir von Margarete Baumeister als Dauerleihgabe erbeten. Es hing eine Zeitlang im Schloß Jägerhof. Ursprünglich hatte der Gedanke bestanden, es irgendwann zu erwerben, aber im Lauf der Jahre »verließ« es mich, und schließlich gab ich es der Besitzerin zurück. Das fiel mir wegen meiner Freundschaft mit der Familie sehr schwer, besonders auch wegen der Freundschaft mit Karl Gutbrod vom Verlag DuMont Schauberg, der mit Krista Baumeister verheiratet

1964 war, und bei dem ich die große Schwitters-Monographie und anderes publiziert hatte. Ich mußte mich darüber hinwegsetzen und die Freundschaft dieser Belastung aussetzen. Sie hat, wie ich glaube, darunter nicht gelitten. Es ist dann bis an das Ende meiner Amtszeit bei dem einen frühen Baumeister geblieben.

Matisse

Von Baumeister zu Matisse: an diesen Sprüngen sieht man immer wieder, wie punktuell da gesammelt wurde, wie der Zufall die Bilder brachte, wie konzeptlos alles verlief, ja wie kein Konzept das Kommen der Bilder hätte regulieren können. Mich hat das nie beunruhigt. Ich

Henri Matisse
Interiéur rouge, nature morte sur table bleue,
1947
116 × 89 cm

wußte, daß alles sich irgendwie ordnen würde, und das geschah dann ja auch, als die Bilder gehängt wurden. Doch auch da blieb das punktuelle Sammelprinzip immer erkennbar.

So schlug die Stunde auf einmal für Matisse. Es war ein spätes Interieur aus dem Jahr 1947, das durch Vermittlung des Düsseldorfer Kunsthändlers Wilhelm Grosshennig in die Sammlung kam, zum Preis von 550.000 DM. Ich war mir immer bewußt, daß Matisse mit diesen späten Gemälden und den »Papiers découpés«, den farbigen Scherenschnitten der späten Jahre, die Größe der Frühzeit zurückgewonnen hatte. Eines der großen »Papiers découpés« zu erwerben ist leider nie gelungen: die Preise liefen rasant davon.

Den Menschen, die ins Haus kamen, dieses Bild zu vermitteln, war 1964
nicht leicht. Es war fast unmöglich. Wie sollte man das erklären? Es läßt sich eine Menge sagen, wenn man ein solches Bild im Zusammenhang des Gesamtœuvres interpretiert. Aber damit sagt man nur etwas über seinen Platz aus, nichts jedoch, buchstäblich nichts, über seinen Rang, während es doch nur dieser Rang war, der es in die Sammlung brachte. Viele Menschen zum Beispiel empfinden das kleine runde Medaillon mit weiblichem Profil an der Wand als befremdlich. Ja, wie soll man ihnen das verständlich machen, wenn man es selbst nicht versteht und nur mit dem Auge begreift, wie »richtig« es ist? Diese äußerste Simplizität, die alles andere als simpel ist! Diese Einfachheit, mit der Matisse am Ende seines überreichen Künstlerlebens den Schlußpunkt setzte! Wenn ich mit einer Gruppe vor dem außerordentlichen Bild

Henri Matisse
Le Goûter
(Golfe de Saint-Tropez), 1904
65 × 50,5 cm

stand, konnte ich schließlich nur durch meine Glaubwürdigkeit und meine eigene, unausgesprochene, aber wohl fühlbare Beeindruckung überzeugen; nur dadurch, daß bei aller Eloquenz die Sprache versagte.

Es dauerte über zwanzig Jahre, bis ein zweites Bild von Matisse in die Sammlung gelangte. Die Zeiten hatten sich sehr geändert, denn während die Preise ins Astronomische stiegen, stagnierten oder sanken die Mittel. Eigentlich war an einen Künstler wie Matisse gar nicht mehr zu denken. Hinzu kam, daß auch die Sitten strenger wurden: Geld, das im laufenden Jahr nicht ausgegeben wurde, ging am Ende des Jahres unter. Die gewisse Freizügigkeit von früher war dahin. Während in früheren

1964 Zeiten immer die Möglichkeit bestanden hatte, nicht ausgegebene Mittel im Jahr darauf einzusetzen, war ich nun gezwungen, zur Rettung der Restmittel nach einem Bild Ausschau zu halten, und dies unter Zeitdruck. Also begab ich mich, ganz gegen meine eigenen, oft verkündeten Prinzipien – »Je ne cherche pas, je trouve« –, notgedrungen auf die Suche. Aber wonach?

Ich hatte einige Zeit vorher bei Krugier in Genf eine frühe Mittelmeer-Landschaft von Matisse aus dem Jahr 1904 gesehen, ein Bild zwischen Pointillismus und Fauvismus. Ich hatte mich damals nicht einmal nach dem Preis erkundigt, weil ich sicher war, ihn nicht bezahlen zu können: so »frustriert« war ich bereits dank der steigenden Preise und der eigenen finanziellen Schwäche. Um mich über den Verzicht, der nicht einmal ausgesprochen wurde, hinwegzutrösten, beschimpfte ich das Bild: die bananenförmige Wolke am Himmel sei wirklich ein Ärgernis. Ein wenig ist sie das auch geblieben. Im übrigen kümmerte mich die Frage nicht, ob ich das Bild haben wollte oder nicht. Sie kam im Gespräch mit Jan Krugier und seiner sehr charmanten Mitarbeiterin Louisa von Seilern gar nicht erst auf.

Nun aber war eine neue Situation entstanden, indem ich mir ganz unerwarteterweise überlegen mußte, was ich denn überhaupt für Wünsche hätte. Schon immer hatte ich auf einen frühen Matisse aus dem Jahrzehnt zwischen 1910 und 1920 gehofft, diesem unerhörten Höhepunkt im Werk des Künstlers. Ich war mit einem solchen Bild mehr als zwanzig Jahre früher schon einmal konfrontiert worden, als ich bei Pierre Matisse in New York, dem Sohn des Malers, das »Bildnis Greta Prozor« von 1915 hätte kaufen können. Damals mußte ich die Wahl treffen zwischen diesem Matisse und Picassos »Zwei sitzenden Akten« von 1920. Ich entschied mich für den Picasso und verlor den Matisse. Inzwischen war das »Bildnis Greta Prozor« finanziell völlig unerreichbar geworden und ging bald danach in das Centre Pompidou, wo es mich bei jedem meiner Besuche begeistert.

Viel später kreisten meine Gedanken um ein anderes großes Bild. Es gehörte zur Gruppe der marokkanischen Landschaften von 1912 und stammte aus dem Besitz von Alfred Barr, dem Gründungsdirektor des Museum of Modern Art, dessen umfangreiche Monographie über Matisse 1951 erschienen war und jahrzehntelang als Standardwerk galt. Ich habe um das Bild, das den Titel »Palmen« trägt, sehr gerungen. Ich erinnere mich, daß ich es im Fördererkreis des Museums als ein Desideratum vorstellte und während meines eigenen Kommentars erkannte, daß ich mich zu diesem Kauf doch nicht entschließen wollte. Trotz seiner Schönheit war es ein schwieriges, etwas leeres Gemälde, das hinter dem mit Recht viel berühmteren Stockholmer Bild aus der schmalen marokkanischen Gruppe weit zurückbleibt.

»Die Bucht von Saint-Tropez« war bei weitem weniger bedeutend, aber trotz der bananenförmigen Wolke am Himmel war es ein schönes Bild, und so fragte ich Krugier, ob es noch zur Verfügung stehe. Er antwortete, es befinde sich im Besitz von Marina Picasso, die es erst kürzlich auf einer Auktion ersteigert habe, die aber möglicherweise bereit sein werde, sich davon zu trennen. Sie war bereit, und so wurde das kleine Bild zur Ansicht nach Düsseldorf geschickt. Ich entschloß mich zum Ankauf für 2,5 Millionen Mark.

In der Sammlung hingen seit mehr als zwanzig Jahren die beiden fauvistischen Landschaften von Braque und Derain. Es fehlte immer ein drittes Bild, und es fehlte ein Matisse. Zwar widersprach dieses »Fehlen« meiner dezidiert ahistorischen Denkungsart, aber da war diese Wand, die mit den zwei Bildern unvollkommen war. Als nun die Landschaft von Matisse dazukam, war die Wand endlich, nach so vielen Jahren, gerettet. Durch den schönen, wenn auch stillen fauvistischen Dreiklang spürte man zum ersten Mal, daß dies wirklich der Auftakt war, mit dem das Jahrhundert begann. Andererseits aber änderte sich nichts daran, daß man, um Matisse in seiner Größe zu begegnen, nicht nach Düsseldorf gehen muß, sondern nach Paris, nach New York, nach St. Petersburg, nach Kopenhagen: ein solcher Vorsprung bleibt für alle Zeiten uneinholbar.

Derain 1965

Der Derain, der 1965 erworben wurde, war eine Collioure-Landschaft von 1905. Mich besuchte ein Repräsentant der Londoner Galerie Lefevre, mit der ich nie zu tun gehabt hatte, da sie sich im allgemeinen mehr mit älterer Kunst befaßte. Schlimmer noch: ich kannte sie gar nicht. Er bot mir dieses Bild an, ich zeigte Interesse, und als es nach Düsseldorf kam, entschloß ich mich zum Kauf.

Ein Jahr danach geschah etwas, das mich hätte beunruhigen können. Thomas Grochowiak von der Kunsthalle Recklinghausen bat

1965 mich um die Leihgabe der Derain-Landschaft für die Ruhrfestspiel-Ausstellung. Ich sagte zu. Und ich sagte erneut zu, als ich gebeten wurde zu erlauben, daß man das Bild für das Plakat der Ausstellung verwende. Allerdings wies ich darauf hin, daß die Reproduktionsrechte bei der Witwe des Künstlers lägen, die damals noch am Leben war.

André Derain
Bateaux à Collioure, 1905
60 × 73 cm

Einige Zeit später rief mich Recklinghausen an: Madame Derain habe die Reproduktionserlaubnis verweigert, weil es sich um eine Fälschung handele. Daraufhin schrieb ich nun meinerseits einen Brief an Madame Derain, worin ich erklärte, daß dies selbstverständlich ein authentisches Werk ihres Mannes sei, daß mich jedoch interessiere zu erfahren, warum sie es als Fälschung betrachte. Eine Antwort kam nie, so daß ich bis heute nicht weiß, was sie auf dem Herzen hatte. Frühe Abbildungen befanden sich immerhin schon in sehr verbreiteten Büchern aus den Jahren zwischen 1930 und 1938. Aber nicht dies war für mich der Beweis, der Beweis war vielmehr das Bild selbst. Ich habe es nicht einmal durch unseren Restaurator untersuchen lassen, denn offensichtlich war: so kann ein Fälscher nicht arbeiten! So konnte nur ein bedeutender Maler arbeiten, wie es Derain in diesen frühen Jahren gewesen war.

Klee

Bei Berggruen in Paris sah ich ein wundervolles Aquarell von Klee, das im Zusammenhang mit der denkwürdigen Tunisreise entstanden war, die er 1914 mit seinen Malerfreunden August Macke und Louis Moilliet unternommen hatte. Im Grunde lag es mir fern, einen Klee zu kaufen, denn Klees gab es in der Sammlung genug, allerdings auch schwache.

Als ich nun dieses kleine Bild sah, war ich nicht nur bezaubert, sondern 1965
mir wurde auch bewußt, daß im Hinblick auf unsere Klee-Sammlung andere Kriterien zu gelten hatten als in der übrigen Sammlung. Das Kriterium »Qualität« war natürlich auch hier vorrangig, aber zugleich waren es auch historische Aspekte. Während ich solche für die im Entstehen begriffene Sammlung grundsätzlich ablehnte, hatten sie hier, in dieser breit angelegten monographischen Kollektion, einen Sinn. Hier, nur hier, war es auch richtig, Lücken zu schließen. Die Klee-Sammlung nannte ich häufig, auch in öffentlicher Rede, eine wunderbare Proportionsstörung innerhalb des Ganzen und hatte daher eigentlich nicht die Absicht, diese Proportionsstörung noch zu verstärken. Als mir dann aber dieses Aquarell vor die Augen kam, erkannte ich, daß es der in ihrer Qualität sehr schwankenden Kollektion guttun würde, einige »Highlights« hinzuzukaufen. Ganz besonders die Tunis-Zeit, die für Klees Kunst eine so hohe Bedeutung hatte, war in der Sammlung des Herrn Thompson unterrepräsentiert, und schon gar gab es da kein Blatt von vergleichbarem Zauber. Ich meinte, in diesem Aquarell werde »alles« über den nicht nur für Klee, sondern für die europäische Kunst überhaupt so wichtigen kunstgeschichtlichen Augenblick gesagt.

Was ich damals nicht wußte, erfuhr ich erst 1995 in einer Klee-Ausstellung der Kunstsammlung Nordrhein-Westfalen: daß Klee die-

Paul Klee
Rote und weiße Kuppeln, 1914
14,6 × 13,7 cm

ses Bild von einem ursprünglich größeren Aquarell abgeschnitten hatte. Das auf diese Weise entstandene zweite Aquarell befindet sich in der Sammlung von Franz Meyer in Zürich, dem früheren Direktor des Basler Kunstmuseums. Ohne jeden Zweifel ist durch diese Amputation ein besonders schönes, besonders konzentriertes Bild entstanden. Man

1965 vermißt keinen »Rest«, und so habe ich dreißig Jahre lang keinen Grund gehabt, irgend etwas zu beklagen.

Der Preis lag bei 49.000 DM. Es ist reizvoll – oder, je nach Perspektive, auch deprimierend –, anhand der Bilderakten der Kunstsammlung zu verfolgen, wie im Verlauf eines Vierteljahrhunderts die Versicherungswerte anstiegen, parallel natürlich zum Preisanstieg im Kunsthandel. 1990, also fünfundzwanzig Jahre nach dem Ankauf, wurde die kleine Arbeit, als sie zu irgendeiner Ausstellung ausgeliehen wurde, zu mehr als anderthalb Millionen Mark versichert, was möglicherweise etwas zu hoch war. Und wenn man zeitlich viel weiter zurückblendet: Im Jahre 1939 hatte das Basler Museum für die heute weltberühmte »Villa R«, ein kleinformatiges Ölbild von 1919, auf der »Entarteten«-Auktion bei Fischer in Luzern ganze 850 Schweizer Franken bezahlt.

Schon in der ersten Kuratoriumssitzung äußerte ich die Meinung, ich hielte es für gut, einige besonders schwache Arbeiten aus der Klee-Kollektion abzustoßen, nicht etwa mit dem Ziel, zu mehr Geld zu kommen, denn Geld war genug da, sondern um das Gesamtniveau der Klee-Sammlung zu steigern. David Thompson war eben als Sammler in seinen Wertvorstellungen großzügiger oder weitherziger gewesen – oder wie immer man dies mit euphemistischen Vokabeln ausdrücken will. Damals, im Herbst 1962, lehnte dies das Kuratorium ab und ganz besonders auch dessen Vorsitzender, Ministerpräsident Meyers. Es war ganz offensichtlich politisch zu früh. Später habe ich immer wieder Vorstöße in dieselbe Richtung gemacht. Dabei war mir durchaus bewußt, daß Verkäufe aus Museen nicht unproblematisch sind, aber hier ging es nun einmal einzig und allein um die Steigerung der Qualität, streng begrenzt auf Paul Klee, nach der Richtlinie, drei oder vier schwache Klees gegen einen starken auszutauschen. Leider ist es nie gelungen. Im Neubau der Kunstsammlung habe ich schließlich ungefähr vierzig Bilder und Zeichnungen, die das Gesamtniveau belasteten, ins Depot verbannt. Da zum ersten Mal präsentierte sich die Sammlung wundervoll, und zum ersten Mal ging ich beglückt durch die Räume, trotz der recht unglücklichen Beleuchtung, die dort herrschte. Als ich dann 1990 das Haus verließ, kam alles wieder nach oben, und wieder sackte das Gesamtniveau ab.

Es gelangten noch weitere Klees in die Sammlung. Schon im folgenden 1965
Jahr zeigte mir der New Yorker Sammler Paul Hirschland ein Gemälde mit dem Titel »Kamel in rhythmischer Baumlandschaft« von 1920. Ich empfand dieses Bild als ein »Muß«, nicht so sehr wegen seiner Qualität, die selbstverständlich die Voraussetzung war, als vielmehr wegen unserer Sammlung als solcher, die weitere starke Bilder brauchte. Dieses stammte ursprünglich aus der berühmten Sammlung von Ida Bienert in Dresden, später in München. Es war schon 1920, also im Jahr seiner Entstehung, in der heute legendären Klee-Ausstellung der Galerie Hans Goltz in München ausgestellt gewesen. Der Preis: 280.000 DM.

Ein glücklicher Augenblick kam 1979, als die Zeiten längst schwierig geworden waren. Die VEBA in Düsseldorf bekundete die Absicht, aus Anlaß ihres fünfzigjährigen Jubiläums dem Land Nordrhein-Westfalen ein bedeutendes Geschenk zu machen, mit der Maßgabe, es in die Kunstsammlung des Landes aufzunehmen. Ich wurde von der VEBA gebeten, Bilder oder auch nur ein Bild im Wert von einer Viertelmillion Mark zu suchen, und zwar innerhalb der drei Wochen bis zur Jubiläumsfeier. So war ich in die von mir immer abgelehnte Lage geraten, ein Kunstwerk suchen zu sollen, und dazu noch unter großem Zeitdruck. Ich wandte mich an eine Reihe deutscher und internationaler Galerien

Paul Klee
Kamel in rhythmischer Baumlandschaft, 1920
48 × 42 cm

Paul Klee
Erinnerung an einen Garten, 1914
130 × 97 cm

und äußerte dabei Wünsche, die von den Klassikern bis in die jüngere Gegenwart reichten. Das »Rennen« ging schließlich mit großer Eindeutigkeit zugunsten eines sehr schönen Aquarells von Klee aus. Ein sogenanntes »großes Objekt« war um diese Zeit, also um 1980, mit einer Viertelmillion kaum noch zu finanzieren. Unter den Klassikern kam

1965 nur Klee in Betracht. Das Aquarell, das mir Ernst Beyeler anbot, hatte den Titel »Erinnerung an einen Garten« und stammte aus demselben Jahr 1914 wie jenes, das ich vierzehn Jahre vorher erworben hatte. Wie schwindelerregend in diesen Jahren die Preise angestiegen waren, zeigt wiederum der Vergleich zwischen diesen beiden Arbeiten, die beide aus dem Umkreis der Tunisreise stammen: von 49.000 DM ging es hinauf auf 250.000 DM, also um das Fünffache.

Schon als ich dieses Aquarell erwarb, hatte ich gehofft, eines der von mir besonders geliebten Streifenbilder aus den zwanziger Jahren zu finden. Das gelang nicht. Aber weitere neun Jahre später stand ich wieder vor dem Problem, dringend etwas suchen zu müssen, da noch eine größere Summe in der Kasse war, die vor Ablauf des Jahres ausgegeben werden mußte, es sei denn, man ließ sie untergehen. Akute Wünsche hatte ich nicht, aber da war noch immer der Gedanke an Klees gestreifte Bilder, verbunden mit dem steten Wunsch, die Klee-Sammlung in ihrem Gesamtniveau anzuheben. Siegfried Rosengart war 1985 über neunzig Jahre alt gestorben. Bei seiner Tochter Angela, die nun die Galerie leitete, fand ich ein sehr zauberhaftes Aquarell mit dem Streifenmotiv. Es trug den Titel »Vermessene Felder«. Der Preis allerdings war »hart«: DM 720.000. Das war kurz bevor die Krise kam und die Preise abstürzten.

Im selben Jahr kam noch ein weiterer Klee in die Sammlung, allerdings nur als Dauerleihgabe: das großartige »Zank-Duett« von 1938, ein spä-

Paul Klee
Vermessene Felder, 1929
30,5 × 45,6 cm

Paul Klee
Zank-Duett, 1938
71 × 102 cm

tes Bild also. Ich muß es viele Jahre zuvor, im April 1965, bei Mies van 1965
der Rohe in Chicago gesehen haben, den ich wegen seiner Schwitters-Collagen besuchte – eine herrliche Erinnerung! Wenn ich mich recht entsinne, besaß er vierzehn Arbeiten von Schwitters und vierzehn Arbeiten von Klee, in schöner Symmetrie. Inzwischen war er gestorben, und seine Tochter Georgia van der Rohe, die ich unabhängig von ihrem Vater seit Jahren kannte, bot mir dieses Bild als Leihgabe an. Bei dieser Gelegenheit stellte sich heraus, daß auch das Aquarell »Vermessene Felder« einmal dem großen Architekten gehört hatte.

Bei meinem Besuch in Chicago hatte ich mich gewundert, daß Mies in einem ganz bürgerlichen Haus zwischen bürgerlichen Möbeln lebte. Außer den Bildern war da nichts Modernes. Er sagte mir, es sei für ihn völlig undenkbar, in einem von ihm selbst erbauten Haus zu wohnen. Ich glaube, daß dies für viele Architekten gilt, es ist wohl fast die Regel. Aber natürlich gibt es auch Ausnahmen.

Oft denke ich, wie schön es für mich gewesen wäre, wenn ich Klee einmal begegnet wäre. Immerhin war ja Bern von Basel nicht so weit entfernt. Aber ich habe ihn erst 1941 wirklich »entdeckt«, in der großen Klee-Ausstellung der Basler Kunsthalle, und da war er gerade gestorben und ich selbst zwanzig Jahre alt. Später verband mich viele Jahre lang eine herzliche Freundschaft mit seinem Sohn Felix. Unter den vielen Klee-Ausstellungen, die ich mit der Düsseldorfer Kollektion auf der ganzen Welt veranstaltete, waren einige, an denen sich Felix Klee mit ungefähr ebenso vielen Werken aus seiner Sammlung beteiligte; so schon die allererste 1966 im Israel-Museum Jerusalem und später weitere in Wien, in Rom, in Lissabon und in Tokio. Überall trafen wir uns wieder, oft auch in Düsseldorf, wo er 1986 am Eröffnungstag des Neubaus den auf der Nordseite des Museums neu entstandenen Platz, der den Namen »Paul Klee-Platz« erhielt, mit einer kleinen Rede unter freiem Himmel einweihte. Ich hatte der Stadt nahegelegt, mit dieser Benennung den großen Maler zu ehren, der wenige Jahre an der Düsseldorfer Kunstakademie gelehrt hatte, bevor er 1933 von den neuen Machthabern vertrieben wurde.

Die Begegnungen mit Felix waren immer höchst amüsant. Besonders spaßig waren seine Briefe und seine regelmäßigen Geburtstagsgrüße, stets in einem Gemisch von Hochdeutsch und »Bärndytsch«, da er ja in Bern lebte, und jedesmal unterschrieben: »Felice«, dazu ein

1965 Kleeblatt. Die Freundschaft hat sich später auf seinen Sohn Aljoscha übertragen, seitdem ich mit ihm zusammen 1992 an einem Symposium auf Hokkaido im Norden Japans teilgenommen hatte. Bald darauf dehnte sich die Freundschaft auch auf seine Frau Annette aus, als wir uns in Verona bei der Eröffnung einer Klee-Ausstellung trafen. Das Symposium auf Hokkaido hatte unser gemeinsamer japanischer Freund Makoto Shindo oder, wie die Japaner sagen, Shindo Makoto organisiert, der Patenonkel des Sohnes von Aljoscha und Annette. Er hatte bereits 1980 unsere erste große Klee-Ausstellung im Seibu-Museum in Tokio vermittelt. Auch heute noch treffe ich ihn häufig in Düsseldorf. Freundschaften dieser Art gehörten immer zu den schönen Begleiterscheinungen des Berufs. Ich nehme an, daß es allen einigermaßen aktiven Museumsleuten ähnlich ergeht.

Grosz

Klee liebte ich. George Grosz liebte ich nicht. Das hat sich zwar etwas geändert, aber damals, Mitte der sechziger Jahre, fühlte ich mich weit von ihm entfernt, und dies trotz meiner – zumindest vermeintlich – kommunistischen Jahre, die einstmals keineswegs dazu geführt hatten, daß mich sozialkritische Kunst besonders bewegt hätte. Natürlich: die Zeichnungen! Aber die Bilder von Grosz beschäftigten mich kaum. War mein Auge für diesen Künstler zu »ästhetisch«? Solche Fragen muß man sich immer wieder selbstkritisch stellen.

Aus Köln rief mich der Galerist Rudolf Zwirner an: ob ich an einem George Grosz interessiert sei? Ich hatte nichts dagegen, mir das Bild in Köln anzusehen, erwartete aber nicht, daß ich mich dafür begeistern lassen würde. Als ich nun aber davorstand, war ich perplex, denn es paßte überhaupt nicht in die Vorstellung, die man sich von dem Maler macht. Zwar war es durchaus »sozial«, aber sozialkritisch kaum, ein überraschend moderates Bild zwischen dem Berlin von 1920 und der Pittura metafisica in Italien. Ich habe mich dem nicht eben großen Bild in meinem Büro ein paar Tage lang ausgesetzt und wollte es dann nicht mehr gehenlassen.

Um die Zeit, als ich das Bild erwarb, war es allgemein ziemlich unbekannt. Soviel ich sehe, gab es in den Jahrzehnten nach seiner Entstehung nur eine einzige Reproduktion, nämlich in einer Nummer des »Kunstblattes« von 1921. Doch dann gelangte es dadurch, daß es sich in der Kunstsammlung Nordrhein-Westfalen befand, zu großer Prominenz, wurde häufig abgebildet und kam sogar zu postalischem Ruhm, indem es auf einer Briefmarke der Deutschen Bundespost erschien. 1965

Der »eigentliche« Grosz begann mich erst viel später so zu beeindrukken, daß ich mich zu einem entsprechenden Bild entschloß. Das war 1979, als ich bei Richard Feigen in New York auf den »Liebeskranken« von 1916 stieß, ein Bild, das ich zehn Jahre früher wohl kaum gekauft hätte. Die Optik hatte sich gewandelt. Ich habe immer – und wahrlich nicht zu meiner Verteidigung – betont, daß es in der persönlichen Be-

George Grosz
Ohne Titel, 1920
81 × 61 cm

George Grosz
Der Liebeskranke, 1916
100 × 78 cm

ziehung zur Kunst Prozesse gibt, ja sogar geben muß, sofern man nicht gewillt ist, sich einfach an feststehende, sanktionierte Werte zu halten. Dabei ist schwer zu erkennen, wieweit man von allgemeinen Prozessen abhängig ist. Ich habe, als ich den Grosz kaufte, durchaus gespürt, daß ich mit diesem Wandel oder dieser Ausweitung meiner künstlerischen Neigungen im Einklang mit allgemeineren Vorgängen war. Andererseits aber war ich nicht bereit, diese »allgemeineren Vorgänge«, nämlich die wachsende, natürlich auch viel zu weit gehende Schätzung der »Neuen Sachlichkeit« und das sehr akute Interesse an sozial engagierter Kunst, rundherum für mich nachzuvollziehen, und mancher Künstler, der damals stark hervortrat, blieb außerhalb meiner Sympathie, gleich ob er zum naturromantischen oder zum sozialkritischen Lager gehörte.

1965 Und da war nun dieser faszinierende, abstoßende, anstößige Grosz mit all seinen furchtbaren Trivialitäten: dem blauen Geäder an Kopf und Händen des Mannes, dem geschminkten Mund und dem Anker über dem Ohr, dem roten Herzen und darunter dem Revolver, dem im Hintergrund hockenden Gerippe und dem unerträglich naturalistisch gemalten schlafenden Hund, davor zwei sich kreuzende Knochen, abgenagt wie das Fischgerippe auf dem Teller. All diese Trivialsymbolik hätte ich noch wenige Jahre zuvor von Grund auf abgelehnt, obwohl ich doch, wie meine Liebe zu Schwitters zeigt, gerade gegen künstlerische Trivialitäten und subkulturelle Anwandlungen nichts einzuwenden hatte. Aber mit Grosz war es anders: radikaler und eben nicht primär »ästhetisch«. Gerade Schwitters hatte ja in einem kurzen, gemeinsam mit Hans Arp verfaßten Text die »Proletkunst« verspottet und sich so mit den Berliner Dadaisten, also auch mit Grosz, angelegt.

In seiner Autobiographie »Ein kleines Ja und ein großes Nein« hat sich Grosz 1955 von seiner Frühzeit distanziert. Längst malte er Bilder ganz anderer Art, gelegentlich auch kleinbürgerliche, sentimentale Idyllen für amerikanische illustrierte Zeitungen. Davon hatte ich zum ersten Mal nach Kriegsende durch Bert Brecht gehört, den ich seit seiner Rückkehr nach Europa öfters in Zürich und 1948 während einiger Tage in Prag traf, ein halbes Jahr nach dem kommunistischen Umsturz. Brecht hatte in Amerika, aber natürlich auch vorher in Berlin, George Grosz gut gekannt und äußerte sich ironisch über den Wandel seiner Malerei bis an den Rand kleinbürgerlichen Kitsches.

Vielleicht sollte ich hier von etwas berichten, das nicht ganz in den Zusammenhang gehört, aber doch von allgemeinem Interesse sein mag. Ich meine das Zusammentreffen mit Brecht in Prag. Ich hielt mich damals, 1948, noch für einen Kommunisten, was dann aber sehr schnell beendet war. Da erreichte mich in Basel aus heiterem Himmel, ohne jede Vorankündigung, ein Telegramm des tschechoslowakischen Informationsministeriums mit einer Einladung zu einem zehntägigen Aufenthalt in Prag. Eine herrliche Überraschung für einen gerade Achtundzwanzigjährigen. Ich flog nach Prag und verbrachte dort ungeheuer interessante Tage mit den Künstlern, den Film- und den Theaterleuten. Die Stadt selbst war in diesen Oktobertagen unglaublich schön: das »Goldene Prag«! Nach wenigen Tagen kam, wiederum völlig unerwartet, ein Telegramm aus Zürich: »Ankomme dann und dann. Brecht«. Er quartierte sich in einem Hotel gegenüber dem meinen ein und sagte mir, ich könne, wann immer ich Zeit und Lust hätte, zu ihm herüberkommen. Mein Programm ließ mir dazu kaum Zeit, aber zweimal gelang es. Ich klopfte an seine Zimmertür, und er rief »Herein!« Mit einer Art Arbeitermütze saß er am Fenster und dichtete in seine Schreibmaschine hinein. Kaum sah er mich, stand er auf, ohne auch nur den Satz zu Ende zu tippen, und wir machten einen Spaziergang ein paar Mal rund um das Viereck. Sofort befand man sich in einer äußerst spannenden Diskussion. Ich erinnere mich, daß er einmal stehenblieb und sagte: »Was wollen Sie? Ich bin ein Schlagerdichter von internationaler Reputation.« Lust zu irgendeiner Art von Sightseeing verspürte er nicht. Ihn interessierte es lediglich, wie er mir sagte, von außen in die Läden hineinzuschauen und zu beobachten, wie die Leute die Ware ansehen, in ihr Portemonnaie schauen, dann wieder auf die Ware blicken und schließlich zu einem Entschluß kommen.

Einmal, als wir von »niedrigen« kulturellen Äußerungen sprachen, gestand er mir, Belletristik nicht ausstehen zu können; er ziehe die Lektüre von Krimis vor, denn da könne man nicht literarisch flunkern, da komme es auf professionellen Scharfsinn an: der Autor müsse die Dramaturgie seines Buches rational durchdenken und vor allem auch darauf achten, daß der Leser bis zuletzt darüber im unklaren bleibe, wer der Mörder war.

Am letzten Tag seines Aufenthaltes kam eine kleine Delegation aus Ostberlin, die ihn abholen sollte: Hanns Eisler, der Komponist, und ein Dichter, dessen Name mir entfallen ist. Man ging in das Theater von Burian, der einstmals ein berühmter avantgardistischer Theatermann gewesen war, und zog dann gemeinsam in ein Lokal. Auch ein hoher Beamter des Ministeriums war dabei. Es entspann sich eine äußerst lebhafte Diskussion über den Sozialistischen Realismus, wobei Brecht erstaunlicherweise scharf Stellung dagegen bezog. Die beiden alten Freunde Eisler und Brecht stritten sich vehement, pro und contra. Es wurde eine sehr lange Nacht. Am nächsten Vormittag verabschiedete ich mich von Brecht, wobei er mir sagte, Eisler habe ihm ein Manuskript über den Sozialistischen Realismus gegeben, das habe er sich nachts zu Gemüte geführt, und nun sehe er, Brecht, die Dinge etwas anders. Er werde mir das Manuskript in mein Hotelfach legen. Als ich spät abends ins Hotel kam, lag da ein kleines Paket mit der Aufschrift »Brecht«. Ich öffnete es, aber da waren nur Prospekte über die Sehenswürdigkeiten von Prag, von denen Brecht offenbar annahm, sie könnten mich mehr interessieren als ihn. Der Text von Eisler fehlte. Was war geschehen? Was war es, das ihn so plötzlich umgestimmt hatte? Könnte es sein, daß es Eislers Text gar nicht gab? War es der Zugriff von Ulbricht? Es wirkte so, als stelle Brecht sich ein auf das Land, in das er zurückkehrte. Er kroch nicht zu Kreuze, aber er stellte sich ein. Ich hatte das starke Gefühl, Zeuge eines bemerkenswerten Augenblicks im Leben Brechts zu sein. In den Jahren danach wurde ja dann auch erkennbar, wie sehr er sich mit dem Regime arrangierte.

Doch noch einmal zurück zum »Liebeskranken« von George Grosz. Als ich zehn Jahre später am großen Museumsbuch »Bilder des 20. Jahrhunderts« arbeitete, fiel mir bei diesem Bild van Goghs »Nachtcafé in Arles« ein. Aber auch an Chagall ließ das Bild mich denken, so daß ich in der großen Chagall-Monographie von Franz Meyer blätterte. Und da wollte es der Zufall, daß auf zwei einander gegenüberliegenden Seiten zwei Gemälde abgebildet waren, die beide bei Grosz' »Liebeskrankem« Pate gestanden haben könnten. Ich habe sie beide, zusammen mit dem van Gogh, im Museumsbuch neben den Grosz gestellt. Die Verwandtschaften sind wirklich verblüffend, ohne daß damit gesagt sein soll, George Grosz habe, als er sein Bild malte, diese beiden Chagalls mit Sicherheit vor Augen gehabt. Immerhin aber war Chagall zu jener Zeit in Berlin sehr bekannt und lag natürlich auch im Blickfeld eines Künstlers wie Grosz. Andererseits überrascht es, daß es hier zu einer Verbindung zwischen dem hartgesottenen Sozialrebellen Grosz und dem poetischen Träumer Chagall kam.

Der »Liebeskranke« kostete bei Richard Feigen 720.000 DM. Wieder eine erschreckende Preissteigerung, wenn man bedenkt, daß das – freilich kleinere und viel weniger typische – Bild von 1920 vierzehn Jahre vorher 50.000 DM gekostet hatte.

1966 Kokoschka

Auch Kokoschka gehörte für mich zu den schwierigen Fällen. Eine bedeutende Figur der Kunstgeschichte war er zweifellos, aber ich brachte ihm wenig Zuneigung entgegen. Ich wußte, daß ich irgendwann mit Bildern von ihm konfrontiert werden würde, hatte selbst damit aber keine Eile. 1966 wurde mir von der Marlborough Gallery ein sehr prominentes Bild angeboten, das Bildnis von Herwarth Walden. Ich hatte es einige Tage in meinem Büro stehen, und es gefiel mir ganz und gar nicht. Auch heute glaube ich nicht, daß es zu Kokoschkas besten Bildnissen aus der Frühzeit gehört. Andere scheinen mir bedeutend intensiver zu sein. Vielleicht liegt es daran, daß Kokoschka Walden im Profil

Oskar Kokoschka
Selbstbildnis mit erhobenem Pinsel,
um 1913/14
108,5 × 70,5 cm

gemalt hat, was die Intensität der Auseinandersetzung mit dem Porträtierten mindert. Aber auch die etwas »suppige« Malerei hielt mich ab. Kurz, ich konnte mich zum Ankauf des berühmten Bildes nicht entschließen, ebensowenig wie zu einem anderen großen frühen Bild mit dem Titel »Stilleben mit Putto und Kaninchen«, das mir von Gilbert Lloyd angeboten wurde. Der »Walden« ging in die Staatsgalerie Stuttgart, das Stilleben – das weit mehr als ein Stilleben ist – in die Tate Gallery. In beiden Museen habe ich die Bilder häufig wiedergesehen. Bereut habe ich nichts.

Statt dessen fiel meine Wahl auf ein viel weniger spektakuläres, aber sehr eindringliches Selbstbildnis von 1913/14, das mich in all den Jahren seither nie »verlassen« hat. Ich meine, daß hier gerade diejenige Intensität der Beschäftigung mit dem Gegenüber besteht, die ich im Walden-Porträt vermißte. Auch malerisch ist es unvergleichlich konzentrierter und überdies kompositionell kühner durch die Position der Figur vor der hohen, dunklen, leeren Fläche. Das Bild hatte zuvor dem Kölner Sammler Gustav Stein gehört, dem langjährigen Vorsitzenden des Kulturkreises im Bundesverband der Deutschen Industrie. Bei ihm hatte ich es gelegentlich gesehen, ohne zu ahnen, daß es einmal nach Düsseldorf kommen würde.

1966 Lange Zeit danach besuchte mich der New Yorker Kunsthändler Serge Sabarsky, der in späteren Jahren, bis zu seinem Tod im Jahre 1996, wichtige Ausstellungen »seiner« Künstler Gustav Klimt, Egon Schiele und anderer auf der ganzen Welt durchführte. Er bot mir Kokoschkas allererstes Frauenporträt an, das »Bildnis Martha Hirsch« von 1909, ein sozusagen »wichtiges« Bild innerhalb des Frühwerks. Ich erklärte Sabarsky, daß ich natürlich keine Entscheidung fällen könne, ohne das Original gesehen zu haben, daß ich mir aber nicht vorstellen könne, meine Entscheidung werde eine positive sein; und da ein Ankauf so unwahrscheinlich sei, wolle ich ihn nicht ermuntern, die hohen Transport- und Versicherungskosten für die Reise über den Ozean auf sich zu nehmen. Er jedoch war ganz sicher, daß mich das Bild, wenn ich es einmal gesehen hätte, nicht mehr loslassen werde, und darum wollte er es trotz der Kosten nach Düsseldorf spedieren lassen. Also gut, ich hatte nichts dagegen. Am folgenden Tag rief er mich aus Süddeutschland an: er habe es sich anders überlegt; er wolle mich zur Besichtigung des Bildes nach New York einladen, da dies für ihn wesentlich billiger sei als Transport und Versicherung. Ich weigerte mich zunächst, da es natürlich nicht anging, mich von einem Kunsthändler einladen zu lassen. Er aber insistierte mit dem verständlichen Argument, daß es doch nur darum gehe, die Kosten niedriger zu halten. Schließlich akzeptierte ich, betonte jedoch erneut, daß mir der Kauf sehr unwahrscheinlich erscheine. Außerdem sagte ich ihm, es könne ohne weiteres geschehen, daß ich in New York, sozusagen auf seine Kosten, in einer anderen Galerie auf ein ganz anderes Bild für Düsseldorf stoßen würde. Und tatsächlich kam es so: aus einer Privatsammlung wurde mir durch Vermittlung der Marlborough Gallery ein wundervoller de Chirico angeboten, von dem sich der Besitzer dann aber doch nicht trennen wollte. An Sabarskys Kokoschka-Bildnis fand ich keinen Gefallen, so daß ich schließlich mit leeren Händen und gutem Gewissen nach Düsseldorf zurückkehrte.

Ich hatte Kokoschka irgendwann in den vierziger Jahren in Basel kennengelernt. Er hielt dort einen Vortrag in der Universität, von dem mir nur zweierlei im Gedächtnis geblieben ist: das unglaubliche, genialische Redetemperament und die geradezu haarsträubenden Attacken auf Picasso, wahre Schimpfkanonaden. Feindseligkeit gegen Picasso habe ich bei so manchem großen Künstler seiner Generation erlebt. Das war verständlich. Ich glaube, Werner Spies war es, der einmal geschrieben hat: Picasso saß auf dem Thron. Da war nichts zu machen. Bei jedem meiner Besuche bei Chagall kam unweigerlich der Augenblick, wo er die Größe Picassos in Zweifel zog, viel leiser als Kokoschka, aber doch mit deutlichem Groll. Nur Miró sprach über Picasso geradezu mit Liebe.

Damals, in Basel, lernte ich Kokoschka und seine Frau Olda im Haus von Christoph Bernoulli kennen. Ich sollte für den schweizerischen Rundfunk eine längere Sendung mit ihm machen. Ich hatte einen Text zu schreiben und zu sprechen, in den von ihm gesprochene Texte eingeblendet wurden; da er schon am nächsten Tag ins Tessin abreiste, konnte im Studio Basel kein eigentliches Gespräch mehr aufgenommen werden. Nach der Sendung schickte er mir einen längeren, handgeschriebenen Brief, zusammen mit seinem Text. Im übrigen gab es keine Kontakte, was sicher auch damit zu tun hatte, daß sich mein Interesse an seiner Kunst in diesen Jahren, in denen ich ihn nicht mehr für einen großen Maler zu halten vermochte, in Grenzen hielt. Dabei hatte umgekehrt der Name Schmalenbach bei Kokoschka einen guten Klang, aber es war der Name meines älteren Vetters, des Lübecker Museumsdirektors Fritz Schmalenbach, der den Maler sehr bewunderte und gelegentlich über ihn publiziert hat.

Morandi

Vielleicht ist es ganz natürlich, einen Maler wie Kokoschka nicht zu lieben, wenn man einen Maler wie Giorgio Morandi liebt. Aber andererseits habe ich Bücher geschrieben über so absolut gegensätzliche Maler wie Léger und Bissier, die beide »große Lieben« von mir sind. Eine solche wurde seit der Zürcher Ausstellung der Pittura metafisica im Jahr 1950 Morandi, den ich später so oft gegen die Vokabel »Kleinmeister« habe in Schutz nehmen müssen. Was heißt Kleinmeister? War Vermeer van Delft ein Kleinmeister neben Rubens, den er künstlerisch so hoch überragte? Corot neben Delacroix? Klee neben Picasso? Ich sage sogar – und da werden mir viele, ja sogar fast alle widersprechen –: Bissier neben Pollock? Bissier übrigens war sehr erfreut, als das Museum von Edinburgh eine gemeinsame Ausstellung von ihm und Morandi zeigte, da er eine starke geistige Verwandtschaft empfand. Während dieser Ausstellung ist er in Ascona gestorben. An-

1966 dererseits erinnere ich mich aber auch, wie ich mich einmal mit meinem Freund Hans Hartung über Morandi stritt. Er konnte überhaupt nicht begreifen, wie man Morandi für einen großen Maler halten konnte, und wollte mir einreden, daß sein enger Freund Alberto Magnelli doch viel bedeutender sei, von dem er wußte, daß ich ihm nichts abgewinnen konnte. Und noch ein anderer äußerte sich abschätzig, das war de Chirico, der mir gegenüber behauptete, Morandi habe mit der Pittura metafisica nichts zu tun, und er sei ihm auch nie in seinem Leben begegnet,

Giorgio Morandi
Natura morta
(Il vaso blu), 1920
49,4 × 52 cm

was nachweislich nicht zutrifft. Im übrigen hat er selbst einmal über die »Metaphysik der alltäglichen Dinge« bei Morandi geschrieben. Also doch Pittura metafisica?

Der Traum, einen »metaphysischen« Morandi aus den Jahren 1916/17 zu kaufen, erfüllte sich nie. Die ganz wenigen Bilder, die es gibt, befanden sich in italienischem Privatbesitz und wären auch niemals zur Ausfuhr freigegeben worden. Als ich mich zu dem Stilleben von 1920 entschloß, war mir bewußt, daß es nicht die Erfüllung meines Traumes war. Aber ich liebte das Bild sehr, und als es nach Düsseldorf kam, passierte mir etwas, das in all meinen achtundzwanzig Jahren einmalig blieb. Im Augenblick, als es aus der Transportkiste gehoben und enthüllt worden war, mußte ich mich gewaltsam daran hindern, ein paar Tränen zu vergießen, Tränen offenbar einer gewissen Rührung. Wie konnte das geschehen, ausgerechnet bei diesem vergleichsweise wenig wichtigen Bild, das überdies ein paar Jahre »zu spät« war? Ich denke, es hatte damit zu tun, daß die Pittura metafisica-Ausstellung in Zürich eine außerordentlich emotionale Erinnerung war, die bis zu diesem Augenblick fortwirkte. Ich war offenkundig ergriffen davon, daß ich mich in der Lage befand, ein Bild aus diesem besonders geliebten Bereich in »meinen« Besitz zu bekommen. Darf man sich so rühren lassen? Vielleicht ist diese mir leicht peinliche Erfahrung dadurch entschuldigt oder entlastet, daß es sich um ein vollkommen unsentimentales Bild handelt.

Ich kann mich nur an drei oder vier Gelegenheiten erinnern, bei denen ich ein ähnliches Problem mit den Tränen hatte. Einmal geschah es, als ich vierzehn Jahre alt war, auf einer Autofahrt mit meinen Eltern durch Süddeutschland. Wir kamen gegen Abend auf dem Marktplatz von Michelstadt mit den herrlichen Fachwerkhäusern an. Lag es am Zauber des Platzes, lag es an der frühabendlichen Stunde, lag es an einer momentanen Disposition? Immerhin ist mir dadurch Michelstadt ein ganzes Leben lang in Erinnerung geblieben. Ich bin nie wieder dort gewesen und halte es sehr wohl für möglich, daß es mich heute ganz ungerührt ließe.

Das andere Mal passierte es in Mexiko. Es gibt in der Nähe von Puebla zwei Kirchen aus dem achtzehnten Jahrhundert, beide im Innern ungeheuer überladen mit figürlichem Schmuck, über und über in Farben und in Gold. Die eine der beiden Kirchen betrat ich in der Abenddämmerung und war vollkommen überwältigt von dem ganz unglaublichen Zauber dieses Rokoko aus der Hand einheimischer Schnitzer: Hochkunst und Volkskunst in einem. Diesem »Überfall« war ich kaum gewachsen und konnte ein paar Tränen nicht ganz verhindern.

Das dritte Mal betraf es Picasso. Das war erstaunlich genug, denn Picasso ist nicht unbedingt ein Künstler, der Ergriffenheit hervorruft. In den fünfziger Jahren hatte ich bei Marie Cuttoli ein wunderbares großes, fast quadratisches Bild von 1934 mit dem Titel »Confidences« gesehen: eine steil aufrecht hockende weißliche Frauengestalt vor einer anderen Figur, die etwas undeutlich erscheint. Es ist ein Gemälde, verbunden mit Gouache und Collage-Elementen. Marie Cuttoli hatte es als Vorlage für eine der von ihr herausgegebenen Tapisserien großer Maler verwendet. Als ich dann sehr lange Zeit später die »Gesellschaft der Freunde der Kunstsammlung« durch das Centre Pompidou führte, standen wir plötzlich vor diesem Bild. Ich begann, darüber zu sprechen. Ich glaube nicht, daß irgend jemand merkte, wie ergriffen ich war. Aber plötzlich konnte ich nur mit Mühe weiterreden, es verschlug mir die Sprache, und voller Entsetzen merkte ich, daß sich zwei Tränen

1966 hervorwagten. Dasselbe passierte mir ein Jahr danach ein zweites Mal bei demselben Bild, wieder vor den Mitgliedern der Gesellschaft: wieder war ich ergriffen, und wieder kamen Tränen. Diesmal konnte ich mich dadurch retten, daß ich ein Gelächter hervorrief, wodurch den Tränen ein anderes Motiv untergeschoben wurde. Die hoch aufgerichtete Frauengestalt hat nämlich als Busen zwei Kugelformen, die nicht neben-, sondern untereinanderstehen. Darauf zeigte ich und sagte, dies sei »meiner Erinnerung nach falsch«.

Würde ich gefragt, welches für mich der schönste aller Picassos sei, ich würde dieses Bild nennen. Es gibt kein schöneres. Leider hängt es in Paris und nicht in Düsseldorf.

Aber ich bin ja nun eigentlich bei Morandi. Noch im selben Jahr kaufte ich bei Jan Krugier in Genf ein weiteres, späteres Bild. Eine besonders emotionale Reaktion trat diesmal nicht ein. Es war ein Morandi von 1951, und schon sehr bald wurde mir bewußt, daß er demjenigen von 1920 überlegen ist. Besonders deutlich wurde dies in der großen Morandi-Ausstellung in der Kunstsammlung Nordrhein-Westfalen im Jahr 1990. Erst jenseits der härteren Sprache der Pittura metafisica hatte Morandi seine eigentliche malerische Sprache gefunden, in der Licht und Farbe wichtiger geworden waren als die Dinge.

Die Objekte, die auf dem Bild so bewußt spannungslos aufgereiht sind, waren mir nicht nur aus Morandis Kunst vertraut, sondern auch von einem Besuch her, den ich dem Künstler um 1960 abstattete. Ich hoffte damals, in der Kestner-Gesellschaft Morandi eine Ausstellung zu widmen, scheiterte aber daran, daß einer der wichtigsten italienischen Sammler von Bildern aus den »metaphysischen« Jahren, Umberto Vitali – der Verfasser des später erschienenen großen Werkes über den Künstler –, nicht bereit war, Bilder nach Deutschland auszuleihen. Sie fehlten dann auch gänzlich in der Ausstellung, die mein Nachfolger in Hannover, Wieland Schmied, veranstaltete. Und sie fehlten in der Düsseldorfer Ausstellung von 1990.

Der Besuch bei dem Maler in Bologna an der Via Fondazza ist eine schöne Erinnerung geblieben. Er lebte dort mit seinen beiden alten Schwestern – eine dritte war wohl gestorben – ein merkwürdig einsiedlerisches Leben. Eine lange, hagere Gestalt mit unerhört ausdrucksvollem Kopf, die fleischige Unterlippe nach vorn geschoben. Auf einem Regal – oder war es das Fenstersims? – standen all die Gefäße, die er

ein Leben lang gemalt hatte. Ich betrachtete sie wie alte Bekannte. 1966
Morandi sagte mir, es seien nicht die Gefäße, die ihn vor allem interessierten: es sei das Licht, das auf ihrer Oberfläche zum Ereignis werde. Entscheidend sei dabei der jahrealte, jahrzehntealte Staub, der das Licht auffange, wodurch die Gefäße etwas Immaterielles bekämen. Er erzählte mir von einem schrecklichen Erlebnis: eines Tages habe die Putzfrau trotz strengsten Verbotes all diese Vasen und Schalen und

Giorgio Morandi
Natura morta
(tazze e barattoli), 1951
22,5 × 50 cm

Krüge gesäubert, so daß der Staub vieler Jahre abhanden gekommen sei. Ich hatte das Gefühl, daß er es noch nicht verwunden hatte.

Später suchten wir gemeinsam ein Restaurant auf. Auf dem Weg dorthin gingen wir durch die Straßen mit ihren Arkaden, und plötzlich sagte Morandi: »Sehen Sie! Kein Mensch kennt mich hier. Niemand grüßt mich. Keiner interessiert sich für mich. Ich lebe in meiner eigenen Heimatstadt als ein Unbekannter.« Tatsächlich begegneten wir unter den vielen Passanten keinem, der ihn beachtet hätte. Daran erinnerte ich mich viele Jahre später bei meinem ersten Besuch bei Eduardo Chillida in San Sebastian, der meinte, hier, in seiner Heimatstadt, sei er zwar sehr bekannt, aber nicht etwa als Künstler, sondern als der einstmalige Torwart des lokalen Fußballvereins. Ich vermute, daß man ihn dort inzwischen auch als den großen Bildhauer kennt. Und in Bologna Morandi als den großen Maler.

Aber noch an einen anderen großen Einsiedler fühlte ich mich bei meinem Morandi-Besuch erinnert, an James Ensor, den ich 1946 in Ostende besuchte, in seinem Haus an der Rue de Flandres, in dem er fast sein ganzes Leben verbracht hatte. Unter allen Künstlerbegegnungen meines Lebens war dies die bei weitem skurrilste. Da meine Schilderung öfters publiziert worden ist, will ich sie hier nicht wiederholen, um so weniger, als Ensor ja zu einer Generation gehört, die in »meinem« Museum nicht vertreten ist.

1967 Arp

Hans Arp, dessen Relief »Amphora« (1931) als sein erstes Werk in die Sammlung kam, war ein zauberhafter Mensch. Ich habe ihn in meinem Leben recht oft getroffen, auch in den Jahren in Basel schon, als er mit Marguerite Hagenbach befreundet war, die er später heiratete, nachdem ja, wie man weiß, seine erste Frau Sophie Taeuber während des Krieges in einer Winternacht im Haus von Max Bill in Zürich an einer Kohlenmonoxydvergiftung gestorben war: die große Tragödie in Arps Leben. Nur ein einziges Mal, obwohl er mich oft dazu einlud, habe ich

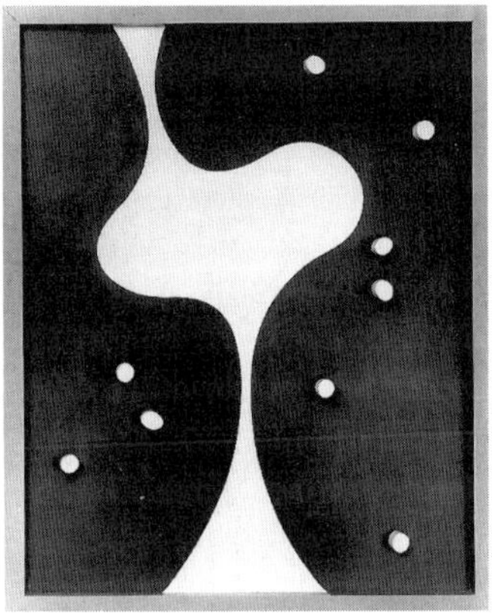

Hans Arp
Amphora, 1931
140 × 110 cm

ihn in seinem Haus in Meudon bei Paris besucht, noch vor 1950, zusammen mit Georg Schmidt. Arp zeigte uns in der Atelier-Etage von Sophie Taeuber deren Arbeiten, von denen ich damals noch sehr angetan war. Nach allzu langer Bewunderung ihrer Werke wurde er spürbar etwas eifersüchtig und brach die Besichtigung plötzlich ab, um uns endlich im eigenen Atelier seine eigenen Arbeiten vorzuführen.

Jahre später veranstaltete ich in »meinem« Museum in Basel eine Ausstellung über die Geschichte der Marionette, wo im letzten Raum, in einer großen Vitrine, Sophie Taeubers herrliche Marionetten zu »König Hirsch« gezeigt wurden. Sie waren damals noch nicht so berühmt wie heute. Ganz überraschend meldete sich Arp, zusammen mit Marguerite, zu einem Besuch an, und es war wunderbar, ihn bei der Betrachtung der Spielfiguren seiner noch immer sehr geliebten Frau zu beobachten. Er freute sich ungeheuer. Es war rührend.

Einmal traf ich ihn zufällig in Basel auf der Straße. Er war soeben von seiner ersten USA-Reise zurückgekehrt und erzählte eine Menge, noch ganz voll von dem Erlebten. Darunter gab es auch zwei, drei bizarre Begebenheiten. In Cincinnati, wo in einem großen Hotel sein Relief eingeweiht wurde, begab er sich spät nachts auf sein Zimmer. Das Zimmer war nur schwach beleuchtet. Aus dem Radio kam Musik in ohrenbetäubender Lautstärke. Wie war das abzustellen? Es gab da alle möglichen Knöpfe mit Bezeichnungen in englischer Sprache. Der Arme aber verstand kein Englisch und reagierte panisch, indem er wahllos auf den ersten Knopf drückte. Da ging das Licht aus. Daraufhin drückte er noch einmal, und das Licht ging wieder an. Verzweifelt versuchte er es mit einem der anderen Knöpfe – und sah plötzlich voller Entsetzen, wie sein Bett langsam in der Wand verschwand. Das war zuviel! Schnell drückte er noch einmal auf denselben Knopf, und siehe, das Bett blieb stehen. Völlig entnervt gab er auf und legte sich schließlich auf dem schmalen Drittel, das von dem Bett übriggeblieben war, schlafen. 1967

Vorher hatte im Hotel ein großer Empfang für ihn und den Filmregisseur Roberto Rossellini stattgefunden. Wie er mir auf der Straße in Basel erzählte, schilderte er am folgenden Tag, also nach seiner abenteuerlichen Nacht, einigen Leuten, wie das gewesen war, wobei sich unter den Zuhörern einer befand, der an dem Empfang teilgenommen hatte. Arp erzählte in dieser Runde auf seine lebhafte Weise, wie die Kameraleute ihn und Rossellini unter Beschuß genommen hätten, und wie irgend jemand die Meinung geäußert habe, man solle doch eine gut aussehende Dame dazustellen. Also habe man eine Dame, die da herumstand, gebeten, sich mit den beiden Gefeierten zu postieren. An dieser Stelle sei er von dem Zuhörer, der tags zuvor an dem Empfang teilgenommen hatte, unterbrochen worden: ob er denn nicht wisse, wer die Dame gewesen sei? Einfach eine beliebige schöne Frau, habe er geantwortet. Darauf der Gast vom abendlichen Empfang: »Aber, lieber Arp, das war doch nicht irgendeine Frau! Das war Marlene Dietrich!« So erzählte es Arp, seine eigene Zerstreutheit offensichtlich genießend. Vielleicht aber ging die Zerstreutheit noch weiter, denn was sollte Marlene Dietrich in Cincinnati? Ich habe den Verdacht, daß nicht sie es gewesen war, sondern viel eher Rossellinis Frau Ingrid Bergman.

Und eine weitere Begebenheit erzählte er mir voller Vergnügen an der eigenen Zerstreutheit. Er stand vor Tiffany in der Fifth Avenue und

1967 schaute sich die phantastischen Gläser in den Schaufenstern an. Plötzlich postierte sich vor ihm ein Fremder, der ihm eine Uhr hinhielt. Arp wunderte sich halb bewußt, daß diese Uhr seiner eigenen ähnlich sah, und bedankte sich verlegen, da der Sprache nicht mächtig, für den freundlichen Versuch, ihm eine Uhr anzudrehen. Der Fremde insistierte eine Zeitlang und zog dann unter tiefen Verbeugungen ab. Nachts im Hotel vermißte Arp seine Uhr. Da fiel ihm der Vorfall bei Tiffany ein, und er realisierte, daß der freundliche Herr nichts weiter gewollt hatte, als ihm seine Uhr, die wohl zu Boden gefallen war, zurückzugeben.

So verloren bewegte sich der einstige Dadaist durch die Welt. Später nahm das immer mehr zu, und schließlich erinnerte er sich zwar an alles, was er in seinen Jugendjahren erlebt hatte, zum Beispiel an die Zeiten mit Kurt Schwitters, woran ich besonders interessiert war. Aber was sich am Tag zuvor oder am selben Vormittag zugetragen hatte, das hatte er bereits vollkommen vergessen. So habe ich ihn in den letzten Jahren vor seinem Tod mehrfach erlebt. Er trug es mit einem wunderbaren Gleichmut.

Marguerite Hagenbach kannte ich schon vor ihrer Heirat mit Arp. Ich habe sie in Basel oft gesehen. Unvergeßlich ist mir eine gemeinsame Reise nach Ägypten im Jahr 1948. Am Tag der Ankunft in Kairo – wir wohnten im Mena House, dem berühmten Hotel in Nähe der Pyramiden – unternahm ich mit ihr einen Abendbummel hinauf zur Cheops-Pyramide. Meine Freundin war im Hotel geblieben, um sich nach dem vierzehnstündigen Flug auszuruhen. Oben auf dem Wüstenplateau angekommen, blieben wir vor dem gewaltigen Bauwerk stehen. Es war überwältigend. Am Himmel stand der Vollmond. Die Sterne waren so klar, so greifbar nah wie im Hochgebirge. Aus der Wüste hallte das Bellen der Schakale, das so klang, als komme es aus dem Riesenkörper der Pyramide. Im übrigen: absolute Stille. Die Stille des unendlichen Raumes. Aber auch die Stille der Jahrtausende. Man verstand Napoleon Bonapartes Worte an seine Soldaten: »Jahrtausende blicken auf Euch herab!« Sie blickten auch auf uns herab. Man war, ohne die geringste Sentimentalität, vollkommen ergriffen. Aber Stille und Ergriffenheit wurden jäh zerrissen, als Marguerite in bestem, gedehntem, patrizischem Baseldytsch die Worte sprach: »S'isch aifach scheen!« Vorbei war der Zauber. Die Jahrtausende wichen einer einzigen Sekunde. Man war zurück in der Gegenwart: zwei Touristen in

Kairo. Aber immerhin nur zwei. Jahrzehnte später waren es allabendlich Hunderte, und statt der unendlichen Stille zu lauschen, lauschten sie dem Superkitsch »Son et Lumière«. 1967

Durch Sami Tarica kam ein zauberhaftes weißes Relief in die Sammlung. Es war 1927 entstanden und damit schon jenseits der Dada-Zeit, besaß aber doch viel vom dadaistischen Esprit. Man kann es genauso-

Hans Arp
Les trois cannes, 1927
113 × 145 cm

gut, ja in Anbetracht der Entstehungszeit besser, dem Surrealismus zurechnen wegen der Phantastik der drei anthropomorphen Spazierstöcke, die da über den Horizont wandeln. Aber mit seiner formalen Strenge stellt es sich auch in den Bereich der »Konkreten Kunst«, so wie eindeutiger die etwas spätere »Amphora«. Arp schlug ja erstaunlich zwanglos eine Brücke zwischen so polaren Positionen wie dem Surrealismus und der Konkreten Kunst.

Ein Wort zu Tarica. Er war der große Pariser Teppichhändler gewesen, bevor er Kunsthändler wurde. Nach Deutschland kam er oft, sprach auch gut Deutsch und ärgerte sich über die Perserteppiche in den Häusern der deutschen Bourgeoisie. Er selbst handelte am liebsten mit Teppichen, die er in den Schlössern der verarmenden französischen Aristokratie kaufte. Schon zu den Zeiten, als er Teppichhändler war, verkehrte er mit Literaten wie André Malraux, Jean Paulhan und anderen und mit Künstlern wie Fautrier und Dubuffet. Jahrelang hörte man in Paris über ihn munkeln, er sei »der Mann hinter Fautrier«. Erst viel später lernte ich ihn kennen, und häufig stritten wir uns über Fautrier, da ich überhaupt nicht begriff, daß man ihn schätzen konnte; wobei Tarica mir selbst einmal die Begründung für meine Ablehnung lieferte: es liege vermutlich an der in allen seinen Bildern sichtbaren Verbindung von Camembert und Confiture. Daran war etwas! Er schätzte Fautrier noch höher als Dubuffet, und er schätzte auch Yves Klein. Ich aber schätzte ihn selbst: wegen seiner unerbittlichen Beschränkung auf wenige Künstler und seiner ebenso unerbittlichen Ablehnung vieler anderer. Er äußerte oft die Meinung, man dürfe nur auf Künstler setzen, die man zunächst verabscheut habe; denn die seien es, denen die Zukunft gehöre. Das ist zweifellos falsch, aber ganz falsch ist es nicht. Mir jedenfalls gefiel er als ein Mann mit starken künstlerischen Überzeugungen, hochintelligent und sehr unabhängig. Den meisten seiner Kollegen war er überlegen, darum war er bei ihnen natürlich nicht allzu beliebt, und so schwärzte man ihn an als den ehemaligen Teppichhändler. Im übrigen war er ein großer Verehrer von Schwitters. Auch das verband uns.

Fautrier blieb bei mir immer, trotz mancher Versuche, ihn für mich zu »entdecken«, ein blinder Fleck, ähnlich wie übrigens Wols, um den ich mich ebenfalls oft vergeblich bemüht habe. Tarica selbst sagte mir einmal, Fautrier sei als Mensch alles andere als angenehm gewesen, ein ausgesprochenes Ekel. Ich traf den Maler einmal am Eröffnungstag einer Documenta vor dem Kasseler Rathaus. Wir gingen zusammen die Freitreppe hinauf und sprachen über Künstler. Ich erwähnte den Namen Vieira da Silva, die ich gerade in Hannover zeigte. Natürlich wußte ich, daß ich ihn damit provozierte, aber ich erwartete nicht, daß er dermaßen widerwärtig reagieren würde. Er sagte: »Vieira da Silva – c'est une petite merde.« Darauf ich: »In diesem Fall gibt es nichts, das mich mit Ihnen verbindet, Monsieur Fautrier.« Sprach's und ging von dannen. Und doch behielt ich die Hoffnung, irgendwann seinen künstlerischen Rang zu erkennen. Es ist mir nicht gelungen, aber selbstverständlich muß dies nicht an mir liegen.

1970 Magritte

Erst 1970 fand René Magritte Eingang in die Sammlung. Ich hatte mir mit ihm viel Zeit genommen und glaube, den Grund für diese Verzögerung zu kennen. Schon in den vierziger und fünfziger Jahren sah ich häufig Bilder von ihm, aber sie stammten alle aus der Nachkriegszeit, in der zwar, wie ich heute weiß, manche herrliche Werke entstanden sind, aber sie bilden die Minderheit. So kam es, daß ich damals nicht allzuviel von ihm hielt. Er schien mir, wenngleich mit großer Bravour, einen banalisierten Surrealismus zu betreiben, dessen Wirkung eher auf bildnerischen Gags beruhte als auf wirklichen Visionen. Ich erinnere mich besonders an einen meiner häufigen Besuche in der Galerie Yolas in Paris, am Boulevard Saint-Germain, wo eine Magritte-Ausstel- 1970

René Magritte
La rencontre, 1926
139,5 × 99 cm

lung stattfand und Iolas mir weitere Bilder des Künstlers zeigte. Ich war überhaupt nicht angetan. Für mich standen damals ganz andere Dinge im Vordergrund.

Nach und nach aber wurde mir Magritte immer wichtiger, doch nun vor allem mit Bildern aus den zwanziger Jahren. So kam es, daß ich in der Galerie d'Art Moderne in Basel das Bild »La rencontre« erwarb, das gewiß kein zentrales Werk von Magritte ist, aber doch einen großen, geheimnisvollen Zauber besitzt. Mit der Galerie und ihrer Inhaberin, Marie-Suzanne Feigel, war ich seit meiner Basler Zeit befreundet. Schon 1947 hatte ich dort eine Kirchner-Ausstellung mit einer Rede eröffnet, meiner ersten Eröffnungsrede überhaupt. Aber Freundschaft hin oder her, erst im neunten Jahr meiner Sammeltätigkeit kaufte ich bei ihr zum ersten Mal ein Bild – und, wie sich dann zeigte, auch zum letzten Mal.

Und gleich noch ein zweiter Magritte im selben Jahr, »Le masque vide«, ein Bild, das viel stärker an das Denken des Malers heranführt, nämlich an die Frage nach der Realität in der Malerei, die ihn ein Leben lang beschäftigt hat. Für mich war bei der Wahl des Bildes jedoch nicht die-

1970 ser philosophische, sondern lediglich der künstlerische Aspekt maßgeblich: die Tatsache, daß, obwohl statt gemalter Gegenstände lediglich deren Namen auf der Leinwand stehen, ein Bild entstanden ist, ein veritables Bild.

Ähnlich wie bei George Grosz und der Neuen Sachlichkeit frage ich mich, ob die Magritte-Käufe zeigen, daß ich von allgemeineren Entwicklungen der künstlerischen Mentalität zu jener Zeit nicht völlig unabhängig war. Der Surrealismus, und ganz besonders Magritte, rückte damals ja stark in den Vordergrund, nicht zuletzt auch bei der Jugend, die hier Antworten auf ihre Träume zu finden glaubte. Salopp gesprochen: der Surrealismus war plötzlich »in«, und Magritte wurde geradezu populär. Er erfüllte nicht nur trans-reale Erwartungen, sondern zugleich die seit langem unerfüllt gebliebene Sehnsucht nach Figur und Gegenstand, ja nach einem puren naturalistischen Können. Auch wenn

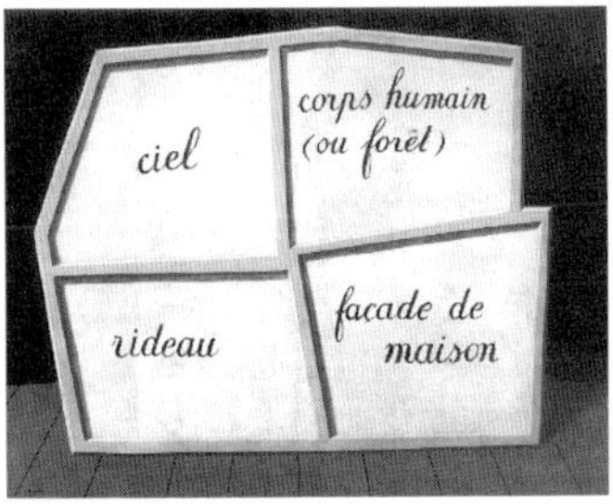

René Magritte
Le masque vide, 1928
73 x 92,5 cm

man meint, sehr unabhängig zu sein, wird man doch von solchen Bewegungen affiziert. Der eigene Blick wird unversehens in eine Richtung gewendet, in die »alle« blicken. Ganz unabhängig steht eben auch der unabhängigste Geist nicht in seiner Zeit. Das heißt nicht, daß man alle Moden mitmacht, aber gewisse geschichtliche Faszinationen tun ihre Wirkung, und dies habe ich durchaus an mir selbst gespürt. Das Eingeständnis fällt mir insofern leicht, als ich die Macht der Geschichte als einen Faktor des individuellen Lebens, Denkens und Sehens anerkenne, und dies keineswegs nur in Konsequenz meiner eigenen, lange zurückliegenden marxistischen Vergangenheit. Ich habe nichts dagegen, wenn neue Sehweisen mich berühren, und habe dabei nicht die Sorge, die eigene Sicht preiszugeben.

Das Bild von René Magritte, das ich 1973 kaufte, und dessen Titel »Le plaisir« vermutlich nicht vom Künstler stammt, faszinierte mich sehr, aber ich wußte auch, daß es längere Zeit auf dem Kunstmarkt herumgereicht worden war, und daß es offenbar niemand haben wollte. Das war nicht verwunderlich, da das, was sich darauf abspielt, in höchstem Maße fatal ist: ein Mädchen, das in einen Vogel beißt. Im Sammlungskatalog habe ich die Szene mutwillig als eine Paraphrase des Sündenfalls interpretiert: ein unschuldiges Mädchen, das sich an einem verbotenen Vogel versündigt – Eva, die in den verbotenen Apfel beißt. Die Interpretation war schlüssig, aber keineswegs legitimiert. Ich zweifle, ob Magritte sie akzeptiert hätte, zumal er sich selbst auf keine Deutungen seiner Bilder einließ.

Ich vermute, daß ich mich später um andere Werke von Magritte eher bemüht hätte als um die, die ich gekauft habe: meine Sicht auf den

René Magritte
Le plaisir, 1926
74 × 98 cm

Maler veränderte sich, während er für mich gleichzeitig immer bedeutender wurde. Ein großartiges Bild von ihm mit dem Titel »Les jours gigantesques« von 1928 kaufte mein Nachfolger Armin Zweite. Ich glaube, daß es denen, die ich gekauft habe, überlegen ist.

Tanguy **1971**

Mit Tanguy erging es mir ähnlich wie mit Magritte: zu den ersten Begegnungen mit seiner Kunst kam es in den späten vierziger Jahren, und auch da waren es Werke aus eben dieser Zeit, die mir allzu süßlich erschienen. Ich erinnere mich noch, daß ich fand, sie paßten gut in das Schaufenster eines bestimmten Parfümeriegeschäftes in Basel. Bis auf

1971 einen befreundeten Sammler, Dr. Charles Leuthardt, dessen Bilder nach seinem Tod in das Basler Museum kamen, darunter ein schöner Tanguy, hat mir niemand widersprochen. Auch in Paris begegnete man damals frühen Bildern nie. 1947 sah ich die große »offizielle« Surrealismus-Ausstellung in der Galerie Maeght, wo selbstverständlich auch Tanguy zu sehen war – sofern in dem phantastischen Chaos, in das

Yves Tanguy
Dame à l'absence, 1942
115 × 89,5 cm

Yves Tanguy
Le jardin sombre, 1928
91,4 × 71,1 cm

man die Galerieräume verwandelt hatte, überhaupt irgend etwas zu sehen war. Ich könnte nicht sagen, daß Tanguy besonders herausgeragt hätte, zumal auch da natürlich späte Arbeiten hingen.

Dann aber war es doch so, daß ich als erstes nicht einen frühen, sondern einen späten Tanguy kaufte, nämlich die »Dame à l'absence« von 1942. Das Bild hatte zuvor Marcel Duchamp gehört, und ich habe eine vage Erinnerung, es bei ihm gesehen zu haben, als ich ihn in den frühen sechziger Jahren in New York besuchte. Es kam über die belgische Kunsthändlerin Andrée Stassart nach Düsseldorf, zum stattlichen Preis von über 450.000 DM. Gewiß hätte ich ein paar Jahre früher ein vergleichbares Bild »billiger« haben können, aber einerseits wurde mir nie eines angeboten, und andererseits hätte ich dafür auf etwas anderes verzichten müssen, das Jahre später seinerseits wesentlich teurer gewesen wäre, so daß sich »unter dem Strich« nichts geändert hätte. Es hat wirklich keinen Sinn, derartige Überlegungen anzustellen. Man kann immer nur hic et nunc entscheiden.

Die »Dame à l'absence« ist ein großartiges Bild, auch heute noch, über zwanzig Jahre nach dem Ankauf. Auch André Breton muß das so empfunden haben, denn er wählte es 1946 als Frontispiz seiner Monographie über Yves Tanguy.

Ein paar Jahre später gesellte sich ein frühes Bild dazu, ein wundervolles, träumerisches, sehr poetisches dunkles Bild, ganz ohne die gewisse Süße des anderen. Als es in meinem Büro auf der Staffelei stand, rief ich meinen Freund Konrad Klapheck an: ich hätte da ein Bild von Tanguy stehen, ob er es sich ansehen wolle? Es war schon fast die Regel geworden, daß ich ihn bei Angeboten surrealistischer Bilder in mein Büro lockte. Ich schätzte sein Urteil sehr, ganz besonders aber bei Werken des Surrealismus. Natürlich rief ich ihn nicht deshalb, um mich in meinem eigenen Urteil bestärken oder auch beirren zu lassen, sondern weil es Spaß machte und interessant war, mit ihm darüber zu reden. Kurzum, er kam, sah das Bild schon beim Eintreten und legte sofort los: »Ja, das Bild kenne ich. Es heißt ›Le jardin sombre‹, wurde 1928 gemalt und gehörte André Breton. Es ist abgebildet in der Nummer 5 der Zeitschrift ›Minotaure‹, ich glaube auf Seite 62.« Ich war platt. Alles stimmte. Konrad konnte nicht gewußt haben, welches Bild ihn bei mir erwartete. Es sei denn, er verrät mir eines Tages, er habe dies durchaus gewußt, aber das weiß ich eben nicht, und so nehme ich weiterhin an, daß er völlig unvorbereitet in mein Büro gekommen war, und daß er Tanguy tatsächlich »auswendig« wußte. Was mich im übrigen freute, war, daß auch er dieses Bild von Tanguy für eines seiner besten hielt.

Ich habe während einiger Jahre mit meiner Familie die Sommerferien in der nördlichen Bretagne verbracht. Mir fiel auf, wie oft man dort, beinahe in jedem Dorf, auf Ladenschildern dem Namen Tanguy begegnet. Vor allem aber erinnerten mich an der Küste die phantastischen Felsformationen draußen im Meer an die Bilder von Tanguy: dessen surrealistische Visionen präsentierten sich dort als erstaunlich real. Ich weiß nicht, ob das auf seine Kunst Einfluß gehabt hat. Seine Familie stammte aus der Bretagne, aber er selbst war in Paris geboren.

Duchamp **1972**

An einem unvergeßlichen Vormittag des Jahres 1972 wurden mir, gewissermaßen in derselben Stunde, zwei »Rarissima« angeboten. Gleich zwei auf einmal, das war das Unglaubliche. Das eine war eine Fassung

1972 der berühmten »Schokoladenmühle« von Marcel Duchamp aus dem Jahr 1914, das andere ein besonders schöner El Lissitzky von 1923. Für das Museum war es eine Sternstunde. Es handelte sich um Bilder, die zu suchen sinnlos gewesen wäre, weil es sie einfach »nicht gab«. Und nun gab es sie doch! Bei Duchamp war es besonders kraß, denn von der Existenz dieses Bildes wußte man nichts.

Ich kaufte es für 415.000 DM bei Tarica, dem es, wenn ich nicht irre, gemeinsam mit dem New Yorker Kunsthändler Harold Diamond gehörte. Offenbar hatte Duchamp das Bild in sehr früher Zeit gegen eine Arbeit des amerikanischen Malers Joseph Stella getauscht, aus des-

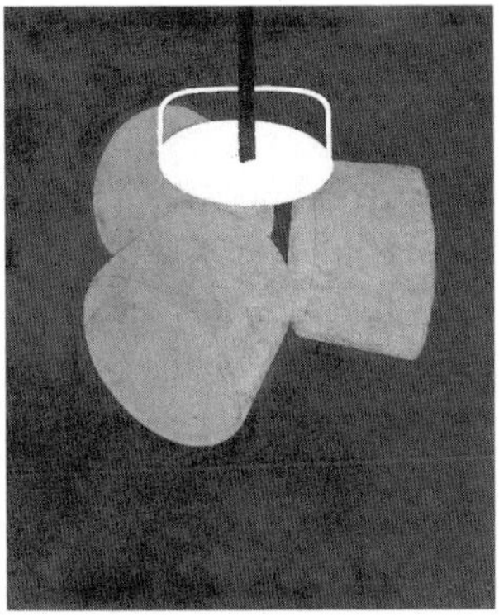

Marcel Duchamp
La broyeuse de chocolat, 1914
73 × 60 cm

sen Familie es jetzt in den Kunsthandel gelangt war. Bis dahin kannte man nur die beiden Fassungen, die in der herrlichen Dada-Surrealismus-Sammlung von Walter Arensberg im Museum von Philadelphia aufbewahrt werden. Selbst in der gigantischen Duchamp-Monographie von Arturo Schwarz, die 1969 erschienen ist, fehlte die nun angekaufte Version. Ich habe diese wahre Inkunabel gewiß auch aus historischen Gründen gekauft, aber entscheidend war doch auch hier der künstlerische Rang, den sie mir trotz ihres an »Kunst« desinteressierten Autors zu besitzen schien. Soviel ich weiß, ist es das einzige dadaistische Gemälde von Duchamp in einer öffentlichen Sammlung in Europa. Wenig später erwarb Peter Beye für die Staatsgalerie in Stuttgart eine sehr schöne Farbskizze mit demselben Motiv.

Ich habe Marcel Duchamp um 1965 in seiner New Yorker Wohnung besucht, um ihn nach seiner Begegnung mit Schwitters zu befragen. Ich arbeitete damals an meiner Schwitters-Monographie. Seine

Frau empfing mich an der Tür und ließ mich dann mit ihm allein. Er 1972
erzählte von seinem Besuch bei Schwitters in Hannover. Wir unterhielten uns über die Multiples, die man von seinen frühen Objekten anfertigte und auf den Markt warf. Gegen diese, wie ich meinte, immerhin nicht ganz unproblematische Vermarktung hatte er nichts einzuwenden. Besonders beeindruckte mich in dem Zimmer, in dem wir uns unterhielten, ein Stuhl mit einer barock geformten, bis zur Zimmerdecke reichenden Rückenlehne, der, wenn ich nicht irre, von Max Ernst entworfen war. Mich überraschte, daß es um Duchamp nichts Geheimnisvolles gab. Er wirkte auf mich wie ein französischer Intellektueller. Und das war er ja auch.

Mit dem Bild ist leider etwas Arges passiert. Es wurde, als es mit der gesamten Kunstsammlung Nordrhein-Westfalen 1974 in der Londoner Tate Gallery ausgestellt war, von einem Werkzeug, vermutlich einem Schraubenzieher, durchbohrt. Der Schaden wurde so sorgfältig behoben, daß von der Verletzung nichts mehr zu sehen war, aber natürlich war ein erheblicher Wertverlust eingetreten, den ich beim Versicherer reklamierte. Der Versicherer war die Britische Krone, die für die gesamte Kollektion eine Garantie gegeben hatte, da eine kommerzielle Versicherung für diese Millionenwerte nicht zu bezahlen gewesen wäre. Unser Restaurator bezifferte in seinem Gutachten den Wertverlust auf eine bestimmte prozentuale Höhe, woraufhin die Gegenseite ein Gegengutachten erstellen ließ, das um einige Prozent niedriger lag. Man einigte sich auf die Mitte, wodurch für uns ein Teil des Wertverlustes nicht abgedeckt wurde. Dies war für mich eine Warnung, künftig staatliche Garantien abzulehnen und nur noch mit unserer Versicherungsgesellschaft zu arbeiten, bei der ich damit rechnen zu können glaubte, daß sie aufgrund der langjährigen Zusammenarbeit bei Schadensfällen unsere Forderung akzeptieren würde. Ein paar Prozent konnten bei solchen Werten schon sehr viel Geld bedeuten. Ich habe daran immer festgehalten, auch 1980, als das Museum of Modern Art in New York für seine große Picasso-Ausstellung alle unsere elf Picassos haben wollte. Da ich nicht mit mir reden ließ, verzichtete Bill Rubin auf zwei oder drei unserer Bilder. Seit dann aber die Kunstsammlung ihren Neubau bezogen hatte und eigene Ausstellungen durchführte, war sie nun ihrerseits auf die anderen Museen als Leihgeber angewiesen und mußte ihre rigorose Haltung aufgeben. So erklärte mir zum Beispiel Bill Rubin, als ich unsere Modigliani-Ausstellung von 1991 vorberei-

1972 tete: wenn ich auf meiner Ablehnung eines – sehr gefährdeten – Bildes von Braque für seine Kubismus-Ausstellung beharre, könne er mir leider keinen Modigliani zur Verfügung stellen; wenn ich jedoch meine Ablehnung revidierte, bekäme ich alle. Also bekam er den Braque und wir die Modiglianis. Man kann das, wenn man will, eine Erpressung nennen.

Lissitzky

Das andere »Rarissimum« jenes Tages, Lissitzkys »Proun G7«, stammte aus der renommierten Sammlung Hjalmar Gabrielson in Göteborg und wurde mir von Madeleine Lejew, der Inhaberin der Galerie Chalette in New York, angeboten. Der Preis: 550.000 DM. Das Bild war bereits zweimal auf Auktionen erschienen, kurz bevor die Kunstsammlung in Düsseldorf gegründet worden war, nämlich 1960 im Stuttgarter Kunstkabinett Roman Norbert Ketterer und 1961 bei Klippstein & Kornfeld in Bern. Es ist schwer zu verstehen, daß kein Sammler und kein Museum zugeschlagen hatte.

El Lissitzky
Proun G7, 1923
77 × 62 cm

Lissitzky war eine blendende Figur der damaligen Avantgarde, aber ich könnte nicht sagen, daß ich ein großer Verehrer seiner Malerei war. Er war ja auf vielen Gebieten tätig, so wie viele andere auch, die damals nicht nur die Kunst, sondern das ganze Leben zu reformieren trachteten, und für die Malerei nur eine Facette ihres Tuns war. Immerhin aber hat er eine Reihe von Bildern gemalt, die Bestand haben, und zu ihnen gehört mit Gewißheit »Proun G7«.

Das schöne Bild stand innerhalb der Sammlung immer im Schatten der überragenden Werke von Piet Mondrian, was im übrigen für die gesamte russische Avantgarde gegolten hätte, wenn ich sie gesammelt hätte. An all den Künstlern und Künstlerinnen der frühen Sowjetunion war ich künstlerisch wenig oder gar nicht interessiert. Sie alle hielten bald danach Einzug in europäische Privatsammlungen und Museen. Einige Händler diesseits und jenseits des Atlantik, die ich sehr respektiere, hatten sich darauf spezialisiert, es war eine überaus erfolgreiche Marktlücke. Und auch politisch paßte es in den siebziger Jahren in die Landschaft als ein Vehikel west-östlicher Entspannung nach den Zeiten des kalten Krieges. Ich selbst aber blieb distanziert, was mir um so mehr mißfiel, als dies alles ja in den frühen Tagen der Sowjetunion Teil einer ungeheuer lebendigen Szene gewesen war. Doch nun, aus der Perspektive fast eines halben Jahrhunderts, schien mir die schnelle Akademisierung von Kubismus, Futurismus und Geometrismus unübersehbar zu sein: ein beliebiges Spiel mit geometrischen und konstruktiven Formen, merkwürdig blutleer trotz der Vitalität des gesamten kulturellen Lebens von damals.

Das wurde mir, übrigens zu meiner eigenen großen Überraschung, zum ersten Mal 1977 in aller Klarheit bewußt, als das Düsseldorfer Kunstmuseum die berühmte Sammlung Georgi Costakis zeigte, die dann auf Weltreise ging. Viele spätere ähnliche Veranstaltungen haben, und ich sage das nicht gern, mein mehr als zurückhaltendes Urteil bestätigt. Und dann kam es zu einer Begegnung im Russischen Museum in St. Petersburg, damals noch Leningrad, durch die alles kraß verdeutlicht wurde. Dort hing ein großes Gemälde, das Lenin am Schreibtisch zeigt. Ein unglaublich gut gemaltes Bild, das nur einen einzigen schwerwiegenden Fehler hat: es hätte, so wie es war, hundert Jahre früher gemalt sein müssen. Ich konnte nicht umhin, die unerhörte Kraft des Bildes zu bewundern. Ein paar Räume weiter hingen kleinere Arbeiten von Tatlin, Rodschenko und anderen, die diesem Gemälde nicht das Wasser reichen konnten. Sie wirkten brav, schwach auf der Brust, geometrische Harmlosigkeiten neben dem genialen, wenn auch leider völlig anachronistischen Lenin-Bild. Das gab mir sehr zu denken.

Aber natürlich war da Kasimir Malewitsch. Mir wurde gelegentlich eines seiner großartigsten Gemälde angeboten: der »Dynamische Suprematismus Nr. 57« aus dem Besitz der Tretjakow Galerie. Das Bild hatte dem amerikanischen Ölmagnaten Armand Hammer gehört und

1972 war ein Geschenk der Sowjetunion gewesen, die im Gegenzug von Hammer einen Goya erhalten hatte. Auch wirtschaftliche Interessen waren im Spiel gewesen, so wie schon seit Hammers russischen Aktivitäten in den frühen zwanziger Jahren, die ihn in persönlichen Kontakt mit Lenin gebracht hatten. Als mir das große Bild gebracht wurde, war ich hingerissen. Aber nach wenigen Tagen besuchte mich der Kölner Sammler Wilhelm Hack, der einen sehr schönen, kleineren Malewitsch besaß. Hack sah sich das Bild in meinem Büro an und wurde skeptischer und skeptischer: ihm mißfiel die Oberfläche, von der er meinte, sie sei vollkommen neu. Das weckte auch meinen Verdacht. Ich fuhr nach Amsterdam, um mir die vielen Malewitschs im Stedelijk Museum anzusehen, und erkannte, daß deren Oberflächen in der Tat viel echter wirkten. Offenbar war »unser« Bild irgendwann erheblich restauriert worden, aber Spuren davon ließen sich merkwürdigerweise bei der Untersuchung durch unseren Restaurator nicht entdecken. Jedenfalls sah ich mich gezwungen, auf den Ankauf zu verzichten. Das Bild ging bald danach in den Besitz von Peter Ludwig über und hängt heute in seinem Museum in Köln.

Ein anderes großes Bild von Malewitsch – das schönste, das ich kenne – hing ein halbes Jahr lang im Schloß Jägerhof. Es stammte aus dem Besitz des amerikanischen Sammlers Armand Bartos in New York und war soeben vom Museum Canberra gekauft, aber noch nicht bezahlt worden. Da es mit der Bezahlung dauerte, hat es der Verkäufer, die Galerie Hans Mayer in Düsseldorf, sechs Monate lang bei uns »geparkt«, bis ich es schließlich traurigen Herzens nach Australien gehen lassen mußte.

Mit Lissitzky stand ich während langer Jahre in einer Art schattenhafter Verbindung, und dies aus mehr als einem Grund. Wie man weiß, arbeitete er in den zwanziger Jahren viel und eng mit Kurt Schwitters in Hannover zusammen. Er wohnte dort im Haus der Kestner-Gesellschaft, das allerdings – Folge des Bombardements – nicht dasselbe war wie jenes, in dem ich selbst dann sieben Jahre lang residierte. Nach dem Tod des ersten Direktors der Kestner-Gesellschaft, Paul Küppers, hatte Lissitzky dessen Witwe geheiratet, die nach seinem Tod von Moskau nach Nowosibirsk verbannt worden war. Dort stand ich mit ihr in brieflichem Kontakt. 1967 hat sie in der DDR ein großes Buch über Lissitzky veröffentlicht. Als ich 1990 zum ersten Mal in die Sowjetunion kam, war sie leider bereits gestorben.

Ein Maler, zu dem ich immer ein etwas gestörtes Verhältnis hatte, war Franz Marc. Ich liebte, wie eigentlich jedermann, seine Aquarelle, jedoch nur selten, sehr selten, das eine oder andere Gemälde. Ich glaube, ich hätte im Grunde nichts dagegen gehabt, wenn nie ein Marc in die Sammlung gekommen wäre. Und schon gar nicht legte ich aus historischen Gründen Wert auf seine Präsenz. Sowenig wie es mir grundsätzlich um »Die Brücke« ging, so wenig ging es mir um den »Blauen Reiter«. Also konnte es wieder nur ein ganz bestimmtes Bild sein, das mich eroberte. Es hieß »Drei Katzen« und war von 1913. Gewiß gibt es viel

Franc Marc
Drei Katzen, 1913
72 × 102 cm

spektakulärere Gemälde von Marc, »Hauptwerke« sozusagen, aber gerade diese »Hauptwerke« waren es, zu denen ich mich, wenn sie in mein Blickfeld gekommen wären, kaum entschieden hätte. Ein Beispiel: die berühmte »Gelbe Kuh« von 1911 im Guggenheim Museum. Ich sehe das Bild häufig und denke jedesmal, daß mir die »Drei Katzen«, obwohl doch viel weniger gewichtig im Werk Franz Marcs, lieber sind. Mich bestach die Farbigkeit des Bildes, aber auch die wunderbar spannungsreiche Szene zwischen den drei Katzencharakteren, dieses formal und farbig den Inhalt so überaus reizvoll pointierende Zusammenspiel. Daß es da auch Schwächen gibt, übersah ich keineswegs.

Die Finanzierung des Bildes, das von Wilhelm Grosshennig angeboten wurde, war schwierig. Die Sondermittel des Westdeutschen Rundfunks waren längst erschöpft. Der Versuch, das Bild durch eine bedeutende Düsseldorfer Firma stiften zu lassen, mißlang. Ich mußte also die DM 750.000 »selbst« hinblättern, und das war zu dieser Zeit ein sehr schwieriger Kraftakt. Immerhin, es gelang.

1973 In den fast dreißig Jahren meiner Tätigkeit wurde mir kein einziger vergleichbarer Marc angeboten.

Auch im Basler Museum hängt ein Katzenbild von Marc, das Georg Schmidt 1939 auf der »Entarteten«-Auktion für 4.100 SFr ersteigert hat. Ich habe das Bild nie besonders gemocht. Hingegen hängt dort auch das sehr große Gemälde der »Tierschicksale«, das früher einmal bei einem Brand teilweise zerstört worden war, und dessen zerstörtes rechtes Drittel oder Viertel Paul Klee nach dem Tod seines Freundes in zurückhaltender Farbigkeit neu gemalt hat. Selbst dieses außerordentliche Werk, das ich in Basel in den vielen Jahren sehr häufig sah, hat mich für Marc nie wirklich zu gewinnen vermocht. Ich respektierte ihn sehr, und ich respektierte besonders dieses Bild, aber meine Liebe galt den Aquarellen. Hätte man mir die »Tierschicksale« angeboten, dann, keine Frage, hätte ich sie gekauft.

Zu den drei größten Verlusten von Hitlers »Entarteten«-Aktion gehörte neben Max Ernsts »Belle jardinière« aus dem Kunstmuseum Düsseldorf und dem »Merzbild Nr. 1« von Schwitters aus dem Stadtmuseum Dresden Marcs »Turm der blauen Pferde« aus dem Besitz der Berliner Nationalgalerie. Zweimal während meiner Düsseldorfer Jahre wurde ich von jemandem angerufen, der zu wissen behauptete, wo sich das verschollene Bild befinde, und mich fragte, ob ich an einem Kauf interessiert sei. Ich entgegnete, natürlich sei ich sehr interessiert, obwohl ich so gut wie sicher war, daß es sich um eine Ente handelte. Beidemal habe ich daraufhin nie wieder etwas gehört. Auch in allerjüngster Zeit ist das Gerücht, nicht aber das Bild, wieder aufgetaucht. Jemand sagte mir, das Bild befinde sich in einer Privatsammlung, aber der Sammler wolle das Geheimnis nicht preisgeben. Bis das Gerücht sich bewahrheitet, halte ich es für das, was es ist: ein Gerücht.

Dalí

Der Gang der Dinge zwingt mich, von Marc zu Dalí überzugehen. Ein ganz unmöglicher Sprung, wie so viele andere auch in diesem Erinnerungsbuch. Der unvermittelte Sprung läßt Marc um so deutscher, Dalí um so spanischer erscheinen. Das kleine Bild, das ich 1973 zum Preis von 350.000 DM erwarb, war ein »Volltreffer«. Es heißt »Le cabinet anthropomorphique« und stammt aus der berühmten Sammlung Edward James in London, in der sich einige der schönsten Dalís aus den frühen dreißiger Jahren befanden. Eine ganze Reihe von ihnen ging später als Leihgabe des Sammlers in das Museum Boymans-van Beuningen in Rotterdam.

Einige Jahre nach dem Ankauf erreichte mich ein Brief des Londoner Anwalts von Edward James mit der höchst überraschenden Mitteilung, das Bild sei seinem Klienten gestohlen worden und müsse ihm

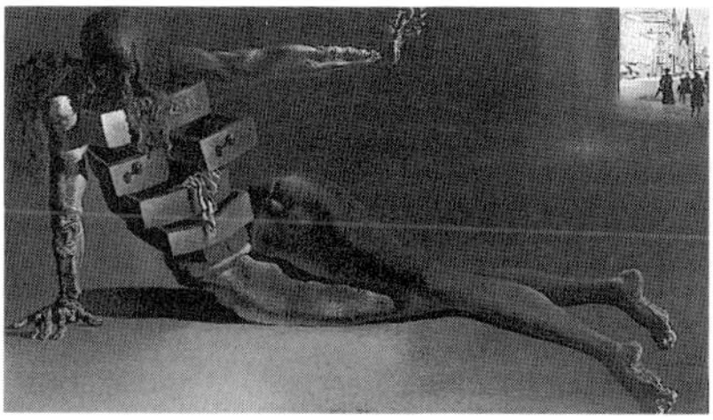

Salvador Dali
Le cabinet anthropomorphique,
1936
25,4 × 44,2 cm

zurückerstattet werden. Die Neuigkeit ließ mich kühl. Ich wußte, daß es James einmal gehört hatte; so stand es auch in unserem Katalog. Es war durch mehrere Hände gegangen, darunter die renommierte Galerie Knoedler in New York als erste »Station«. Ich hätte Knoedler fragen können, ob die Galerie es direkt von James erworben hatte, hielt das aber zunächst einmal für überflüssig, denn 1970, also drei Jahre vor dem Ankauf in Düsseldorf, hatte das Museum in Rotterdam eine große Dalí-Retrospektive veranstaltet, deren Untertitel lautete: »Mit Sammlung Edward James«, und dort hatte auch unser Bild als Leihgabe unseres Museums gehangen. Weshalb also hatte der Besitzer sein Bild nicht schon damals zurückgefordert? Es war ja wohl kaum möglich, daß ihm diese Veranstaltung, die unter seinem Namen lief, entgangen war. Wie konnte sein Anwalt behaupten, James habe erst durch den Katalog der Kunstsammlung nach so vielen Jahren erfahren, wo sich sein Bild befand? Offenkundig handelte es sich um einen reichlich schwachen, nicht gerade lauteren und sogar plumpen Versuch des Sammlers, das Bild wieder in seinen Besitz zu bekommen. Ich lehnte in meinem Antwortschreiben an den Anwalt die Rückgabe mit dem Hinweis auf die Ausstellung in Rotterdam und auf die rechtmäßige Erwerbung durch mein Museum ab und habe daraufhin nie mehr etwas gehört, weder vom Sammler noch von seinem Anwalt. Als allerdings 1974 die gesamte Kunstsammlung Nordrhein-Westfalen in der Londoner

1973 Tate Gallery ein Gastspiel gab, hielt ich im letzten Augenblick den Dalí zurück, da mir plötzlich in den Sinn kam, Edward James könnte bei dieser günstigen Gelegenheit eine einstweilige Verfügung durchsetzen. Dieses Risiko war mir zu groß. Im Katalog jedoch wurde das Bild abgebildet.

Ich hätte sehr gern noch einen weiteren Dalí aus den frühen oder mittleren dreißiger Jahren erworben, und zwar wieder ein nicht zu großes Bild, denn die kleinen Formate aus diesen Jahren sind den großen künstlerisch weit überlegen, wie übrigens der Vergleich der Bilder in Düsseldorf und Rotterdam mit den spektakulären Großformaten etwa in Köln und Stockholm sehr deutlich macht. Im Lauf der Jahre wurden mir mehrfach von verschiedenen Galerien schöne Werke aus dieser Zeit angeboten, die aber alle meinem Urteil nicht standhielten. Klar war immer, daß es auf keinen Fall ein Bild nach 1936 sein durfte, als Dalís Kunst immer fataler wurde, trotz des phänomenalen Könnens, mit dem er bis zuletzt brillierte. Die Binsenweisheit, daß Kunst nicht von Können kommt: Dalí ist der Beweis. Aber nach wie vor war er ein herrlicher Entertainer seiner Epoche, der künstlerisch – nun, man kann nicht sagen, er sei ausgebrannt gewesen, denn seine Kunst brannte bis zuletzt lichterloh, aber der Zauber seiner Bilder aus den frühen dreißiger Jahren war ein für allemal vergangen. Dabei zeigt sich dasjenige, was so radikal unkünstlerisch ist, schon in unserem kleinen Bild, etwa in den Händen der liegenden Frau. Aber das Bild ist brillant. Die meisten Bewunderer sprechen, wie ich oft erlebt habe, voller Entzücken vom Ausblick auf die Straße, der mich eher gleichgültig läßt: eine recht banal gemalte Ansicht einer Straße mit Häusern und Kirche. Ich selbst mußte immer fasziniert auf ein anderes Detail blicken, nämlich das aus einer der Schubladen heraushängende Tuch, das auf mich wie der volle, sonore Klang eines Cellos wirkt.

Ich habe Dalí zweimal innerhalb weniger Tage in New York besucht, im Hotel St. Regis an der 55. Straße, wo er, wenn er in New York war, zu wohnen pflegte. Natürlich war es ein Erlebnis, höchst amüsant, wenngleich ich für den Mann, kaum daß ich wieder auf der Straße stand, wenig Sympathie empfand. Im Grunde ging mir das alles gegen den Strich: die peinliche Selbststilisierung, die pomadisierten Haare, der lächerliche Schnurrbart, der Stab mit Silberknopf, kurzum die ganze Attitüde, die ihm selbst längst hätte unerträglich geworden sein müssen, und die ihm die Chance verdarb, mit Anstand alt zu werden.

Dennoch war es ein eminentes Vergnügen, bei ihm zu sitzen und mit ihm zu reden.

Auf der Staffelei stand ein nicht sehr großes, ziemlich gräßliches Bild, das die nackte Gala in einer surrealistischen Landschaft zeigte, offenbar soeben erst gemalt. Dalí forderte mich auf, es mir durch eine Brille aus Pappkarton mit verschiedenfarbenen Gläsern anzusehen, was ich natürlich tat. Dabei erschien das Ganze auf einmal dreidimensional. Es war ein simpler optischer Effekt, nicht besonders aufregend und völlig kunstfern: er machte das Kunstwerk zum Kunststück. Dalí schlug mir vor, ich solle das Bild kaufen und Tausende solcher Brillen aus billigem Karton und Glas anfertigen lassen. Die Brillen solle das Museum für ein paar Mark pro Stück an die Besucher verkaufen. Ich würde sehen: jeder werde eine solche Brille kaufen, denn jeder werde darauf erpicht sein, ein Bild von Salvador Dalí – wie er mit Betonung und mit rollendem R sagte – durch diese Wunderbrille zu betrachten. Dies werde außerdem einen erfreulichen Nebeneffekt haben, indem auf diese Weise der Preis des Bildes, der selbstverständlich sehr hoch sei, in die Museumskasse zurückfließen werde. Das alles erzählte er mir in seinem gutturalen Hispano-Französisch. Gala saß stumm daneben, viel älter als auf dem Bild.

Im Verlauf des Gesprächs, in dem es noch einen Höhepunkt gab, den ich damals oft erzählt, aber leider vergessen habe, fragte ich Dalí, ob es irgend etwas gebe, das er in der gegenwärtigen Kunst schätze. Er antwortete, daß er eigentlich gar nichts schätze, aber wenn überhaupt, dann den »Photorealismus«, der damals, seit einer Ausstellung bei Sidney Janis und dann auch einer Präsentation auf der Documenta, eine schnell vorübergehende Modeerscheinung war.

Offenbar fand Dalí an meinem Besuch Gefallen, denn er lud mich ein, dem Patronatskomitee des »Teatro Salvador Dalí«, seines Museums im spanischen Figueiras, beizutreten. Diesem Komitee gehörten bereits Bill Rubin, der Direktor des Museum of Modern Art, sowie der Direktor des Schlosses und des Parks von Fontainebleau an. Ich nahm – warum eigentlich? – die Einladung an. Als Dalís Sekretär Sabater gegen Ende unserer Unterhaltung hereinkam, eröffnete ihm der »Meister«, er habe mich soeben zum Mitglied des Patronatskomitees ernannt. Sabater entgegnete, das gehe so nicht, laut Satzung könne das nur vom Kuratorium des Teatro beschlossen werden. Dalí schlug das zornig in den Wind: wenn Salvador Dalí dies beschließe, dann sei es

1973 endgültig. Am folgenden Tag erhielt ich einen schönen Brief von ihm mit der offiziellen Bestätigung, schwungvoll und selbstverliebt unterzeichnet: Salvador Felipe Jacinto y Domenech Dalí.

Nach zwei Tagen rief mich Dalí in meinem Hotel an, um mich zu fragen, ob ich ihn zu einem Empfang bei Freunden begleiten wolle. Wieder begab ich mich in sein Hotel, wo er und Gala mich hocherfreut wie einen alten Bekannten empfingen. Wir machten uns sofort auf den Weg. Im Aufzug bewunderte Gala in den höchsten Tönen meinen Anzug und die dazu passende Krawatte. Ich gestehe, daß ich beide Male ein überaus raffiniertes »Outfit« trug, dunkel-anthrazit mit ganz feinen grünen und gelben Streifen, dazu die bewunderte Krawatte. Meine Tochter, die mit auf der Reise war, fand den Anblick reichlich »schräg«, gewissermaßen à la Mackie Messer, wie sie meinte. Ich hatte den Anzug mit auf die Reise genommen, nicht ahnend, daß ich Dalí besuchen würde, aber ich fand ihn dann für einen Besuch bei ihm ausgesprochen passend. Unten in der Hotel-Lobby tummelten sich ein paar Blondinen, die sich etwas davon versprachen, vom großen Meister gesichtet zu werden. Er nahm sie kaum wahr, aber eine von ihnen drängelte sich kurz entschlossen in unser Taxi. Vorn neben dem Fahrer saß Dalí, dahinter Gala und ich sowie die Blondine. Letztere tönte: »Maître, ich hatte heute Nacht eine antisemitische Anwandlung«. Dalí erteilte ihr prompt, ohne sie zur Schilderung zu ermuntern, eine verblüffend simple Zurechtweisung: »Ich hoffe, Sie sind davon inzwischen kuriert.« Das gefiel mir, obgleich ich natürlich wußte, daß Dalí ein Verehrer von Franco war, weshalb man ihm ja in Cadaqués gelegentlich die Fenster eingeschlagen hat. Bald danach warnte mich jemand, ich solle, wenn ich demnächst bei Joan Miró in Palma de Mallorca sei, auf keinen Fall den Namen Dalí erwähnen, da werde er wütend. Aus purer Neugier erwähnte ich dennoch beim Essen meine Begegnung mit Dalí. Miró blieb völlig ruhig und sagte nur, viel Sympathie habe er für seinen Kollegen nicht, vor allem aus politischen Gründen.

Ich fuhr dann also mit dem Ehepaar Dalí zu der Party. Wer die Gastgeber waren, habe ich vergessen. Eine Menge New Yorker »Society« war anwesend. An der Wand hing ein extrem kitschiges Porträt der Gastgeberin, gemalt von Dalí. Möglicherweise handelte es sich um einen Empfang zur Einweihung dieses Bildes. Unter den Gästen waren auch einige aus der New Yorker Museumswelt. Ich begrüßte den einen oder anderen und schlich mich dann leise davon.

Von Dalís Museum in Figueiras mit dem Namen »Teatro Salvador Dalí« habe ich nie wieder etwas gehört. War ich nun Mitglied des Patronatskomitees oder war ich es nicht? Oder bin ich es noch immer? Es spielt keine Rolle. Ich habe das Museum nie besucht. Was ich darüber gehört habe, klang nicht verlockend.

Bonnard 1975

Mit Bonnard war es schwierig. Dann und wann wurden mir Bilder von ihm angeboten, aber alle lehnte ich ab, auch dann, wenn die Qualität sehr hoch war, wie zum Beispiel einen wundervollen stehenden Mädchenakt, den mir Marianne Feilchenfeldt in Zürich zeigte. Ich wußte einfach nicht, wie ich diese Bilder in die Sammlung integrieren sollte: in eine Sammlung von Kunst des zwanzigsten Jahrhunderts. Gewiß gehört auch die Kunst Bonnards zu den Stimmen in dieser Zeit, aber sie hätte fremd geklungen inmitten all der Bilder zwischen Picasso und Jackson Pollock, zwischen Mondrian und Roy Lichtenstein. Ich war immer ein großer Bewunderer Bonnards gewesen, schon in meiner Basler Zeit, aber ich kam über das Problem der schwierigen Integrierbarkeit nicht hinweg.

Dann aber besuchte mich eines Tages Peter Nathan, der Zürcher Kunsthändler, und zeigte mir in einer alten Nummer der Zeitschrift »Verve« die doppelseitige Farbabbildung einer herrlichen Landschaft von Bonnard. Es war ein sehr großes Gemälde aus dem Jahr 1928 mit den Maßen 242,4 x 309 cm, das den Blick von der Terrasse seines Hauses in Vernon aus hinüber zum anderen Seine-Ufer zeigt. Ich erklärte ihm, warum ich Bonnard immer wieder abgelehnt hätte, so daß ich mich auch jetzt nicht positiv entscheiden könne, aber ich nahm sein Angebot ernst genug, um mir in seiner Galerie das Original ansehen zu wollen. Kurz danach flog ich nach Zürich. Das Bild stand hinter einem Vorhang, der wurde zurückgezogen, und sofort erstrahlte das Gemälde in seiner ganzen Pracht. Dennoch ließ ich mich nicht bewegen. Wir saßen ein oder zwei Stunden davor und redeten über alles mögliche, kaum über den Gegenstand, um den es ging, und schließlich sagte ich, ich hätte nun schweren Herzens einen Beschluß gefaßt: ich würde das Bild nicht kaufen. Damit war die Sache erledigt. So zumindest glaubte ich und flog nach Düsseldorf zurück.

1975 Indessen, die Sache war nicht erledigt. Einige Zeit später ging ich in Düsseldorf die Königsallee entlang, die berühmte »Kö«, und plötzlich, ganz und gar unvorbereitet, hatte mich das Bild im Genick. Fast in derselben Sekunde wußte ich, daß es ein Fehler war, dieses unglaubliche Bild ziehen zu lassen. Mir wurde auch bewußt, daß hier das Problem der Integration kaum bestand, da das riesige Format eine Integration gar nicht nötig machte. Völlig gefangen von dem Gedanken, den Bonnard zu kaufen – er sollte 300.000 DM kosten –, ging ich weiter, bog nach einigen Schritten kurz entschlossen in das Büro der Lufthansa ein und kaufte ein Ticket nach Zürich. Dann rief ich Peter

Pierre Bonnard
La terrasse de Vernon,
um 1928
242,4 × 309 cm

Nathan an. Er befand sich gerade im Militärdienst und rief mich dann seinerseits an, um mir zu sagen, er habe für einen Tag Urlaub bekommen. Wenn ich mich recht entsinne, holte er mich am Flughafen ab, und zwar in der Uniform eines schweizerischen Offiziers. Dann saßen wir wieder vor dem Bild, und nun war ganz klar, daß es nach Düsseldorf gehen mußte.

Ich habe mich später oft gefragt, wie es möglich war, daß der Kaufentschluß mit solcher Plötzlichkeit fiel, ohne vorheriges Nachdenken. Aber war das so merkwürdig? Was hätte ich denn nachdenken können? Ich glaube, es war auch bezeichnend für meine Spontaneität, die ich damit keineswegs rühmen will. Es gab für mich eben nie klare oder gar objektive Kriterien und keine konzeptuellen Linien. Es war – und das wiederholte sich nun – immer nur das Bild mit der ihm innewohnenden Potenz, das mich zum Kauf zwang.

Der Bonnard erfüllte übrigens, wie sich bald zeigte, eine Funktion, an die ich nie gedacht hatte. Viele Menschen, die den Rundgang durch

die Sammlung machten und zum Schluß vor diesem Gemälde standen, 1975
fühlten sich nach all den Modernismen getröstet durch die scheinbar heile Welt, die sich ihnen da auftat. Eine Trostfunktion. Dabei täuschte man sich, denn Bonnard war nicht nur ein begnadeter Maler irdischer Paradiese, er war in seiner Malerei auch so etwas wie ein Giftmischer. Es gab da überall Gegenelemente gegen die Schönheiten und Wohllaute der reinen »Peinture«. Gemütlich war er nie, im Gegensatz zu seinem Freund Vuillard, der jede Farbnuance genießerisch auskostete. Auch im Düsseldorfer Bild ist das zu sehen. Es ist eine einzige Symphonie in Grün, aber leicht übersieht man die »giftigen« Ingredienzen, die es da gibt, farbige Störungen der großen Harmonie. Es handelt sich eben nicht nur, wie viele Leute denken, um Spätimpressionismus, vielmehr steckt viel Symbolistisches darin, wenn auch nur in den Farben, Nachklänge also der Frühzeit Bonnards um 1900. Diese irritierende Anti-Schönheit in Bonnards Malerei ist mir sehr früh, in einer Bonnard-Ausstellung in der Schweiz, bewußt geworden, ich denke, in den späten vierziger Jahren. Die Ausstellung regte mich dazu an, diesen Eindruck in einem Aufsatz zu schildern, den ich ungebeten der Zeitschrift »Das Werk« in Winterthur anbot, wo ich von Zeit zu Zeit größere Artikel veröffentlichte. Die Redaktion lehnte ihn ab, möglicherweise zu Recht, aber sicher auch wegen ihres Standortes Winterthur, wo die mit Bonnard eng verbundene Sammlerfamilie Hahnloser lebte. Dabei hatte ich den Künstler nicht im geringsten herabgesetzt, sondern hatte ganz im Gegenteil gemeint, ihn davor schützen zu sollen, als ein Künstler lediglich von hoher Malkultur gesehen zu werden, der einem gehobenen bürgerlichen Geschmack entspricht.

Es war herrlich, das Bild 1985, zehn Jahre nach dem Ankauf, in der großen Bonnard-Ausstellung im Kunsthaus Zürich zu sehen. Es hing an der letzten Wand, weithin sichtbar, als eine Art Schlußapotheose. Dabei erlebte ich dasselbe wie in vielen anderen Fällen: daß sich in einer großen monographischen Ausstellung der Rang eines Werkes, das man erworben hat, am klarsten erweist. Diese »Prüfung« in der Konkurrenz mit allen anderen Werken von Bonnard bestand unser Bild glänzend. Große Enttäuschungen habe ich bei solchen Anlässen nie erlebt, aber gelegentlich mußte ich doch akzeptieren, daß andere Bilder den eigenen überlegen waren.

Oelze

1982 erwarb ich die »Täglichen Drangsale« von Richard Oelze. Ich hatte viele Jahre darauf warten müssen. Seit langem schon hielt ich dieses erstaunliche Bild für die bedeutendste Arbeit von Oelze überhaupt, neben der »Erwartung« im Museum of Modern Art, die sich auf eine so überaus suggestive Weise dem Gedächtnis einprägt und selbst Menschen vertraut ist, die den Namen Oelze nie gehört haben. Man hat das Bild vor Augen: eine dichtgedrängte Gruppe von Menschen in Mantel und Hut, die, mit dem Rücken zum Betrachter, in der Erwartung eines unbekannten Ereignisses in eine weite, düstere Landschaft blicken. Das berühmte Bild ist 1935 entstanden.

Ein Jahr vorher entstand »Tägliche Drangsale«. Es ist ein geheimnisvolles, verwirrendes, für manche Menschen abstoßendes Bild, das wohl wie kein anderes Werk eines deutschen Malers – abgesehen natürlich von Max Ernst – als ein authentischer Beitrag zum Surrealismus anzusehen ist. Außer diesen beiden Bildern, der »Erwartung« und den

Richard Oelze
Tägliche Drangsale, 1934
130 × 98 cm

»Täglichen Drangsalen«, ist aus Oelzes Vorkriegszeit, also aus den dreißiger Jahren, kaum etwas erhalten, nur ein paar kleinere Arbeiten. Die beiden Bilder hingen 1936 in der denkwürdigen Ausstellung »Fantastic Art, Dada, Surrealism« im Museum of Modern Art in New York. Damals entschied sich Alfred Barr für die »Erwartung«.

Das reiche Nachkriegswerk des Künstlers habe ich im Lauf der Jahre zusehends schätzengelernt, aber am stärksten blieb doch immer

das Bild, das jetzt in die Sammlung kam. Es gehörte schon immer der 1982
holländischen Kunstkritikerin Mathilde Visser, einer Freundin des Künstlers aus früher Zeit, von dem sie es, wie ich glaube, schon vor dem Zweiten Weltkrieg erworben hatte. Lange Zeit vor dem Ankauf bot es mir Michael Hertz an, wozu er aber, wie mir Frau Visser empört zu verstehen gab, gar nicht autorisiert war. Immerhin stand damals das Bild kurze Zeit in meinem Büro, bis ich erfuhr, daß es gar nicht zum Verkauf freigegeben war. Mathilde Visser, die ich um jene Zeit kennenlernte, ließ zwar erkennen, daß sie sich wohl irgendwann davon trennen werde, aber vorläufig war sie weit davon entfernt. Über eine lange Zeitstrecke hinweg schickte ich ihr fast Jahr für Jahr einen Brief, und jedesmal antwortete sie mir: sollte sie sich jemals zum Verkauf entschließen, dann werde Düsseldorf die erste Adresse sein. Das war bemerkenswert, denn aufgrund schrecklicher Erfahrungen während des Krieges dachte sie über Deutschland und die Deutschen schlecht. Auch wenn wir uns dann und wann zufällig begegneten, in Venedig an der Biennale oder bei einem Kongreß in Prag oder Warschau, sprachen wir darüber. Aber die Zeit war noch nicht reif.

1977 bat ich sie, mir das Bild für eine Ausstellung an der Biennale São Paulo auszuleihen. Wieder stand es für ein paar Tage in meinem Büro, da hier die Leihgaben für den Transport nach Brasilien gesammelt wurden. Und dann, als das Bild zurückkehrte, war es endlich so weit: Frau Visser erklärte sich bereit, es uns zu verkaufen. Ich besuchte sie in Laeren, und wir einigten uns auf den Preis: 300.000 DM. Diesen Preis zu ermitteln war nicht einfach, denn da es so gut wie keine frühen Werke gab, gab es dafür auch keinen Markt und daher kein »objektives« Marktniveau. Ich hatte mir den Preis sozusagen freihändig »ausgedacht«. Immerhin aber beriet ich mich dann mit dem prominentesten Oelze-Sammler und Oelze-Kenner, dem unvergeßlichen Siegfried Poppe in Hamburg, der mir, ohne meine Schätzung zu kennen, denselben Preis nannte.

Als ich das Bild kaufte, konnte ich mich nicht erinnern, wie lange ich darauf hatte warten müssen, meinte aber, es müßten wohl etwa acht Jahre gewesen sein. Als ich dann in der Korrespondenz nachsah, stellte sich zu meiner Verblüffung heraus, daß es sechzehn Jahre waren, die ich hatte warten müssen. Sechzehn Jahre auf ein Bild gewartet zu haben, das finde ich gut. Sechzehn Jahre auf ein Bild warten zu müssen, das ist hart, aber das weiß man eben zum Glück nicht vorher.

1982 An Oelze selbst, und »wie er so war«, habe ich kaum Erinnerungen. Ich war mit ihm nur ein einziges Mal zusammen, lange vor dem Ankauf. Der Anlaß war entweder seine Ausstellung in der Düsseldorfer Kunsthalle oder die Entgegennahme des Großen Kunstpreises des Landes Nordrhein-Westfalen. Wir müssen damals wohl auch gemeinsam durch die Sammlung gegangen sein, aber eigentümlicherweise sehe ich ihn da nicht mehr vor mir. Die Erinnerung an seine Person ist verblaßt und sozusagen grau. Ich glaube, auch als er da war, war er gar nicht so richtig da. Konrad Klapheck kannte ihn besser. Er schätzte ihn hoch und besitzt schöne Arbeiten von ihm. Mit ihm habe ich öfters über Oelze gesprochen, ebenso wie natürlich mit Siegfried Poppe, bei dem ich 1977 Bilder von Oelze aussuchte, als ich für die »Europalia« in Brüssel eine Ausstellung der deutschen Malerei der Nachkriegsjahrzehnte zusammenstellte, der ich den Namen »14 après 45« gab. Es war für mich klar, daß unter diesen »Top-Vierzehn« Oelze sein mußte. Aber ebenso klar war, daß keines der ausgestellten Bilder des Künstlers an »Tägliche Drangsale« heranreichte.

Ein Wort noch zu dem Kunstpreis, den Richard Oelze um jene Zeit – auf mein Betreiben – erhielt. Es war damals der bedeutendste Preis, der in Deutschland an Künstler verliehen wurde. Nachdem 1966 Heinz Kühn Ministerpräsident geworden war, wollte er den renommierten Preis abschaffen. Es war die Zeit, in der vieles ins Rutschen geriet. Kunstpreise wurden als eine überflüssige Institution angesehen. Sie galten als elitär, und in der Tat: egalitär waren sie natürlich nicht. Kühn lud damals ungefähr zehn Leute zu einer Aussprache über diese Frage ein, bei der er sich gegen die Fortführung der Staatspreise äußerte. Am Tisch saß auch Heinrich Böll, der ebenfalls für die Abschaffung des Preises plädierte, den er übrigens 1959 selbst erhalten hatte. Ich glaube, ich war der einzige, der sich entschieden dagegenstemmte, einer verbreiteten Stimmung nachzugeben und etwas zu beenden, das später nicht wieder einzuführen sei, wenn die Stimmung sich gewandelt habe. Ich fand, die Politik sollte einen längeren Atem haben. Tatsächlich ist der Kunstpreis nie wieder erneuert worden. Heute allerdings würde ich selbst nicht mehr für eine Wiedereinführung plädieren, aber nicht aus einem, wie ich meine, abwegigen egalitären Demokratieverständnis heraus, sondern weil Kunstpreise inflatorisch geworden sind und die Kunst selbst auch.

1990 war das letzte Jahr meiner Amtszeit. Wie man hier sehen kann, wurden die zeitlichen Abstände zwischen den Ankäufen aus dem Bereich der Klassischen Moderne größer: 1975 Bonnard, 1982 Oelze und nun, 1990, Man Ray. Der Eindruck entspricht zwar dem Umstand, daß vieles nicht mehr möglich war, da die Preise davonliefen. Aber der Eindruck täuscht auch, insofern über manche Bilder, die in diesen Jahren noch immer erworben wurden, hier schon früher zu sprechen war.

Man Ray
Le Poète (Le Roi David), 1938
55,5 × 46,5 cm

Nun also war es Man Ray. Ein Kölner Galerist rief mich an: ob ich an einem Man Ray aus den dreißiger Jahren interessiert sei, den er an der Hand habe? Nein, entgegnete ich, an einem Man Ray sei ich überhaupt nicht interessiert und schon gar nicht an einem Bild aus dieser Zeit. Wenn überhaupt, dann müsse es ein Objekt aus den Dada-Jahren sein, aber auch das sei nicht wichtig. Um welches Bild es sich denn handele? Er sagte es mir. Daraufhin sah ich es mir in einer Man Ray-Publikation an, und zu meiner Überraschung wurde mein Interesse geweckt. Ich ließ das Bild nach Düsseldorf kommen, und das Interesse verstärkte sich. Es war ein merkwürdiger Sonderfall in meiner gesamten Tätigkeit, und dies an deren Schluß: ich wußte, daß dies keinesfalls ein »Meisterwerk« war. Aber von dem Bild ging ein hoher Reiz aus; sowohl vom Bild als solchem als auch von der intensiv zu spürenden geschichtlichen Stunde. Es war sogar, was mich eigentlich hätte abstoßen müssen, ein fast faschistoid zu nennendes Bild, dessen Autor natürlich alles andere als Faschismus-verdächtig war: er war Jude, er war ein Mann der Avantgarde, ein großer Photograph, ein großer Experimentierer auch, ein außerordentlich lebendiger Geist, aber ein großer Maler war er nicht. Dennoch meine ich, wann immer ich das Bild in der Sammlung hängen sehe, richtig gehandelt zu haben. Ein Rest von Unsicherheit mag geblieben sein. Ja, ich frage mich sogar, ob bei diesem Kauf der nicht ganz noble Gedanke mitgespielt haben könnte, meinem Nachfolger nicht eine runde Million hinterlassen zu wollen. Wäre es so, dann wäre es zwar menschlich, aber alles andere als schön.

Eine überraschende Erfahrung machte ich, als ich für das Bild einen geeigneten Platz in der Sammlung suchte. Von vornherein schien klar zu sein, daß es in der Nähe der Bilder der Pittura metafisica hängen müsse. Dann aber zeigte sich, daß die Bilder von de Chirico und Carrà die Nachbarschaft ablehnten: weder »wollten« sie dieses Bild neben sich dulden, noch akzeptierte umgekehrt der Man Ray die beiden anderen. Die Distanz von zwei Jahrzehnten war eben doch, trotz der scheinbaren Nähe, zu groß; zu groß nicht nur historisch, sondern vor allem visuell. Ich habe es immer, besonders seit die Sammlung sich im Neubau etabliert hatte, als wunderbar empfunden, wie die Bilder selbst es waren, die meist mit großer Eindeutigkeit und Entschiedenheit zu einer Nachbarschaft »ja« oder »nein« sagten. Bei dem kleinen Bild von Man Ray war das besonders deutlich, da es meiner sicheren Erwartung, es »müsse« neben de Chiricos »Zwei Schwestern« hängen, so vehement widersprach.

Ich habe das Bild damals in einem kleinen Lichtbildervortrag der »Gesellschaft der Freunde« vorgestellt und dort auch vom »faschistoiden« Aspekt gesprochen, der im übrigen, wie ich zeigte, auch die gleichzeitigen Bilder eines anderen Dadaisten von einst, Francis Picabias, betraf. Indessen machte der Vergleich mit einer widerwärtigen oder, wie ich sagte, unappetitlichen Skulptur von Arno Breker die Distanz augenfällig, die das eine vom anderen trennt. Im übrigen sprach ich auch flüchtig vom faschistoiden Stil jener Jahre weit jenseits Deutschlands, etwa im Rockefeller Center in New York, ohne natürlich mit solchen Hinweisen auf diese Internationalität irgend etwas oder irgendwen auch nur andeutungsweise exkulpieren zu wollen.

Dem Künstler selbst bin ich in meinem Leben nur zweimal begegnet. Das eine Mal war es in Basel in den frühen vierziger Jahren, als »wir«, nämlich der Filmclub »le bon film«, ihn zu einer Präsentation seiner alten avantgardistischen Filme eingeladen hatten. Schon damals hatte der Name Man Ray für mich einen legendären Klang, aber die Erinnerung an ihn selbst ist verblaßt. Das zweite Mal war es Jahrzehnte später bei einem großen Essen, mit dem man Max Ernst im Pariser »Chez Maxim's« ehrte. Man Ray, der alte Freund von Max Ernst, wurde von seiner Frau Juliet im Rollstuhl hereingefahren. Ich glaube, daß er bald danach gestorben ist.

Es hatte für mich einen gewissen Reiz, meine Zeit in der Kunstsammlung Nordrhein-Westfalen mit dem Ankauf dieses Bildes zu beenden. Es schien mir ein schöner Schlußpunkt, aber zugleich auch eine große Überraschung zu sein, denn ein Man Ray, und gar ein solcher Man Ray, war weder vorhergesehen noch vorhersehbar. Niemand, auch ich selbst nicht, wäre auf den Gedanken gekommen, daß jemals ein Bild dieses Künstlers in die Sammlung kommen würde. Es gefiel mir sehr, mich selbst zu überraschen und mich mit diesem »Seitensprung« zu verabschieden. Allerdings hatte ich nicht den Eindruck, daß es auf die Öffentlichkeit ähnlich wirkte. Sie schien sich in ihrer Lethargie nicht besonders überraschen zu lassen. Für sie war es wohl nur ein weiterer Ankauf, also nichts Besonderes.

In den vierziger Jahren hatte Man Ray zusammen mit Hans Richter den berühmten Film »Dreams that money can buy« gedreht, in dem Freunde wie Duchamp, Max Ernst, Man Ray, Calder und andere auftraten, ein herrliches Dokument der damaligen europäischen Künstleremigration in Amerika. Bedeutend mehr persönliche Erinnerungen als an Man Ray habe ich an seinen Freund Hans Richter. In einer früheren Zeit meines Lebens spielte er eine große Rolle, dank seiner avantgardistischen Filme wie vor allem des »Vormittagsspuks«, wo er die steifen Herrenhüte – »Melonen« – in einem zauberhaften Luftballett zum Fliegen brachte, und dank seines Buches »Filmgegner von gestern – Filmfreunde von morgen«. 1939 hielt er in einem Vorlesungssaal der Basler Universität – und auch in Zürich – vier Vorträge über den Film, die für mich ungeheuer aufregend waren. Sie fanden jeweils am Donnerstag nachmittag statt, und ein paar Wochen lang fieberte ich dem Donnerstag regelrecht entgegen. Richter redete außerordentlich lebendig und sah blendend aus, übrigens bis ins hohe Alter. Mit einem meiner filmbesessenen Freunde, wir waren knapp zwanzig Jahre alt, machte ich seine Bekanntschaft. Unvergeßlich geblieben ist eine gemeinsam mit ihm auf der Dachterrasse eines Hochhauses mitten in Basel verbrachte Stunde, wo wir zuschauten, wie über dem Grenzgebiet zwischen dem

1990 Elsaß und Südbaden deutsche und französische Jagdflugzeuge einander bekriegten. Proszeniumsloge Schweiz! Als ich Richter nach dem Krieg zum ersten Mal wieder traf – ich glaube, es war in Hannover, als er dort seine alten Filme vorführte –, erinnerte ich ihn an diese Stunde, worauf er überrascht ausrief: »Was? Sie waren das?«

1948 erschien unser Filmbuch. Bald darauf hörte ich, daß Hans Richter, der in Amerika lebte, gegen den Verlag einen Plagiatprozeß anstrengen wollte. Was hatten wir verbrochen? Im künstlerischen Teil des Buches, den ich verantwortete, hatte ich mehrere Filmsequenzen aus Richters Buch abgebildet, ohne seinen Namen zu nennen. Warum auch? Es handelte sich um Filme von Pudowkin und René Clair, so daß ich deren Namen natürlich genannt hatte, nicht jedoch denjenigen Richters. Dort hingegen, wo eine Sequenz aus Richters eigenem »Vormittagsspuk« abgebildet war, war sein Name selbstverständlich angegeben. Bei den Abbildungen der anderen hatte ich mir nichts gedacht und ahnte nicht, daß hier tatsächlich Autorenrechte verletzt waren, da Richter die Sequenzen aus den betreffenden Filmstreifen herausgefiltert hatte, was allerdings keine besondere persönliche Leistung war. Ich habe das mit manchen anderen Filmen selbst gemacht und wäre nicht darauf gekommen, Urheberrechte geltend zu machen. Nun, zum Prozeß kam es nie. Doch als ich Richter Jahre später wieder begegnete und ihn an die alte Geschichte erinnerte, runzelte er wegen meiner Wildbeuterei noch immer ein wenig die Stirn.

Doch dann wurde es eine langsam wachsende, herzliche Freundschaft. Ich besuchte ihn und Friedel Richter oft in ihrem Appartement in Locarno, wo er mir von Zeit zu Zeit seine neuen Bilder zeigte; er war ja immer auch Maler gewesen, aber leider kein guter. Anläßlich einer Ausstellung in der Galerie von Hans Mayer in Düsseldorf hielt ich während des Essens eine kleine improvisierte Rede, in der ich die hier beschriebenen »Vorfälle« erzählte. Obwohl ich seine Malerei mit keinem Ton erwähnte, empfand er meine Worte doch als eine Hommage, und als eine solche waren sie ja auch gedacht: eine Hommage an den Menschen, den Freund, den Filmemacher und den phänomenalen Zeitzeugen, der sozusagen »alle« gekannt hatte. Ich verstand mich mit ihm glänzend, auch wenn es da immer Meinungsverschiedenheiten gab, vor allem über Künstler, die er verachtete und von denen ich zu seinem Entsetzen Bilder gekauft hatte (und keines von ihm!), Künstler wie Andy Warhol oder Roy Lichtenstein. Das enttäuschte ihn tief. Er war enttäuscht über jemanden, von dem er wohl meinte, er sei eine Art Bollwerk gegen den künstlerischen Trend der Zeit. Der alte Avantgardist machte mit der Avantgarde von 1965 nicht mehr mit. Er war ganz und gar ein Mann der »goldenen zwanziger Jahre«, ein ewiger Avantgardist von anno dazumal, der an all das glaubte, was man einst auf die Fahnen geschrieben hatte. Zugleich aber war er ein geborener Spötter und voller Humor, und das machte den Umgang mit ihm so vergnüglich und bewirkte, daß wir, wenn wir uns sahen, zwar gern die Klingen kreuzten, aber auch »ein Herz und eine Seele« sein konnten.

Da fällt mir eine kleine Geschichte ein. Als Hans Richter einmal von seiner ersten Frau Ré sprach, erzählte ich ihm von meiner eigenen Begegnung mit ihr. Es muß 1952 oder 1953 gewesen sein. Wir bewohnten damals eine kleine, über eine hohe gotische Wendeltreppe zu erreichende Wohnung mit einem herrlichen Blick auf die Dächer der Basler Altstadt, den Marktplatz mit dem Rathaus bis hinüber zum Münsterhügel. Als wir drauf und dran waren, in eine andere Wohnung umzuziehen, besuchte uns eine Dame, die die Wohnung besichtigen wollte und bald darauf dort einzog. Es war Ré Soupault. Daß sie einst die Frau von Hans Richter gewesen war, wußte ich nicht, und ebensowenig wußte ich, daß sie schon in den alten Bauhauszeiten als Photographin eine Rolle gespielt hatte. Zur Besichtigung der Wohnung hatte sie ihren Mann mitgebracht. Mit ihm saß ich eine halbe Stunde lang auf meiner Bettkante, plaudernd in französischer Sprache und mich zusehends wundernd, daß er die Künstler in Paris offenbar allesamt gut gekannt hatte. Das stellte sich heraus, als ich ihm sagte, ich käme soeben von André Lurçat zurück, dem großen Erneuerer der Tapisserie von Aubusson, und er mir offenbarte, er kenne Lurçat sehr gut. Seinen Namen, Philippe Soupault, hatte ich, zu meiner Schande sei's gesagt, nie gehört oder nie in mein Bewußtsein aufgenommen. Geblieben ist die Erinnerung an einen überaus lebendigen, geistreichen und charmanten Mann. Erst 1990 ist er gestorben, nachdem seine Stimme längst verstummt war. Und 1996 starb in Paris auch Ré, vierundneunzig Jahre alt, von der Hans Richter mir so oft erzählt hat. Und von der auch Umbo uns oft erzählte, der einstmals und, nach Jahrzehnten der Vergessenheit, auch heute wieder berühmte Photograph der Zeit vor Hitler, mit dem wir in unseren Jahren in Hannover eng befreundet waren.

Noch eine andere Begebenheit ist erzählenswert, obwohl sie weniger Richter als seinen alten Freund Naum Gabo betrifft. Ich hatte mich

1990 mit Gabo verabredet, weil ich von ihm Authentisches über Schwitters hören wollte, und besuchte ihn von New York aus in dem Ort Westbury in Connecticut. Im Nachbarort, der Southbury heißt, wohnten die Richters. Ich dachte mir, beides lasse sich verbinden, und meldete mich bei Richters zum Tee an. Nach der ausgiebigen Unterhaltung mit Gabo fuhr mich Myriam Gabo in ihrem kleinen Auto hinüber nach Southbury, und nach zwei heiteren Stunden ging es wieder zurück nach New York. Als ich ein paar Monate später Richter im Tessin traf, sagte er mir, mein Besuch habe schreckliche Folgen gehabt: Gabo grüße ihn seither nicht mehr. Der Grund: Gabo behauptete steif und fest, Richter habe mich ihm weggenommen. Richter meinte, Gabo sei einfach verrückt: fünfzig Jahre Freundschaft, und dann eine solche Bagatelle, die nicht einmal stimmte! Während die beiden Frauen weiter miteinander verkehrten, hat Gabo den Freund aus alten Tagen, mit dem er einst viel gemeinsam unternommen hatte, bis zu seinem Tod nie mehr gegrüßt. Es war lächerlich, aber es gefiel mir auch, ganz einfach, weil Künstler Künstler sind.

Kunst nach 1945

Als ich gegen Ende des Jahres 1962 die Geschäfte in Düsseldorf aufnahm, war die Welt natürlich nicht in Ordnung, denn in Ordnung war die Welt nie. Die besondere Unordnung dieser Zeit, die Störung der alten Ordnung, kulminierte symbolisch in der Jahreszahl 1968. Hat all das, was damals die Gemüter bewegte, meine »Geschäfte« berührt? Lebt man in meinem Metier – also: lebte ich – in einem Glashaus weit außerhalb der Realität? Ich spreche nicht von den Realitäten der Bürokratie, mit denen man zu tun hat, und nicht von denen der Tagespolitik, die zum Beispiel dafür sorgen, daß das Geld kommt oder nicht kommt. Ich spreche von den größeren geschichtlichen Prozessen und dem Wandel des Denkens und Fühlens einer neuen Generation. War ich mit meiner Art, ein Museum aufzubauen, so etwas wie ein Fels gegen das Anbranden der Zeit? Was gewiß ein sehr anderes Bild als das des Glashauses ist! Befand ich mich in Distanz zum Zeitgeschehen, vollkommen unberührt von all dem? War es so?

Politisch war ich immer, seit meinen mehr oder minder kommunistisch infizierten Jugendjahren. Aber drückte sich dies in der Museumsarbeit aus? Oder, da hier doch nur von den konkreten Bildern die Rede ist, in eben diesen Bildern? Gewiß steht niemand isoliert in seiner Zeit, auch dann nicht, wenn auf seiner Prioritätenliste größtmögliche Unabhängigkeit ganz oben steht. In hohem Maße betrachtete und behandelte ich die Institution Museum als eine Position gegen den Wandel. Auch wenn ich wußte, was jederman weiß: daß nichts auf dieser Welt dem geschichtlichen Wandel entzogen ist, so wollte ich doch Kunst kaufen, der ich zutraute, diesem Wandel zu widerstehen, ohne daß es sich gleich um »Ewigkeitswerte« handeln mußte. So klar mir war, daß natürlich alles dem Leben entstammt, und gerade die Kunst in einem besonders intensiven Maße, so konnte mein Blick, wenn ich an die »Endstation Museum« dachte, nur dem Überleben gelten, also einer künstlerischen Gültigkeit jenseits derjenigen Stunde, zu der sie irgendwann einmal aktuell gewesen war. Aktuell war ja zu jeglicher Zeit vieles gewesen, aber wie wenig davon hatte zu überleben vermocht! Bei dieser Blickrichtung konnten die geschichtlichen Bewegungen, konnte die Ermordung John F. Kennedys und Martin Luther Kings, konnte all das, was damals geschah: der kalte Krieg, die Berliner Mauer, die Kuba-Krise und selbst Vietnam in das, was ich tat, nicht hineinspielen.

Ich war, als ich in Düsseldorf anfing, gerade zweiundvierzig Jahre alt geworden, und ich war froh, in einer, wie ich dachte, endlich ideologiefreien Zeit zu leben, wobei ich natürlich wußte, daß auch dies Ideologie war. Und da kam nun auf einmal zu meiner Irritation, ja zu meinem tiefen Mißfallen, eine ideologiegeprägte Generation des Weges, womit ich tatsächlich nicht im allergeringsten gerechnet hatte. Und diese Generation war in höchstem Maße politisiert. Hätte ich damit gerechnet, dann hätte das selbstverständlich nichts geändert. Alles, was ich vertrat, geriet damals immer mehr ins Zwielicht: die Institution Museum als solche, der Qualitätsbegriff, das Qualitätsurteil und auch die Kunst selbst. Ich beharrte auf meinem – wenn man so will: konservativen – Museumskonzept, nämlich dem Museum als Ort einer Kunst, die es aufgrund einer das Zeitliche überdauernden Gültigkeit verdient, aufbewahrt zu werden. So einfach war das. Den »Beweis«, dieses Überdauern zu gewährleisten, mußte die Kunst daher, soweit dies überhaupt möglich ist, schon erbracht haben, was nicht von heute auf morgen geschehen konnte. Diese Überzeugung war es, die mir Zurückhaltung gegenüber den zeitgenössischen Strömungen auferlegte. Ich selbst stellte mir nicht so sehr die skeptische Frage, ob ich in diesem oder jenem Fall zu lange gewartet hatte, sondern die gegenteilige skeptische Frage, ob eine Entscheidung nicht dann und wann zu schnell gefällt worden war. Die Berufs-Progressiven jener Tage, sofern sie ihren Standpunkt nicht inzwischen geändert haben, können das natürlich kaum verstehen. Aber sie waren es, die nun auf den Plan traten mit ihren Schlagworten: Innovation und Progressivität. Natürlich war auch ich der Überzeugung, neue Kunst habe innovativ und – meinetwegen – progressiv zu sein, auch wenn solche Qualitäten schnell inflatorisch an Wert verlieren: es bleibt der Kunst gar keine andere Wahl, denn soll sie »von gestern« sein? Aber das betraf die Kunst selbst und auch die Ausstellungen, nicht aber das Museum, außer insofern es Ausstellungen unter dem eigenen Dach veranstaltet, wofür es freilich in »meinem« Museum in Düsseldorf in den ersten dreiundzwanzig Jahren seiner Existenz in dem Provisorium namens »Schloß Jägerhof« keinen Raum gab.

So stand dieses Museum außerhalb des »weltanschaulichen« Wandels der Gesellschaft und außerhalb ihrer großen damaligen Dynamik. Es war ein dezidierter Standpunkt, und als solcher war er leicht angreifbar. Beinahe Tag für Tag wurde ich angegriffen in den Medien und im Gerede der Menschen. Ich habe das respektiert, ohne mir den wilhelminischen Spruch »Viel Feind, viel Ehr'!« zu eigen zu machen oder auch den römischen Spruch – war es Caligula? –, der da lautete: »Oderint, dum metuant!«, also: »Mögen sie mich hassen, wenn sie mich nur fürchten!« Natürlich habe ich meine Position verteidigt, nicht nur durch die Unbeirrbarkeit, mit der ich Bilder kaufte, sondern immer auch redend und schreibend. Insofern war der Vergleich mit dem Glashaus falsch. Daß man sich an meinem Standpunkt rieb, fand ich gut. Zwar hatte ich nichts einzuwenden gegen Applaus, nicht einmal dann, wenn er aus der »falschen Ecke« kam. Aber ich wäre sicher nicht glücklich gewesen, wenn man mich nicht immer wieder scharf attakkiert hätte in diesen unruhigen und, wie ich fand, ideologisch oft so fehlgesteuerten Zeiten.

Aber auch unabhängig vom »Standort Museum«: ist es denn eigentlich richtig, daß man, wie immer wieder gefordert wird, mit der Zeit gehen muß? Wieso denn eigentlich? Ganz abgesehen davon, daß in der Kunst niemand irgend etwas »muß«: könnte es nicht sein, daß ein Mensch unter Umständen mehr Charakter beweist, wenn er es ablehnt, mit der Zeit zu gehen, was ja auch heißen kann: mit dem Strom zu schwimmen? Die Forderung geht allzuleicht von den Lippen, und im Museum wird sie vollends problematisch. Ich war an allem, was in diesen Jahren vor sich ging, selbstverständlich interessiert, und das konnte sich gelegentlich in Texten über jüngere Künstler, in Ausstellungen und sehr oft in der Beteiligung an Jury-Entscheidungen niederschlagen, jedoch im Museum kaum. Aber keine Frage, auch dieses Interesse am Neuen, ja sogar die Neugier auf Neues, nahm im Lauf der Jahrzehnte ab, weil alles so inflationär wurde und kaum noch auf Widerstand stieß, und weil eine Kunst sich breitmachte, die mich nicht mehr fesselte: die künstlerische Minimalisierung bis zum Punkt Null, diese völlige Entsinnlichung der Malerei, und dann all die räumlichen Installationen, denen ich fast nie etwas abzugewinnen vermochte. Mit der Zeit gehen? Um jeden Preis? Jedenfalls war ich davor geschützt, mir und anderen bei jedem neuen künstlerischen Schub meine Offenheit, meine Zeitgemäßheit und sozusagen meine Jugend beweisen zu müssen. Meine Prioritäten waren andere, und auf der Ebene Museum schon gar.

Ich entsinne mich eines Gesprächs mit Georg Schmidt, der mir bald nach Beginn meiner Tätigkeit in Düsseldorf erklärte: »Nun mußt du beweisen, daß die Künstler, die du in Hannover gezeigt und verteidigt hast, sich im Museum ›halten‹«. Ich dachte, daß er damit wohl recht habe, handelte aber anders, ohne mir noch ganz bewußt zu sein, daß der »Standort Museum« eben ein ganz anderer als der »Standort Wechselausstellung« ist. Das Wort »Wechsel« macht den Unterschied deutlich. Nur weniges von dem, was ich in der Kestner-Gesellschaft präsentiert hatte, schwappte dann über in die Sammlung in Düsseldorf, und gerade davon habe ich manches später bereut.

Selbst der Kunst der eigenen Generation gegenüber, an der man noch so leidenschaftlich Anteil genommen haben mag, ist, wenn es um eine permanente und öffentliche Sammlung geht, Skepsis am Platz, gerade weil man so stark involviert ist. Es spricht ja für einen Menschen, intensiv an dem teilzunehmen, was geschieht, besonders in den Tagen der Jugend; aber es gibt auch die Blindheit der Nähe und die Blindheit der Liebe, wobei »Blindheit« gewiß übertrieben ist. Sobald man ein Museum zu verantworten hat, muß das Engagement ein anderes sein. Die Forderungen, die auch ich in jungen Jahren an »das Museum« stellte, also bevor ich selbst eines leitete, klangen völlig anders als in dem Augenblick, als ich plötzlich selbst auf der anderen Seite des Schreibtisches saß. Gerade weil ich es so erlebt hatte, brachte ich für diejenigen, die nunmehr auf der Gegenseite des Schreibtisches saßen und mich »beschimpften«, Verständnis auf. Das Verständnis nahm allerdings im Lauf der Jahre ab, da inzwischen Bilder an den Wänden hingen, die ihre machtvolle Sprache sprachen, eine viel machtvollere Sprache jedenfalls als die der Widersacher.

Doch immerhin, da war nun die Kunst der Generationen nach 1945, und zur ersten dieser Generationen gehörte ich selbst mit meinem Geburtsjahr 1920. Ich war also nahezu gleich alt wie Antoni Tàpies und Joseph Beuys, so daß es sich hier zumindest nicht um eine

Frage vorhandener oder mangelnder Progressivität handeln konnte, den einen zu lieben und den anderen nicht. Daß ich in den Augen der »Leute« als ein Mann der Klassischen Moderne angesehen wurde, also der Kunst lange vor meiner eigenen Generation, kann man angesichts all der Bilder, die da gekauft wurden – und zwar zu einer Zeit, als dies kaum noch möglich schien und daher um so faszinierender wirkte –, verstehen. Aber von Anfang an kamen eben doch auch Werke der eigenen Generation in die Sammlung, die damals »aktuell« waren, und die man bei der Abstempelung »Klassische Moderne« gern unterschlägt. Will man jedoch, da die Zeit ja immer weiterlief und in der Kunst immer wieder Neues kam, irgendwann, vielleicht schon heute, auch die Kunst zwischen Pollock und Tàpies – aber dann bitte auch Beuys! – für inzwischen »klassisch« halten, dann mag die Abstempelung einigermaßen akzeptabel sein, auch wenn sie nicht so gemeint ist; denn gemeint ist mit dem Wort natürlich die Kunst vor dem Zweiten Weltkrieg.

Man kann mir durchaus den Vorwurf machen, in meiner sammlerischen Praxis keinen Mut zum Risiko gehabt zu haben. Ein solcher Mut hatte für mich aus vielerlei Gründen keinen Wert. Allein die Tatsache, daß es sehr viele Kritiker waren, die ihn vermißten, beweist, daß es keines Mutes bedurfte, um das zu tun, was sie erwarteten. In einer Zeit, wo dem Neuen die Akklamation gewiß ist, bedarf es offensichtlich keines Mutes, »mutig nach vorn« zu sammeln. »Risikofreudiges« Sammeln ist heutzutage, anders als früher, risikolos. Ja, es könnte sogar mutiger sein, sich gegen diesen Trend zu stemmen, wofür ich mich selbst aber nicht beglückwünschen lassen will. Gegen Ende der siebziger Jahre habe ich unter der Überschrift »Mut zum Risiko?« einen einschlägigen Vortrag gehalten, in der Hoffnung, diesen in unserer Zeit schal gewordenen Begriff ein für allemal zu diskreditieren. Offenbar ist mir dies nicht so definitiv gelungen. Bei der Einführung meines Nachfolgers Armin Zweite legte Ministerpräsident Johannes Rau ihm vor allem Mut zum Risiko ans Herz. Das hörte ich ungern. Natürlich konnte ich von Rau nicht verlangen, meinen Vortrag, der 1980 im Druck erschienen war, zu kennen. Aber die Bilder, die den Ruhm der Sammlung begründeten, hätten diesen falschen Zungenschlag verhindern müssen. Setze ich allerdings den präsidentialen Lapsus in Relation zu den Verdiensten, die sich Rau für die Kunstsammlung Nordrhein-Westfalen erworben hat, dann ist er gering zu veranschlagen.

Um die Jahrhundertmitte wurde in Europa, vor allem aber in Amerika, ein neues Kapitel der Kunst aufgeschlagen. Noch zur Zeit der Gründung der Kunstsammlung Nordrhein-Westfalen war Amerika weit entfernt und wurde all das, was dort passierte, bei uns nicht, so wie heute, synchron zur Kenntnis genommen. Zum Beispiel kann ich mich nicht erinnern, daß der Unfalltod Jackson Pollocks 1956 bei mir einen Schock ausgelöst hätte, ganz anders als der Freitod Mark Rothkos 1970 oder der Unfalltod von David Smith 1965, diesem herrlichen Mann, mit dem ich noch kurz zuvor in einer riesigen New Yorker Diskothek an der Bar gesessen hatte. Man spürte: er war hier der »König«. Ich selbst war, wie jedermann, durch meine Generation und durch die sonstigen Bedingungen meines Lebens auch in künstlerischer Hinsicht bis zu einem gewissen Grad determiniert. 1932 war ich als eben erst Zwölfjähriger in die Schweiz gekommen. Durch Hitler war Deutschland in weite Ferne gerückt. Und in gewissem Maße auch die deutsche Kunst, ja selbst der deutsche Expressionismus, in dem ich in den ersten Nachkriegsjahren, völlig ungerechterweise natürlich, etwas von der Barbarei zu erkennen glaubte, die 1933 an die Macht gekommen war – eine Fehlsicht, die man heute nur begreifen kann, wenn man spürt und erlebt hat, wie es damals war. Schon während des Krieges und noch ein Jahrzehnt danach hieß mein persönliches Mekka Paris. Selbst die Künstler im Nachkriegsdeutschland orientierten sich ja anfangs nach Paris, bevor Amerika auf den Plan trat. In Hannover zeigte ich die führenden Maler der damals zeitgenössischen Ecole de Paris, einen nach dem anderen, und so klebte an mir noch in Düsseldorf, bis in die siebziger Jahre, das Etikett »Ecole de Paris«, zu einer Zeit, als das längst nicht mehr zutraf. Gegner meiner Museumsarbeit haben das während vieler Jahre bis zum Überdruß polemisch benutzt. Als mich einmal, es war wohl in den siebziger Jahren, der französische Bildhauer César in Düsseldorf besuchte und ich ihm sagte, daß ich dieses Image offenbar nicht loswürde, entgegnete er mir zu meiner Überraschung, ihm sei das völlig unbekannt, für ihn hätte ich das Image »Ecole américaine«. Offensichtlich hatte ich da unterdessen, wenngleich nicht in den Augen meiner vielen Gegner in Deutschland, eine Grenze überschritten. Aber auch das Image, das mir nun César andichtete, traf, wie jedes Image, nur partiell zu.

Ich sagte schon, daß manches von dem, was mich bei Kriegsende beeindruckt und was ich in Hannover gezeigt hatte, in der ersten Düsseldorfer Zeit noch in mein Museum überschwappte. So erwarb ich 1962, also im ersten Jahr, auf einer Auktion bei Roman Norbert Ketterer ein großformatiges Gemälde von Vieira da Silva mit dem Titel »Le métro aérien« (1955), vier Jahre nach meiner Ausstellung der Künstlerin in der Kestner-Gesellschaft. Mit diesem Ankauf ist ein kleiner Schwindel verbunden, den ich bis heute trotz seiner Harmlosigkeit nie eingestanden habe, ein Schwindel nach dem Motto: »Il faut corriger la fortune«. Ein

Maria Helena Vieira da Silva
Le métro aérien, 1955
160 × 220 cm

Vierteljahrhundert lang habe ich Besuchern oder Besuchergruppen, die ich durch die Museumsräume begleitete, erzählt, das erste Bild, das ich im Oktober 1962 gekauft hätte, sei der große kubistische Braque von 1912, »Stilleben mit Harfe und Violine«, gewesen. Das war eine bewußte Geschichtsfälschung, die sich beim Rundgang auch deshalb anbot, weil das Bild gleich im ersten Raum hing. In Wahrheit hatte ich schon ein paar Monate zuvor, noch vor meinem Amtsantritt in Düsseldorf, das Bild von Vieira da Silva ersteigert. Es eignete sich als die allererste Erwerbung bei weitem nicht so gut wie der Braque, und daher korrigierte ich die Wahrheit ein bißchen, fast dreißig Jahre lang. Allerdings wurde ich für diesen, wie ich finde, läßlichen Schwindel in viel späterer Zeit einmal bestraft, als die Düsseldorfer Kunstkritikerin Anna Klapheck, die Mutter des Malers, in einem ihrer Artikel daran erinnerte, meine erste Erwerbung sei das Bild von Vieira da Silva gewesen. Da stand es nun schwarz auf weiß, aber ich denke, den kleinen Schwindel hat dennoch niemand bemerkt, auch sie selbst nicht.

1962 Die Retrospektive der von mir damals sehr bewunderten Malerin wurde einer der ganz großen Ausstellungserfolge meiner hannoverschen Jahre. Auch heute noch scheint mir dieses ungewöhnlich große Gemälde in der malerischen und zeichnerischen Kühnheit der Vision eines ebenso realen wie phantastischen Raumes bedeutend zu sein, wenngleich ich nicht ganz sicher bin, ob ich es zehn Jahre später noch gekauft hätte – eine Relativierung, die so manchen anderen Ankauf eines zeitgenössischen Werkes nicht minder betrifft. Immerhin, bei diesem eindrucksvollen Gemälde ist die Bewunderung geblieben. Ich bin der Überzeugung, daß zahlreiche Künstler, die heute sowohl künstlerisch als auch kommerziell hoch gehandelt werden, dieser Malerin nicht das Wasser reichen können.

Sie war eine wunderbare Frau. Ich war ihr freundschaftlich verbunden, ebenso wie auch ihrem Mann, dem ungarischen Maler Arpad Szenes. Viele Jahre lang habe ich bei fast jedem meiner Aufenthalte in Paris die beiden in ihrem schönen, einfachen Haus an der Rue de l'Abbé Carton besucht, wo man sich mitten in Paris in einer stillen Oase fühlte. Das Haus mit dem kleinen, verwunschenen Garten, der es vom Atelier trennte, besaß einen überaus menschlichen Zauber, der meist durch Musik von Mozart oder Haydn erhöht wurde. Man sprach, wie dies bei den Künstlern meistens der Fall ist, von eher banalen Dingen, und dennoch herrschte da immer eine sehr spirituelle Stimmung. Ganz anders war es, wenn mir Vieira ihre Bilder zeigte: dann sprachen wir natürlich über die Bilder.

Die Innerlichkeit dieser Frau, aber auch ihre Würde und Autorität und ihr ganz und gar geistiger Habitus hielten die Menschen, auch mich, in einer gewissen Distanz, wie nah man sich ihr auch fühlen mochte. Arpad war viel munterer, voller Humor, und bildete so ein notwendiges Korrelat. Gerade wegen der Zerbrechlichkeit, die Vieira ausstrahlte, wirkte es befreiend, wie Arpad sich auf seine leise Art über sie amüsierte. Daß ihr Ruhm den seinen weit überstrahlte, schien ihn nicht zu irritieren, und auch nicht die Tatsache, daß ich ihretwegen ins Haus kam, und daß ich nicht ihn, sondern sie in Hannover ausgestellt hatte; und daß schließlich sie es war, die mit diesem großen Bild in der Kunstsammlung in Düsseldorf Einzug hielt.

Immerhin habe ich einmal meinen Besuch mit dem Wunsch angekündigt, mir die Bilder von Arpad anzusehen, gewiß aus Rücksichtnahme, aber auch aus Interesse. Er war ein sehr guter Maler, aber seine

Kunst war auch ein Beispiel dafür, daß noch so hohe malerische Qualität nicht alles ist. Es muß noch etwas da sein, das an die Nerven oder unter die Haut geht. Arpads Bilder waren einfach »nur« sehr gut, aber sie »sagten« nichts. Diesem Phänomen begegnet man in der Kunst nicht selten.

Die Rückkehr der Kunst Vieira da Silvas in ihre portugiesische Heimat konnte erst stattfinden, als dort das diktatorische System beendet war. 1970 fand in der Gulbenkian-Stiftung in Lissabon eine sehr große Retrospektive statt, an deren Eröffnung ich – und Vieira mit Arpad natürlich auch – teilnahm, gewiß auch deshalb, weil ich diese Stadt ganz besonders liebte.

1965 kaufte ich ein weiteres Bild von ihr, ein frühes von 1939, also noch aus der Vorkriegszeit, mit dem Titel »Les Drapeaux«. Ich vermute, daß dieser Kauf eine direkte Folge meiner Vieira da Silva-Ausstellung in Hannover war, denn von damals her war mir gerade dieses Bild stark im Gedächtnis geblieben. Und doch: warum habe ich es gekauft? Warum nur? Ich vermag es mir kaum zu erklären. Zunächst wollte ich

Maria Helena Vieira da Silva
Les Drapeaux, 1939
80 x 140 cm

vom Besitzer – es war Jean-François Jaeger, der die Galerie Jeanne Bucher leitete – ein anderes Bild kaufen, nämlich »La gare St. Lazare«. Aber er gab es nicht her, und ich machte den Fehler, mich mit dem Fahnenbild zu begnügen. Ich wußte, daß das nicht in Ordnung war, und so gehörte »Les Drapeaux« schon bald zu den vier oder fünf Bildern, die gekauft zu haben ich bereute. Konventionelle Fehler zu machen ist schlimm. Modische Fehler ebenfalls. Dies war ein ganz persönlicher Fehler, was aber nicht hindert, daß es ein Fehler war. Dreißig Jahre lang blieb es ein kleiner, permanenter Stachel in meinem Fleisch. Es hatte 65.000 DM gekostet. Auch wenn das nicht viel war, so war es doch zuviel.

1962 Es könnte sein, daß ich den Fehler vermieden hätte, wäre in diesem Jahr 1965 nicht so ungeheuer viel Geld in der Kasse gewesen. Man kann ja durchaus zuviel Geld haben, weil die Gefahr besteht, daß es einem etwas zu locker in der Hand liegt. In diese Situation war ich geraten, und so kam es zu ein paar bedauerlichen Irrtümern, wenn auch zum Glück nicht in der oberen Preisklasse.

Bissier

Von Anfang an war mir klar, daß ich einen Künstler in die Sammlung aufnehmen würde, mit dem ich mich künstlerisch und persönlich wie mit kaum einem anderen verbunden fühlte, den ich in den fünfziger und sechziger Jahren durchgesetzt hatte, und in dem ich auch heute noch einen der wenigen großen Maler der Jahrhundertmitte sehe. »Jahrhundertmitte« heißt, daß er trotz seiner Wurzeln in der Vorkriegszeit seinen Platz in der Nachkriegszeit hat, anders als sein Generationsgenosse Joan Miró, der wie er 1893 geboren wurde.

Schon in den ersten Monaten kaufte ich beim Künstler selbst zwei der zahlreichen kleinformatigen Arbeiten in Eiöltempera auf Leinwand, die er »Miniaturen« nannte. Die Wahl war schwer, denn es herrschte »embarras de richesse«, aber ich machte sie mir leicht, indem ich zwei besonders geliebte Bilder wählte, die ich wenige Jahre zuvor für die Titelseiten zweier kleiner Bissier-Bücher verwendet hatte, das eine im Piper Verlag erschienen, das andere bei Hatje.

Auf den stillen Maler hatte mich Anfang der fünfziger Jahre Max Bill in seinem damaligen, von ihm selbst erbauten Haus in Zürich-

Julius Bissier
22.XI.56, 1956
15 × 25,4 cm

Julius Bissier
A. 30. Sept. 62. 2. dunkle Ampel, 1962
17,1 × 26,6 cm

Höngg aufmerksam gemacht. Ich habe vergessen, warum ich ihm einen Besuch abstattete. Er zeigte mir einige Monotypien, die mich überhaupt nicht berührten. Schon vorher hatte ich gelegentlich in meinem Museum in Basel die Frau des Künstlers kennengelernt, Lisbeth Bissier, die im gemeinsamen Haus in Hagnau am Bodensee eine sehr renommierte Handweberei betrieb. Von der Kunst ihres Mannes ahnte ich damals noch nichts. Das änderte sich 1956. Da hingen im deutschen Pavillon der Biennale Venedig ein paar große Tuschen von Bissier, die mich außerordentlich beeindruckten. Sie überragten alles, was da an sonstiger »informeller« Kunst aus Deutschland gezeigt wurde. Ich erwog, ihm in der Kestner-Gesellschaft eine Ausstellung zu widmen. Bald darauf besuchte ich ihn in Hagnau und war von dem, was er mir zeigte, überwältigt.

Dieser erste Besuch bei Bissier ist mir unvergeßlich geblieben. Ich fuhr mit der Bahn nach Meersburg und mit dem Bus weiter nach Hagnau. An der Haltestelle erwartete er mich: ein etwas rundlicher, gedrungener, nicht eben großer Mann, auf dessen weißem Jackett – das war das erste, was mir auffiel – zahllose feine Haarschnipsel lagen. Mir war das etwas unangenehm. Offenbar kam er gerade vom Friseur. Beim Gehen brummelte er Alemannisches vor sich hin, und ich dachte mir, der Kontakt mit ihm könnte schwierig werden, zumal er selbst »schwierig« wirkte, was er ja auch war. Schon nach wenigen Sätzen meinerseits zeigte er sich enttäuscht, daß ich nicht »Baseldytsch« sprach. Er hatte wohl von seiner Frau, die sich, wie er mir sagte, gerade auf einer Messe in Frankfurt aufhielt, gehört, daß ich in Basel zu Hause war. So zogen wir zuerst einmal in ein Café, nahmen eine gehörige Portion Kuchen zu uns, und von da ging es weiter in sein Haus. Ein wunderbares, sehr großes Haus aus dem späten siebzehnten Jahrhundert, in einem herrlichen badischen Bauerngarten gelegen, direkt am See. Dort befand sich auch die Handweberei seiner Frau. Ich weiß nicht mehr, wie viele Angestellte sie zu jener Zeit noch hatte. Daß sie nicht da war, bedauerte ich sehr, denn die Anwesenheit einer Frau macht alles leichter. Mir jedenfalls. Bei einem ihrer Besuche in Basel hatte ich ihr im Museumsdepot koptische und altperuanische Textilien gezeigt. Es bestand also bereits eine freundliche Verbindung. Aber anwesend war die Hausangestellte, die wir – meine ganze Familie – bald ins Herz schlossen. Irgendwann flüsterte Bissier mir zu: »Die Anne hat Sie akzeptiert.« Das war offenbar wichtig.

1962 Bissier zeigte mir zunächst nur die schwarz-weißen Tuschen, von den »Miniaturen« wußte ich noch nichts. Die Tuschen überzeugten mich sofort davon, daß dies ein großer Maler war. Ein großer, unbekannter Maler. Ich glaubte, daß die Welt dies verstehen werde. Irgendwann sagte er mir, fast etwas schüchtern, er mache seit einiger Zeit kleinformatige Bildchen, die er »Miniaturen« nenne; für eine Ausstellung seien sie sicher zu klein, aber er könne sie mir ja einmal zeigen. Schon nach der Betrachtung einiger Arbeiten erklärte ich ihm, dies sei für mich ein ganz unglaubliches Erlebnis, und das werde seine Kunst auch für viele andere Menschen sein; er werde mit seiner Ausstellung in Hannover einen gewaltigen Erfolg haben, Ausstellungen in der ganzen Welt würden folgen, und er müsse damit rechnen, in Zukunft sehr viel Geld zu verdienen. Dies alles klang für ihn vollkommen unglaublich, da er die Hoffnung auf Erfolg längst aufgegeben hatte. Ein Vierteljahrhundert lang hatte er für die Handweberei seiner Frau die Buchhaltung besorgt, Tag für Tag, unter peinvoller Vergewaltigung seines Naturells: ein schreckliches Leben! In diesem Vierteljahrhundert hatte er ein einziges Mal etwas verkauft, eine Monotypie, und bis ans Ende seines Lebens hat er nie erfahren, wer der Käufer gewesen war: es war seine Frau, die ihm das Gefühl geben wollte, daß es zumindest einen Menschen gab, der sich für seine Kunst interessierte. Tatsächlich kamen Verkäufe schon am Eröffnungsabend der Ausstellung in Hannover, die dann durch mehrere deutsche Städte wanderte. Und Ausstellungen kamen sofort auch jenseits der Grenzen, was damals für einen deutschen Künstler noch nahezu unmöglich war, eine Ausstellung sogar in Holland, im Gemeente Museum Den Haag, und eine andere im Museum von Tel Aviv – ausgerechnet in zwei Ländern, die Grund hatten, auf die Deutschen schlecht zu sprechen zu sein. Bissier blieb auch für lange Jahre der einzige lebende deutsche Künstler, der Ausstellungen in den großen Museen Amerikas hatte, eine erste Tournee schon 1963, die zweite kurz nach seinem Tod, von San Francisco bis ins Guggenheim Museum wandernd, dessen damaliger Leiter Tom Messer ein großer Bewunderer Bissiers geworden war. Will Grohmann, zu jener Zeit einer der führenden Kunstschriftsteller in Deutschland, schrieb von der größten Erfolgsstory der Nachkriegszeit neben Nicolas de Staël.

Mich selbst verband mit »Jules«, wie ihn die Freunde nannten, und wie er selbst auf viele seiner Bilder schrieb, eine immer enger werdende

Freundschaft, die die letzten sieben Jahre seines Lebens andauerte. Er starb 1965 in Ascona. Die Nachricht von seinem plötzlichen Tod erreichte mich in Ljubljana, wo ich an der Jury der Graphikbiennale teilnahm. Nach einer wahren Odyssee kam ich gerade rechtzeitig in Ascona an, um auf dem dortigen verwunschenen Friedhof eine kleine Rede zum Gedenken an den Künstler zu halten. Ungefähr ein Vierteljahrhundert später geriet ich erneut in eine solche Lage, als man mich in Bellinzona während der Trauerfeier für seine Frau Lisbeth, mit der ich immer eng befreundet geblieben war, einige spontane Worte des Gedenkens zu sprechen bat.

Um Bissier ist es stiller geworden, verständlich angesichts all dessen, was seither in der Kunst aufgekommen ist: da hat diese unendlich leise, unendlich spirituelle Stimme nur noch eine geringe Chance. Ich bin überzeugt, daß sich das ändern wird. Bissier wird durch den hohen Rang seiner Kunst das meiste von dem, was seither Furore macht, überdauern. Allerdings glaube ich, daß seine Bedeutung vor allem in den Tuschen liegt, die in den drei Jahrzehnten seit den frühen dreißiger Jahren entstanden sind. Auch er selbst hat mir oft gesagt, er sehe in den Tuschen das Eigentliche, das Wesentliche, was er zu sagen habe. Die farbigen »Miniaturen« waren sein Alterswerk und müssen als solches gesehen werden. Unter ihnen gibt es immer wieder wunderbare Arbeiten, gleichrangig neben den besten Tuschen, aber doch seltener. Das ihm gefügigste Medium war das Papier, und das heißt: die Tuschen und auch die farbigen Aquarelle mit den ihnen eigenen Qualitäten der Fluidität und der Transparenz, auf die es ihm so sehr ankam. Ich habe darum 1978 einen großen Band ausschließlich mit Arbeiten auf Papier im Propyläen Verlag veröffentlicht, vier Jahre nach der umfassenden Monographie über Bissier, die bei DuMont erschienen war.

Noch einmal zum Thema »Mut zum Risiko«: könnte es nicht »mutiger« sein, bekennerisch und gewissermaßen ungeschützt auf einen Künstler zu setzen, so wie dies hier geschah, als all die »Newcomer« zu rühmen und zu sammeln, die von den Kunstmagazínen allüberall gepriesen werden? Ich erlebte dasselbe ja noch ein zweites Mal, nämlich bei dem Maler Bruno Goller. Und selbst bei Emil Schumacher war es lange Zeit ähnlich. Dies alles war nie eine Frage des Mutes, sondern eine Frage der Überzeugung. Aber wenn man schon Mut fordern zu sollen meint, dann könnte dies ins Feld geführt werden. Ich selbst lege keinen Wert darauf.

1962 In der Kunstsammlung hatten Papierarbeiten keinen Platz. Es blieb zunächst bei den beiden Miniaturen, und später erwarb ich, wiederum von ihm selbst, ein – wie er es zu nennen pflegte – »Großformat«, ca. 45 × 60 Zentimeter groß. Der Entschluß fiel mir nicht ganz leicht, denn auch die besten dieser »Großformate« sind den besten »Miniaturen«

Julius Bissier
23. Juli 62 Ca'Rondine, 1962
45,2 × 59 cm

unterlegen. Er litt darunter, daß es ihm kaum gelang, den spirituellen Zauber der »Miniaturen« in die größeren Formate zu übertragen, was er sich mit dem Umstand erklärte, daß er hier etwas »wollte«, während er doch dem Ideal des Ungewollten anhing.

Nachdem Bissier mit seinem überwältigenden Erfolg in Hannover und in all den Ausstellungen danach sehr viel Geld verdient hatte, bemühte sich seine Frau, ein passendes Haus im Tessin zu finden. Bissier liebte das Tessin seit 1957 und liebte besonders die kleine Ortschaft Ronco hoch über dem Lago Maggiore, in der Nähe von Ascona. In Ascona fand seine Frau ein kleines, sehr einfaches, völlig anspruchsloses Haus, das sie nur wenig umbauen und aufs einfachste möblieren ließ. Dazu gehörte ein schöner Garten. Als ihr Mann das fertige Haus zum ersten Mal betrat, wußte er sofort: hier will ich sein! Und so lebte er dort die letzten vier, fünf Jahre seines Lebens, von 1961 bis Juni 1965.

Es waren glückliche Jahre, aber er war kein glücklicher Mensch. Auch hier, in der südlichen Sonne, verfolgten ihn die dunklen Ängste, die ihn sein Leben lang quälten, und die den Hintergrund seiner Kunst bilden. Es waren in diesen Jahren, nach dem Krieg und den Sorgen der Nachkriegszeit, eingebildete Ängste, aber sie waren insofern real, als er ihnen ausgeliefert war. Ja, sie waren sogar, wie ich glaube, eine wesentliche Antriebskraft seiner Produktivität: er brauchte sie.

Er war ein Leidender, ein lebenslang Gequälter. Aber natürlich gab es auch heitere Momente, die man bei ihm um so mehr genoß, als sie selten waren. Dann und wann erlebte ich es, daß er, wenn man zusammensaß, in Schweigen versank, sich plötzlich erhob und das Zimmer verließ. Nach ein paar Minuten kehrte er zurück, legte an der Tür die Hand an die Baskenmütze – mehr Barett als Baskenmütze –, die er immer auf dem Kopf trug, und sagte fast unhörbar: »Danke!« Ihm war während des Gesprächs plötzlich ein Einfall gekommen, durch den eine Miniatur, die in seinem Atelier auf dem Maltisch lag, vollendet wurde. 1962

Über diesem Atelier, das eigentlich kein Künstleratelier, sondern ein schlichter, sehr sachlich eingerichteter Arbeitsraum war, lag ein großer Zauber, was ihn aber nicht hinderte, ihm einen derben Namen zu geben. Er nannte es gelegentlich seinen »Locus pocus«.

Durch Ausstellungen, durch die Publikation von Büchern und Aufsätzen, kurzum durch ein großes, unablässiges Engagement meinerseits kam es dazu, daß Bissier der Kunstsammlung Nordrhein-Westfalen einen großen Teil seines Nachlasses vermachte, einerseits Bilder und Tuschen von höchster Qualität, andererseits aber auch »Entwicklungsarbeiten« aus den Anfangsjahren der Tuschen und der Tempera-Bilder, die dadurch, daß sie in den Besitz des Museums gelangten, aus dem Verkehr gezogen werden sollten. Sie sollten nach der Vorstellung des Künstlers nie öffentlich gezeigt werden. Es bestand der Gedanke, einen größeren oder geringeren Teil der Sonderkollektion Bissier, sobald die Kunstsammlung einmal ihren Neubau beziehen würde, permanent zu zeigen. Das erwies sich insofern als schwierig, als das Licht wegen der vielen Papierarbeiten – ebenso wie ja auch in der Klee-Sammlung – gedämpft sein mußte, was die Präsentation inmitten der anderen, hell erleuchteten Räume für den Besucher – auch für mich selbst – unglücklich machte. Eine glückliche Lösung ist bis heute nicht gefunden worden, außer temporär während der schönen Ausstellung, die die Kunstsammlung Nordrhein-Westfalen 1993, also nach meinem Weggang, zum hundertsten Geburtstag des Künstlers veranstaltete.

Die Bissier-Sammlung wurde erstmals 1970 in einer Ausstellung des Düsseldorfer Kunstvereins gezeigt. Im übrigen wanderte sie viele Jahre lang, genauso wie auch die Klee-Sammlung, in viele Museen der ganzen Welt.

1963 Dubuffet

Jean Dubuffet war zweifellos einer der großen Maler der Jahrhundertmitte. Ich habe vergleichsweise lange gebraucht, um das zu erkennen. Schon seit 1946 sah ich die legendären Ausstellungen bei René Drouin in Paris und hielt es für puren Snobismus, diesen Künstler ernst zu nehmen. Das war ein großer Irrtum, den ich übrigens in meiner Rede zur Eröffnung meiner Dubuffet-Ausstellung in Hannover 1960 dem staunenden Publikum freimütig gestanden habe. Ich meine, daß solche Irrtümer zum Leben mit der Kunst gehören, sowohl sie zu begehen, als auch sie je nachdem zu korrigieren. Das sind natürliche, ja sogar notwendige Prozesse, sofern man nicht zu denen gehören will, die lediglich

Jean Dubuffet
Paysage d'airain, 1952
195 × 129,5 cm

auf das hören, was andere sagen. Dieses »Sehen mit den Ohren« ist ja weit verbreitet, bedauerlicherweise auch in der Museumswelt. Ich habe oft die Meinung geäußert, zum Grundrüstzeug der Museumsleute müsse Ohropax gehören.

Nun also der erste Dubuffet in der Sammlung: »Le Paysage d'airain« aus dem Jahr 1952. Er kam aus der Sammlung Dotremont in Brüssel, die 1961, also noch bevor ich mein Amt antrat, im Kunstverein in Düsseldorf ausgestellt war. Dort muß ich dem Bild begegnet sein, als ich gelegentlich zu Verhandlungen von Hannover anreiste. Es gehört zu einer Gruppe von Landschaften, die der Künstler »Paysages du mental« nannte, und von denen ich die ersten wohl bei dem Sammler Elie de Rothschild in Paris gesehen habe. In meiner hannoverschen

Ausstellung hatte ich diese Bilder ganz besonders geliebt, und so war ich glücklich, eines von ihnen in der Kölner Galerie Dr. Werner Rusche erwerben zu können, zum Preis von 125.000 DM.

Mit dem Bild ist eine kleine Geschichte verbunden. Eigentlich eine schreckliche Geschichte, die dann aber schnell ihren Schrecken verlor. Ich hatte es 1964 an die Documenta in Kassel ausgeliehen, unter größten Vorsichtsmaßnahmen, da die Malerei aus einer harten Paste besteht, deren Natur mir der Künstler übrigens einmal in Paris, als ich mich neugierig danach erkundigte, verheimlichte: er wolle das als Geheimnis behandeln, sonst machten es ihm bald alle nach. Nach Schluß der Documenta kam das Bild zurück, allem Anschein nach unbeschädigt. Aber vielleicht hatte sich doch, unsichtbar für das Auge, irgend etwas gelockert, denn nach einigen Wochen hörten die Aufseher plötzlich einen dumpfen Schlag, und als sie sich umdrehten, sahen sie, daß aus der Bildfläche ein mehr als handgroßes Stück herausgebrochen und zu Boden gefallen war. Zum Glück war nichts zerbröckelt. Es war ein solides Stück Bildkruste, das wie bei einem Puzzle wieder eingesetzt wurde, ohne daß die Bruchstelle erkennbar blieb.

Daraus war eine Lehre zu ziehen. Es kann immer passieren, daß ein Bild, das man irgendwo zur Verfügung gestellt hat, nach langer Zeit Schäden offenbart, die bei der Ausleihe entstanden und bei der Rückkehr nicht zu bemerken waren. Derartige Spätschäden können je nachdem, anders als bei dem Dubuffet, sehr übel sein, und dann ist es längst zu spät, sie bei der Versicherung anzumelden. Gegen solche Gefahren, auch wenn sie nicht allzu groß sein mögen, ist kein Kraut gewachsen, es sei denn, man erläßt ein absolutes Ausleihverbot, wie manche Museen dies tun. Täten es viele, dann käme das Ausstellungswesen in aller Welt zum Erliegen. Man kann sich allerdings durchaus fragen, ob dies ein großes Unglück wäre in einer extrem mobilen Welt. Warum sollen die Kunstwerke reisen, wenn die Menschen reisen? Und wenn die Menschen es vorziehen, an die Millionenstrände Mallorcas oder Madeiras oder der Malediven zu reisen, warum soll man sie dafür nicht »bestrafen«, indem man die Kunstwerke dort läßt, wo sie sind, und wohin die Leute ja, anstatt nach Mallorca usw., hätten reisen können, also gemäß der brutalen Alternative: entweder Sonne oder Kunst? Nun, der Ausstellungsbetrieb läuft weltweit auf Hochtouren, aber irgendwann wird das ein Ende haben, und so plädiere auch ich vorläufig für die Mobilität der Kunst.

1963 Bei dem erwähnten Besuch übrigens fragte ich Dubuffet, warum er in immer neuen, sich stilistisch radikal voneinander unterscheidenden Schüben male. Er antwortete, das habe eine ganz einfache Ursache. Er habe immer das Gefühl, sich mit seiner Kunst auf einer einsamen Insel aufzuhalten, aber es dauere nicht lange, dann kämen andere Leute auf diese Insel, die sich seine Art der Malerei aneigneten, so daß er schnellstens auf einer anderen unbekannten Insel Zuflucht suchen müsse – bis auch dort die Ruhe zu Ende sei. Das war eine Selbststilisierung, die mir recht gut gefiel. Allerdings hat er sich schließlich nicht mehr auf diesen steten Wandel eingelassen. In den letzten Jahrzehnten seines Lebens, also seit der »Hourloupe«-Serie, hielt er sich, wenngleich es natürlich weiterhin Wandlungen gab, auf ein und derselben »Insel« auf. Er war ruhiger geworden. Er war älter geworden.

Er war ein sehr eigenartiger Mann, Weinhändler, wie man weiß, bevor er Maler wurde. Eigenartig vor allem in seiner äußeren Erscheinung. Mir kam es so vor, als sei er für einen Künstler fast zu intelligent. Das ist natürlich falsch gesagt und könnte auf einem leicht romantischen Bild vom Künstler beruhen. Es hat nie gestimmt, und in unserer Zeit stimmt es weniger denn je. Naiv müssen die Künstler wahrhaftig nicht sein. Aber wie oft ist es gerade bei den großen Künstlern ein Kern von Naivität, durch den sie das sind, was man früher »schöpferisch« nannte. Diesen »naiven« Kern habe ich in Dubuffets Kunst nie entdekken können, am allerwenigsten in den wunderbaren Bildern, die bewußt mit dem Naiven spielen. Aber wenn ich an den Mann zurückdenke, dann könnte es doch sein, daß auch da – in seinem Lachen, in seinem Grinsen – das Kind zu erkennen war, das ungezogene Kind.

Sehr kunstfern kam mir damals vor, daß er sein eigener Archivar war. Das Archiv war in einem Sonderraum seines Hauses an der Rue de Vaugirard untergebracht und wurde dort von ein oder zwei Angestellten aufs peinlichste betreut und ständig fortgeführt. Angesichts der ungeheuren Produktivität des Künstlers und der Tatsache, daß seine Werke schnell in alle Welt gingen, war dies immerhin äußerst nützlich, zum Beispiel wenn es darum ging, eine Ausstellung zusammenzustellen. Ein Archiv ist kein Argument gegen Genie. Man bedenke, daß auch Paul Klee zeitlebens einen Œuvre-Katalog geführt hat, in dem er alles notierte, handschriftlich und ohne Assistenten. Sogar ein eingefleischter Dadaist wie Kurt Schwitters numerierte seine Collagen von Anfang an, ein ganzes Leben lang.

Bei Robert Elkon in New York, einem guten, allzu früh gestorbenen Freund, kaufte ich »meinen« zweiten Dubuffet: »Les dimanches ensoleillés« von 1947, eine dieser dunklen Landschaften mit hohem Horizont und eingeritzten Wegen und Häusern und einer großen Figur, alles in der Art von Kinderzeichnungen. Sechs Jahre nach dem ersten Ankauf mußte für dieses ähnlich große Bild bereits mehr als das Doppelte be- 1963

Jean Dubuffet
Les dimanches ensoleillés, 1947
146,5 × 115,5 cm

Jean Dubuffet
René Drouin mains ouvertes, 1946
110 × 88 cm

zahlt werden. So schnell veränderte sich der Markt, während das jährliche Budget dort stehenblieb, wo es immer stand: bei zwei Millionen Mark. Das sollte sich allerdings bald, wenn auch nur vorübergehend, ändern.

Nach weiteren fünf Jahren kam es zum dritten Dubuffet in der Sammlung, wobei daran zu denken ist, daß inzwischen immer wieder auch andere Bilder des Künstlers angeboten worden waren. Der Rückblick auf die abgelehnten Bilder wäre selbstverständlich viel üppiger als der auf die gekauften, und er wäre zweifellos nicht minder spannend. Der durch diese Erinnerungen erweckte Eindruck, mein berufliches Leben habe sich mehr oder minder auf den Ankauf einiger weniger Kunstwerke pro Jahr beschränkt, mißfällt mir zwar nicht, ist aber weit von der Wahrheit entfernt: das tägliche Brot bestand in all den vielen Bildern, die nicht das Rennen machten, und damit auch, und das war das Schöne, in all den vielen Kontakten, die damit verbunden waren.

So kam also 1976 das dritte Bild von Dubuffet ins Haus. Mich besuchte in meinem Büro unangemeldet ein junger, unbekannter Kunst-

1963 händler aus Paris. Seinen Namen, Baudouin Lebon, kannte man erst später, als er in der Nähe des Centre Beaubourg eine Galerie eröffnete. Er kam, um mir einen Dubuffet zu zeigen, den er gleich mitgebracht hatte. Wenn ich nicht irre, hatte er ihn im Auto gelassen. Er brachte ihn herauf, und es war ein Porträt des Pariser Kunsthändlers René Drouin. Natürlich war es nicht einfach ein Porträt, sondern eben ein Dubuffet, und zwar von 1946. Ich beschloß sofort, das Bild zu kaufen, worüber Baudouin Lebon überaus glücklich war. Erst nach Jahren sagte er mir einmal, es sei für ihn ganz unglaublich gewesen, an ein Museum innerhalb weniger Minuten ein kostbares Bild für 435.000 DM zu verkaufen. Und dann noch an ein so prominentes! Er selbst sei doch damals völlig unbekannt gewesen. Es habe ihn auch sehr verwundert, daß ich keinerlei Garantien hätte haben wollen und mich auch nicht weiter nach den Umständen seiner Galerie erkundigt hätte. Offenbar habe es genügt, daß ich von dem Bild angetan war. In der Tat, so war es gewesen.

Erstaunlich ist, daß das Porträt dem Porträtierten ähnlich ist. Ich habe Drouin häufig gesehen, schon bei seinen frühen Dubuffet-Ausstellungen an der Place Vendôme und dann an der Rue Visconti auf der Rive Gauche, und ich habe mich oft mit ihm unterhalten. Ich kannte ihn als einen liebenswürdigen Herrn mit Schnurrbart. Diesen Schnurrbart hat Dubuffet aus einer aufgeklebten Schnur gebildet, ohne ahnen zu können, daß dies den letzten Käufer des Bildes, nämlich mich, zu dem Kalauer anregen würde, daß dies ein »Schnur-Bart« sei. Na ja!

Und dann also 1988, nach einer Pause von zwölf Jahren, der vierte Dubuffet, der früheste in der Sammlung: »Jazz-Band Chicago« von 1944. Ich sah das herrliche Bild in der Galerie Gmurzynska in Köln. Der Preis von 1.750.000 DM zeigt, daß inzwischen auch dieser Maler in die Kategorie der Olympier aufgestiegen war. 1988 war es nicht mehr leicht, einen solchen Preis zu bezahlen. Fast der ganze Jahresetat wurde davon aufgebraucht. Ich tröstete mich damit, daß Werke von Dubuffet bereits wesentlich höhere Preise erzielt hatten, und ich tröstete mich mit dem Bild selbst.

Schön wäre es gewesen, auch die beiden anderen Jazz-Bands, die Dubuffet 1944 gemalt hat, in der Sammlung zu haben: die ganze Gruppe! Ein unerfüllbarer Traum!

Mit diesem Ankauf war Dubuffet der einzige Künstler der Nachkriegsgeneration, der in der Sammlung mit vier Werken präsent war. Er blieb es bis zum Ende meiner Amtszeit, das allerdings nur noch zwei Jahre entfernt lag.

Die Galerie Gmurzynska kann ich nicht nennen, ohne Antonina Gmurzynskas zu gedenken, die viel zu früh gestorben ist. Sie hatte eine Zeitlang ihre Galerie gemeinsam mit Kenda Bargera. Nicht lange nach

Jean Dubuffet
Jazz Band Chicago, 1944
100 × 120 cm

der Eröffnung bat mich Heinz Kühn, der nordrhein-westfälische Ministerpräsident, der Galerie, deren Namen ich von ihm zum ersten Mal hörte, einen Besuch abzustatten, wenn ich einmal in Köln sei. Ich tat ihm den Gefallen und klingelte an der Galerietür, und da stand vor mir die eine der beiden Inhaberinnen, Antonina Gmurzynska, und sagte, als ich meinen Namen genannt hatte: »Oh! Ich bin ja so glicklich.« »Glicklich« mit i! Damit war ich schon erobert. Es begann eine freundschaftliche Beziehung, die auch dazu führte, daß ich dort einmal eine Rede zur Eröffnung einer Ausstellung über die Avantgarde der zwanziger Jahre hielt. Die Rede benutzte ich später, 1977, als Grundlage für meine Rede zur Eröffnung der Berliner Festwochen, in deren Zentrum eine große, sich über mehrere Institute erstreckende Ausstellung »Tendenzen der zwanziger Jahre« stand. Schauplatz dieser Eröffnungsfeier war die Akademie der Künste. Nach Antoninas Tod ging die Freundschaft auf ihre Tochter Krystyna über. Die Galerie entwickelte sich zu einer der erfolgreichsten in Deutschland, spezialisiert auf die Avantgarde vor dem Zweiten Weltkrieg und besonders auf die Künstler und Künstlerinnen der frühen Sowjetunion.

Ein weiteres Wort noch zu Dubuffet. Wie man weiß, war er ein großer Bewunderer der »Irrenkunst«. Er bewunderte sie weit mehr als die »hohe« Kunst seiner Zeitgenossen und legte von ihr eine bedeu-

1963 tende Sammlung an, die später den Grundstock des »Musée de l'Art brut« in Lausanne bildete. Viele Jahre gab er die Zeitschrift »L'Art brut« heraus. Diese Hinwendung zur Bildnerei der Geisteskranken hatte seit Hans Prinzhorns berühmtem Buch dieses Titels Tradition, vor allem in der deutschen Geistes- und Kunstgeschichte. Auch Klee war davon stark berührt worden. Ich selbst empfand, bei aller Einsicht in die geistige Kraft der Erzeugnisse und in ihre bedeutende Wirkung auf die modernen Künstler, starke Widerstände. Ich erinnere mich, daß ich das Musée de l'Art brut in Lausanne gelegentlich mit einem Gefühl der Erleichterung verließ, nach einer unbehaglichen Stunde unter »kranken«, unbefreiten Kunstäußerungen. Der frische Wind im Freien wirkte wie ein Gesundbrunnen.

Tobey

Die ersten amerikanischen Maler, die mir, so wie vielen anderen Menschen in Europa auch, nach dem Krieg vor Augen traten, waren Mark Tobey und Sam Francis. Beide hat man in den Vereinigten Staaten immer als europäischer empfunden als Pollock und dessen Generationsgenossen, zu denen auch Sam Francis zählte, während Tobey wesentlich älter war. Schon in meiner Basler Zeit lernte ich ihre Kunst kennen. Das war noch vor der berühmten Ausstellung amerikanischer Kunst, die Arnold Rüdlinger 1958 in der Basler Kunsthalle veranstaltete, und durch die die neue amerikanische Künstlergeneration für Europa »entdeckt« wurde. Ich selbst hatte Basel längst verlassen, als Tobey 1960 dorthin übersiedelte, um bis zu seinem Tod 1976 in einem alten Patrizierhaus Wohnsitz zu nehmen, in nächster Nähe der Galerie Beyeler, die ihn vertrat. Ich habe ihn dort ein einziges Mal besucht, wobei es aber zu keinem wirklichen Kontakt kam, zumal ich damals noch so gut wie kein Englisch sprach, er selbst sich aber nur in seiner Sprache verständigen konnte. Ich könnte auch nicht sagen, daß er mich als Person stark beeindruckt hätte: er blieb mir sehr fremd. Künstlerisch habe ich mich im Lauf der Jahre mehr und mehr von ihm entfernt. Die Achtung gegenüber seiner Kunst blieb immer bestehen.

1963 erwarb ich bei Beyeler eine besonders schöne Tempera-Arbeit auf Papier mit dem Titel »Shadow Spirits of the Forest«, die eben erst entstanden war. Aber wie sehr sie mir auch gefiel und auch heute noch gefällt, ich bin sicher, daß ich das Blatt schon wenig später nicht mehr gekauft hätte, da ich Arbeiten auf Papier aus dem Sammelprogramm ausschied. Ich wollte ganz einfach mit meinem Sammeln nicht ins Uferlose geraten. Außerdem erwies es sich als sehr schwierig, diese Arbeit von Tobey zu hängen, da sie sich als »paper work« und vor allem auch wegen des unvermeidlichen Passepartouts neben all den gerahmten Gemälden nicht wohl fühlte: es sah einfach nicht gut aus und war daher weniger eine Frage des Prinzips als der Präsentation. Aber das merkte ich erst nach einigen Jahren, da ja die Bilder allesamt zunächst in Ermangelung von Raum und Wänden nur gehortet wurden. 1963

Zwei Jahre später zeigte man mir gelegentlich in Tobeys New Yorker Galerie, der Willard Gallery an der Madison Avenue, ein größeres Bild des Malers, das den Titel »Plane of Poverty« trug. Ich glaube auch heute noch, daß dies ein wunderbares Bild ist, obschon sich die Bedeutung Tobeys für mich im Lauf der Jahre relativiert hat. Tobey schien mir immer dort am besten zu sein, wo seine Bilder mit einer »all-over«-Struktur bedeckt sind, sehr durchlichtet, sehr raumhaltig, ohne daß einzelne individuelle Formen hervortreten. Zu diesem Typus gehörte das Bild, das nun erworben wurde. Warum er es »Tafel der Armut« genannt hat, weiß ich nicht, und ich habe auch nicht daran gedacht, ihn danach zu fragen. Ich sehe da viel mehr Reichtum als Armut, sowohl

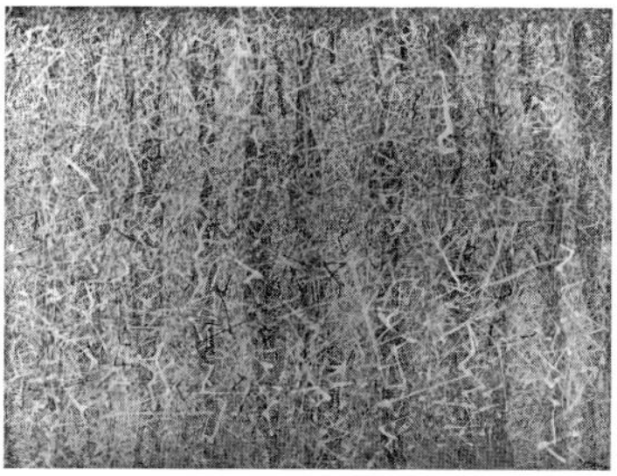

Mark Tobey
Shadow Spirits of the Forest, 1961
48,4 × 63,2 cm

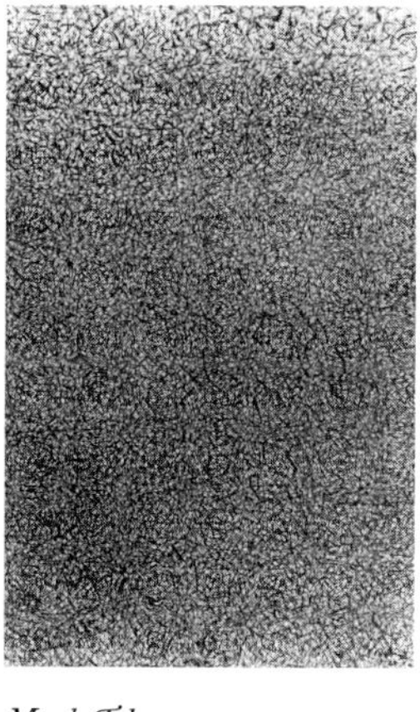

Mark Tobey
Plane of Poverty, 1960
186 × 112 cm

 in der künstlerischen Sprache als auch im Geistigen. Vielleicht verdankt sich der Titel dem gedämpften Tonfall des Bildes, das trotz seines malerischen Reichtums nichts von Luxus an sich hat: es geht um Geistiges, wie immer das zu verstehen sein mag. Bei einem Künstler wie Jackson Pollock, der mehr als zwanzig Jahre jünger war, würde man kaum vom »Geistigen« sprechen. Bei Tobey ging es durchaus noch um »Das Geistige in der Kunst«, wie Kandinsky es einst genannt hatte, und so empfindet man es als ganz natürlich, daß dieser Amerikaner in Europa lebte, nach den frühen, intensiven Berührungen mit dem Fernen Osten, die für ihn so große Bedeutung gehabt hatten.

1964 Sam Francis

Der erste Sam Francis, den die Kunstsammlung erwarb, kam von dem belgischen Sammler J. B. Urvater. Ein schönes frühes Bild mit den für die fünfziger Jahre charakteristischen molluskenhaften, fast die ganze Bildfläche bedeckenden Formen. Die große Sam Francis-Retrospektive, die man 1993 in der Bonner Bundeskunsthalle durchführte, bestätigte mit nicht zu überbietender Klarheit, daß dieser Maler seine überragenden Bilder in den frühen bis mittleren fünfziger Jahren gemalt hatte. Danach folgte ein allmählicher künstlerischer Abstieg, wie bei so vielen anderen auch.

Ich habe um jene Zeit, zusammen mit Francis' europäischem Galeristen, dem Auktionator Eberhard Kornfeld in Bern, den Künstler in seinem Pariser Atelier besucht, als er an den drei großen Gemälden für das Treppenhaus der Basler Kunsthalle arbeitete, wo die Bilder leider nicht lange bleiben konnten. Er stand bei unserer Visite hoch oben auf einem Gerüst und blieb dort auch. Viel später erst fühlte ich mich Eberhard Kornfeld – »Ebi«, wie wir alle ihn nennen – freundschaftlich verbunden. Das hohe Niveau seiner Auktionen ist weltweit allzu bekannt, als daß es hier gerühmt werden müßte. Sam Francis habe ich irgendwann einmal in seinem Atelier in Venice, dem Vorort von Los Angeles, aufgesucht, was eigentlich kaum erwähnenswert ist, da ich daran keine besonderen Erinnerungen habe. Er selbst gefiel mir gut, ebenso wie auch seine damalige japanische Frau, aber von den Arbeiten, die er mir zeigte, war ich nicht sehr begeistert, was möglicherweise zum Teil dem Umstand zuzuschreiben war, daß sie wild auf dem Bo-

den herumlagen. Das habe ich, allerdings mit gegenteiligem Effekt, 1964
auch bei anderen Künstlern erlebt, öfters zum Beispiel bei Antoni Tàpies auf dem Schmuddelboden seines Ateliers in Barcelona.

Fast zehn Jahre nach dem ersten Ankauf erwarb ich ein zweites Bild von Sam Francis, das dieselbe Struktur zeigt, nun aber in Weiß, und von 1952 stammt. Das wunderbare Bild wurde von der Gesellschaft der Freunde der Kunstsammlung gestiftet.

Verkäufer war der Düsseldorfer Kunsthändler Alfred Schmela, der zu seiner Zeit einen nicht unbeträchtlichen Einfluß ausübte. Er hatte große Meriten mit seinen frühen Ausstellungen von Tàpies, Yves Klein, Joseph Beuys, den Künstlern der Gruppe ZERO und anderen. Meine Beziehung zu ihm war sehr herzlich, aber man kann gewiß nicht sagen, daß wir immer konform gingen. Er schätzte viele Künstler hoch,

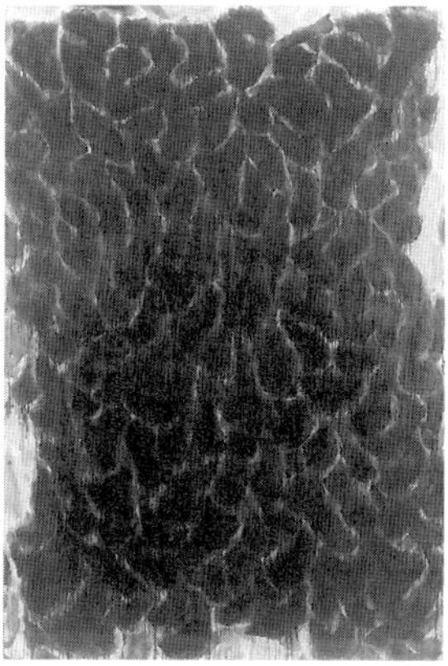

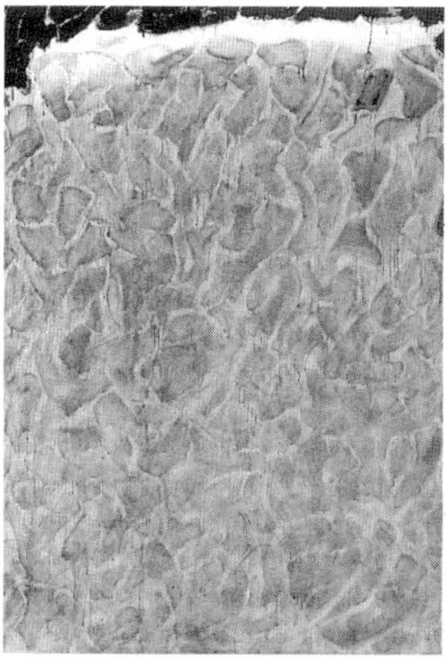

Sam Francis
Composition in black and yellow, 1954
194,5 × 130 cm

Sam Francis
St. Honoré, 1952
201 × 134,5 cm

die ich überhaupt nicht schätzte, von denen ich aber manche, wie ich gern bekenne, später schätzenlernte, zum Beispiel Cy Twombly. Gänzlich uneinig waren wir uns über Beuys. Künstlern, die er ablehnte, konnte er mit seinen nicht gerade wortreichen Seitenhieben gefährlich werden, da viele Sammler und sonstige Leute auf sein in der Regel einsilbiges Urteil – »Dat is'n Künstler!« – hörten. Eines seiner »Opfer« war Emil Schumacher, der seinen Weg aber dann trotz Schmela machte. Man kann nicht leugnen, daß Schmela in Deutschland und ganz besonders in den Jahren, als Düsseldorf in diesem Land die wichtigste Adresse war, eine Pionierfunktion erfüllte. Ich besuchte fast alle

1964 seine Ausstellungen seit 1962 und manche seiner Vernissagen, aber ich gravitierte eben anderswo: in dem Museum, das sich nun einmal seinen Prinzipien nach der jungen Kunst weitgehend verschloß. Übrigens glaube ich, daß für Schmela die Kunst eigentlich erst mit den Zeitgenossen begann, worin sicher auch eine gewisse Stärke lag. Wenn er in seinen späteren Jahren gelegentlich Werke von »Klassikern« an der Hand hatte, kam es vor, daß er meinen Rat erbat, zum Beispiel, wie ich mich erinnere, bei Braque und Beckmann. Aber das geschah selten. Bei vielen Junggaleristen in unseren Tagen beklage ich diese Ferne von aller zeitlich zurückliegenden Kunst, was natürlich auch zur Folge hat, daß ihnen die Maßstäbe fehlen, so daß es ihnen leichtfällt, das Gegenwärtige zu überschätzen. Bei Schmela habe ich das nie beklagt, weil er allzusehr, wie die Franzosen sagen, »un caractère« war oder, wie es am Niederrhein heißt, »eine Type«, als daß man ihn in den Bereichen, die ihm ferner lagen, ernst nehmen mußte. Ob er Jan van Eyck geliebt hat? Uccello? Vermeer van Delft? Chardin? Ich weiß es wirklich nicht.

Bazaine

Meine letzte Ausstellung in Hannover 1962 war Jean Bazaine gewidmet. Zu dieser Zeit pendelte ich bereits zwischen Hannover und Düsseldorf hin und her. Zwei Jahre danach kaufte ich ein, wie ich auch heute noch meine, besonders schönes Bild von ihm mit dem Titel »Gestein« (1955). Bilder dieser Art sind uns heute – auch mir – fern gerückt, sie erscheinen nicht mehr »wichtig«, besonders wenn man bedenkt, was sich Mitte der fünfziger Jahre in Amerika ereignete, wodurch manches von dem, was man geschätzt hatte, hinweggespült wurde. Bazaine hatte, bevor Amerika über uns hereinbrach, große Bedeutung gehabt, für mich schon in der Schweiz, in den Jahren nach 1945, in denen ich mich oft in Paris aufhielt, beeindruckt von der damals jungen französischen Kunst. Hätte ich die Sammlung in Düsseldorf nicht schon 1962, sondern erst Jahre später begonnen, dann wäre es zu einem Bazaine-Ankauf wahrscheinlich nicht gekommen. Ich bezahlte für das Bild bei Peter Nathan in Zürich 100.000 DM.

Schon gar nicht gekommen wäre es zu dem Ankauf eines zweiten Bildes, das noch von 1947 stammt, und das zu der kleinen Zahl von

Bildern in der Sammlung gehört, die angekauft zu haben ich wirklich bereue. Es war ein völlig überflüssiger Ankauf. Ich hatte das Bild in der Galerie Louis Carré erworben, zum Preis von 82.000 DM. Carré zeigte mir eine große Anzahl früher Bilder des Künstlers, unter denen ich das beste auswählte; aber es war eben nur das relativ beste, und das hätte ich wissen müssen. Im Grunde wußte ich es sogar, sodaß es um so

Jean Bazaine
Pierre, 1955
120,5 × 60,5 cm

Jean Bazaine
Lune et oiseau de nuit, 1947
130 × 97 cm

ärgerlicher ist, daß ich mich zum »Ja« entschied. Wieder machte ich die Erfahrung, wie gefährlich es ist, Werke zeitgenössischer Künstler zu kaufen, die im eigenen Leben einmal eine Rolle gespielt haben. Das müßten sich heute viele Museumsleute hinter die Ohren schreiben. Aber andererseits: was sollen sie machen, wenn ihnen das Geld für »große« Kunst fehlt?

Louis Carré, ein inponierender Mann, hatte in seiner Galerie eine Menge Bilder von Bazaine. Ich erinnere mich, daß Soulages, der in den frühen Jahren zum »Stall« von Carré gehört und die Galerie später verlassen hatte, sich einmal empört darüber äußerte, daß Carré seine Bilder, von denen er, als der Vertrag noch lief, viele gehortet hatte, unter Verschluß hielt, sie nicht einmal zu Ausstellungen herausgab und darauf wartete, daß die Preise stiegen, auf Kosten des Künstlers, dessen Werke auf diese Weise der Öffentlichkeit vorenthalten blieben.

Etwa zwanzig Jahre nach der letzten Begegnung mit Bazaine bei der Eröffnung in Hannover habe ich ihn noch einmal in Paris besucht. Ich hatte bei Werner Rusche in Köln zwei Bilder von ihm gesehen, die mir unerwartetermaßen so gefielen, daß ich dachte, ich sollte ihn viel-

1964 leicht doch wieder einmal aufsuchen. Dabei erwartete ich nicht, etwas zu kaufen. Er war offenkundig sehr glücklich über mein Interesse, das er wohl nicht mehr erwartet hatte. Natürlich spürte er, daß sich die Kunstwelt von ihm abgewandt hatte. Aber dann erwies sich mein Besuch doch – trotz der Freude, ihn wiederzusehen – als künstlerisch nicht sehr animierend, wobei er durchaus die »Entschuldigung« des hohen Alters haben mochte. Die zahllosen kleinen, bunten Papierarbeiten, die die Wand und den Fußboden bedeckten, zeigten mir, daß von einem neuen Impuls, den ich in den beiden Bildern bei Rusche zu sehen geglaubt hatte, wohl doch keine Rede sein konnte. Es war eine Enttäuschung, und ich fürchte, daß er es gefühlt hat, da ich die Blätter vollkommen schweigend betrachtete.

de Staël

Eine meiner erfolgreichsten Ausstellungen in Hannover war Nicolas de Staël gewesen. Sie begeisterte mich selbst außerordentlich. Ich war damals ganz von der Überzeugung durchdrungen, de Staël sei die stärkste Figur der jüngeren europäischen Kunst, ein Künstler, der wie kein anderer den Nerv seiner Generation getroffen habe. Sein Leben schien mir ein exemplarisches Künstlerleben in unserer Zeit zu sein, bis hin zum künstlerischen Scheitern und zum selbstgewählten Tod in Antibes. Heute weiß ich, daß dies eine Fehleinschätzung war, auch wenn ich dem Maler nach wie vor Respekt entgegenbringe. Man muß sich vor Augen halten, daß er mit seinem Geburtsjahr 1914 nur fünf Jahre jünger als so große Künstler wie Giacometti und Bacon war. Die ungeheure Faszination, die er damals auf mich und andere ausübte, hat sich längst verloren, spätestens seit der großen, allerdings miserabel gemachten Retrospektive im Pariser Grand Palais von 1981, mit der man ihm einen schlechten Dienst erwiesen hat.

1964 erwarb ich das große rote Bild mit dem Titel »Figure au bord de la mer« von 1952. Fünf Jahre vorher, ich war noch in Hannover, hatte ich dieses selbe Bild zur Documenta II gebracht, der ersten, an der ich beteiligt war. Auf viele Menschen machte es dort einen großen Eindruck. Für den Katalog dieser Documenta verfaßte ich einen fast hymnischen Text über de Staël, der mir heute – durchaus im Unterschied zu manchen anderen frühen Texten – peinlich ist.

Unter den führenden französischen Künstlern der Nachkriegsgeneration ist de Staël einer der wenigen, die ich persönlich nicht gekannt habe. Er hatte sich schon 1955, dem Jahr, als ich nach Hannover kam, das Leben genommen. Seine Ausstellung von 1959/60 hatte ich im wesentlichen mit seinem Galeristen Jacques Dubourg gemacht, einem überaus distinguierten Herrn, der seine Galerie am Boulevard Massine hatte und sich für de Staël auch publizistisch stark einsetzte. Das Bild aber kaufte ich bei Beyeler, der es seinerseits bei David Thompson er- 1964

Nicolas de Staël
Figure au bord de la mer, 1952
161,5 × 129,5 cm

worben hatte, zusammen mit dessen ganzer Sammlung. Daß ich mich auch von diesem Bild immer mehr entfernte und überhaupt von dem so bewunderten Künstler, war eine mich selbst tief enttäuschende Erfahrung. Wenn man bedenkt, daß »Figure au bord de la mer« nur zwei Jahre nach dem grandiosen Pollock entstanden ist, den ich im selben Jahr kaufte, dann wird eklatant, wo in der Kunst um die Jahrhundertmitte die Dynamik lag.

Nay

Mein Verhältnis zur Kunst Ernst Wilhelm Nays war noch in den sechziger Jahren, als ich das erste Bild von ihm erwarb, nicht ungetrübt. Das lag daran, daß ich wenig Sympathie für seine »chromatischen« Bilder mit Kreisformen hatte, geschweige denn für die frühen Bilder von den Lofoten, die man rätselhafterweise in Deutschland so hoch zu rühmen pflegte. Ich hielt ihn für maßlos überschätzt und konnte weder Werner

1964 Haftmanns große Begeisterung verstehen, noch die zu jener Zeit, insbesondere bei den bundesdeutschen Sammlern, vorherrschende Meinung, er sei die große Figur der deutschen Nachkriegskunst schlechthin. Dann aber kamen um 1960 Bilder, die mich doch beeindruckten, und zu denen auch dasjenige gehört, das ich 1964 bei Michael Hertz in Bremen erwarb: »Zirkelzeichen« von 1961. Es waren Bilder von einem starken expressiven Temperament, von denen ich meinte, sie entsprächen dem ungestümen Temperament des Künstlers bei weitem mehr als die sanften Melodien der Jahre zuvor.

Ernst Wilhelm Nay
Zirkelzeichen, 1961
200 × 120 cm

Ich weiß nicht, wann ich Ernst Wilhelm Nay und seiner Frau Elisabeth, die ich immer besonders gern hatte, zum ersten Mal begegnet bin. Vielleicht war es in Kassel, am Eröffnungstag der zweiten Documenta, als ich dort noch »mitspielte«. Arnold Bode hatte drei großformatige Bilder von Nay sehr merkwürdig »inszeniert«, nämlich schräghorizontal unter der Decke hängend. Das war spektakulär, sehr photogen und entsprach Bodes steter Lust an »Inszenierungen«. Ich traf das Ehepaar Nay draußen auf dem großen Parkplatz – muß also den Künstler wohl doch schon gekannt haben –, und gemeinsam zogen wir los in Richtung Fridericianum. Reichlich übermütig – wirklich mehr übermütig als frech – sagte ich zu ihm: »So, Herr Nay, jetzt wollen wir mal sehen, ob Ihre Bilder genauso gut sind wie Ihr Mercedes«, dem er gerade entstiegen war. Darin drückte sich zweierlei aus: das Gefühl, es sei typisch, daß dieser Erfolgskünstler – »Malerfürst« habe ich ihn einmal ironisch in seinem Kölner Haus genannt, was ihm keineswegs zu mißfallen schien – einen teuren Mercedes fuhr; ich selbst war im Volkswagen aus Hannover gekommen, es könnte also auch der »Neid der besitzlosen Klasse« mitgespielt haben, was ich allerdings nicht hoffe. Das andere war das Gefühl, er verdiene eine Art fröhliche Majestätsbeleidigung. Es hatte ihn jedenfalls nicht getroffen und sollte ihn auch nicht treffen, trotz des Körnchens Wahrheit, das durchaus gemeint war. In bester Laune begaben wir uns gemeinsam zum Massenspektakel.

In meinen Düsseldorfer Jahren waren Nays gelegentlich bei uns und wir häufiger bei ihnen in Köln. Einmal, als ich sie allein besuchte, konnte ich in später Nacht nicht mehr zurückfahren, da ein Eisregen mein Auto immobilisiert hatte. Die Folge war, daß ich eine Nacht im Pyjama von Ernst Wilhelm Nay verbrachte, was meinen Schlaf weder beförderte noch behinderte. Damit addierten sich meine Erlebnisse mit fremden Pyjamas – der andere war derjenige Douglas Coopers – auf zwei. Und dabei blieb es.

Eine andere kleine, für mich etwas beschämende Erinnerung. Bei einem Besuch in Köln redete Nay viel von Teilhard de Chardin, den er offenbar mit großer Anteilnahme las, im Gegensatz zu mir, der von Teilhard keine einzige Zeile gelesen hatte. Irgendwann fiel im Gespräch das Wort »Computer« aus seinem Mund. Ich fragte in völliger Unschuld: »Computer – was ist das eigentlich?« Ich hatte das Wort zwar gelegentlich gehört, hatte aber keine Ahnung, was es damit auf sich hatte. Darauf Nay zu seiner Frau: »Hast du das gehört? Er weiß nicht einmal, was ein Computer ist!« Da saß ich nun in meiner Unwissenheit und ging nicht einmal in mich. Es muß vor etwa dreißig Jahren gewesen sein.

Und noch eine kleine Erinnerung. Als ich Nays wieder einmal in Köln besuchte, saß der Meister im Garten auf einer Hollywoodschaukel. Das war nun wirklich ein erstaunlicher Anblick, und ich sagte: »Sie auf einer Hollywoodschaukel?!« Worauf er entgegnete: »Das kann ich mir leisten!«

Viele Jahre nach dem Ankauf gab es einen schlimmen Vorfall. Ich rief Nay an und fragte ihn, ob ich das Bild, das ich 1963 erworben hatte, gegen ein anderes, besseres umtauschen dürfe, was schon deshalb nicht ganz einfach war, da ich es ja nicht bei ihm, sondern in seiner Galerie gekauft hatte. Seine erste Reaktion am Telephon: »Kaufen Sie doch ein zweites Bild!« Ich antwortete, das könne ja geschehen – und

1964 tatsächlich geschah es ja auch viel später –, aber im Augenblick handele es sich darum, daß mich der Kauf von 1963 nie so recht befriedigt habe. Ich fuhr dann zu Nays nach Köln, und oben in seinem Atelier zeigte er mir etwa zwölf Bilder, die er, eines nach dem anderen, auf die Staffelei stellte. Nach etwa einer Stunde mußte ich ihm klammen Herzens gestehen, daß mir von diesen Bildern keines besser gefalle als dasjenige, von dem ich mich trennen wollte. Darauf explodierte er in einem maßlosen Zornausbruch, beleidigte mich persönlich, beschimpfte meinen bourgeoisen Geschmack, wie er sich in der Sammlung dokumentiere, beleidigte auch Julius Bissier, da er wohl fühlte und es ihn rasend machte, daß ich es wagte, diesen für bedeutender zu halten als ihn, und beleidigte auch seine Frau, als sie beschwichtigend einzugreifen versuchte. Schließlich sagte ich ihm, es sei offensichtlich sinnlos, wenn ich hier weiter ausharrte, und machte mich auf den Weg zur Tür. Da bat mich Elisabeth Nay, doch zum Essen zu bleiben. Also blieb ich. Aber auch während des Essens kam es zu Ausbrüchen; einmal sprang er auf und rannte brüllend ins Nebenzimmer. Als endlich das Essen in makabrer Stimmung beendet war, sagte ich, es habe nun wirklich keinen Sinn mehr, länger zu bleiben. Doch erneut bat mich Elisabeth zu bleiben, diesmal mit den Worten, ich solle doch Größe zeigen und mir die Bilder noch einmal ansehen. Also begaben wir uns wieder ins Atelier, und es begann eine traurige Stunde, traurig für alle Beteiligten. Jedem Bild, das Nay auf die Staffelei stellte, widmete ich fünf oder sieben vollkommen stumme Minuten, es fiel kein einziges Wort, über eine Stunde lang, während die beiden nebeneinander auf zwei Stühlen saßen, in einiger Entfernung von der Staffelei. Die einzige Unterbrechung kam jeweils, wenn Nay sich erhob, um das nächste Bild heranzuschleppen. Es war schrecklich, eine fast sadistische Veranstaltung, aber insofern überhaupt nicht sadistisch, als sie mir nicht das geringste Vergnügen bereitete. Nach dem Ende der Besichtigung versuchte ich, meine Stimme wiederzufinden, und sagte zu Nay, es müsse dabei bleiben: ich glaubte nicht, daß eines der Bilder dem unsrigen überlegen sei. Wie eine Rakete schoß er in die Höhe und bedachte mich in einer Weise mit Verbalinjurien, daß ich zu seiner Frau sagte, das sei nun genug, es tue mir leid, daß es so weit gekommen sei, ich wolle nun gehen. Und ich ging, mit sehr unangenehmen Gefühlen, die ich im Auto bis Düsseldorf nicht loswurde. Mir war klar, daß dies das Ende unserer Beziehung war. Doch damit täuschte ich mich.

Ein paar Tage später traf ich mit meinem Freund Karl Gutbrod zusammen. Er erzählte mir, er habe am Vortag Nay getroffen, offenbar hätten wir einen tollen Abend miteinander verbracht. Wie bitte? Ja, Nay sei von dem Abend ganz begeistert gewesen. Ich war völlig perplex. Konnte es sein, daß es Nay trotz allen Zornes Spaß gemacht hatte, daß wir so wüst aufeinander losgegangen waren? Das nächste Mal trafen wir uns zufällig auf dem Boulevard Saint-Germain in Paris, wo ich gerade vor dem Café Deux-Magots meinen Apéritif trank. Ich schaute ihn an, zeigte auf die leeren Stühle an meinem Tischchen und fragte: »Wie wär's?« Beide, er und seine Frau, setzten sich an meinen Tisch, und alles war sehr friedlich. Zwei Stunden zuvor hatte ich Ernest Goldschmidt aus Brüssel, den Herausgeber der damals besten Kunstzeitschrift »Quadrum«, getroffen, der mir sagte, er habe Nay gesehen, woraufhin ich ihm von dem dramatischen Abend in Köln erzählte. Als ich nun mit Nays vor dem Café saß, kam Ernest Goldschmidt zufällig vorbei, sah uns da in voller Harmonie sitzen und begriff, wie er mir später sagte, die Welt nicht mehr. 1964

Ich glaube, ich habe Nay danach nur noch ein einziges Mal besucht, zu der Zeit, als er an seinen späten, sehr einfachen, sehr klaren Bildern arbeitete. Ich verbrachte zwecks Besichtigung eines großen roten Schwammbildes von Yves Klein eine Stunde bei Hein und Eva Stünke von der Galerie Der Spiegel in ihrem Haus in Köln-Marienburg, als ein Anruf von Elisabeth Nay kam. Als sie hörte, ich sei gerade dort, schlug sie vor, doch bei ihnen vorbeizukommen, um mir die neuen Bilder anzusehen. Ich zögerte, denn ich hatte ja erlebt, wie so etwas ausgehen konnte. Darum sagte ich – scherzhaft natürlich, aber doch nicht nur scherzhaft –, ich käme gern, aber unter zwei Bedingungen: erstens dürfe »der Meister« bei der Besichtigung im Atelier nicht dabeisein, und zweitens dürfe, wenn man anschließend zusammensitze, nicht von Kunst gesprochen werden. »Einen Augenblick«, sagte sie, »ich frage ihn.« Er war einverstanden, und so fuhr ich mit Eva Stünke zur Nay'schen Wohnung. Im Flur kurze, muntere, aber auch leicht skeptische Begrüßung. Dann trennten wir uns vereinbarungsgemäß, Nay blieb unten, und ich ging mit den beiden Damen hinauf ins Atelier. Wir sahen uns ganz entspannt die Bilder an, zu denen ich wieder keinen rechten Zugang fand, übrigens auch später nicht, wenn ich ihnen in Ausstellungen begegnete. Dann setzten wir uns hin und plauderten lange, ohne an Nay zu denken. Auf einmal tauchte dessen weiß-

1964 haariges Haupt oben an der Holztreppe, die direkt ins Atelier führte, auf. »Aber Herr Nay«, sagte ich, »was ist mit unserer Vereinbarung?« Darauf er: »Sie dachten wohl: oben ohne?« Mit diesem Scherz war er willkommen und wurde fröhlich in unserer kleinen Runde aufgenommen. Wir sprachen natürlich nicht über Kunst, sondern über Luxushotels von Acapulco bis ich-weiß-nicht-wo. Es wurde ein schöner, harmonischer Nachmittag, an den ich gern zurückdenke.

1986, also mehr als zwanzig Jahre später, kam dann noch einmal ein Bild ins Haus, das mich kurz zuvor in der großen Nay-Ausstellung im Krefelder Haus Lange beeindruckt hatte. Im Katalog stand unter der Abbildung »Privatbesitz«, so daß ich dachte, es könnte eine Chance

Ernst Wilhelm Nay
Schlüsselzeichen, 1962
220 × 160 cm

bestehen, es zu kaufen. Es stellte sich heraus, daß es seiner Witwe gehörte, die inzwischen Elisabeth Nay-Scheibler hieß. Ich rief sie an, und sie war bereit, das Bild für die Sammlung freizugeben. Durch Vermittlung der »Freunde der Kunstsammlung« wurde es gekauft. Es war stilistisch dem anderen sehr ähnlich und stammte auch aus derselben Zeit, den frühen sechziger Jahren. Eine solche Potenzierung – »renforcer les forces« – war mir viel wichtiger als die Dokumentation einer künstlerischen Entwicklung.

Ein Paukenschlag war der Kauf von Jackson Pollocks »Number 32« von 1950. Mein Freund Bernhard Sprengel, der große hannoversche Sammler, machte mir einen schweren Vorwurf, als ich ihm berichtete, ich hätte für das Bild 650.000 DM bezahlt. Ich selbst war sicher, daß dieser Preis für das gewaltige Werk – 269 × 457 cm – korrekt war. Harry Fischer von der Marlborough Gallery in London hatte es mir vorgeschlagen. Eigentlich dachte er an ein anderes, schon damals sehr bekanntes Bild, das ich aber nicht allzusehr mochte, und das dann später von der Staatsgalerie Stuttgart erworben wurde. Ich versteifte mich auf

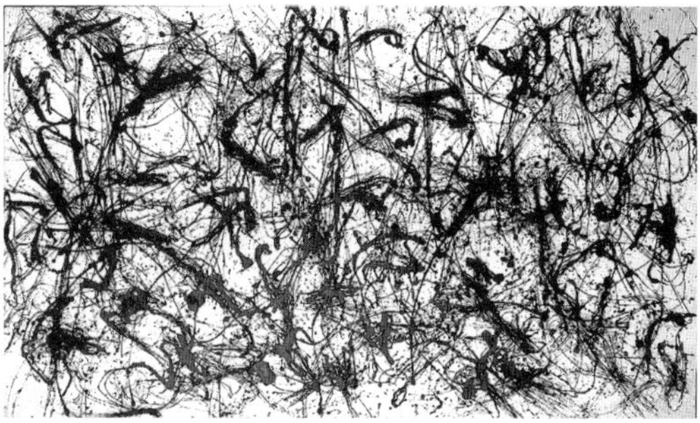

Jackson Pollock
Number 32, 1950
269 × 457,5 cm

»Number 32«. Für mich war dies der großartigste Pollock überhaupt, was sich lange Zeit später in einer Ausstellung fast sämtlicher Monumentalgemälde Pollocks im Pariser Centre Pompidou bestätigte. Nachdem ich es bereits erworben hatte, aber noch bevor es nach Düsseldorf gekommen war, wurde es auf der Documenta III in Kassel gezeigt. Dann hing es über zwanzig Jahre lang im Schloß Jägerhof im seitlichen Saal des Erdgeschosses. Das war eine unglückliche Position, da man keinen Abstand hatte. Manche »Fachleute« allerdings meinten, gerade dies sei dem Bild angemessen, da man ganz nah davorstehen müsse, um sich wirklich »im Bild« zu fühlen; nur so erlebe man es richtig. Nun, ich habe mir das nicht zu eigen gemacht und war froh, als es 1986 endlich seinen angemessenen Platz im »Amerikanersaal« des Neubaus der Kunstsammlung fand, auf einer eigenen Wand mitten im großen Saal, in dem auch die anderen Amerikaner hingen. Dennoch habe ich gelegentlich Leute getroffen, die meinten, der alten Hängung nachtrauern zu sollen. Dieser Nostalgie bin ich nicht nur im Hinblick auf den Pol-

1964 lock dann und wann begegnet, obwohl evident war, daß die Bilder im Neubau unvergleichlich viel besser hingen als in dem hübschen Schlößchen mit seinen Kronleuchtern und seinen schweren Vorhängen. Einer von diesen Nostalgikern war Andy Warhol. Ich hätte es von ihm auch nicht anders erwartet und sage, in Abwandlung eines berühmten Zitates: hier irrte Warhol.

Probleme ergaben sich stets, wenn das riesige Bild irgendwohin ausgeliehen wurde. Es durfte nicht gerollt werden und erforderte daher die Lagerung in einem Lastauto, so schockfrei wie möglich. Schon als es zu der erwähnten Ausstellung in Paris geschickt wurde, haben wir als eine vom Centre Pompidou zu erfüllende Bedingung Polizeischutz vom Anfang bis zum Ende verlangt, und das hieß Polizeibegleitung bis zur belgischen Grenze, belgische Polizei bis zur französischen Grenze, französische Polizei bis Paris, und dann noch einmal dasselbe auf dem Rückweg. Im übrigen war die für damals schon extrem hohe Versicherung zu bezahlen. Nachdem der Ankaufspreis »nur« 650.000 DM betragen hatte, dann aber das Museum in Canberra, Australien, vier oder fünf Millionen für ein anderes der monumentalen Gemälde Pollocks bezahlt hatte, stieg die Versicherung unseres Bildes auf diese Höhe und in späteren Jahren höher und höher.

Eine kleine Anekdote: 1973 wurde die Kunstsammlung von der damaligen sowjetischen Kultusministerin Jekatarina Furzewa besucht. Ich erwartete, mit ihr Französisch zu sprechen, aber sie sprach nur Russisch, so daß wir uns eines Dolmetschers bedienen mußten. Der Rundgang durch das Haus – es war noch das Schloß Jägerhof – machte großen Spaß, da sie eine überaus temperamentvolle Frau war. Aber ihr Temperament ging auch ein bißchen zu weit. Gegen Ende des Rundgangs standen wir vor dem Pollock. Sie verstand natürlich nichts, lehnte aber auch dezidiert und fast empört ab, etwas verstehen zu wollen. In herausforderndem Ton fragte sie mich: »Lieben Sie dieses Bild etwa?« Nun ist Liebe nicht unbedingt das Gefühl, das ein Bild von Pollock auslöst. Also sagte ich, ja, das Bild beeindrucke mich außerordentlich, sonst hätte ich es ja nicht gekauft. Daraufhin sie, noch aggressiver: »Sie sind doch ein intelligenter Mensch. Dann erklären Sie mir das bitte!« Leicht verzweifelt, weil der Widerstand unmöglich zu brechen war, stammelte ich ein bißchen vor mich hin: »Sehen Sie, wir leben ja nicht mehr im neunzehnten Jahrhundert, wir leben in einer ganz anderen Zeit, da gibt es zum Beispiel die Raumfahrt« – und schon wieder unterbrach sie mich heftig: »Raumfahrt? Ich habe Gagarin gekannt! Der hätte das abgelehnt!« Dem konnte ich nichts entgegensetzen, zumal ich fürchtete, sie werde nun auch noch den freundlichen Kosmonauten als Zeugen herbeizitieren, den sie mitgebracht hatte zum Staatsempfang in Düsseldorf, und der uns die ganze Zeit stumm begleitete. Dennoch blieb mir Frau Furzewa in guter Erinnerung, weil sie mit ihrer starken Persönlichkeit sehr unabhängig wirkte, was sie natürlich nicht war.

Es geschah bei ihrem Besuch noch etwas weiteres. Als wir vor Modiglianis »Max Jacob« standen, bedauerte sie, daß es in ihrem Lande keinen einzigen Modigliani gebe. Immerhin, ich war erstaunt, daß sie das wußte. Ich meinerseits drückte, als wir vor einem Kandinsky standen, mein Bedauern darüber aus, daß wir keinen Malewitsch besäßen, und fragte sie, ob wir wohl einen aus dem Depot der Tretjakow Galerie kaufen dürften. Sie reagierte darauf mit keinem Wort, so daß ich vor unserem Lissitzky meinen Wunsch wiederholte. Da sagte sie: »Wenn Sie für uns einen Modigliani finden, dann kriegen Sie Ihren Malewitsch.« Das war ein Angebot! Noch am selben Tag suchte ich Ministerpräsident Kühn auf und bat ihn, ihr gegenüber auf die Sache zurückzukommen, was er versprach: beim abendlichen Bankett werde sich dazu Gelegenheit bieten. Ich saß beim Essen im »Haus des Ministerpräsidenten« mit am langen Tisch und erkundigte mich anschließend bei Kühn, wie Frau Furzewa reagiert habe. Leider, antwortete er, habe er mit ihr darüber nicht sprechen können, werde es aber beim Kaffee tun. Nach dem Kaffee sprach ich ihn wieder an, aber wieder sagte er, es habe sich keine Gelegenheit ergeben. Ich denke, er hatte keine Lust dazu.

Und noch etwas passierte bei dem Essen. Der Ministerpräsident hielt die obligate Tischrede. Er erzählte, was es so alles in Nordrhein-Westfalen gebe. Mit den Zechen fing er an, mit Kohle und Stahl, und nach einiger Zeit kam er zur Kultur: da gebe es viele Theater im Lande – Schauspielhäuser und Opernhäuser – und auch viele Museen. »Wo ist mein Freund Schmalenbach?« fragte er plötzlich. Ich reckte meinen Arm in die Höhe, ein bißchen verwundert darüber, daß er mich seinen Freund nannte. Frau Furzewa wußte, wen er meinte, denn sie war ja vorher bei mir gewesen. Da sagte er: »Das ist der Mann, der von uns immer so viel Geld haben will für seine komischen Quadrate.« Großer Applaus. Ich applaudierte, wenn auch nur halbherzig, mit. Der Ap-

1964 plaus ermunterte ihn, noch ein Stück weiterzugehen, indem er, zur Ministerin gewandt sagte: »Wissen Sie, wenn ich mir erlauben würde, selbst solche Quadrate zu produzieren, dann bekäme ich Probleme mit der nordrhein-westfälischen Hemdenindustrie.« Wegen der karierten Muster natürlich. Wiederum großer Applaus, woran ich mich nun nicht mehr beteiligte. Und wieder fühlte er sich ermuntert und ging einen nun allerdings bedenklichen Schritt zu weit, mit den Worten: »Also, wissen Sie, wenn ich an die Quadrate von Herrn Schmalenbach denke, dann ist mir schließlich vielleicht sogar Ihr Sozialistischer Realismus lieber.« Das hätte er nicht sagen dürfen. Sozusagen gratis gab er ein Stück westliche Position ab. Ich habe Kühn immer als einen wirklich großen Redner bewundert, und er war sicher einer der starken Politiker jener Zeit. Hier war ihm einfach ein Fauxpas passiert, der übrigens einen konkreten Hintergrund hatte. Einige Zeit vorher hatte das Museum in Köln, das damals noch schlicht Wallraf-Richartz-Museum hieß, ein Bild von Piet Mondrian gekauft, das, wenn ich mich recht entsinne, 400.000 DM gekostet hatte. Kühn war darüber ungeheuer empört und hielt sich damit auch öffentlich nicht zurück. Als ich ihn später einmal durch unsere Sammlung begleitete, kam ich darauf zurück und wies ihn darauf hin, wie wenig »Quadrate« es doch in dieser Sammlung gebe. Innerlich stand er den Bildern fern, aber er hielt doch immer seine Hand schützend über das Haus. Als er mir bei irgendeiner Gelegenheit sagte, er werde demnächst alle seine Nebenämter abgeben, fügte er nach einer langen Aufzählung zu meiner Beruhigung hinzu, den Vorsitz im Kuratorium der Stiftung Kunstsammlung Nordrhein-Westfalen werde er behalten. Zum Dank schickte ich ihm mein frühes Afrika-Buch, das damals immerhin schon eine Rarität geworden war. Ich wollte ihm damit auch zeigen, was afrikanische Kunst wirklich ist, denn in seinem Büro standen ganz entsetzliche modernistische afrikanische Skulpturen, vermutlich aus Sambia oder aus Tansania, die er von seinen geliebten Afrikareisen mitgebracht hatte.

Der Pariser Kunsthändler Sami Tarica sagte mir oft – ich habe es bereits erwähnt –, man müsse immer auf diejenigen Künstler setzen, die man zunächst am entschiedensten abgelehnt habe, denn sie seien es, die die Kunst veränderten und die Zukunft bestimmten. Das war eine interessante Maxime, der ich – leider? – nie gefolgt bin, da es meinem Naturell mehr entspricht, Künstler zu favorisieren, deren Kunst ich von Anfang an liebte. Wäre ich Taricas Maxime gefolgt, dann hätte ich das Genie Francis Bacons früher erkannt, denn zunächst wehrte ich mich dagegen. Ich hatte 1962, noch von Hannover aus, seine erste große Retrospektive in der Londoner Tate Gallery gesehen, bei welcher Gelegenheit ich ihn auch kennenlernte. Man saß im Anschluß an die Eröffnung mit einigen Freunden des Malers in einem Lokal zusammen. Er trank viel. Zuviel.

Diese erste Begegnung mit seiner Kunst war ungünstig eingefädelt worden. Bacons Galerie, die Marlborough Fine Art, lud mich zur Eröffnung seiner Ausstellung in der Tate nach London ein, mit Flugticket

Francis Bacon
Lying Figure No. 3, 1959
198,5 × 142 cm

Francis Bacon
Man in Blue V, 1954
198 × 137 cm

und Hyde Park Hotel. Ich akzeptierte die Einladung. Es war noch bevor ich mein Amt in Düsseldorf angetreten hatte, so daß daran nichts Anrüchiges war. Als ich dann aber in London war, bedrückte mich die Einladung doch als eine Art captatio benevolentiae. Ich halte es für sehr wohl möglich, daß meine anfängliche Ablehnung des Künstlers mit diesem Faktum zu tun hatte, denn vielleicht befürchtete ich, meine

1964 Begeisterung für den Künstler könnte als eine Gefälligkeit gegenüber der Galerie aufgefaßt werden, und sei es nur von mir selbst. Ich wußte ja, daß die Einladung gerade deshalb erfolgt war, um den Saulus in einen Paulus zu verwandeln. Das nahm mir die Freiheit, denn im Grunde spürte ich, daß dies ein nicht nur sehr ungewöhnlicher, sondern ein sehr starker Maler war. Daß er allerdings eine der ganz großen Figuren der Jahrhundertmitte war, wurde mir erst danach mehr und mehr bewußt, und so kam es, daß ich erst ein paar Jahre nach der Londoner Ausstellung von der Marlborough Gallery »Lying Figure No. 3« erwarb, ein Bild, dem ich in einer Ausstellung des Düsseldorfer Kunstvereins begegnet war. Mit 65.000 DM war der Preis nach heutigen Begriffen bescheiden. Das Bild hat sich in all den Jahren seither wunderbar gehalten, wenngleich es Werke von Bacon gibt, die ich später vorgezogen hätte, vor allem Bilder aus der van Gogh-Serie oder aus der Reihe der Päpste und Kardinäle oder auch eines der beiden Bilder eines gefangenen Hundes.

Erst nach zwanzig Jahren habe ich Bacon wiedergesehen, als er seine zweite große Ausstellung in der Tate hatte. Und dann noch einmal in seinem – und auch meinem – Pariser Hotel, dem Hotel Montalembert, als er gerade seine Rechnung bezahlte. Wir sprachen nur wenige Minuten miteinander. Einige Zeit danach ist er gestorben. Ich zweifle, ob ich, wenn ich ihn besser kennengelernt hätte, mehr Zugang zu ihm gefunden hätte: er blieb mir fremd, und fremd blieb mir im Grunde auch seine Kunst, die ich aufs höchste bewunderte. Geschrieben habe ich über ihn nur ein einziges Mal in einem Beyeler-Katalog.

Ich hatte immer die Hoffnung, ein zweites und auch ein drittes Bild des Künstlers zu erwerben, aber die Preise liefen schnell davon. 1985, zwanzig Jahre waren seit dem ersten Ankauf vergangen, ließ ich mir von Beyeler die Bilder zeigen, die er in seiner Galerie hatte, und entschied mich für eine Fassung des »Man in Blue« von 1954, ein wunderbares, für Bacon vergleichsweise stilles Bild.

Der Preis war natürlich mit dem, den ich 1964 zu entrichten hatte, nicht zu vergleichen: er betrug 1.500.000 DM. Eine Million hatte uns das Bankhaus Trinkaus & Burkhardt zu seinem zweihundertjährigen Jubiläum zur Verfügung gestellt. Den Rest brachte die »Gesellschaft der Freunde« auf. Zum Dank an den Stifter der Million wurde der Vortragssaal im soeben erst eröffneten Neubau auf den Namen »Trinkaus-Auditorium« getauft. Das geschah im Oktober 1985 anläßlich der Übergabe des Bankschecks durch den Sprecher der Bank an Ministerpräsident Rau in der Düsseldorfer Staatskanzlei. 1964

Giacometti 1965

Ich habe es immer sehr bedauert, in meinen Jahren in Hannover niemals Giacometti gezeigt zu haben. Vielleicht war er mir damals nicht vertraut genug. Vor allem aber war ich allzusehr auf die jüngere Kunst in Frankreich konzentriert, so daß ich mir nicht einmal die Frage stellte, ob ich ihn ausstellen sollte. Aber auch das konnte das entscheidende

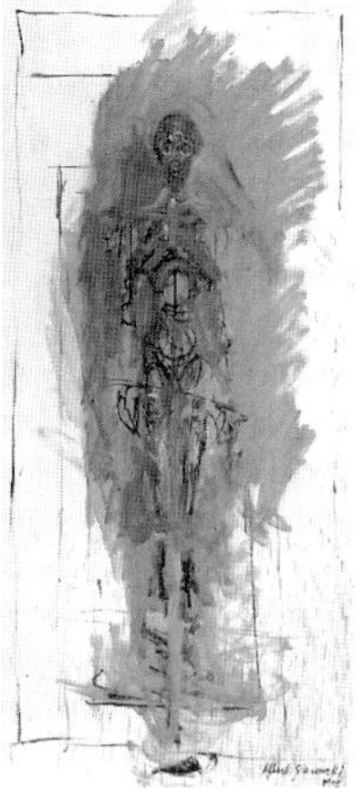

Alberto Giacometti
Annette assise, 195
99,5 × 60,5 cm

Alberto Giacometti
Nu debout, 1958
155 × 69,5 cm

Motiv nicht sein, da ich ja Julio Gonzalez eine Ausstellung widmete. Ich glaube, daß mir Giacomettis Größe damals noch nicht wirklich klar war. Ich hatte ein einziges Mal, kurz nach Kriegsende, mit ihm und einem befreundeten Künstler vor dem Café Deux-Magots am Boulevard Saint-Germain gesessen, wo ich ihn im übrigen während Jahren bei meinen Paris-Besuchen fast täglich gegen 18 Uhr seinen Apéritif trinken sah, meistens mit dem Bildhauer Ossip Zadkine oder mit Serge Poliakoff. Merkwürdigerweise kam mir sein Kopf damals theatralisch vor, so wie wenn sich ein Schauspieler zum großen »Mimen« stilisiert. Damit hatte ich völlig unrecht, und ich bedachte auch nicht, daß er aus dem Bergell stammte: ein richtiger Bündner. Er hatte einen wunder-

1965 baren Kopf! Offenbar war für mich die Begegnung mit seiner Kunst zu früh, und ich kannte von ihr nur sehr wenig.

Inzwischen hatte sich dies alles längst geändert: auch für mich war Giacometti der große Bildhauer und der große Maler geworden, der er war. Bei Jan Krugier in Genf kaufte ich ein Aktbildnis seiner sitzenden Frau Annette. Es war keineswegs das erste Bild von ihm, mit dem ich, seit ich in Düsseldorf war, konfrontiert wurde. Einige Bilder hatte ich bereits abgelehnt. Ich war der Meinung, es müsse, wenn es je zu einem Ankauf komme, ein möglichst »magisches« Bild sein, und diese Erwartung erfüllte sich in dem nun erworbenen Bild auf eine wunderbare Weise. Später hoffte ich immer, eines der männlichen Bildnisse erwerben zu können, aber unter den vergleichsweise vielen, die mir angeboten wurden, war keines dem Annette-Akt ebenbürtig.

»Annette assise« war in der Sammlung immer etwas einsam, was allerdings dem Wesen des Bildes entsprach. Schließlich entschloß ich mich 1979 zum Ankauf eines großen stehenden Aktes bei Beyeler in Basel. Er schien mir diejenige Magie zu besitzen, die für mich bei diesem Künstler das entscheidende Kriterium war.

Es gibt bei Giacometti, wie man auf vielen Bildern sehen kann, einen Aspekt, der alles andere als zentral ist und ihn doch sehr beschäftigt haben muß, das ist das offenbar leidige Problem der Füße bei den frontal im Bild stehenden Figuren. Oft hat er es – so wie auf dieser Neuerwerbung – durch malerische Verwischung der Füße gelöst, im Gegensatz zu anderen Akten, wo er offensichtlich nicht damit fertig wurde. Einen dieser Akte habe ich sogar wegen dieses ungelösten Problems der Füße abgelehnt. Tatsächlich kann ein ganzes, noch so geniales Bild an einem solchen Detail scheitern, was Giacometti selbst gewußt haben muß, da er sich sonst nicht erkennbar damit abgequält hätte. In seinen Skulpturen hat er das Problem durch die Überdimensionierung der Füße gelöst.

Der Preis lag nun bereits bei fast einer halben Million. Auch Giacometti also war inzwischen auf diese Höhe gerückt, um sie schon bald danach weit hinter sich zu lassen.

Ich mache es mir durchaus zum Vorwurf, in den zehn, fünfzehn Jahren nach Kriegsende Giacometti übersehen und einen Maler wie Alfred Manessier bewundert zu haben. 1965 kaufte ich Manessiers großes, zwar abstraktes, aber sehr religiöses, sehr katholisches Bild mit dem Titel »Nacht von Gethsemane«. Es ist gewiß auch vierzig Jahre nach seiner Entstehung bedeutender als vieles von dem, was heute weltweit

Alfred Manessier
Nuit de Gethsémani, 1952
198 × 148 cm

gepriesen und auch von den Museen gekauft wird. Aber der Kauf war ein Irrtum, den ich bereue. Schon als ich mich dazu entschloß, hatte ich ein nicht ganz gutes Gewissen. Ich wußte, daß ich es eigentlich gar nicht kaufen wollte. Ich war damals, seit vielen Jahren schon, befreundet mit der Leiterin der Galerie de France an der Rue du Faubourg St. Honoré, Myriam Prévot, die sich später aus einem Fenster der Galerie in den Tod stürzte. Sie versuchte, mich zum Ankauf zu bewegen, aber ich lehnte ab. Doch dann senkte sie den Preis um die Hälfte auf 60.000 DM, und da stimmte ich, gegen alle meine Grundsätze, zu. Schon damals wußte ich ja und sagte oft, man müsse sich in einem Museum ganz besonders vor sogenannten »günstigen Preisen« hüten. Dagegen versündigte ich mich nun selbst. Das Bild blieb meistens im Museumsdepot, aber natürlich konnte ich es nicht ganz verschweigen und bildete es auch ganzseitig und farbig im Katalog des Museums ab.

Wieder also machte ich die Erfahrung, daß die »Götter«, an die man in der Jugend glaubte, nicht unbedingt von Bestand sind. Viele

1965 Menschen waren nach Kriegsende von Manessier fasziniert. Man sah da etwas, das man nicht erwartet hatte: die Verbindung des Gedankens der Abstraktion, der ja in Frankreich nie so recht Wurzeln geschlagen hatte, mit all dem, was die große Kultur der französischen Malerei ausmachte; die Verbindung oder Versöhnung gewissermaßen der Abstraktion mit Bonnard und Braque. Und da war auch, das kam noch hinzu, eine Brücke zum späten Paul Klee. Daß man dies damals als einen ganz neuen Aufbruch erlebte, ist heute kaum noch nachvollziehbar. Heute meint man ganz im Gegenteil, darin so etwas wie eine moderne Salonmalerei zu sehen. Ich glaube, daß seither ganz andere Salonmalereien gekommen sind, die man nur als solche noch nicht erkannt hat. Ich erinnere mich gut, wie neu, wie fesselnd das alles war, als ich in den Jahren seit 1946 immer wieder nach Paris kam. Diese neue Sprache verband sich bei Manessier mit christlichen Inhalten. Von Basel aus leicht erreichbar, in der kleinen Dorfkirche von Les Bréseux, schuf er einen eindrucksvollen Zyklus von Glasfenstern, für deren Schönheit ich auch heute noch empfänglich bin, wenngleich sie überschattet werden von Légers herrlichen Glasfenstern in der nicht weit entfernten Kirche von Audincourt. So stand, als ich 1955 nach Hannover ging, der Name Manessier ganz oben auf meiner Liste: ich wollte unbedingt von ihm eine Ausstellung machen.

Aber schon damals passierte etwas: unmittelbar vor der Eröffnung der Ausstellung, es war im Winter 58/59, ging ich auf Distanz zu seiner Malerei. Ich begann, mich innerlich von diesen Bildern zurückzuziehen. Mir wurde klar, daß ich den Künstler überschätzt hatte. Und dennoch entschloß ich mich nun, einige Jahre danach, zum Ankauf dieses Bildes. Es mag sein, daß die Maler der damaligen »Ecole de Paris« irgendwann ein Comeback feiern werden, aber für wahrscheinlich halte ich es nicht. Ich schreibe dies mit einer leichten Wehmut, denn vor einiger Zeit las man, daß der über achtzigjährige Maler, um den es außerhalb seiner französischen Heimat längst still geworden war, einem Verkehrsunfall zum Opfer gefallen war. Wenn ich an ihn zurückdenke, dann steht mir ein sehr ernster, sehr engagierter Mann vor Augen, künstlerisch engagiert, aber zugleich auch in seiner Religiosität. Daran habe ich manchmal gedacht, als man in den Jahren um 1970 überall »engagierte Kunst« forderte, so als gebe es nur ein soziales und politisches Engagement.

Bei aller damaligen Bewunderung für Maler wie Manessier und Bazaine: die stärkste Wirkung übte gleich nach Kriegsende Hans Hartung auf mich aus. Mich faszinierte der eklatante Gegenentwurf nicht nur zum Geometrismus jener Jahre, sondern auch zur »Peinture« der französischen Maler, die spontane expressive Geste, dasjenige also, was man später, als die Amerikaner hervortraten, »action painting« nannte. Hartung aber hatte, ganz anders als die amerikanischen Maler, gleichzeitig und in wachsendem Maße den Wunsch, diesen Aktionismus mit der Pflege des »Bildes« zu verbinden und so mit all dem, was die malerische Kultur Frankreichs ausmachte. Ich hatte immer das Gefühl, daß er die vielleicht unbewußte Sehnsucht hatte, das »Deutsche« zu überwinden und »französisch« zu werden, nachdem er Franzose ja schon geworden war. Er wurde zusehends ein Maler der »Ecole de Paris«.

Als ich ihn 1948 zum ersten Mal in Arcueil, am Südrand von Paris, besuchte, begeisterten mich nicht nur die Bilder, die er mir zeigte. Mich begeisterten außerordentlich die Skulpturen von Julio Gonzalez, die da standen. Hartung war ja zu jener Zeit mit Gonzalez' Tochter Roberta verheiratet, die selbst eine Malerin war, und bewohnte mit ihr das Haus des 1942 gestorbenen Bildhauers. Für mich war Gonzalez eine ganz große Entdeckung, die bei mir auf um so fruchtbareren Boden fiel, als ich gerade dabei war, für »mein« Museum in Basel eine Ausstellung über das Schmiedeeisen durchzuführen. Ich erkannte schlagartig, daß das längst zu purer Dekoration, zu totem Ornament heruntergekommene Kunstschmiedehandwerk nur noch diese eine Chance habe: man müsse das Eisen zerstören, um ihm wieder Leben einzuhauchen. Weg von den Industrieprofilen! Und weg vom Reißbrett! Genau das war es, was Gonzalez, dieser wunderbare und von mir auch heute noch geliebte Bildhauer, exemplarisch vorführte. Er gehörte zu den ganz wenigen Bildhauern unseres Jahrhunderts, um deretwillen mir in Düsseldorf der Verzicht auf Skulpturen schwerfiel. Meine Basler Ausstellung gipfelte in einer Eisenplastik von Gonzalez, die mir Hans Hartung zur Verfügung stellte. Für die gestandenen Schmiedehandwerker in Basel allerdings war das zuviel. Sie beriefen eine große öffentliche Versammlung ein, in der sozusagen das Todesurteil über mich gefällt werden sollte. Man wollte mich von dem Museum weghaben. Ich hielt eine Rede, in der ich darlegte, daß es gerade die Liebe zur Ursprünglichkeit

1965 und Echtheit des Handwerks sei, die mich sagen und zeigen ließ, daß das Kunstschmiedehandwerk um seiner selbst willen nur noch diese eine Chance besitze. Und als ich den Handwerksmeistern, die da mit grimmigen Gesichtern saßen, erzählte, daß aus eben dieser Liebe zum echten Handwerk alte bemalte Bauernschränke in meiner Wohnung stünden, ließ ihr Zorn nach, ja sie fühlten sich mit mir versöhnt. Auch wenn sie natürlich die Größe von Gonzalez nicht erkennen konnten, so schienen sie doch zu spüren, daß da einer stand, dem es mit Leidenschaft gewiß um die Kunst, aber auch um das Handwerk ging. Zum »Todesurteil« kam es nicht.

Schon bei meinem ersten Besuch schenkte mir Hartung ein schönes Pastell von 1947, das ich prompt in einem Straßencafé vor den Toren von Paris liegenließ. Als ich den Verlust bemerkte, befand ich mich am entgegengesetzten Rand der Stadt. Voller Entsetzen eilte ich zurück – mit der Métro natürlich, denn Taxi war viel zu teuer – und erblickte schon von fern die Rolle mit dem Pastell dort, wo ich sie eine Stunde zuvor vergessen hatte.

1957 zeigte ich Hartung in der Kestner-Gesellschaft. Das war damals für mich die wichtigste Ausstellung, jedoch die Resonanz war schwach. In den Jahren seither wuchs die Freundschaft. Bei kaum einem meiner vielen Aufenthalte in Paris unterließ ich es, ihn zu besuchen. Die Freundschaft erstreckte sich auch auf seine Frau, die norwegische Malerin Anna-Eva Bergmann, die bereits seine erste Frau gewesen war, und die er nach dem Bruch mit Roberta Gonzalez wieder geheiratet hatte.

Aber schon bald entfernte ich mich innerlich von Hartungs Malerei. Ich meinte, er habe schon in den vierziger Jahren den Höhepunkt seines Schaffens überschritten, was ich ihm aber weder sagen konnte noch wollte. Leider wurde ich bei einem nächtlichen Essen mit Hartungs in einem Restaurant – am Nebentisch saßen Pierre und Colette Soulages mit Freunden – von Myriam Prévot fast genötigt, Hans meine Kritik zu offenbaren. Myriam hatte mich schon am Nachmittag dringend gebeten, dies zu tun, was ich jedoch abgelehnt hatte. Dann aber, um Mitternacht, sagte sie zu mir: »Werner, du wolltest doch Hans etwas sagen.« Nun gab es keinen Ausweg mehr. Ich sagte Hans, daß ich seit vielen Jahren mit seiner Malerei nicht mehr glücklich sei; jedesmal, wenn er mir die Bilder zeige, betrachtete ich sie wortlos, ganz anders als früher; ich hätte das Gefühl, daß gerade unsere Freundschaft verlange, ehrlich zu sein. Darum müsse ich ihm dies sagen. Anna-Eva reagierte sehr heftig, aber Hans trug es mit zumindest scheinbarer Gelassenheit, obwohl es für ihn schwer war, denn er hatte in mir immer einen seiner treuesten Verteidiger gesehen. 1965

In dieser mitternächtlichen Stunde endete unsere Freundschaft. Aber als wir uns nach sehr vielen Jahren anläßlich einer Festivität in der Fondation Maeght in Saint-Paul-de-Vence wiedertrafen, er im weißen Dinnerjacket, ich im weißen Dinnerjacket, war die alte Freundschaft sofort wieder da. Es war wie in den alten Zeiten. Ich habe ihn

Hans Hartung
T. 38-2, 1938
100 × 149 cm

dann öfters in seiner luxuriösen, hochmodernen Villa in Antibes besucht, die in einem wundervollen Olivenhain lag. Zu seinem Besitz gehörten nicht nur zwei Ateliers – für ihn und Anna-Eva –, sondern auch ein großer Swimmingpool, in dem er mit unglaublicher Behendigkeit schwamm, ganz im Gegensatz zu seinem Gehen, das infolge der Beinamputation immer beschwerlicher geworden war. Zwei Hunde – Airedaleterrier – tummelten sich in der Wohnung und rund um den Swimmingpool, in den der eine einmal gefallen war und mühsam herausgefischt werden mußte. Ich glaube, es waren Mutter und Tochter oder Mutter und Sohn. Einer von ihnen war blind. Es schien mir merkwürdig, vielleicht bezeichnend zu sein, daß der eine Hund ein Gebrechen hatte, so wie Roberta Gonzalez wegen eines Hüftleidens hinkte und Hans ohne sein eines Bein auskommen mußte. Das mochte alles physisch sein und wirkte doch psychisch. Bei allen meinen Besuchen zeigte mir Hans seine neuen Bilder, mit denen ich immer weniger anfangen konnte. Die Freundschaft aber blieb bis zu seinem Tod ungetrübt.

1965 1965 kaufte ich in der Galerie de France ein frühes Bild von 1938, das mit seiner abstrakten linearen Figur unmittelbar an Skulpturen von Gonzalez erinnert und noch direkter an eine Eisenskulptur, die Hartung selbst in Gonzalez' Atelier geschmiedet hatte. Dieses bemerkenswerte Bild hat mich nie im Stich gelassen. Es dürfte eines seiner besten sein.

Anders war es mit dem zweiten Hartung, den ich im selben Jahr bei dem Psychiater Ottomar Domnick in Stuttgart erwarb. Ich hatte das von 1949 stammende Bild – so wie übrigens auch das andere – 1957 in meiner hannoverschen Ausstellung gezeigt, wo es mein »Lieblingsbild« gewesen war. Tatsächlich besitzt es einen großen malerischen Charme.

Hans Hartung
T. 49-9, 1949
89 × 162 cm

Aber später erkannte ich doch, daß es stark hinter dem frühen Bild zurückbleibt: allzu »ästhetisch«, allzu dekorativ, ein genußvoller farbiger Wohlklang auf dunklem Grund, nicht mehr. Domnick wollte sich davon nicht trennen und erklärte, er sei zum Verkauf nur dann bereit, wenn ich den doppelten Marktpreis bezahlte. Das waren 200.000 DM. Meine Begeisterung für das Bild war so groß, daß ich über meinen Schatten sprang und zustimmte. Ich schrieb an den damaligen Ministerpräsidenten Dr. Franz Meyers, den Vorsitzenden des Kuratoriums, einen Brief, in dem ich ihm mitteilte, ich hätte soeben dieses Gemälde zum doppelten Marktwert gekauft, wozu ich mich insofern legitimiert fühlte, als ich viele andere Werke weit unter den geforderten Preisen gekauft hätte. Eine Antwort erfolgte nie, aber auf diese Weise hatte ich den Preis gewissermaßen sanktioniert. Woraus übrigens hervorgeht, wie ernst ich die Sache mit den Preisen nahm, obwohl ich doch hier in vollem Bewußtsein etwas tat, was nicht ganz in Ordnung war. Ich ahnte allerdings nicht, daß ich mich ausgerechnet von diesem so heißbegehrten und dann überbezahlten Bild im Lauf der Zeit distanzieren würde.

Schon ein paar Jahre später fragte ich mich, warum ich bei Domnick 1965
nicht das viel stärkere, viel weniger »kulinarische«, viel ernstere Gitterbild gekauft hatte, das heute in der Staatsgalerie Stuttgart hängt.

Domnick stand Hartung in den frühen Jahren nach Kriegsende sehr nahe. Er verhalf ihm damals zu einer neuen, besseren Prothese für das Bein, das Hartung in den letzten Tagen des Krieges auf französischer Seite bei Belfort verloren hatte. Domnick war ein unruhiger Geist, im Hauptberuf Psychiater, aber daneben auch Filmemacher und Sammler. Man hatte bei ihm immer das vielleicht irrige Gefühl, er müsse irgendetwas überkompensieren, so etwa, wenn er mit seinem Thunderbird in wahnwitzigem Tempo die Straßen Stuttgarts unsicher machte. Ich habe öfters in dieser Straßenrakete gesessen und gezittert, während er mir – ganz Psychiater – einzureden versuchte, das sei für ihn eine rein sexuelle Angelegenheit, bis hin zur Kulmination. Nun ja.

Hartung machte sich gegen Ende seines Lebens Sorgen um die Zukunft seines künstlerischen Nachlasses und seines großen Besitzes in Antibes. Er dachte an eine gemeinsame deutsch-französische Stiftung. Das Auswärtige Amt bat mich, darüber in Antibes mit Hartung zu sprechen. Ich besuchte ihn zusammen mit meiner Frau, die er besonders gern hatte, aber es zeigte sich, daß er sich nicht recht zu entscheiden vermochte. Auf französischer Seite kümmerte sich darum vor allem seine gute Freundin Claude Pompidou. Nach meiner Rückkehr schrieb ich für das Auswärtige Amt ein Memorandum, aber die Etablierung einer binationalen Stiftung erwies sich als sehr kompliziert, so daß man schließlich eine rein französische Lösung fand.

Soulages

Auch Pierre Soulages war einer von denen, die ich in meinen Jahren in Hannover ausgestellt, und die ich schon in den späten vierziger Jahren, als ich oft von Basel nach Paris fuhr, favorisiert hatte. Er gehörte ebenfalls zum »Stall« der Galerie de France und damit zum Freundeskreis von Myriam Prévot und Gildo Caputo. Mich faszinierte einerseits der Aktionismus seiner Malerei, andererseits aber auch die Stabilität des Bildkonzepts, verbunden mit einem hohen Anspruch an Schönheit. So kaufte ich eines der großen, tiefschwarzen Gemälde von 1959, das mich auch heute noch beeindruckt.

1965 Pierre Soulages und seiner Frau Colette fühlte ich mich freundschaftlich verbunden, eigentlich bis zum heutigen Tag, aber man sieht sich kaum noch. Unvergeßlich ist mir der Blick aus seiner Wohnung an der Rue Schoelcher auf den riesigen Friedhof mit den grauen Grabsteinen geblieben, der bis an das Haus reichte. Später lebte er meistens in seinem Haus in Sète, in seiner südfranzösischen Heimat, wo ich ihn leider nie besucht habe, obgleich dies vor wenigen Jahren ganz leicht gewesen wäre, als ich mit meiner Frau Ferienwochen im Haut Languedoc verbrachte, nicht allzuweit von Sète entfernt. Es war immer ein besonders großes Vergnügen, mit ihm und Colette zusammenzusein.

Pierre Soulages
8 décembre 59, 1959
201,5 x 162 cm

Er ist ein herrlicher »Typ«, ganz und gar diesseitig, sinnenfreudig, groß angelegt, ein prachtvoller Mensch, sehr identisch mit seiner zwar schwarzen, aber doch sinnlichen und strahlenden Malerei. In meiner Eröffnungsrede 1960 in Hannover sagte ich, man empfinde es als ganz natürlich, wenn man erfahre, daß er aus der Normandie stamme: ein richtiger normannischer Bauer, wie Fernand Léger, der eine ähnliche Statur hatte. Doch dann verriet ich dem Publikum, daß Soulages keineswegs aus der Normandie stamme, sondern aus dem mediterranen Süden Frankreichs, aus Rodez, und auch das könne man, wenn man wolle, als charakteristisch empfinden dank der Sinnlichkeit seiner Malerei und ihrer großen Klarheit. Mit der kleinen Täuschung »Normandie«, die in den Ohren der Zuhörer sofort einleuchtend geklungen hatte, wollte ich andeuten, wie wenig von solchen geographischen Kunstinterpretationen zu halten ist.

Ein weiterer von denen, die ich in Hannover ausgestellt hatte: Antoni Tàpies. In der Ausstellung hing ein eindrucksvolles frühes Bild aus der Sammlung Dotremont in Brüssel, das ich nun, 1965, bei Werner Rusche in Köln erwerben konnte. Schon in Hannover hatte es als ein besonders ernstes, besonders intensives und besonders geheimnisvolles Bild herausgeragt. Ich liebe es heute noch genauso wie damals.

Tàpies ist drei Jahre jünger als ich. Ich spüre das sehr stark: dieselbe Generation. Ich spüre es aber in einem ganz besonderen Sinn,

Antoni Tàpies
Grande peinture grise, 1955
195 × 169,5 cm

indem ich mir immer bewußt bin, daß ich diesen Künstler in vielen seiner Werke so verstehe, als befände ich mich in einer Art Identität mit ihnen. Er malt gewissermaßen meine Bilder. Auf eine rätselhafte Weise erkenne ich mich in ihnen selbst wieder. Ich kann das nicht erklären, zumal ich über keine Spur von eigener künstlerischer Begabung verfüge. Außerdem ist Tàpies natürlich ein vollkommen anderer Mensch. Ich habe einmal im Propyläen Verlag, unter der animierenden Ägide von Wolf Jobst Siedler, einen größeren Band über seine Zeichnungen herausgegeben, worunter es Blätter gibt, auf denen kaum mehr als eine einzige Linie erscheint. Diese Linie verstehe ich so vollkommen, als steckte ich selbst darin. Gewiß, ich verstehe auch die Linien anderer Künstler, Hans Hartungs zum Beispiel, aber niemals in diesem Sinne der Identität. Ich habe das Tàpies einmal zu sagen versucht. Er konnte es wohl nicht ganz verstehen.

1965 Eine schöne Erinnerung ist die Reise mit Wolf Jobst Siedler zu Tàpies in Barcelona, zur Vorbesprechung des Buches, das dann in einer ganz hervorragenden Weise gedruckt wurde. Für diese Publikation hat Tàpies dem Verlag zehn schöne Lithographien in einer Auflage von fünfzig Stück zur Verfügung gestellt, die unter dem Titel »Berlin-Mappe« erschienen. Ähnlich kostbar ist mir die Erinnerung an die gemeinsamen Besuche mit Siedler bei Chagall in Saint-Paul-de-Vence, bei Chillida in San Sebastian, bei Emil Schumacher in Hagen und im Hause Bissier in Ascona. Zu Miró konnte er mich, als ich dessen Buch für seinen Verlag vorbereitete, leider nicht begleiten.

Zu dem vielen, das mein Leben lebenswert machte, gehörten – und gehören nach wie vor – die häufigen Begegnungen mit Antoni Tàpies und seiner Frau Teresa, meistens in der von mir über alles geliebten Stadt Barcelona, aber auch in Madrid, in Paris, in Saint-Paul-de-Vence, in Venedig und nicht zuletzt in Düsseldorf. Und dann: in St. Gallen, wo Tàpies der Galerie im Erker – Franz Larese und Jürg Janett – über Jahrzehnte hin treu geblieben ist. Als ich dort vor Monaten eine Ausstellung seiner Bilder und Keramiken eröffnete, sagte mir Franz Larese

Antoni Tàpies
Relief en couleur brique, 1963
260 × 195 cm

nach meiner Rede, daß ich vor dreißig Jahren, fast auf den Tag genau, zum ersten Mal bei einer Eröffnung in der Erker-Galerie über Tàpies gesprochen hätte. Irgendwann hat die Galerie einen kleinen Band mit einigen meiner Tàpies-Reden herausgegeben.

Immer wieder Tàpies! Wieder und wieder kam ich in die Lage, über ihn zu schreiben und über ihn zu reden. Ich bin sicher, daß er in

meiner Generation der bedeutendste Maler ist, genauso wie Eduardo 1965
Chillida, mit dem mich ebenfalls Freundschaft verbindet, in derselben Generation der bedeutendste Bildhauer ist. Gleich ob Katalonien oder Baskenland – oder Madrid –: man staunt immer wieder über das unerhörte »Potential« großer spanischer Künstler in unserem Jahrhundert.

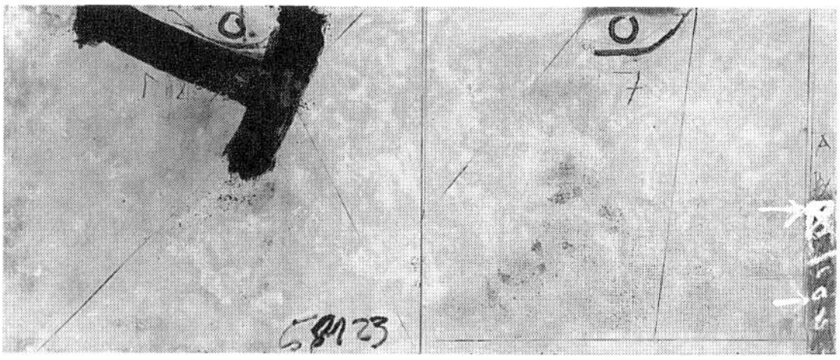

Antoni Tàpies
Grand Diptique de Raies, 1988
250 × 600 cm

Es gibt noch etwas weiteres, das mich mit Tàpies verbindet. Er sammelt so, wie ich, wenn ich Sammler wäre, sammeln würde: wundervolle Stücke aus vielen Kulturen, besonders aus den Frühkulturen der Menschheit. Ich teile seinen Sinn für das Archaische und das »Primitive«. Mit diesen Dingen umgibt er sich in seinem Haus an der Calle Zaragoza in Barcelona, aber natürlich auch mit Bildern von Picasso, von Klee, von Miró und anderen; übrigens auch einem schönen Zurbaran. Aber er hat auch eine Leidenschaft, die ich zu meinem Bedauern überhaupt nicht teile, nämlich für alte Bücher und für Bücher überhaupt. Seine imponierende Bibliothek hat in der Tàpies-Stiftung in Barcelona ihre Bleibe gefunden, die vor einigen Jahren in einer unvergeßlichen, ungeheuer lukullischen Nacht eröffnet wurde.

Im selben Jahr 1965 kam ein weiteres, sehr großes Bild in die Sammlung, das ich bei Beyeler in Basel erwarb; ein Bild, das noch großartiger, noch ernster, noch eindrucksvoller als das andere ist.

Und dann, 1988, nach einer Pause von fast einem Vierteljahrhundert, ein spätes Werk mit einer Breite von sechs Metern, das auf hinreißende Weise die verbreitete Meinung widerlegt, Tàpies' Spätwerk sei schwächer als das Frühwerk. Nach wie vor entstehen gelegentlich gleichrangige, wenn auch nicht gleichartige Bilder. Ich liebe dieses große Gemälde wegen seiner Stille und seiner hohen Spiritualität außerordentlich und bewundere, daß ein Künstler eine so leise Sprache in sol-

1965 cher geistigen Dichte auf einem so großen Format zu sprechen fähig ist. Wie wunderbar das Bild ist, bestätigte sich 1994 in der Tàpies-Retrospektive im Pariser Jeu-de-Paume. Ich kaufte es bei Elisabeth Kübler in der Galerie Lelong in Zürich, der Dépendance der Galerie Lelong in Paris, der früheren Galerie Maeght. Ich habe mich oft gewundert, daß es erst so spät, nach sechsundzwanzig Jahren, zu einem Kauf in dieser Galerie kam, mit der ich mich immer besonders eng befreundet fühlte. Daniel Lelong, Jacques Dupin, Elisabeth Kübler: sie alle waren und sind Freunde. Unendlich oft war ich im Stammhaus an der Rue de Téhéran, natürlich schon in den Zeiten, als dort noch Aimé Maeght regierte. Braque, Chagall, Miró, Tàpies, Chillida: die klangvollsten Namen waren da versammelt. Immer wieder traf man sich, ganz besonders natürlich in der herrlichen Fondation Maeght in Saint-Paul-de-Vence, die später, nach dem Tod von Aimé Maeght und einer längeren juristischen Auseinandersetzung, von der Galerie getrennt wurde.

Schumacher

Wohl über keinen Maler außer Bissier und Tàpies habe ich so oft geschrieben und geredet wie über Emil Schumacher, mit dem mich bis heute eine enge Freundschaft verbindet; mit ihm und seiner Frau Ulla, und auch mit seinem Sohn Ulrich, der das Josef Albers-Museum in Bottrop leitet. Dabei fing meine Beziehung zu Schumachers Kunst recht zögerlich an. Selbst als ich um 1960 beschloß, ihm in der Kestner-Gesellschaft eine Ausstellung zu widmen, war ich keineswegs ein großer Bewunderer seiner Kunst. Ich sah, daß er eine der stärksten Figuren der deutschen Malerei war, aber dieser begrenzte Maßstab genügte mir nicht, um so weniger, als ich mich damals der französischen zeitgenössischen Malerei stärker verbunden fühlte. In Deutschland stand mir der jüngere Sonderborg wesentlich näher. Dennoch setzte ich Schumacher auf mein Ausstellungsprogramm, und der persönliche Kontakt, der damit begann, wurde sofort sehr eng.

1961 war ich zum ersten Mal Kommissar der Biennale São Paulo, wo ich Julius Bissier zeigte und in der internationalen Sektion Kurt Schwitters. Ich fuhr mit meiner Frau, auf dem Weg nach Brasilien, zunächst mit dem Schiff nach New York. Bei der Überfahrt schrieb ich das Vorwort für den Schumacher-Katalog, da die Ausstellung unmittelbar nach meiner Rückkehr eröffnet werden sollte. Dem Text ist heute noch anzumerken, daß er ohne starkes Engagement geschrieben wurde. Ich äußerte mich in einer allgemeinen Form mehr über die informelle Malerei der fünfziger Jahre als über Schumacher selbst. Als ich dann aber, viele Wochen später, nach Hannover zurückkam und die Bilder sah, die sich in den Räumen der Kestner-Gesellschaft angesammelt hatten, erlebte ich eine große Überraschung. Da waren zwei oder drei ganz neue Bilder, die mich gewaltig beeindruckten. Eines davon, ein großes Bild in Rot und Schwarz mit dem Titel »Kuomi«, wurde kurz darauf vom Städtischen Museum Hannover, dem späteren Spren-

Emil Schumacher
Großes rotes Bild, 1965
150 × 270 cm

gel-Museum, gekauft. Mit diesen wenigen Bildern hatte Schumacher einen unerhörten »Sprung« getan und stand nun für mich in einer ganz anderen künstlerischen Höhe. Ich eilte zur Druckerei in der Hoffnung, dieses Bekenntnis zu seiner Kunst, sozusagen fünf Minuten vor zwölf, in meinen Text einfügen zu können. Es war nur noch Platz für ein paar Zeilen vorhanden, doch diese paar Zeilen genügten mir, um das zu sagen, was zu sagen war.

Für mich war seit damals klar, daß Schumacher in der deutschen Malerei seiner Generation die herausragende Figur war. Aber zwanzig Jahre lang blieb ich mit dieser Überzeugung ziemlich allein. Auch zu dem Zeitpunkt, als ich ihm 1981 eine Monographie im DuMont-Verlag widmete, hatte sich das noch kaum geändert. Ich habe mich oft gefragt, woran es lag, daß es diese Sperre gab, nachdem er doch schon in den fünfziger Jahren erfolgreich gewesen war. Damals gehörte er zum »Stall« auch außerdeutscher Galerien: in Italien und in Amerika. Die zu jener Zeit wichtige New Yorker Galerie Samuel Kootz führte ihn auf ihrer Künstlerliste, was allerdings in den Tagen des Eichmann-Prozesses endete: da war kein deutscher Künstler mehr willkommen. So wurde er ein zweites Mal ein Opfer Hitlers.

1965 Als nach 1945 das große Aufatmen kam, war Schumacher bereits über dreißig. Dann folgten zunächst die langen Jahre, in denen Deutschland seine Provinzialität nicht loswurde. Das war auch seiner Malerei anzusehen, die erst um 1960 bedeutend wurde. Aber die Meinungen über ihn hatten sich schon vorher gebildet, und unter dieser

Emil Schumacher
Macumba, 1973/74
137 × 184,5 cm

Fixierung hatte er in den Jahrzehnten nach 1960 zu leiden. Andererseits gibt es seltsamerweise immer wieder Leute, die meinen, seine beste Zeit seien die fünfziger Jahre gewesen: ein nostalgisches Urteil, von Blindheit geschlagen. Auch wenn ihm in all den schwierigen Jahren immer wieder Preise verliehen wurden, so kam die große Anerkennung doch erst spät, gipfelnd 1980 in der Aufnahme in den Orden Pour le Mérite. Nun wurde er mit Preisen überschwemmt. Viele Ausstellungen kamen, auch jenseits der Grenzen; aber jenseits der Grenzen nur zögernd. Inzwischen war eine jüngere Künstlergeneration in Deutschland nach vorn gerückt, die ihn auf dem Weltmarkt überholte, was zweifellos weniger ein künstlerisches als ein Marktphänomen war, wenngleich es da auch einen so großartigen Maler wie Georg Baselitz gab.

1965 kaufte ich bei Schumacher in Hagen ein im selben Jahr entstandenes Gemälde mit dem für ihn untypischen schlichten Titel »Großes rotes Bild«, in dem all das enthalten ist, was seine Kunst auszeichnet: sinnliche Vitalität, geistige Leidenschaft, hohe Expressivität, eine trotz der heftigen expressiven Gestik große malerische Sorgfalt und die assoziative Präsenz von Landschaft und Erde. Vielleicht war ich bei diesem Kauf durch das ebenfalls rote und schwarze Bild »Kuomi« beeinflußt, das in meiner Beurteilung seiner Kunst 1962 in Hannover die Wende gebracht hatte.

Bei einem späteren Besuch in Hagen zeigte mir Schumacher ein wiederum herrliches Bild. Es bestand aus recht großen bemalten Stücken Packpapier, auf Jute aufgeklebt. Ich fragte ihn, ob er bereit sei, uns das Bild zu schenken, da der Kunstsammlung die Mittel ausgegangen seien. Zu meiner Freude war er nach einigem Zögern bereit. Für dieses Zögern hatte ich Verständnis: er wollte nicht den Eindruck erwecken, als dränge er sich auf diesem Wege in die Sammlung. Sein Motiv war die lange Freundschaft und gewiß auch die Tatsache, daß ich Jahre zuvor bereits ein großes Bild von ihm erworben hatte. 1965

Der Titel des Bildes »Macumba« bedeutet nicht, daß das Bild etwas mit den Riten der Schwarzen in Brasilien zu tun hat. Er fiel mir selbst spontan ein, als wir davorstanden, und hatte insofern auch einen persönlichen Aspekt, als wir 1963 in Brasilien gemeinsam die eine oder andere Macumba besucht hatten.

In der Schumacher-Ausstellung der Kunstsammlung Nordrhein-Westfalen hing 1989 ein sehr großformatiges Bild, das mich fesselte. Doch ich zögerte, es zu erwerben, denn ich war mir durchaus nicht darüber im klaren, ob dies ein »bestes« Bild von ihm war. Lange ging ich mit dem Gedanken eines Ankaufs schwanger, und den letzten Anstoß zur positiven Entscheidung gab eine kleine Begebenheit, die eigentlich

Emil Schumacher
Aurea (Diptychon), 1987
250 × 340 cm

nicht hätte entscheidend sein dürfen. Das Bild hing im Flur, außerhalb der Ausstellung. Man konnte es schon vom Museumseingang aus sehen. Als ich eines Tages das Haus betrat und kurz am Buchladen haltmachte, sagte mir eine der dort tätigen Damen voller Begeisterung und fast beschwörend, dieses Bild müsse unbedingt in der Sammlung bleiben. In diesem Augenblick fiel meine Entscheidung. Ein kleiner, durch-

1965 aus illegitimer Auslöser gab den letzten Anstoß. Ganz rein war mein Gewissen dabei nicht, zumal ich ja in all den Jahren so oft verkündet hatte, das Zögern bei einer Kaufentscheidung könne ein Argument gegen den Ankauf sein. Tatsächlich bin ich mir bis heute der Richtigkeit der Entscheidung nicht völlig sicher.

Wunderbar waren die Reisen, die wir mit Emil und Ulla unternahmen: Brasilien, Jugoslawien, Apulien, Tunesien. Man konnte alles in voller Gemeinsamkeit und Übereinstimmung genießen, die Natur ebenso wie die Bauten und die einfachsten Dörfer. Uns verband, uns trug dieselbe Begeisterung, aber natürlich vor allem die Freundschaft selbst.

Daß Emil Schumacher durch und durch ein Künstler ist, erlebt man nicht nur in seinen Bildern, man erlebt es auch, wenn man ihn besucht. Noch immer bewohnt er das elterliche, allerdings erweiterte Haus. Es steht in einer unscheinbaren, grauen, tristen Straße mitten in Hagen, wo man zu allerletzt einen Künstler erwartet. Vor dem Haus steht eine herrliche alte Kastanie, ein Fremdkörper in dieser Umgebung, dem man zutraut, daß er mit seinem Wurzelwerk das Haus irgendwann zum Einsturz bringen wird. Betritt man die Wohnung, dann sieht man da viele zauberhafte, aber ganz unprätentiöse Dinge aus allen möglichen Weltgegenden. Sie alle zusammen bilden eine völlig natürliche Harmonie. Alles »stimmt« auf eine geheime, absolut künstlerische Weise, und nichts davon wirkt »wichtig« oder auch selbstgefällig, es sei denn der Umstand, daß da auch die Bilder hängen, die alle von ihm selbst sind. Ein besonderes Vergnügen ist für den Besucher nebenan das Atelier: ein Schauplatz malerischer Schlachten! Farbspritzer auf dem ganzen Boden, vor allem in der Nähe der Staffelei, und die Staffelei selbst ein einziger sensationeller Farbhaufen – ein nicht zu vergessender Anblick. Selbst im Garten hinter dem Haus, vor der Kulisse der gegenüberliegenden tristen Häuser, »stimmt« alles, allenfalls bis auf eine kinetische Plastik von George Rickey, die dieser ihm einmal geschenkt hat. Wohnung und Garten sind Ausdruck eines ganz und gar echten und zugleich einfachen Lebens. Und dieses Leben hat auch Schumachers Gesicht geformt. Ein Gesicht, das seinen Bildern und besonders seinen Radierungen gleicht mit all den Falten und Schründen: eine herrliche physische Identität eines Malers mit seiner Kunst.

Und nicht zu vergessen: Schumachers oft kindlicher Humor. Wir verbrachten einmal die Ferien auf einer jugoslawischen Insel und zogen

mit Vorliebe in eine abgelegene felsige Bucht, wo wir, so wie Gott uns 1965
erschaffen hat, herumliefen und badeten und ruhten. Da bot uns eines Tages ein unglaublich gut gelaunter Emil ein herrliches Schauspiel: er mimte, splitternackt, einen Affen, der von Fels zu Fels springt, immer wieder innehält, wild um sich blickt, sich mit beiden Fäusten auf die Brust trommelt, um dann auf den nächsten Fels zu springen, wo sich dasselbe wiederholte. Auch das eben ist Emil Schumacher. Man kennt ihn nur, wenn man auch diese Seite von ihm erlebt hat, womit ich nicht den fast naturgetreuen Affen meine, sondern diese Ausgelassenheit und diese Kindlichkeit. Und man entdeckt diese liebenswerten Züge auch in manchen seiner künstlerischen Hervorbringungen: wenn es ihm nicht darum ging, ein anspruchsvolles Bild zu malen, sondern wenn er alltägliche Gegenstände, vielleicht nur ein Stück Holz, mit ein paar Farbtupfern und farbigen Strichen versieht, Duftmarken sozusagen seines privaten Reviers. Auch das ist immer eminent künstlerisch.

Sonderborg

In den mittleren fünfziger Jahren, als ich nach Deutschland kam, beeindruckte mich ein junger deutscher Maler, der sich K.R.H. Sonderborg nannte. Eigentlich hieß er Kurt Hoffmann, aber er hatte sich den Namen seiner dänischen Geburtsstadt zugelegt. 1956 widmete ich ihm eine Ausstellung in der Kestner-Gesellschaft, zusammen mit dem ebenfalls »informellen« Maler Karl-Otto Götz. Die beiden Arbeiten, die ich nun von ihm erwarb, hätte ich später vielleicht nicht mehr gekauft, da ich überhaupt keine Arbeiten auf Papier oder Karton mehr in die Sammlung aufnahm. Sie waren, aber das stellte sich erst allmählich heraus, Fremdkörper in der Kollektion. Auch heute noch meine ich, daß sie hohe Qualität besitzen.

Ich habe die beiden Bilder bei John Lefèbre in New York gekauft, mit dem ich seit langem befreundet war, schon seit der Zeit, als er Twentieth Century Fox in Europa und Afrika vertrat, mit Sitz zunächst in Kairo und dann in Paris. In Paris lernte ich ihn und seine Frau Ljuba kennen, als ich mir von ihnen Leihgaben für eine Ausstellung in Hannover erhoffte. Ich glaube, es waren Bilder von Vieira da Silva oder von Nicolas de Staël. John Lefèbre, dessen Galerie sich an der Ecke Madison Avenue/77. Straße befand, war ein »alter Berliner«, der einst-

1965 mals Hans Levi geheißen hatte. Er war ein amüsanter Gesprächspartner und ein wirklicher Freund. Übrigens insistierte er darauf, der Erfinder der Namen »Dick und Doof« gewesen zu sein, als er noch in Berlin bei der UFA arbeitete. Bis er 1986 starb, gab es keinen Besuch in New York, bei dem ich ihn und Ljuba nicht gesehen hätte. Gelegentlich wohnte ich auch bei ihnen an der West End Avenue.

Allerdings trennten uns weitgehend unsere künstlerischen Vorlieben. Er liebte und vertrat in seiner Galerie die Künstler der Gruppe

K.R.H. Sonderborg
Flying Thought, 12. 11. 1958
108,7 × 69,7 cm

K.R.H. Sonderborg
Window, 27. 4. 1965
108 × 70,3 cm

COBRA, zu denen ich selbst ein eher distanziertes Verhältnis hatte. Vor allem Asger Jorn verehrte er außerordentlich, während ich mich nie zu einem Jorn entschließen konnte. Zu vielen Leuten pflegte er zu sagen, seine Freundschaft mit mir beweise, daß man auch dann befreundet sein könne, wenn man in den künstlerischen Neigungen nicht übereinstimme.

Aber immerhin, da war Sonderborg. Später näherte ich mich einem anderen seiner »Favoriten«, nämlich Horst Antes. Und in meiner ersten großen Bissier-Ausstellung in Hannover entdeckte er für sich einen Maler – Bissier –, den er fortan für einen der Großen überhaupt hielt und bald danach in seine Galerie aufnahm. Sonderborg übrigens hatte Bissier schon vor mir gekannt und gelegentlich in Hagnau besucht. Schon 1956 sagte er mir, am liebsten hätte er die Doppelausstellung in Hannover zusammen mit Bissier gemacht, doch zu jener Zeit war mir Bissier noch unbekannt.

1966 und 1967 kam jeweils nur ein einziges Bild der Nachkriegszeit in die Sammlung, 1968 jedoch fünf, dafür kein einziges aus der Zeit davor. So wollten es der Zufall und die Kassenlage. 1966 war es ein großer Alberto Burri, ein sogenannter »Sacco«, bestehend aus zusammengenähten Stücken grober Sackleinwand mit dem Aufdruck »WHEAT«. Es handelte sich also um Getreidesäcke, die es ihm angetan haben muß-

Alberto Burri
Wheat, 1956
150 × 250 cm

ten, sozusagen »arte povera« avant la lettre. Die Bezeichnung trifft für Burri, übrigens auch für Tàpies, viel besser zu als für die Künstler, für die sie später erfunden wurde. Das große Bild – wenn man es denn ein Bild nennen will – gehörte Philippe Dotremont, bevor es über Werner Rusche in die Kunstsammlung gelangte. Es war, wie ich glaube, ein sehr glücklicher Kauf. In der Burri-Ausstellung des Guggenheim Museums in New York 1977/78 war es, wie nicht nur ich fand, die beste Arbeit: den Test bestand es glänzend.

Ich habe manche Erinnerungen an den Künstler, den ich immer als einen besonders noblen Mann empfand. Er wirkte, wie so viele andere seiner »Kollegen« auch, kaum als ein Künstler, viel eher als ein Jurist oder ein Arzt. Tatsächlich war er ja ursprünglich Chirurg gewesen, woraus man angesichts der wüsten Nähte, mit denen er seine Leinwandstücke zusammenflickte, keine Schlußfolgerungen ziehen sollte. Vor allem erinnere ich mich an lange Abende, wenn wir während der Eröffnungstage einer venezianischen Biennale zusammen mit Hans Hartung und Ben Nicholson auf der Dachterrasse des Hotels Danieli saßen, wo wir alle wohnten. Es war das Jahr 1960, als ich im Internationalen Pavillon der Biennale Schwitters zeigte. Später hatte ich, wenn

1966 ich in Rom war, immer vor, ihn in seinem Landhaus zu besuchen. Dazu ist es leider nie gekommen. Fast dreißig Jahre später, 1988, zeigte man im italienischen Pavillon der Biennale Venedig eine Burri-Schau, auf der er sich wiederum als eine künstlerisch überaus noble Gestalt der italienischen Malerei erwies. Als Mitglied der Jury versuchte ich zu bewirken, daß ihm der Preis für einen italienischen Maler verliehen wurde, aber bedauerlicherweise mißlang es: der Preis ging an Enzo Cucchi. Why not?

Mit dem großen Bild war Burri in der Kunstsammlung zwar hervorragend repräsentiert, aber ich hatte immer die Hoffnung, irgendwann eine seiner Arbeiten aus angebrannten Hölzern dazuzukaufen. Das ist nie gelungen, weil das »richtige Bild« nie, oder immer nur im ungünstigen Augenblick, in mein Blickfeld geriet.

1967 Kline

Da es mir widerstrebt, konventionelle Meinungen über Kunst einfach zu übernehmen, frage ich mich manchmal, ob Franz Kline nicht vielleicht der bedeutendere Maler als Jackson Pollock war. Pollock war »wichtiger«, historisch wichtiger, das steht außer Frage. Aber könnte es

Franz Kline
Ohne Titel, 1957
200 × 158,5 cm

sein, daß Kline künstlerischer war, was immer das bedeuten möge, zumindest in seinen schwarz-weißen Bildern und dort, wo es sich besonders erweist, nämlich in seinen Papierarbeiten? In jedem Fall ist er mir selbst viel näher, und so mag es sich um eine persönliche Art der Vorliebe handeln. Während langer Zeit hing in Düsseldorf der gewaltige schwarz-weiße Pollock im selben Raum wie der ebenfalls schwarzweiße, freilich viel weniger monumentale Kline, zu dem ich mich immer stärker hingezogen fühlte. Es kommt ja auch hinzu, daß Pollock all zu viele wirklich schwache Bilder gemalt hat und nur ganz wenige, die so großartig sind wie das Düsseldorfer Bild. Auch von Kline gibt es gewiß schwächere – und möglicherweise auch einige stärkere – Bilder als dasjenige, das ich 1967 mit großer innerer Anteilnahme gekauft habe. Pollock war der große Entdecker von Neuland. Er war derjenige, der der Kunst einen gewaltigen Stoß versetzt hatte. Und er war auch mehr »action painter« als Kline, der seine Bilder viel zu sehr »baute«, als daß dies pure Aktionsmalerei gewesen wäre. Insofern war er, wenngleich in Amerika geboren, europäischer als Pollock. Pierre Soulages sagte mir einmal, Kline habe ihn in den frühen fünfziger Jahren in Paris besucht und habe sich von ihm beeinflussen lassen. Das mag so sein, aber mit seiner offeneren Form war er dann eben doch, gerade auch im Vergleich mit Soulages, ganz uneuropäisch.

Ihn selbst nicht gekannt zu haben, bedaure ich sehr; mehr noch, als Pollock nie begegnet zu sein. Pollock starb 1956, noch bevor uns in Europa seine Kunst vor Augen trat. Kline starb 1962, als ich eben erst in Düsseldorf meine Arbeit aufgenommen hatte. Ich war erst 1961 zum ersten Mal nach Amerika gekommen, auf dem Weg nach Brasilien. Es war Hochsommer, und nach kaum mehr als einer Woche floh ich mit meiner Frau vor der Gluthitze, die in New York herrschte, für einige Tage nach Mexiko. An Künstlerbesuche war nicht zu denken.

Rauschenberg 1968

Bei einem Besuch in New York sagte ich zu Leo Castelli, ich würde gern Rauschenberg einen Besuch abstatten. Das wurde sofort arrangiert, und so gingen wir zusammen zu ihm ins Atelier. Rauschenberg hatte sich geschickt auf den Besuch vorbereitet, vermutlich von Castelli beraten, denn als wir kamen, hingen an den beiden Längswänden seines Ateliers 381 Lafayette Street je zwei Bilder. Mich fesselte vor allem ein sehr großes Bild, das aus den Jahren 1957-59 stammte und aus einem unerfindlichen Grund »Wager« hieß. Ich wußte sofort, daß dies »mein« Bild war: eines der großartigen »combined paintings«, mit allen mögli-

1968 chen aufgeklebten Elementen und einer heftigen, aktionistischen Malerei, im übrigen mit viel »leerer« Fläche. Auch ein Stück Papier klebte da, auf dem Rauschenbergs Freund Jasper Johns, der zur Zeit der Entstehung des Bildes sein Atelier im selben Haus Ecke Fulton Street/Pearl Street hatte, mit Bleistift ein paar Wörter notiert hatte.

Robert Rauschenberg
Wager, 1957–59
206 × 376 cm

Auch das Bild, das Rauschenberg neben dieses gehängt hatte, und das aus einem wiederum unerfindlichen Grund »Quote« hieß, fesselte mich: eine der großen, im Siebdruckverfahren bedruckten Leinwände aus den sechziger Jahren, mit den Bildzitaten John F. Kennedy, Astronaut und New Yorker Straßenkreuzung. Ich war in der Hoffnung gekommen, ein Bild zu kaufen. Ich kaufte zwei: die ganze Wand. Möglich, daß Castelli das durch die Hängung suggeriert hatte. Er war ein genialer Händler. Er war aber auch und vor allem ein genialer Entdekker; immerhin: Rauschenberg und Jasper Johns! Und er war – und ist – ein bezaubernder Mensch.

1959 hatte Rauschenberg an der zweiten Documenta teilgenommen, mit einigen seiner »combined paintings«. Sie stießen auf völliges Unverständnis im Documentarat, auch bei mir. Der Rat, dem ich angehörte, entschied nicht über den amerikanischen Beitrag, den man aus mangelnder eigener Kenntnis Monroe Wheeler vom Museum of Modern Art anvertraut hatte. Ich kann mich nicht erinnern, daß auch nur einer von uns an den Bildern Gefallen gefunden hätte. Eines oder zwei wurden von Bode sogar aus der Ausstellung ausgeschlossen. Heute ist das für mich kaum noch verständlich. Gerade Rauschenberg wurde einer der mir liebsten amerikanischen Künstler, neben Kline, Rothko und Jasper Johns. Dabei hätte es bei meiner Liebe zu Kurt Schwitters eigentlich schon zu Anfang keine Sperre geben müssen, indessen: es gab sie. Hätte ich mich in meinem Leben grundsätzlich ein bißchen modegerechter oder besser, wie man später sagte, progressiver verhalten, dann wäre es sicher schneller gegangen; aber es bestand da eben immer dieses Mißtrauen gegenüber »des Kaisers neuen Kleidern«, so daß ich übersah, daß Rauschenbergs innovative Bilder mit derartigen kaiserlichen Kleidungsstücken nichts zu tun hatten.

Von Anfang an war evident, daß »Wager« dem später entstandenen Serigraphie-Bild stark überlegen war. Manchmal tat es mir leid, es nicht bei diesem einen großen Werk belassen zu haben. Oder aber, es tut mir leid, daß ich nicht mindestens eines jener frühen Werke »ergattert« habe, die Peter Ludwig kaufte. Manche Leute haben ja gemeint – und auch aus Ludwigs Mund habe ich es über die Presse oft gehört –, mein seinerzeitiger dreijähriger Kampf gegen die geplante Ludwig-Stiftung, die schließlich zum Glück scheiterte, habe Neid zur Ursache gehabt. Das war Unsinn. Ich habe Ludwig nie um seine Sammlung beneidet, aber doch um ein paar Bilder: Picassos »Frau mit Artischocke«, einen – aber nur einen – Jasper Johns, nämlich das weiße Zahlenbild, und zwei absolut hinreißende Rauschenbergs. Genauso habe ich auch

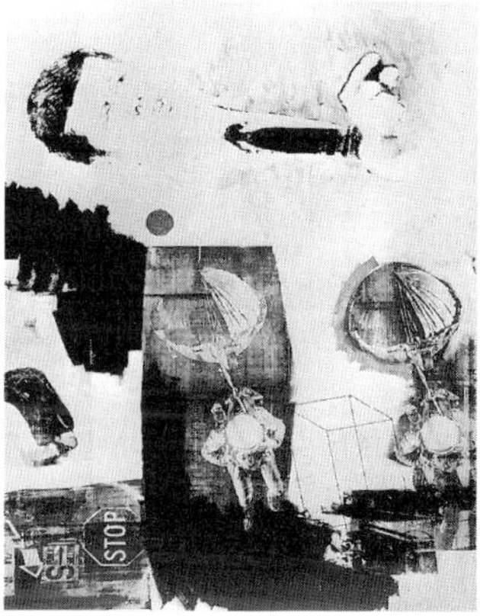

Robert Rauschenberrg
Quote, 1964
239 × 183 cm

andere Sammler um ein paar Bilder beneidet. Das ist eine ganz natürliche Sache. Die Geschichte meiner Ludwig-Fehde, die sich in den frühen achtziger Jahren in allergrößter Öffentlichkeit abspielte, habe ich 1993 anläßlich der Ausstellung seiner Sammlung in Nürnberg in den »Mitteilungen des Germanischen Nationalmuseums« ausführlich dargestellt, leider unter Ausschluß der Öffentlichkeit, denn wer bekommt so etwas schon zu Gesicht?

1968 Rauschenberg traf ich zuletzt 1994 bei der Vorbesichtigung seiner Ausstellung in der Kunstsammlung Nordrhein-Westfalen, in der nur späte Werke gezeigt wurden. Es war eine Freude, ihn wiederzusehen. Er kam zweimal ans Mikrophon und stammelte ein paar freundliche, aber nahezu unverständliche Worte, denn er war ganz einfach stockbetrunken. Auch sonst traf ich ihn immer wieder irgendwo auf der Welt. Einmal holte er mich in meinem Hotel in Los Angeles zum Besuch einer Ausstellung ab, in der seine ganz frühen, völlig weißen und schwarzen Bilder gezeigt wurden, die ich dort zum ersten Mal sah, ja von deren Existenz ich vorher nichts gewußt hatte. Als ich ins Auto kam, saß er da und trank Whisky. Whisky im Auto, das war neu für mich.

Aber es bleibt etwas zu sagen zu »Wager«, dem großen Bild mit all den Materialien. Offenbar reizte besonders dieses Bild manche Menschen zu Vandalismus. Einmal hatte jemand mit Lippenstift das Wort »merde« auf das aufgeklebte Stück Papier mit den Notizen von Jasper Johns geschrieben. Da Lippenstift sehr fetthaltig ist, schien es eine mittlere Katastrophe zu sein, aber erstaunlicherweise ließ sich die beliebte französische Vokabel völlig entfernen. Ein anderes Mal kam meine

Robert Rauschenberg
Icon, 1962
102 × 127 × 41 cm

Frau zu mir ins Büro und fragte mich, ob ich eigentlich bemerkt hätte, daß auf diesem Bild ein menschlicher Backenzahn klebe. Nun, ich hatte da alles mögliche bemerkt, zum Beispiel zwei aufgeklebte Krawatten und eine Socke, von einem Zahn hingegen war mir nichts bekannt. Wir gingen hinunter und siehe, da klebte tatsächlich ein Zahn. Irgendein Tunichtgut hatte ihn dahingeklebt. Ich nahm ihn einfach weg und warf ihn auf die Straße. Den Zahn, nicht den Tunichtgut, obwohl der es verdient hätte. Viel schlimmer war ein anderer Vorfall. In den »Tagen der offenen Tür« nach der Eröffnung des Neubaus hatte jemand die feine Gaze, die über einen Teil des Bildes gespannt ist, aufgeschlitzt, vermutlich mit einer Rasierklinge. Das war nicht reparierbar. Die Gaze war auseinandergeplatzt und bildet seither in dieser verletzten Form einen Teil des Bildes. »Tage der offenen Tür« können gefährlich sein. 1968

Als ich 1980 das dreidimensionale, auf vier Räder montierte Objekt »Ikone« von Rauschenberg kaufte, glaubten viele, ich wolle damit ein neues Kapitel in der inzwischen fast zwanzigjährigen Geschichte des Museums aufschlagen und beginnen, Plastik zu sammeln. Daran hatte ich überhaupt nicht gedacht. Ich hatte von Anfang an erklärt, daß dies eine Sammlung von Bildern sein solle, wobei aber der Begriff des Bildes dank der künstlerischen Prozesse in unserem Jahrhundert offen sei bis hin zu Assemblagen und Objekten. Insofern war für mich der Ankauf von Rauschenbergs »Ikone« nichts Neues; gewissermaßen eine dreidimensionale Assemblage, jedenfalls mehr ein Objekt als eine Skulptur.

»Ikone«: auch dieser Titel ist unverständlich und nicht gerade passend, aber der Künstler wollte ihn nicht ändern. Das Objekt kam durch meinen Freund Hans Strelow in die Sammlung. Strelow war viel häufiger in New York als ich und kam so immer wieder in die Lage, mir Dinge anzubieten, die er dort gesehen oder erworben hatte. Überhaupt war er mit der Kunst in den Vereinigten Staaten, aber auch mit den Künstlern selbst, besonders vertraut, da er dort, bevor er Kunsthändler wurde, einige Jahre lang als Kunstkritiker der Frankfurter Allgemeinen Zeitung gelebt hatte. Das Objekt, das er mir anbot, eroberte mich sofort, es war »Liebe auf den ersten Blick«. Fortan gehörte es für mich zu den ausgesprochenen »Zauberobjekten« in der Sammlung, ähnlich wie die Collage von Carrà oder auch das »Kleine Seemannsheim« von Schwitters, das im selben Jahr wie der Rauschenberg erworben wurde. »Ikone« war ein Jahrzehnt lang für mich so etwas wie mein ganz privater Hausaltar. Ich liebte es – Privileg des Hausherrn! –, seine Tür zu öffnen und zu schließen, und wenn ich mit Besuchern durch die Sammlung ging, haben sie stets die ganz besondere Art von Entzücken erlebt, die mich beim Öffnen und Schließen des Schreins erfüllte; oder auch umgekehrt: ich erlebte ihr Entzücken.

Nicholson

Lange hegte ich den Wunsch, von Ben Nicholson, dem englischen Maler, eines seiner »white reliefs« in die Sammlung aufzunehmen. Das ist nie gelungen, weil die schönsten nicht in meine Reichweite gelangten. Daß ich Nicholson überhaupt gern in der Sammlung sehen wollte, war wohl noch eine Folge meiner Zeit in der Kestner-Gesellschaft, wo ich ihm 1959 eine Retrospektive gewidmet hatte. Damals war ein freundschaftliches Verhältnis entstanden. Oft besuchte ich ihn in seinem Haus in Brissago, hoch über dem Lago Maggiore, wo er von 1958 bis 1971 lebte, zusammen mit seiner damaligen Frau Felicitas Vogler, die eine hervorragende Photographin war. Mit Nicholson, Arp, Bissier und dem italienischen Maler Italo Valenti hatte sich in und um Ascona eine Gruppe von Künstlern gebildet, die zwar keine eigentliche Gruppe war, aber in der es doch viel freundschaftliche Zusammengehörigkeit gab. Auch mein Freund Hans Richter, der in Locarno wohnte, gehörte dazu. Ich selbst traf sie alle oft.

Irgendwann einmal gab es zwischen Nicholson und mir eine kleine Krise. Zu meiner Bestürzung stellte sich heraus, daß Ben auf mich »böse« war. Ich war mir keiner Schuld bewußt. Folgendes war geschehen: nachdem ich die Leitung der Kunstsammlung in Düsseldorf übernommen hatte, war ich, wie jedes Jahr einmal, ein paar Tage in Ascona und kündigte ihm meinen Besuch an. Da ich inzwischen aber ein anderes Amt bekleidete, erwartete er offenbar, daß ich zu ihm als Museumsdirektor kam, mit der Absicht, etwas zu kaufen. Daran hatte ich überhaupt nicht gedacht: ich wollte einfach Ascona nicht verlassen, ohne ihn, wie in all den Jahren zuvor, gesehen zu haben. Bei meinem Besuch fiel mir nichts Negatives auf. Erst Jahre später, nachdem ich ihm wieder einmal ohne jeden äußeren Anlaß geschrieben hatte, antwortete er, ich hätte ihm bei meinem letzten Besuch eine Enttäuschung bereitet; er habe das Gefühl gehabt, ich hätte mich von seiner Kunst entfernt. Ich fiel aus allen Wolken. Das Mißverständnis wurde natürlich aufgeklärt, und als ich ihn wiederum ein paar Jahre danach, als er längst wieder in England lebte, bei der Verleihung des Rembrandt-Preises an ihn in London zum letzten Mal sah, war von Enttäuschung nichts mehr zu erkennen.

Keine Frage, er war »schwierig«. Das erlebte ich in Hannover am Tag der Eröffnung seiner Ausstellung. Er kam vormittags in die Kestner-Gesellschaft und war mit allem sehr zufrieden, auch mit dem Katalog, dessen erstes Exemplar gerade gebracht wurde. Mittags kam seine Frau Felicitas angereist, und als wir uns am Nachmittag wiedersahen, waren plötzlich schwarze Wolken aufgezogen. Was war geschehen? Ben hatte sich den Katalog in der Mittagszeit genauer angesehen und festgestellt, daß auf der Liste der Lebensdaten zwar die erste Ehe mit Winifred Nicholson sowie die zweite Ehe mit Barbara Hepworth, der Bildhauerin, verzeichnet waren, nicht aber die dritte mit Felicitas Vogler. Ich erklärte ihm, die beiden anderen seien natürlich deshalb genannt, weil sie bekannte Künstlerinnen waren, aber damit gab er sich nicht zufrieden. Was tun? Der Katalog war in seiner ganzen Auflage bereits gedruckt, so daß es zu spät war, das Kind, das in den Brunnen gefallen war, zu retten. Doch er blieb unnachgiebig und verlangte eine Korrektur. Er sah ein, daß es peinlich aussähe, wenn man mittels eines Aufklebers den Hinweis auf die Eheschließung mit Felicitas hinzufügte, und verlangte statt dessen, den Bogen – sechzehn Seiten – mit der Ergänzung neu zu drucken. Als ich ihm erklärte, daß sei viel zu kostspielig, zumal ein großer Teil der Auflage schon gebunden sei, erwiderte er, daß er die Kosten selbst tragen wolle. Darauf sagte ich, das sei natürlich unannehmbar, unter diesen Umständen zwinge er mich, den Neudruck und das erneute Binden auf Kosten des Hauses durchzuführen. So geschah es, und seine Welt war wieder in Ordnung. Allerdings ermahnte er mich noch rechtzeitig, auf gar keinen Fall »Frau Felicitas Vogler« zu schreiben, da er das Wort »Frau« nicht ausstehen könne, und zudem dürfe der Doktortitel nicht ausgelassen werden, also: Dr. Felicitas Vogler. Später nannte ich sie »Feli«, wie alle ihre Freunde. Ich denke, daß sie es gewesen war, die die Korrektur gefordert hatte.

Ben war ein herrlicher Briefeschreiber. Ich besaß eine Menge Briefe von ihm, bevor ich sie alle verkaufte, als ich Geld brauchte für meine im Entstehen begriffene Sammlung afrikanischer Kunst. Ich fand das legitim, da aus den unsichtbaren, in Schubladen ruhenden Briefen – und vor allem auch graphischen Blättern vieler Künstler – sichtbare Kunstwerke wurden. Bens Briefe waren überaus witzig, geistreich, quicklebendig auch in ihrer äußeren Erscheinung, mit vielen sich durch die Zeilen windenden Pfeilen nach rückwärts und nach vorwärts. Als ich ihm, noch bevor wir uns zum ersten Mal getroffen hatten, zwecks Animierung zu einer Ausstellung in Hannover einige der Kataloge schickte, die ich herausgegeben hatte, bedankte er sich für die

 »cat-and-doglogues«. So scherzte er in seinen Briefen, und darin zeigte sich ein völlig anderer Mensch als derjenige, der die formstrengen Bilder schuf, ja geradezu dessen Gegenteil. Man kann diesen überaus lebendigen Nicholson auf wundervolle Weise in seinen Zeichnungen aus Italien, Griechenland oder auch aus England mit ihren für ihn so typischen zeichnerischen Launen entdecken. Ich habe Verständnis für Menschen, die meinen, diese Zeichnungen seien das Beste, was er hervorgebracht hat.

Das Bild, das 1968 in die Sammlung kam, schätze ich nach wie vor, aber so ganz »gehalten« hat es sich nicht. Schon beim Ankauf begriff ich nicht so recht die »schmutzige« Stelle, mit der Nicholson offenbar

Ben Nicholson
Dec 1965 Amboise, 1965
187 × 122 cm

die strenge Geometrik abmildern wollte. Es ist ein etwas allzu nüchternes, allzu trockenes Bild, ohne einen eigentlichen Inhalt und hochästhetisch – eine Charakterisierung, deren Problematik mir natürlich bewußt ist, denn was heißt »ästhetisch«? Ein »Ästhet« war Nicholson ohne Zweifel, übrigens ganz im Gegensatz zu dem von ihm über alles verehrten Mondrian.

Bemerkenswert war seine Reaktion auf meine Sendung von Katalogen der Kestner-Gesellschaft, unter denen sich auch derjenige der Bissier-Ausstellung befand. In seinem Antwortschreiben fragte er: »Julius Bissier – who is this guy?« Am Abend der Eröffnung seiner Ausstellung in Hannover begaben wir uns für eine Weile in mein Büro, zusammen mit seinen Galeristen Peter Gimpel aus London und Charles Lienhard aus Zürich, wo ich ihm und den beiden anderen Bilder von Bissier zeigte. Sie sahen sie alle zum ersten Mal und waren außerordentlich angetan. Die unmittelbare Folge war, daß sowohl Gimpel als auch Lienhard Bissier ausstellten. Nicholson wollte Bissier unbedingt kennenlernen und besuchte ihn gelegentlich von Zürich aus in Hagnau am Bodensee, als auch ich mich gerade dort aufhielt. Später, im Tessin, blieb die Verbindung zwischen den beiden Künstlern freundschaftlich, aber doch nur lose, da sie sprachlich Mühe hatten, sich miteinander zu verständigen.

Das Bild, das mir in der Carnegie International Exhibition in Pittsburgh aufgefallen war, wurde der Kunstsammlung auf meine Anregung hin von Freunden des Museums gestiftet, die nicht genannt sein wollten. Kurz danach wurde die »Gesellschaft der Freunde«– zunächst noch unter einem etwas anderen Namen – gegründet. Ihr Vorsitzender war der unvergessene Dr. Ernst Schneider, der große Sammler von Meissener Porzellan. Seine Sammlung war damals noch im Dachgeschoß des Schlosses Jägerhof untergebracht, bevor sie nach Schleißheim bei München, in das reizende Schlößchen Lustheim, abwanderte. Schneider war, zusammen mit anderen prominenten Düsseldorfern wie Fritz Conzen und Kurt Forberg, derjenige, der das Land einst dazu gebracht hatte, die große Klee-Sammlung des Herrn Thompson zu erwerben, die dann der Grundstock des Museums wurde. Sein Nachfolger als Vorsitzender der Gesellschaft wurde Dr. Franz Meyers, der frühere Ministerpräsident, der 1983 durch Robert Rademacher abgelöst wurde. Unter Rademachers Vorsitz begann der rapide Aufstieg der Gesellschaft zu einem an Mitgliedern und damit auch an Mitteln starken und überaus aktiven Verein. Die Verdienste Rademachers für das Museum können nicht hoch genug gepriesen werden. In meiner Rede zum Abschied von der Kunstsammlung sagte ich, die beste Akquisition der letzten zehn Jahre sei Robert Rademacher gewesen.

Eine kleine Merkwürdigkeit zu Nicholson. Jahrelang geisterte durch seine Bibliographien ein Buch über ihn von Werner Schmalenbach. Aber ich habe nie ein solches Buch geschrieben. Wie das da hineingeraten ist, weiß ich nicht, und ich weiß auch nicht, wie es schließlich wieder daraus verschwunden ist.

Goller

Viele Menschen verstehen nicht, warum ich im Lauf der Jahre zwei Bilder von Bruno Goller gekauft und »mir« ein drittes von ihm habe schenken lassen. Die Freundschaft mit dem zwanzig Jahre älteren Künstler, die im Lauf der Jahre entstand, konnte kein Motiv sein, denn sie begann erst nach der ersten, mich begeisternden Begegnung mit seiner Kunst. Das war 1955 in Hannover, kurz bevor ich die Leitung der Kestner-Gesellschaft übernahm. Der dortige Kunstverein zeigte eine Übersichtsausstellung über die damals zeitgenössische Kunst in Deutschland. Manches kannte ich, vieles war mir, da ich im Ausland lebte, neu, und das meiste mißfiel mir oder ließ mich kalt, auch die »großen Namen« jener Zeit. Aber zwei Maler fielen mir auf, von denen ich noch nie etwas gehört hatte. Der eine war der Berliner Maler Werner Heldt, von dem ich dann bald eine Ausstellung veranstaltete. Der andere war ein Düsseldorfer Maler namens Bruno Goller. Bruno Goller? Vollkommen unbekannt! Aber die beiden Bilder von ihm hoben sich neben allem heraus, was da an den Wänden hing, und dies gewiß auch durch ihre Andersartigkeit, denn es waren gegenständliche und figürliche Bilder; vor allem aber durch ihre Individualität. Sie besaßen eine eigentümliche nüchterne Poesie, die mich gefangennahm, und lagen weit außerhalb all dessen, was sich in jener Zeit schickte und was dann gerade von mir selbst in meinen Ausstellungen propagiert wurde, nämlich die »informelle« abstrakte Kunst. Ich hatte den starken Eindruck, daß dies ein absolut authentischer Maler war. Den Namen vergaß ich schnell. Aber ein Jahr danach, als ich nun schon in Hannover lebte, gab es erneut eine Übersichtsausstellung am selben Ort, und da war er wieder: Bruno Goller, dieser merkwürdige Maler aus Düsseldorf, wieder mit zwei Bildern. Und wieder war ich beeindruckt, doch nun wurde ich hellhörig. Ich setzte den Namen Goller auf meine imaginäre Ausstellungsliste.

Einige Zeit danach besuchte ich ihn in Düsseldorf und begegnete einem wundersamen Mann; einem der Stillen, Abseitigen, der aber als Künstler, viel mehr denn als Person, Selbstbewußtsein zeigte. Als Person wirkte er schüchtern, ängstlich, durch seine Schwerhörigkeit unsicher, bürgerlich korrekt gekleidet, grau in grau, mit Krawatte; und doch insgeheim keineswegs »bourgeois«, vielmehr eine Existenz auf dünnem Boden, sehr gefährdet, verträumt und solide zugleich: man mußte ihn lieben. Er zeigte mir in seinem Haus eine Menge Bilder, und nun wurde mir ganz klar, daß dies ein bedeutender Maler war, daß es aber schwer sein würde, ihn durchzusetzen, nicht nur, weil er mit seiner gegenständlichen Malerei nicht in die Zeit paßte, sondern auch wegen irritierender Eigenschaften, die verhinderten, daß man seine Bilder einfach »schön« finden konnte mit ihren oft verqueren Figuren und ihren vertrackten Ornamenten. Den Abend verbrachten wir zusammen mit seiner Frau Elsbeth in einer Düsseldorfer Kneipe, wo er seine Ängste in Alkohol ertränkte.

Erwähnenswert ist eine kleine Erinnerung an die Ausstellung in Hannover. Will Grohmann, zu jener Zeit die erste Stimme der deutschen Kunstkritik, hatte mir seinen Besuch angekündigt, ohne zu wissen, welche Ausstellung ihn erwartete. Ich traf ihn vor dem Haus in der Warmbüchenstraße, und er sagte: »Sie zeigen Bruno Goller? Ausgerechnet Sie?« Ich meinte, er solle sich die Ausstellung doch erst einmal ansehen. Nach etwa einer halben Stunde verließ ich mein Büro und machte mich auf die Suche nach ihm in den Ausstellungsräumen. Als ich ihn fand, schaute er mich an und sagte: »Es ist wirklich unglaublich! Den Goller, den haben wir immer gesehen. Aber nun muß ich sagen: wir haben ihn nie gesehen!«

Und noch eine andere Erinnerung. Aus Düsseldorf kam zur Eröffnung die Kunstkritikerin Anna Klapheck mit ihrem Sohn, der damals dreiundzwanzig Jahre alt und Schüler von Goller an der Kunstakademie war. Konrad war zornig auf mich, weil ich das von ihm entliehene Bild, das einen Kopf im Profil mit übergroßem Ohr zeigte, nicht ausgestellt hatte. Tatsächlich hatte mir das Bild mißfallen, und ich fand, ich sollte den ohnehin schwierigen Zugang zu diesem unbekannten und gewissermaßen unmöglichen Maler den Menschen nicht erschweren durch ein solches, reichlich abwegiges Bild, das mir übrigens auch heute noch nicht so recht gefällt. Noch in seiner äußerst freundschaftlichen, ja liebevollen Rede an meinem siebzigsten Geburtstag 1990 – es war zugleich die Feier zum Abschied von der Kunstsammlung – erinnerte Konrad Klapheck an diesen alten Stachel in seinem Fleisch.

1968 kaufte ich Gollers »Sessel« in der Galerie Hella Nebelung, die in den Nachkriegsjahren in Düsseldorf Bedeutung hatte. Ich wundere mich, daß dieser Kauf auch heute noch bei vielen Menschen auf Unverständnis stößt.

1968 In der hannoverschen Ausstellung hing ein großes Schaufensterbild, 1,50 m hoch, das ich besonders liebte. Es tauchte 1976, also fast zwanzig Jahre später, auf einer Kunstmesse in Düsseldorf auf, am Stand von Hella Nebelung. Ich entschloß mich schnell zum Kauf, obgleich es sich in einem nicht ganz makellosen Zustand befand. Durch diesen zweiten

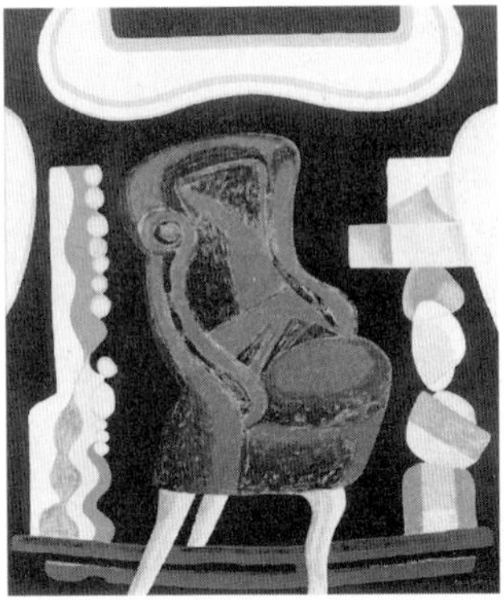

Bruno Goller
Der Sessel, 1965
170 × 140 cm

Bruno Goller
Großes Schaufenster, 1953
150 × 115 cm

Goller-Kauf bekam der erstaunliche Maler in der Sammlung ein erhebliches Gewicht, was wiederum viele nicht begreifen konnten. Goller blieb ein weitgehend unbekannter Maler bis heute. Irgendwann, davon bin ich überzeugt, wird man seinen Rang erkennen.

Daß Goller so etwas wie ein Geheimtip blieb, lag auch an ihm selbst. Er lebte völlig zurückgezogen und trennte sich von seinen Bildern nur schweren Herzens. Einmal habe ich ihn mit meinem Freund John Lefèbre, dem New Yorker Kunsthändler, in seinem Haus in Düsseldorf besucht. Lefèbre war begeistert und wollte ihn ausstellen. Das wäre für Goller die Chance gewesen, drüben einen Namen zu bekommen. Nach ein paar Wochen aber winkte er ab, mit der Begründung, wenn man ihm seine Bilder wegnehme, dann könne man ihm gleich einen Sarg in sein Atelier stellen, da werde er sich hineinlegen und sterben. So war er. Ein Melancholiker. Ein Hypochonder. Dennoch hatte er jahrzehntelang – und hat noch immer – eine Gemeinde von Sammlern. Eine große Sammlung seiner Werke befindet sich bei Johannes Wasmuth im legendären Bahnhof Rolandseck bei Bonn, eine andere bei Volkmar Kahmen, der eine Goller-Monographie veröffentlicht und in Köln ein Goller-Archiv begründet hat.

Schließlich kam noch ein dritter Goller ins Haus. Die Kunstsammlung 1968
Nordrhein-Westfalen zeigte 1986 eine große Goller-Ausstellung, in der mein Auge auf das Bild »Zwei Muscheln« von 1976 fiel. Ich fragte Goller, ob er uns dieses schöne Bild schenken wolle. Zu meiner großen Freude stimmte er zu.

Bruno Goller
Zwei Muscheln, 1973
170 × 120 cm

Ein weiteres Jahrzehnt danach konnte ich eine Goller-Ausstellung im Puschkin Museum in Moskau mit einer kleinen Rede eröffnen, zusammen mit der Direktorin des Museums, Irina Antonowa, der engagierten, ja enragierten Hüterin der deutschen »Beutekunst«, deren Ausstellung gleichzeitig zu sehen war, bevor Monate später an derselben Stelle der legendäre Schatz des Priamos gezeigt wurde. Ich habe die »Beutekunst«-Ausstellung damals gesehen – leider nicht die sicherlich bedeutendere in St. Petersburg – und fand angesichts der doch sehr wenigen außerordentlichen Werke: trop de bruit pour une omelette! Andererseits aber war dies ja nur die Spitze eines gewaltigen Eisberges von »Beutekunst«, die an Deutschland zurrückzugeben Rußland sich trotz bestehender Verträge hartnäckig weigert.

Goller war inzwischen dreiundneunzig Jahre alt. Fast vierzig Jahre lang war ich ihm treu geblieben, aber natürlich nicht aus Nibelungentreue und auch nicht aus Freundschaft, sondern weil sich in vier Jahrzehnten, anders als bei anderen Künstlern, meine Einstellung zu seiner Kunst nie geändert hatte.

1968

Antes

Es kann, wie der Fall Horst Antes in meinem Leben zeigt, aus einem Paulus ein Saulus und dann wieder aus dem Saulus ein Paulus werden. Als ich, noch in Hannover, seine Bilder kennenlernte – sie waren damals noch sehr informell, aber auf eine mehr oder minder verborgene Weise doch auch schon figurativ –, schätzte ich ihn sehr als einen »kommenden« Künstler. Als dann aber die bald allbekannten Stereotypen kamen, die Kopffüßer im Profil – gelegentlich auch von vorn, aber dann meist weniger überzeugend –, da entfernte ich mich von ihm. Bei vielen Gelegenheiten sah ich seine Bilder, besonders regelmäßig bei John Lefèbre in New York, der ihn in seiner Galerie führte und eng mit ihm befreundet war. Irgendwann aber änderte sich meine Einstellung, ich sah ganz einfach wieder und wieder Bilder von ihm und dachte, ich sollte doch versuchen, ein Bild von ihm in die Sammlung aufzunehmen. Ich besuchte ihn in seinem Haus in Wolfartsweier, nicht weit von Karlsruhe, ohne natürlich zu wissen, ob ich dort überhaupt etwas für Düsseldorf finden würde. Ich fand es: »Figur Schwarz-Weiß«. Es ist ein Bild, das der »stereotypen« Vorstellung ganz und gar entspricht und dennoch – aber warum »dennoch«? – ein großartiger Antes ist.

Das Bild erlebte eine höchst seltsame Geschichte. 1969 stellte ich es für eine Sonderausstellung an der Biennale São Paulo zur Verfügung. Als es zurückkam, fehlte etwas, und zwar ein wichtiger Teil, nämlich der überaus stattliche Penis. Dadurch kam an den Tag, daß Antes diesen Körperteil mit Kreide gezeichnet hatte, so daß er leicht zu entfernen war. Möglich, daß er einen moralisch oder religiös allzu empfindsamen Besucher empört hatte, der ihn kurz entschlossen wegwischte. Jedenfalls war der Herr entmannt. Quoi faire? Ich hätte das Ding durch unseren Restaurator wiederherstellen lassen können, aber warum sollte der Künstler das nicht selber tun? Also bat ich Antes, den Penis zu erneuern, knüpfte daran jedoch eine Bedingung: er möge doch bitte aus diesem Anlaß einen Wirtinnenvers dichten, einen Limerick. Irgendwann hatte ich gehört, daß er ein Meister dieses Genres war. Der Penis wurde in Wolfartsweier erneuert und war dann fast so gut wie in der Originalfassung. Der Limerick wurde mitgeliefert. Ich halte es für ziemlich unwahrscheinlich, daß es auf dieser Welt noch ein zweites Museum gibt, in dessen Bilderakten ein nicht ganz anständiges Gedicht von der Hand eines Künstlers aufbewahrt wird.

Die Freundschaft mit Horst Antes verstärkte sich. Schon in den frühen Jahren traf ich ihn in Abständen immer wieder, etwa während der Eröffnungstage der venezianischen Biennale von 1966, als er im Deutschen Pavillon ausgestellt wurde, zusammen mit Günter Haese, mit dem ich in Düsseldorf befreundet war. Oder in New York, wo er mich einmal in der Galerie Lefèbre so stürmisch umarmte, daß ich wochenlang unter einer Rippenprellung litt und nachts, wenn ich die Lage 1968

Horst Antes
Figur Schwarz-Weiß, 1967
150 × 120 cm

wechseln wollte, aufstehen, um das Bett herumgehen und mich wieder hinlegen mußte, was jedesmal den Schlaf für eine Stunde unterbrach. Schließlich traf ich ihn natürlich auch dann und wann in Düsseldorf. Dort machte man sich Ende der achtziger Jahre Gedanken über eine künstlerische Gestaltung des neu entstandenen Platzes auf der Rückseite des Hauptbahnhofs. Ich schlug als Alternative zu dem gewünschten Wettbewerb einen direkten Auftrag an Horst Antes vor, weil ich meinte, er sei wie kaum ein anderer fähig, diesen Platz mit Kunstwerken zu »möblieren«. Der Vorschlag wurde angenommen, und Antes hat die sehr schwierige Aufgabe glänzend gelöst. In einem von ihm selbst gestalteten Buch, zu dem ich einen Text beisteuerte, hat man die Entstehung des Werkes dokumentiert.

In den achtziger Jahren waren große Sprünge nicht mehr möglich, besonders dann nicht, wenn noch Restsummen für Ankäufe des Vorjahres zu bezahlen waren. Selbst für ein »kleines Objekt« – womit nicht das Format gemeint ist, im Gegenteil: es ging um ein sehr großes Gemälde von Antes, das 120.000 DM kosten sollte – mußte die Gesellschaft der Freunde einspringen. Dieses Werk mit dem Titel »Großes Graphitbild Sitzende weibliche Figur«, 1983 entstanden, sah ich zusammen mit Antes bei einer privaten Einladung eines Sammlerehepaars in Düsseldorf. Ich drückte dem Gastgeber gegenüber in aller Unschuld mein Bedauern darüber aus, dieses Bild nicht kaufen zu können, und sagte ihm, ich fände, daß es eigentlich in die Kunstsammlung Nordrhein-Westfalen

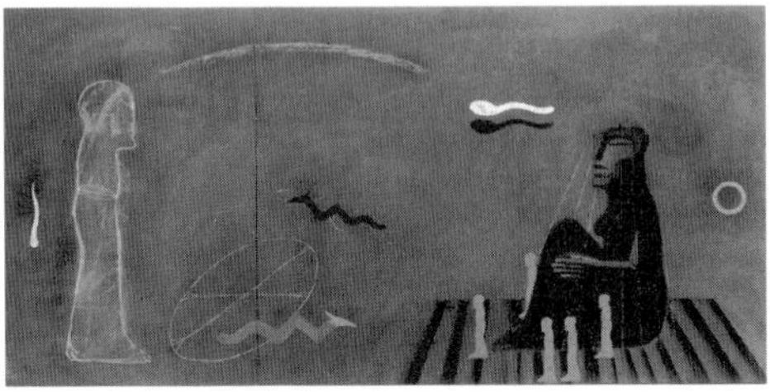

Horst Antes
Großes Graphitbild
Sitzende weibliche Figur, 1983
180 × 360 cm

gehöre. Daraufhin stellte sich heraus, daß er es noch gar nicht gekauft hatte, und daß es überdies für sein Haus etwas zu groß war. Ich war sehr glücklich, es mit Hilfe der Gesellschaft erwerben zu können.

Horst Antes, das wissen viele nicht, ist ein bewundernswerter Sammler. Auf seinen häufigen Reisen nach Arizona und New Mexico hat er während Jahrzehnten eine außerordentliche Sammlung von Kachina-Puppen der Pueblo-Indianer Arizonas und New Mexicos angelegt, die einst schon von den Surrealisten gesammelt wurden. Einige habe ich bei Max Ernst gesehen, einige auch bei Richard Lindner. Die Antes-Kollektion, in der sich auch sämtliche Figuren aus dem ehemaligen Besitz von Marcel Duchamp befinden, wurde 1981/82 in verschiedenen Museen gezeigt. Er selbst hat dazu einen durch seine wahrhaft wissenschaftliche Verantwortlichkeit und Systematik bestechenden Katalog verfaßt, der heute als ein Standardwerk über die Kachina angesehen wird. Aber er sammelt noch anderes. Ende 1994 zeigte das Rautenstrauch-Joest-Museum in Köln eine bezaubernde Ausstellung von indianischem Federschmuck aus Brasilien aus der »Studiensammlung Horst Antes«, wiederum begleitet von einem großen, atemberaubend schönen Katalog. Und bei ihm selbst in Berlin begegnete ich einem weiteren Sammlungskomplex: Tonfiguren der Karajá, einem zentralbrasilianischen Indianerstamm. Ich selbst hatte in den sechziger Jahren in São Paulo immer wieder solche Figuren gekauft, in gewöhnlichen Papiergeschäften. Kaum jemand schien sich damals dafür zu interessieren. Sie waren spottbillig, zumal angesichts der für uns angenehmen, für die Brasilianer verhängnisvollen Relation zwischen Cruzeiro und Deutscher Mark, die auch zur Folge hatte, daß wir dort »wie Gott in Frankreich« lebten. Zwanzig Jahre später wurden die Karajá-Figuren bei uns durch eine große Ausstellung des Berliner Museums für Völkerkunde bekannt und sozusagen nobilitiert. Und nun standen da bei Antes ungezählte Figuren aus dieser Region, für mich eine große Überraschung und eine große Begeisterung. Dies alles sind Sammlungen, die mir selbst sehr entsprechen. Wie Horst Antes sie auf eine ganz stille Weise über Jahrzehnte hin angelegt hat, das erfüllt mich mit höchster Bewunderung.

Lichtenstein **1970**

Hätte ich die Pop-Art früher kaufen sollen? Nun, »die« Pop-Art hätte ich ohnehin nicht gekauft. Aber gewiß wäre es ein paar Jahre früher billiger gewesen. Andererseits besteht nun einmal immer die unausweichliche Gefahr, daß, wenn man synchron mit dem künstlerischen Geschehen kauft, vieles davon, das meiste sogar, über kurz oder lang ins Depot abwandert; oder aber es hängt an den Museumswänden und überlebt sich dort. Darum ist es nicht einmal unbedingt teurer, wenn man sich Zeit nimmt und dann, wenn der Augenblick gekommen ist, zuschlägt. Ich war immer vehement gegen die schreckliche Ungeduld der Museen, möglichst schnell zu erwerben, was noch billig zu haben war. Und immer vertrat ich die Meinung, daß ein Museum allen Grund hat zu warten, bis ein Reifeprozeß einigermaßen abgeschlossen ist. Bei einer der Eröffnungen der Sammlung – es dürfte die erste gewesen sein – war ich unvorsichtig genug, in meiner Rede »Museumsreife« als Voraussetzung für Ankäufe zu fordern. Jahrelang hat man mir in der Presse dieses Wort um die Ohren geschlagen. Was ich meinte, halte ich auch heute noch für richtig und für wichtig, aber ich würde mich hüten, die Vokabel von damals zu verwenden. Ich selbst fand sie etwas schulmeisterlich.

Lichtensteins großer »Brushstroke« stammte aus dem Besitz des New Yorker Taxiunternehmers und großen Pop-Art-Sammlers Robert Scull. Ich hatte das Bild bei der Vorbesichtigung einer Auktion bei So-

1970 theby's Parke-Bernet in New York gesehen und ersteigerte es am Abend. Es war einer der ganz seltenen Fälle, wo ich auf einer Auktion kaufte. Der Preis, bei dem der Zuschlag fiel, betrug DM 270.000 und war der höchste Auktionspreis, den ein Werk der Pop-Art bis dahin erzielt hatte. Leo Castelli wies mir gegenüber tags darauf nach, daß es schon höhere Preise für Lichtenstein gegeben habe, was sich aber schwer nachprüfen ließ, zumal es sich bei den im Handel erzielten Prei-

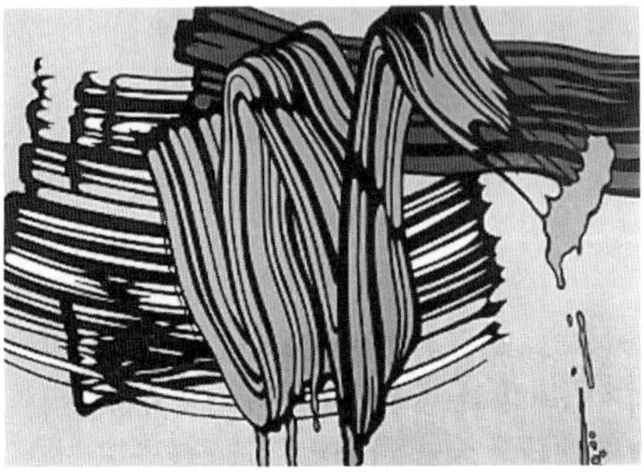

Roy Lichtenstein
Big Painting No. 6, 1965
233 × 328 cm

sen um »Paketkäufe« handeln konnte, bei denen sich nicht klar sagen läßt, wie hoch der Preis für die einzelnen Teile des »Paketes« ist. Immerhin, ich hielt den Preis für gerechtfertigt, zumal es sich um eine sehr große Arbeit – 233 × 328 cm – handelte.

Im Kuratorium sagte ich dazu dies: »Mehr als andere, mehr auch als wichtigere und teurere Käufe, hat diese Erwerbung in der Öffentlichkeit Staub aufgewirbelt. Das hat verschiedene Gründe. Einmal war man überrascht, ein Werk der amerikanischen Pop-Art in die Düsseldorfer Sammlung gehen zu sehen, von der man sich wohl eine allzu konservative Vorstellung gemacht hatte. Ich habe ja nie ein Hehl daraus gemacht, daß diese Sammlung sich bis in die jüngste Gegenwart erstrecken sollte, sofern dadurch nicht die Maßstäbe in Frage gestellt würden. Es kam mir nie darauf an, ein Avantgarde-Museum aufzubauen; aber ebensowenig habe ich mich gegen Werke der Avantgarde sträuben wollen, vorausgesetzt, daß diese den Maßstäben des Museums standhielten. Was selbstverständlich auch zur sensationellen Wirkung des Ankaufs beitrug, war der relativ hohe Preis.«

Der Preis war bekannt geworden, weil es sich um eine Auktion gehandelt hatte. Aber wie kam es, daß der Käufer bekannt wurde, denn ich selbst hatte mich am Bietgefecht natürlich nicht beteiligt, sondern hatte jemand anderen für mich bieten lassen? Im Anschluß an die Auktion saß ich in der Bar des Hotel Carlyle an der Madison Avenue, direkt gegenüber von Sotheby's Parke-Bernet. Am Tisch war unter anderen Douglas Cooper, der englische Kunstschriftsteller, Sammler und großes enfant terrible der Kunstwelt, den ich an diesem Abend kennenlernte. Und ebenfalls am Tisch saß der Kunstkritiker der Frankfurter Allgemeinen Zeitung, Hans Strelow, der wenige Jahre später seine Galerie in Düsseldorf aufmachte. Als ich 1962 nach Düsseldorf kam, schrieb er noch für eine der dortigen Zeitungen. Man sprach vor allem von der Sensation des Abends, nämlich dem Lichtenstein, und rätselte, wer wohl der Käufer war. Ich hätte schweigen sollen, aber um Mitternacht, als die Zungen sehr gelöst waren, konnte ich der Versuchung, das Geheimnis zu lüften, nicht mehr widerstehen. Das war sehr unvorsichtig, denn natürlich telephonierte Strelow sofort mit seiner Redaktion in Frankfurt, und schon stand der Preis in der Zeitung. Und dann in allen Zeitungen. Es brach eine wahre Pressekampagne aus, die wochenlang andauerte, in der gesamten deutschsprachigen Presse, also auch in Österreich und der Schweiz. Im Vordergrund stand nicht das Bild, von dem überhaupt nicht geredet wurde, sondern der Preis; und auch das enorme Format des Bildes wurde nie erwähnt, so daß der Schock, den die Mitteilung hervorrief, verständlich war. Alle Welt empörte sich, daß ich für ein Bild von Roy Lichtenstein eine solche Summe ausgegeben hatte.

Die hemmungslose Reaktion in der Presse hatte Folgen. Ein führendes Mitglied der CDU-Fraktion im Düsseldorfer Landtag forderte in einer sogenannten Kleinen Anfrage die Landesregierung auf, einmal darüber nachzudenken, was man tun könne, um dem Herrn Schmalenbach bei seinem Finanzgebaren auf die Finger zu sehen. Das Kultusministerium rief mich daraufhin an, und ich diktierte Wort für Wort die Entgegnung: der Vorstand der »Stiftung Kunstsammlung Nordrhein-Westfalen« – das war ich selbst – sei laut Satzung in seinen künstlerischen Entscheidungen autonom, so daß man seitens der Politik keine Möglichkeit eines Eingriffs habe. Mit dieser Antwort zeigte sich der Abgeordnete nicht befriedigt und richtete eine zweite, schärfere Kleine Anfrage an die Regierung. Wieder rief mich das Ministerium an, und wieder leistete ich für die Beantwortung Formulierungshilfe. Danach geschah nichts mehr. Es war das einzige Mal in meinen achtundzwanzig Jahren, daß von politischer Seite der Versuch gemacht

1970 wurde, in eine künstlerische Entscheidung einzugreifen. Nach und nach beruhigten sich die Gemüter, während Lichtensteins Preise auf dem Kunstmarkt stiegen und stiegen, haushoch über den des »Brushstroke« hinaus.

Den Künstler selbst habe ich kaum gekannt. Noch bevor es zu der Erwerbung kam – oder kurz danach? –, begegnete ich ihm einmal ganz zufällig in Düsseldorf. Ich kam um die Mittagszeit ins Schloß Jägerhof und sah am Eingang zwei Menschen stehen. Ich erkannte sofort Roy Lichtenstein, der sich mit seiner Frau soeben die Sammlung angesehen hatte. Wir begaben uns noch einmal zurück in die Räume, zur gemeinsamen Besichtigung seines Gemäldes. Er hielt sich in der Stadt auf, um die Arbeit an seinen Wandbildern in einem der Universitätsgebäude zu überprüfen, die ebenfalls den Pinselstrich zum Thema hatten – ein sehr beachtlicher Zyklus, der in Teilen leider durch Türöffnungen beeinträchtigt ist. Die Begegnung war kurz, aber überaus sympathisch. Eine zweite ist ihr nie gefolgt.

Man hat manchmal kritisiert, es gebe in der Sammlung zuwenig Farbigkeit, ich hätte eine offenkundige Vorliebe fürs Dunkeltonige. Das ist nicht ganz falsch und trifft um so mehr zu, wenn ich an meine eigene Behausung denke, an deren Wänden es in der Tat nichts Buntes gibt. Ich hatte ja auch immer eine Sperre gegen die Künstler der COBRA, was durchaus mit deren exzessiver Farbigkeit zu tun haben konnte. Mein Freund John Lefèbre hat oft den vergeblichen Versuch gemacht, mich zu Asger Jorn zu bekehren, den er für einen der großen Maler der Zeit hielt. Ich glaube nicht, daß meine gewisse Aversion gegen Jorn mit dessen Farbenlust zu tun hatte, aber es konnte so gesehen werden. Nun aber war ja der Lichtenstein ein in höchstem Maße buntes, jedenfalls sehr stark farbiges Bild. Und außerdem: was ist mit Léger? Der Vorwurf fällt, wenn man von Bild zu Bild geht, in sich zusammen, und doch ist etwas daran.

Morris Louis

»Bunt« ist schließlich auch, trotz der großen weißen Mittelfläche, der Morris Louis, den ich im selben Jahr bei Rudolf Zwirner in Köln erstand. Daß man sich insbesondere bei zeitgenössischen Käufen immer wieder die Frage stellt, ob sie richtig waren, ist ganz natürlich, wenn man nicht zu denen gehören will, die hinter irgendwelchen »progressiven« Fahnen herlaufen. Auch bei dem großen Bild von Morris Louis ist eine gewisse Unsicherheit geblieben. Aber jedesmal wenn es nach längerem Aufenthalt im Depot in die Räume zurückkehrte, war ich zufrie-

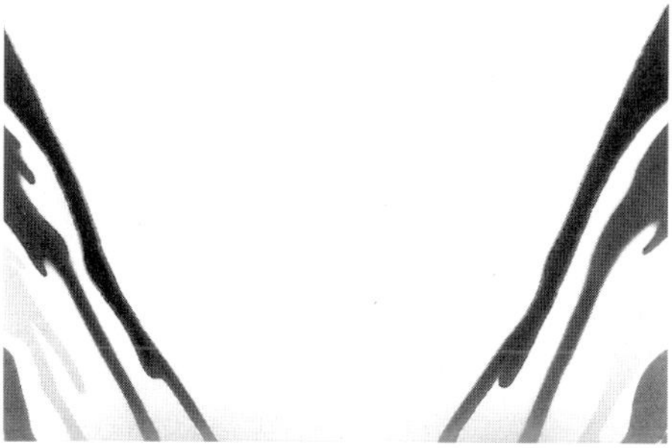

Morris Louis
Gamma Gamma, 1959/60
260 × 386 cm

den, es gekauft zu haben. Ich war mit Werken von ihm häufig konfrontiert, sei es mit den vertikalen »Stripes«, sei es mit den »Veils«. Ein sehr schönes Bild aus dieser Serie der »Schleier« hatte mir Schmela einmal angeboten. Es stand längere Zeit in meinem Büro, aber ich konnte mich zum Ankauf nicht entschließen, da es mir zu »ästhetisch« vorkam, anders als die viel radikaleren »Unfurled Paintings«, zu denen die Neuerwerbung gehörte. Sie hielt sich besonders auch, wie ich immer fand, im Vergleich mit viel reicher – bunter! – angelegten Bildern derselben Serie, die mir in der Regel zu dekorativ waren.

Albers **1971**

Josef Albers gehörte zu den Malern, bei denen ich mich oft fragte: muß es sein? muß es nicht sein? Da es für mich ja immer nur um das individuelle Bild ging und nie um das, worauf es einem Künstler ankommen mochte, zum Beispiel ein bestimmtes Prinzip, ein bestimmtes Konzept, ein bestimmtes Programm, lag Albers nicht unbedingt auf meinen Pfaden. Andererseits aber beeindruckte mich doch das eine oder andere Bild, so daß ich meinte, ihn einmal besuchen zu sollen. Als ich von New York aus meinen Besuch in New Haven ankündigte, war mir klar, daß ich mich möglicherweise in eine gewisse Zwangslage brachte. Daß ich es dennoch tat, zeigt, daß ich zu einem Ankauf bereit war – zögernd

1971 bereit war; denn immerhin: ein Vierteljahrhundert lang nur und ausschließlich Quadrate zu malen und dies nach einem einzigen Formschema, das war schon eine extreme Form von Prinzipientreue, euphemistisch gesprochen: von Obsession. Im Grunde ging das ganz und gar gegen den Strich meines Kunstverständnisses. Und als ich dann bei ihm ankam, wirkte er auf mich sofort recht schulmeisterlich. Ich frage mich, ob auch Mondrian so auf mich gewirkt hätte.

Josef Albers
Homage to the Square: Suffused, 1969
121,5 × 121,5 cm

Josef Albers
Homage to the Square: Red Va, 1967
121,5 × 121,5 cm

Ich wählte zwei verhältnismäßig große quadratische Bilder aus, ein rotes und ein gelbes, wobei ich das gelbe dem roten vorzog und noch immer vorziehe. Mir war während des Besuches klargeworden, daß es mit einem einzigen Bild nicht getan war, und zwar nicht so sehr, weil dadurch der programmatische, »serielle« Charakter hervorgehoben werden sollte, sondern weil ich den Eindruck hatte, ein einzelnes Bild bedürfe der Stützung durch ein zweites. Möglich, daß dies ein Argument gegen die Entscheidung hätte sein können. Albers verlangte für jedes der Bilder 30.000 DM. Die Marktpreise lagen damals schon wesentlich höher.

Bereits im Schloß Jägerhof, dann aber vor allem im Neubau am Grabbeplatz, hatte ich Mühe, die beiden Bilder zu hängen. Ich machte dabei eine Erfahrung, die mich selbst überraschte: sie »wollten« nicht in der Nähe der Geometriker hängen. Sie lehnten die Nachbarschaft von Piet Mondrian ab. Es ergab sich ganz eindeutig, daß sie bei den »Amerikanern« hängen wollten, und zwar bei den »Color Field«-Malern. Albers gehörte eben doch sehr stark zur amerikanischen Szene. 1933 hatte er ja, nach der Schließung des Bauhauses, einen Ruf an das damals gerade erst gegründete Black Mountain College in North Caro-

lina angenommen, um später an der Yale University in New Haven 1971
und als Gast an anderen Instituten, darunter auch in Lima, zu lehren. Sein Ruf als Lehrer bedeutender amerikanischer Künstler wie Rauschenberg ist noch heute groß, vergleichbar dem eines anderen Deutschen, des Malers Hans Hoffmann, der ebenfalls als Lehrer großes Ansehen genoß, während er als Maler immerhin nicht so war, daß ich je an einen Ankauf gedacht hätte.

Was ist mir im Gedächtnis geblieben von meinem Besuch in New Haven? Natürlich die zahllosen Quadrate in verschiedenen genormten Größen. Viele davon standen in der Garage. Im Haus sah ich zahlreiche kleinere Objekte aus Altamerika. Als wir darüber sprachen und ich ihm ganz nebenbei sagte, der Nabel meiner Welt sei die Stadt Cuzco, umarmte mich Annie Albers voller Entzücken: das gehe ihr und ihrem Mann genauso. Eine mich sehr überraschende Gemeinsamkeit! Im Auto fuhren wir dann in ein Restaurant. Als es zur Bezahlung kam, ließ Albers ein übriggebliebenes Stück Fleisch einpacken: »For the dog.« Aber im Hause Albers hatte ich keinen Hund gesehen. Erst später erfuhr ich, daß das ein geläufiger Ausdruck ist, gleichgültig, ob man einen Hund besitzt oder nicht. Und ich erfuhr auch, daß es keinem Amerikaner peinlich ist, einen solchen Rest mit nach Hause zu nehmen.

Und dann gab es noch einen Moment, der Albers sichtlich mit Stolz und Vergnügen erfüllte. Als wir uns im Auto seinem Haus näherten, sagte er in einer Entfernung von etwa hundert Metern: »Jetzt passen Sie mal auf!« Im nächsten Augenblick öffnete sich wie von Geisterhand das Garagentor. Er hatte, ohne daß ich es bemerkte, auf einen Knopf gedrückt. Das war für mich das erste Mal, dieses kleine elektronische Wunder zu erleben. Inzwischen ist das Gerät auch in Europa längst verbreitet. Albers schien daran eine kindliche Freude zu haben, wodurch der Eindruck des Schulmeisters fast ausgelöscht wurde.

Ich hatte das Ehepaar Albers schon einige Zeit früher in Düsseldorf kennengelernt, vermutlich als er sich dort 1968 zur Entgegennahme des Großen Kunstpreises für Malerei des Landes Nordrhein-Westfalen aufhielt. Albers wollte die Kunstsammlung besuchen, und ich dachte natürlich, es werde ihm Vergnügen bereiten, die Sammlung zu sehen. Der Besuch indessen war alles andere als animierend, weder für ihn, noch für mich. Wir kamen in den ersten Raum, in dem herrlichste Bilder von Picasso und anderen hingen. Er ging schnurstracks weiter, ohne nach links oder rechts zu schauen. Ich fragte ihn, ob er sich diese schönen Bilder denn nicht ansehen wolle? Nein, sagte er, ihn interessiere nur die Geometrie. Aha! Also hielten wir uns ein bißchen bei Mondrian, Kandinsky und Lissitzky auf, und damit hatte sich's. Kann man so engstirnig sein? Aber vielleicht muß man so sein, wenn man fünfundzwanzig Jahre lang nichts anderes als Quadrate malt.

An diese bemerkenswerte Monomanie erinnerte ich mich später, als mir einmal, noch in tiefen DDR-Zeiten, der Maler Werner Tübke aus Leipzig die Aufwartung machte. Als ich ihm in meinem Büro vorschlug, gemeinsam einen Rundgang durch die Sammlung zu machen, lehnte er ab: ihn interessiere nur Dalí und allenfalls Klapheck. Ein bißchen verwundert sagte ich: »Also gut, da hängen ja auch schöne Bilder von diesen beiden Künstlern.« Nein, die wolle er jetzt auch nicht sehen, er sei nur gekommen, um mich zu treffen. Sehr schmeichelhaft. Also blieben wir in meinem Büro und sprachen über sein Land. Es erschreckte mich einigermaßen, wie starr er war. Er sagte mir, von seinen Studenten an der Kunstakademie erwarte er Pünktlichkeit, absolute Pünktlichkeit. Fünf Minuten nach Beginn des Unterrichts werde keiner mehr hereingelassen. Darauf fragte ich ihn, ob er denn nicht finde, gerade an einer Kunsthochschule müsse ein gewisses Maß an Freiheit herrschen. Nein, das fand er nicht, und es störte ihn auch nicht, als ich ihn auf das Stechschritt-Image seines Landes hinwies und ihn fragte, ob er denn nicht finde, gerade die Kunst könne dieses Negativbild korrigieren. Auch das fand er nicht. Es war nichts zu machen. Der Besuch war unergiebig und unerquicklich. Ein paar Jahre später, noch immer lange vor der Wiedervereinigung, besuchte ich ihn in seinem Haus in Leipzig. Schon beim Öffnen der Wohnungstür trat mir ein völlig anderer Tübke entgegen: in Hemdsärmeln, leutselig und locker. Ich war darüber verblüfft und sagte es ihm, worauf er mir gestand, damals in Düsseldorf habe er sich in einer schlechten Verfassung befunden. Dann fuhren wir zusammen in das Atelier, das ihm der Staat für die Vorbereitung seines riesigen Wandgemäldes nahe Bad Frankenhausen errichtet hatte. Der Entwurf im Maßstab 1 ×10 war fast fertig, mit all den historischen Begebenheiten und den Hunderten oder Tausenden Akteuren: eine enorme Leistung, auch schon in diesem Format. Die Leistung bewunderte ich, aber künstlerisch blieb ich mehr als reserviert. Tübke schilderte mir sein Vorgehen: täglich müsse ein Feld von soundsoviel Quadratzentimetern gemalt werden; jeweils um sechs Uhr nachmittags – vielleicht irre ich mich in der Zeit – müsse das beendet sein; danach mache er zur Entspannung Zeichnungen, von denen er mir eine Anzahl zeigte. Ich fand sie hoch virtuos, aber nicht mehr als virtuos, ohne eigentliche Substanz. Ringsherum lagen Bücher über die Schlacht bei Frankenhausen, über die Zeit der Bauernkriege, vor allem Kostümbücher, aus denen er schöpfte. Das Riesengemälde habe ich nie zu sehen bekommen.

Dieses gewaltige Projekt bereitete ihm Sorgen. Er wußte nicht, wo er erfahrene Wandmaler finden könne. Ich sagte ihm, ich führe in Kürze nach Mexiko, wo es ja eine große moderne Tradition der Freskomalerei gebe. Ob ich mich umtun solle? Er wollte mir Nachricht geben, hat dann aber seine Leute offenbar selbst gefunden.

So kam ich hier von Albers zu Tübke: einen größeren Gegensatz kann es schlechterdings nicht geben, aber beide waren in höchstem Maße obsessive Künstler, die gerade aus diesem Grund an den Bildern des Museums desinteressiert waren.

Bontecou

1971 besuchte mich ein Sammler aus Lausanne. Er hieß Eric Meyer und besaß, wie er mir sagte, eine Arbeit der amerikanischen Künstlerin Lee Bontecou, die um 1960 eine sehr sichtbare Rolle in der damaligen amerikanischen »Szene« gespielt hatte, zusammen mit Rauschenberg, Jasper Johns, Jim Dine und den anderen. Ihr Name ist heute längst in den Hintergrund getreten. Monsieur Meyer wollte die Arbeit von ihr der Kunstsammlung Nordrhein-Westfalen zum Geschenk machen, mit der schmeichelhaften Begründung, dieses Museum sei seiner Überzeugung nach das schönste in Europa, er habe dort viele glückliche Stunden verbracht. Überdies solle es ein Geschenk zur Erinnerung an den Kunsthändler Pierre Pauli in Lausanne sein, der im selben Jahr gestorben war. Ich hatte Pierre Pauli recht gut gekannt. Er war 1963 der Begründer der »Galerie Pilote« und 1969 der »Biennale Internationale de la Tapisserie« in Lausanne gewesen, wo zum ersten Mal Künstlerinnen auftraten, die ein ganz neues skulpturales Tapisserie-Konzept präsentierten, die Polin Magdalena Abakanowicz und die Jugoslawin Jagoda Buič, eine gute Freundin von mir. Pierre Pauli war mit einer weiteren guten Freundin verheiratet gewesen, mit Alice Pauli, deren Galerie in Lausanne unter anderem Julius Bissier vertrat und bis heute vertritt.

1971 War es richtig, das Geschenk anzunehmen? Ganz gewiß war es kein »geschenkter Gaul«. Aber die Annahme war auch nicht ganz unbedenklich, denn sie verstieß gegen ein von mir selbst installiertes Gesetz des Hauses, das darin bestand, Geschenke dann abzulehnen, wenn es sich um Werke von Künstlern handelte, von denen die Kunstsammlung noch nie etwas erworben hatte. Es hatte also rein prohibitiven Charakter. Als mir zum Beispiel ein einstmals sehr bekannter französischer Maler zwei großformatige Gemälde mit der Begründung anbot,

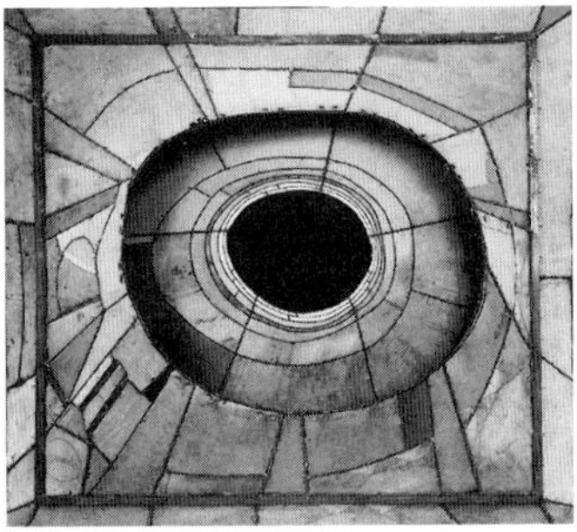

Lee Bontecou
Ohne Titel, 1959/60
175 × 182 × 61,5 cm

er habe für sie in seinem Atelier keinen Platz, konnte ich mich hinter diesem Gesetz verschanzen, ohne daß es beleidigend war. Mag sein, daß es ihn dennoch gekränkt hat. Im Kuratorium hatte ich gelegentlich vorgeschlagen, dieses Gesetz per Beschluß wirksam zu machen. Darauf wollte sich das Kuratorium nicht einlassen. Ich habe dennoch immer so gehandelt, als bestehe es. Nun aber wich ich selbst davon ab, indem ich die Arbeit von Lee Bontecou annahm.

Mir ist in meiner ganzen Amtszeit nie in den Sinn gekommen, daß mit Lee Bontecou und Vieira da Silva nur zwei Künstlerinnen in der Sammlung präsent waren. Es war für mich einfach eine fremde Denkkategorie. Einige Jahre nach meinem Verlassen der Sammlung, 1995, veranstalteten etwa zwanzig Frauen eine Demonstration in der Kunstsammlung, also etwas, das man in den sechziger und siebziger Jahren ein Museums-Sit-in genannt hätte. Ich begab mich in »mein« altes Haus in der Erwartung, mit den Frauen zu diskutieren, aber es stellte sich heraus: sie wollten gar nicht diskutieren. Sie wollten bloß stumm demonstrieren, mit Plakaten in der Hand. Soweit sie dennoch redeten, waren sie so aggressiv, daß kein Gespräch möglich war und sie ihrer eigenen Sache eher schadeten. Ich wäre nie auf den Gedanken gekommen, Künstlerinnen oder Frauen überhaupt zu diskriminieren – fast hätte ich gesagt: im Gegenteil! –; aber in der Tat gab es da nur diese drei Werke von zwei Frauen. Ich könnte durchaus Künstlerinnen nennen, die Anspruch haben, in eine Sammlung von Rang aufgenommen zu werden; aber daß es in jedem Fall viel weniger sind als Künstler männlichen Geschlechts, hat natürlich keine biologischen, sondern »objektive« geschichtliche, sozialgeschichtliche Ursachen.

Dazu noch eine kleine Anekdote. Im Vortragssaal des Museums hatte ich vor zweihundert Juristinnen eine Rede zu halten. Irgendwann sagte ich: »Sie als Juristen – pardon! – als Juristinnen...«. Darauf gab es Gelächter, und ich hörte mich sagen: »Meine verehrten Damen, bedenken Sie: es hat noch keinen Kater gestört, unter dem Begriff der Katze subsumiert zu werden.« Riesengelächter und Applaus. Offenkundig waren die Damen souveräner als die Feministinnen bei ihrem humorlosen, verbissenen Auftritt.

Warhol 1972

Jahrelang geisterte auf eine merkwürdige, fast nicht ganz irdische Art Andy Warhol mit seinem bleichen Gesicht durch die Vernissagen und privaten Salons Amerikas und Europas. Das erste Mal traf ich ihn in Boissano bei Genua, wo man ein Kunst- und Künstlerzentrum eingerichtet und zur Inauguration einige »Leute« eingeladen hatte, darunter Andy Warhol und Paloma Picasso. Man sah die beiden kaum, denn sie zogen es vor, nachts zu leben. Sie gingen ihre eigenen Wege. Gegen Mittag pflegten sie aufzutauchen und überraschten mich, indem sie sich in die Küche begaben und sich dort von ganz irdischen Dingen wie Schinkenbroten ernährten.

Einmal traf ich Warhol auf einer privaten Party in Düsseldorf, zusammen mit dem berühmten englischen Photographen Cecil Beaton. Die beiden machten sich das Vergnügen, sich gegenseitig zu photographieren, Andy allerdings nur mit einer Polaroid-Kamera. Mit dieser photographierte er auch mich und ich ihn. Als ich ihn »knipste«, verzog er sein Gesicht zu einer gräßlichen Grimasse. Beide Bildchen habe ich noch, das eine sogar versehen mit seiner Signatur.

Auch in seiner berühmten »Factory« in New York habe ich ihn gelegentlich besucht, zusammen mit Hans Strelow. Ich bekam in dem irr-

1971 witzigen Tohuwabohu seines Ateliers einen Eindruck von seiner Art, die Bilder weniger zu machen, als machen zu lassen. Seine Assistenten druckten die Siebdrucke auf die Leinwand, ohne dabei allzusehr auf Genauigkeit zu achten. Dadurch kam es zu Schrägstellungen, zu Überschneidungen und zu helleren oder dunkleren Partien, je nachdem wieviel Farbmenge beim Abdrucken noch vorhanden war. Warhol hatte nichts dagegen. Der Zufall gehörte zum Leben und also auch zur Kunst.

Auch »Woman's Suicide«, das ich 1971 in der Galerie Bischofsberger in Zürich für 210.000 DM erwarb, ist voller Zufälligkeiten, die dieser Arbeitsweise zuzuschreiben sind. Das Bild hat dadurch künstlerisch nichts verloren. Und es hat sich in den mehr als zwanzig Jahren seither groß-

Andy Warhol
Woman suicide, 1963
313 × 211 cm

Andy Warhol
Big Torn Campbell's Soup Can (Black Bean), 1962
183 × 137 cm

artig gehalten, besser übrigens als das Siebdruck-Bild von Rauschenberg. Man sieht immer wieder: die Zeit ist der eigentliche Prüfstein. Als ich das Bild acht Jahre nach seiner Entstehung erwarb, konnte ich nicht wissen – konnte niemand wissen! –, daß es die Zeit so glorios überdauern würde. Natürlich war ich beim Ankauf überzeugt von seiner Qualität, aber die letzte Sicherheit, wie ich sie auf der Ebene Museum immer gefordert habe, besaß ich damals nicht, auch wenn ich sie zu besitzen glaubte. Ist man nach einem Vierteljahrhundert auch viel sicherer, so ist es doch weiterhin keineswegs ausgeschlossen, daß Andy Warhol, wie so viele andere bewunderte Figuren der Kunst, eines Tages der Vergessenheit anheimfällt. Vielleicht nicht so sehr als eine Symbolfigur seiner Dekade, aber doch als ein Künstler von Rang. Er selbst hat ja den Ruhm eines zeitgenössischen Künstlers ohnehin auf ein paar Minuten beschränkt. 1971

1976 war es dann noch einmal Andy Warhol. Bei Ileana Sonnabend, der früheren Frau Leo Castellis, die ihre Galerie im selben Haus am West Broadway hat, kaufte ich eine der wenigen Campbell-Suppendosen, die noch nicht im Siebdruckverfahren gedruckt, sondern gemalt sind. Es ist ein Bild, das man als den Inbegriff der Pop-Malerei ansehen kann. Ich riskierte damals viel, denn ich wußte ganz und gar nicht, ob ich mit dem Ankauf einen Fehler machte. Ich denke, die Zeit hat auch diesen Ankauf legitimiert.

Stella

Die Gruppe amerikanischer Bilder in der Sammlung verstärkte sich in den siebziger Jahren weiter. Hans Strelow, der mit Frank Stella befreundet war, und durch den der Künstler oft nach Düsseldorf kam, zeigte ihn regelmäßig in seiner Düsseldorfer Galerie. Er bot mir ein großes Bild aus der Reihe der frühen schwarzen Bilder an, die ich bis heute für den wesentlichen Teil von Stellas Œuvre halte, obwohl er, als er sie malte, noch nicht einmal fünfundzwanzig Jahre alt war. Diese Bilder hatten im Lauf der Jahre ein außerordentliches Prestige gewonnen, das sich natürlich auch in den Preisen niederschlug. Als ich 1972 »Delphin und Hippolyt« kaufte, hatte ich 200.000 DM zu bezahlen, was heute moderat klingt. Die spätere Entwicklung Stellas bis hin zu den dreidimensionalen, neobarocken Dekorationsstücken, diesem Delirium der puren Oberflächlichkeit, habe ich mit einem solchen Entsetzen beobachtet, daß ich mir manchmal die Frage stellen mußte, ob nicht auch die schwarzen Bilder dekorativer waren, als ich dachte, und lediglich von der Schwärze profitierten, bei der man stets leicht versucht ist, Geistiges zu vermuten. Diese Frage kam dann und wann wie eine Versuchung an mich heran, verflüchtigte sich aber stets, wenn ich wieder vor dem Bild stand.

Bei Gelegenheit fragte ich Stella, warum er dem Bild diesen mythologischen Titel gegeben habe. Er sagte, die beiden Namen stammten aus einem Gedicht von Baudelaire, das er zu der Zeit, als er an dem Bild arbeitete, immer wieder gelesen habe. Nun gut, warum nicht? Das

1972 Kind mußte schließlich einen Namen haben. Mit den Titeln abstrakter Bilder ist es ja oft so eine Sache. Hans Hartung gab seinen Bildern nichts weiter als Nummern, die auch das Entstehungsjahr enthielten. Das war nicht sehr befriedigend, da man nie wußte, von welchem Bild man eigentlich sprach. Die Düsseldorfer Bilder von Rauschenberg tra-

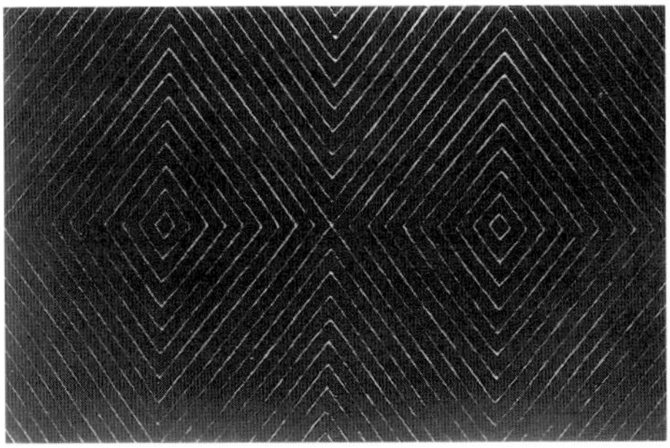

Frank Stella
Delphine and Hippolyte,
1959
230 × 336 cm

gen völlig rätselhafte Titel, die sich aber einprägen und sich so mit den Bildern verbinden. Emil Schumacher erfindet als Titel Wörter, die es nicht gibt, deren Klang aber mit den Bildern »irgendwie« übereinstimmt. Ähnliches gibt es ja auch bei Klee. Ich erinnere mich, daß ich einmal bei einem meiner ungezählten Besuche bei Schumacher in Hagen ein besonders schönes neues Bild sah. Er fragte mich, ob ich einen passenden Titel wisse, und wie aus der sprichwörtlichen Pistole geschossen sagte ich: Paracelsus! Warum Paracelsus? Ich weiß es nicht. Aber der Titel »saß«, und mit dieser Bezeichnung hängt das Bild nun schon seit langer Zeit im Museum Folkwang in Essen. Ich habe Verständnis dafür, wenn Leute aus solchen nichtssagenden Titeln ableiten, daß die Werke nichts zu sagen haben, daß sie ohne Inhalt sind. Ich verstehe es, aber natürlich trifft es nicht zu.

1973 Noland

Immer wieder die Ungewißheiten, wenn es sich um Zeitgenossen handelte. Zweifel zu haben ist angebracht. Keine Zweifel zu haben ist schlecht. Also nun Kenneth Noland: sollte ich ihn kaufen? Sollte ich ihn nicht kaufen? Ich habe es getan und bin noch heute, zwanzig Jahre später, keineswegs ganz sicher, ob es notwendig war. Aber ich bereue es nicht. Man kann gewiß bei Museumsankäufen keinen bestimmten Abstand zur Entstehungszeit eines Werkes postulieren, aber nach über zehn Jahren hat man immerhin Zeit gehabt, sich über ein künstlerisches Phänomen einigermaßen klarzuwerden. Einigermaßen! Und so kaufte ich 1973 in der Galerie Denise René/Hans Mayer in Düsseldorf »Swing«, ein auf die Ecke gestelltes Quadrat, und 1976 bei Strelow ein kreisrundes Bild mit dem Titel »Bloom«.

Viel wichtiger wäre es gewesen, ein bedeutendes Gemälde von Barnett Newman in die Sammlung aufzunehmen. In den frühen Jahren hatte ich andere Prioritäten, und als das Interesse wuchs, waren die Preise schon sehr hoch. Immerhin machte ich den Versuch. Hans Strelow führte mich bei Annalee Newman ein, der Witwe des Künstlers, die ich schon viele Jahre zuvor, zusammen mit ihrem Mann, in São Paulo getroffen hatte. Ich begab mich mit ihr in das Lagerhaus, wo sie die Bilder deponiert hatte, und wählte ein großes rotes Gemälde. Aber ich mußte warten, bis ich die nötige Summe hatte. Als es soweit war, besuchte ich Annely erneut und ging mit ihr zum Essen in ihr Lieblingsrestaurant, den Russian Tea Room, was mich »ein Vermögen« kostete. Aber inzwischen war das Bild hunderttausend Dollar teurer geworden. Nach einiger Zeit versuchte ich es wieder, wieder gingen wir in den Russian Tearoom, und wieder war der Preis um hunderttausend

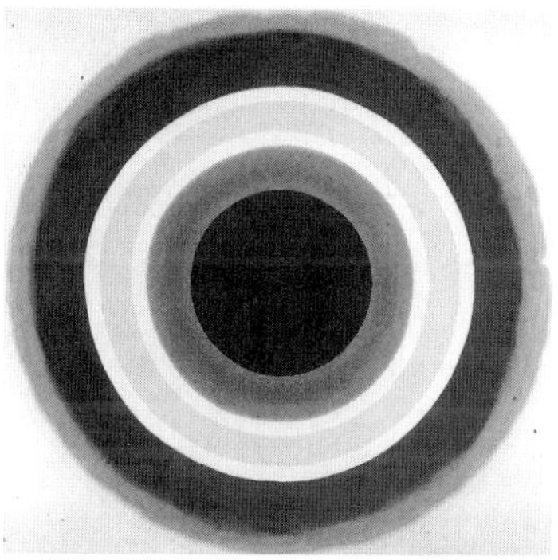

Kenneth Noland
Swing, 1964
251 × 249 cm

Kenneth Noland
Bloom, 1960
170 × 171 cm

Dollar gestiegen. Sie meinte, »Barnie« müsse dieselben Preise haben wie Jackson Pollock. Das rote Bild stand jahrelang für mich bereit, aber der Preis stieg und stieg, so daß ich schließlich endgültig verzichtete. Dann »erbarmte« sich Peter Beye des großartigen Bildes und kaufte es beneidenswerterweise für Stuttgart.

Sugai

Warum aber habe ich 1973 ein großes Bild des Japaners Kumi Sugai gekauft? Schon kurz danach habe ich es sehr bereut. Sugai, der in Paris lebt, hatte lange Zeit zur Nachkriegs-Ecole de Paris gehört, mit deren »Peinture« er japanische Elemente verband. Ich war davon nie besonders angetan gewesen. Doch dann beeindruckte er mich mit auf einmal

Kumi Sugai
Le festival de l'auto-route,
1965
250 × 200 cm

ganz anderen, ja konträren Werken auf der Biennale São Paulo, in denen es nichts Malerisches mehr gab. Es war gleichsam eine japanische Form dessen, was man damals »Hard-edge«-Malerei nannte. Die Folge dieser Beeindruckung war, daß ich bei Dieter Brusberg in Berlin ein solches Bild kaufte, das mich aber schon nach kurzer Zeit enttäuschte. Um dieselbe Zeit sah ich in der Berliner Nationalgalerie einen Sugai, den Werner Haftmann gekauft hatte, und der mir wesentlich besser zu sein schien. Daraufhin tauschte ich unser Bild bei Brusberg gegen ein anderes um, das mich dann aber ebenfalls verließ, so wie im übrigen auch dasjenige in der Nationalgalerie.

Mir tat diese Distanzierung von der Kunst Sugais leid, weil er selbst ein überaus reizender Mensch ist. Ich habe ihn mit meiner Frau gelegentlich in Paris besucht. Der Abend mit ihm und seiner Frau ist uns bis heute in überaus sympathischer Erinnerung geblieben. Immerhin aber war es nicht, wie man denken könnte, diese persönliche Zuneigung, die mich zum Kauf verführt hatte, denn zu dem Kauf war es schon vorher gekommen.

Dann und wann, selten genug, geschah es, daß ein Werk eines Düsseldorfer Malers in die Sammlung kam. Ich pflegte dann der Presse gegenüber zu betonen, daß Düsseldorf selbstverständlich kein Motiv für den Ankauf gewesen sei. So war es auch bei Konrad Klaphecks »Krieg«: nicht weil, sondern obwohl der Künstler in Düsseldorf lebte – oder zumindest unbeschadet dieser Tatsache –, kaufte ich ein Bild von ihm. Allerdings weiß man nie so ganz, wie frei man von den persönlichen Aspekten der räumlichen Nähe oder gar, wie in diesem Fall, der Freundschaft ist.

Ich kaufte also den »Krieg« und damit eines seiner wohl stärksten Werke. Es hing eine Zeitlang im Eingangsfoyer des Schlosses Jägerhof. Damals äußerte Klapheck gelegentlich die Meinung, das Rot des Himmels, also die dominierende Farbe, befriedige ihn nicht ganz, er meine, das müsse leicht geändert werden. Als Eigentümer hätte ich das vielleicht ablehnen können, aber ich akzeptierte es, wenngleich mir dabei nicht ganz wohl zumute war, denn immerhin riskierte ich einen Fehlschlag. Ich habe es bei anderen Künstlern erlebt, daß eine auch nur

Konrad Klapheck
Der Krieg, 1965
145 × 200 cm

geringfügige Korrektur ein Bild völlig zerstörte. Bei Emil Schumacher zum Beispiel kam das häufig vor. Bei Klapheck schien mir dieses Risiko gering zu sein, ich hatte volles Vertrauen, zumal es sich ja nicht um eine expressive Kunst handelte, bei der ein Fehlschlag viel eher im Bereich des Möglichen gelegen hätte. Das Ergebnis von einigen Stunden Arbeit, die Klapheck an Ort und Stelle erledigte, war zum Glück vollkommen befriedigend. Ich bewunderte ihn sehr dafür, daß er die Notwendigkeit dieser Farbkorrektur gesehen hatte.

1973 Nicht von Konrad selbst, sondern von seiner Frau Lilo, die später auf schreckliche Weise umgekommen ist, erwarb die »Gesellschaft der Freunde« ein kleines Bild mit dem schönen Titel »Vergessene Helden«. Gelegentlich hat der Künstler es auch »Ein Pantheon verstorbener Größen« genannt. Ich glaube, daß ich dieses Bild noch mehr als den »Krieg« liebe. Es besitzt eine unerhörte Dichte und trotz der Nacktheit der Dinge etwas sehr Geheimnisvolles. Leider wird es wegen seines kleinen Formates in der Sammlung selten gezeigt.

Natürlich gibt es zwischen Konrad und mir dann und wann einen Dissens. Zum Beispiel: er ist ein großer Verehrer von Poussin, und damit steht er wahrlich nicht allein. Ich selbst aber kann dem zweifellos großen Maler nicht viel abgewinnen. Immer wieder habe ich es versucht, am intensivsten in der Poussin-Ausstellung der Düsseldorfer Kunsthalle 1978, wo ich mich dem Künstler endlich zu nähern glaubte, was aber wohl nicht ganz ehrlich war, ich bemühte mich, über mein Gefühl der Gleichgültigkeit hinwegzukommen, und das führte dazu, daß ich mir etwas vormachte. Nein, ich vermochte ihn nicht zu lieben. Bei all den Poussins, die ich seither in den Museen sah, gelang es mir genau-

Konrad Klapheck
Vergessene Helden, 1965
72 × 80 cm

sowenig wie früher, diese Indifferenz zu überwinden. Nie sprang der Funke über, selbst dann nicht, wenn ich den Rang zu erkennen glaubte. Es blieb dabei: Poussin ließ mich kalt, ebenso wie übrigens auch sein vielbewunderter Zeitgenosse Claude Lorrain. Dabei verunsicherte mich durchaus die große Verehrung, die ihm vor allem die Künstler entgegenbringen. Aber vor einiger Zeit traf ich zufällig in meinem Hotel in Paris Antoni Tàpies und seine Frau, als dort gerade die große Poussin-Ausstellung gezeigt wurde. Ich sagte Antoni, ich schämte mich –

oder müsse mich vermutlich schämen –, die Ausstellung nicht besucht zu haben, ich hätte einfach keine Lust auf Poussin. Zu meiner Überraschung entgegnete er, ihm gehe es genauso. Das war ein Trost. Und so bleibt es dabei, daß ich hier nicht mit Klapheck übereinstimme, was übrigens auch andere Maler betrifft, zum Beispiel Jakob van Ruisdael, oder auch Paulus Potter mit seinem »Jungen Stier« im Mauritshuis, den Klapheck – ich denke: aus Professionalität – hoch schätzt. Ob er wohl die schönsten Bilder von Saenredam so liebt wie ich? Ich werde ihn danach fragen. Bei Vermeer, denke ich, werden wir uns treffen.

Noch dies zu Poussin: Konrad sagte mir einmal, für ihn sei es außerordentlich wichtig zu wissen, wieviel Personen sich auf einem konkreten Bild von Poussin befinden. Dabei genüge ihm nicht eine runde Zahl; wichtig sei nicht, ob es ungefähr zwanzig, sondern daß es neunzehn oder einundzwanzig seien, und in welchem Abstand sie zueinander stünden: davon lerne er etwas für seine eigene Arbeit. Ich fragte ihn nicht, was er denn dabei lerne, aber die Sehweise, ganz anders als die meine, war zweifellos die eines professionellen Malers und vor allem: dieses Malers.

Graubner 1974

Auch meine Beziehung zu Gotthard Graubner ist freundschaftlich, und wiederum hatte der Kauf eines Bildes damit nichts zu tun: ich wollte ganz einfach eine Arbeit von ihm in der Sammlung haben und wählte bei ihm selbst »farbraumkörper I« von 1973. Die Arbeit war im Vorjahr entstanden. Daß seither mehr als zwanzig Jahre verstrichen sind, ist für mich ganz unfaßbar. Aber andererseits ist Graubner in diesen zwei Jahrzehnten, bei aller Treue zu seinen ästhetischen Grundprinzipien, weitergegangen. Das zeigte sich zuletzt in einer Ausstellung seiner neueren Werke, die die Kunstsammlung Nordrhein-Westfalen 1987 durchführte. Und es zeigt sich in den beiden sehr großen, eindrucksvollen Gemälden im Schloß Bellevue in Berlin, die mir gelegentlich der damalige Hausherr – es war noch Richard von Weizsäcker – zeigte.

Graubner gilt als ein extrem empfindlicher Mensch. Ich habe diese Erfahrung nie gemacht, obschon es dazu einmal eine Gelegenheit gab. In einer Äußerung von mir, die in der Zeitschrift ART erschien, zitierte ich eine böse Bemerkung eines anderen bekannten Künstlers über Graubner. Ich wollte mit der gezielten Indiskretion jenen anderen

1974 Künstler treffen, der es wahrlich verdient hatte, verletzte aber ungewollt Gotthard Graubner damit. Zu meiner großen Überraschung und Erleichterung schlug Graubner es in den Wind. Im übrigen war er jahrelang derjenige, mit dem ich am liebsten durch die Kunstmessen in Köln, Düsseldorf und Basel flanierte. Über die vielen Dinge, die wir da zu sehen bekamen, waren wir uns in hohem Maße einig.

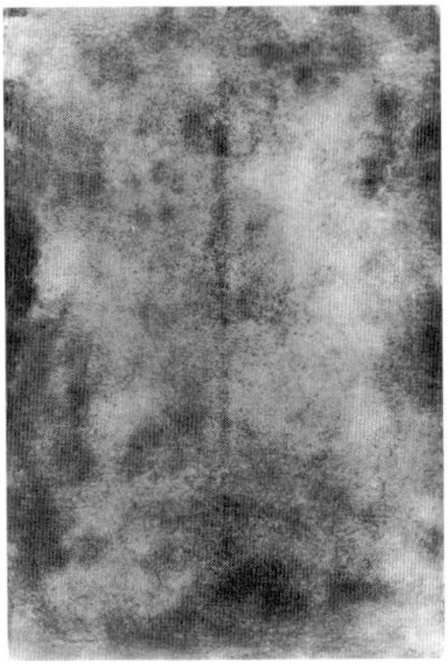

Gotthard Graubner
farbraumkörper I, 1973
201 × 131 cm

Und einig sind wir uns in unserer Liebe zu Claude Monets wundervollem Garten in Giverny, zu dem ich mit meiner Frau einige Jahre lang regelmäßig »gepilgert« bin. Graubners Identifikation mit Monet geht ja so weit, daß er sich seit Jahren in seiner ganzen äußeren Erscheinung dem großen Franzosen in einem solchen Maße angeglichen hat, daß wohl nur Menschen, die Monet noch persönlich begegnet sind – also vermutlich kein Lebender –, imstande sind, den Unterschied zu bemerken. Man ist, wenn man ihn zufällig trifft, drauf und dran zu sagen: »Bonjour, Monsieur Monet!« Und doch glaube ich nicht, daß es sich um eine Kopie handelt. Selbst falls die frappierende Ähnlichkeit auf gewollter Stilisierung beruht, erscheint Gotthard Graubner doch mit seinem ganzen Habitus als vollkommen natürlich und ganz und gar er selbst.

Richard Lindners »Straße« von 1963 halte ich noch immer, zwei Jahrzehnte nach dem Ankauf von 1976, für ein großartiges Gemälde, auch wenn ich oft dachte, ich hätte ein früheres Bild kaufen sollen, bevor noch alles so perfekt war. Andererseits aber gehört Perfektion zum Wesen seiner Kunst, ähnlich wie ja auch zum Wesen der Kunst von Klapheck. Mich faszinierte dieser gemalte American way of life aus der Perspektive eines in New York lebenden Europäers und vor dem Hintergrund der Neuen Sachlichkeit in Deutschland. Vieles kommt da zusammen: der banale Großstadtalltag zwischen Verbrechen und Prostitution, die Beziehungslosigkeit der Menschen in der riesigen, naturfernen Metropole und mitten drin ein Mädchen zwischen Unschuld und Sünde.

Noch vor dem Ankauf besuchte ich zum ersten Mal Lindner in New York, zu einer Zeit, als dort auf einmal die moralischen oder auch nur scheinmoralischen – und daher eigentlich unmoralischen – Fesseln

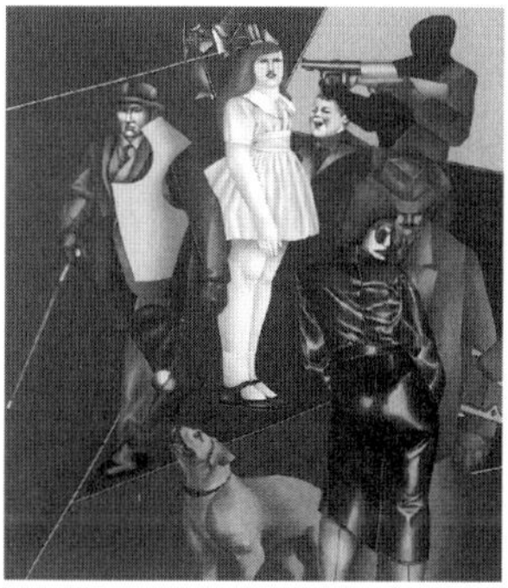

Richard Lindner
The Street, 1963
183 × 183 cm

fielen und Sex öffentlich wurde: ein erstaunlicher Einbruch in den traditionellen amerikanischen Puritanismus. Als ich bei Lindner eintraf, erzählte ich ihm schon in der Tür, ich sei am Abend zuvor in einem Musical gewesen, das er unbedingt sehen müsse, denn da trete ein Mädchen auf, das ein fast plagiathaft typisches Lindner-Gesicht habe. Im übrigen sei ich völlig verblüfft über die Sexblätter, die da auf einmal überall angeboten würden, was ja vor ganz kurzem noch undenkbar gewesen sei. Lindner hörte sich das munter an und sagte dann, das sei nun wirklich das erste Mal, daß ein Museumsmann zu ihm komme –

1976 und zudem aus Deutschland –, der in den ersten fünf Minuten von nichts anderem als Sex rede. Offenbar hatte er eine bestimmte Vorstellung von Museumsdirektoren im allgemeinen und deutschen Museumsdirektoren im besonderen. Wir verstanden uns blendend. Auch später traf ich ihn häufig, da er in dem New Yorker Hotel, das ich damals – und nach langer Pause auch heute wieder – frequentierte, dem Westbury Hotel an der Ecke Madison Avenue / 69. Straße, nachmittags Tee zu trinken oder abends zu essen pflegte. Auch in Paris habe ich ihn gelegentlich besucht, wovon mir eine einzige kleine Erinnerung geblieben ist. Er machte mich auf den unablässigen Strom der Besucher aufmerksam, den man von seinem Fenster aus auf der anderen Seite der Seine hinter den Fenstern des Louvre vorbeiziehen sah – ein ihn und auch mich deprimierender Anblick. Ein Musterbeispiel für das Umschlagen von Quantität in Qualität. In negative Qualität natürlich. Einer der vielen Preise, den die Demokratie gekostet hat.

1977 Kelly

Auch Ellsworth Kelly gehörte zu den damals zeitgenössischen Malern, bei denen ich aus eben diesem Grund der Zeitgenossenschaft lange zögerte. Kelly ist meine eigene Generation, drei Jahre jünger. Schon in den frühen Jahren in Paris habe ich oft seine Bilder in der Galerie Maeght gesehen, ohne daß sie mich berührt hätten, und ich verstand ganz und gar nicht, warum dieser Künstler ausgerechnet mit dieser ganz anderswo gravitierenden Galerie einen Kontrakt hatte. In jüngerer Zeit hat man in einer Ausstellung in Münster Kellys Frühzeit vorgeführt, in der mich die Werke in einem ganz unerwarteten Maße durch ihre große Sensibilität und, doppelt überraschend angesichts der strengen formalen Sprache, durch ihre Lebendigkeit beeindruckten. In späteren Jahren kamen dann die berühmten »shaped canvasses«, die irregulären Leinwände, die man vor allem bei Leo Castelli und gelegentlich auch bei Alfred Schmela sah. Ich blieb auf Distanz zu dem Künstler, bis 1977 ein großes schwarz-weißes Bild bei Schmela auftauchte, zu dessen Ankauf ich bereit war. Es kostete 110.000 DM. Längere Zeit ruhte es aus Platzgründen im Museumsdepot und wurde irgendwann nach meiner Amtszeit wieder einmal gehängt. Da erkannte ich erneut, wie schön es ist. »Schön«? Darf man das sagen?

Ich gestehe, aber das ist ja bekannt, daß ich kein Freund der Minimal Art bin. Oft habe ich im Gespräch mit begeisterten Anhängern dieser von mir als entsetzlich langweilig empfundenen Kunst gesagt, sie sollten doch einmal statt »Minimal Art« die deutsche Übersetzung benutzen. Mir fehlte jedes Gefühl dafür. Es ist wohl so, daß ich von der Kunst entweder sinnliche oder spirituelle Erfahrungen erwarte, was 1977

Ellsworth Kelly
Black/White, 1976
240 × 200 cm

mich daran hindert, rein formale Lösungen zu bewundern, bei denen ich mich vergeblich frage, was denn da »gelöst« wird. Ganz grundsätzlich meine ich, daß nicht nur die Form, sondern der Inhalt über den Rang von Kunst entscheidet. Selbst Mondrian ist dafür ein Beispiel, denn da ist ein geistiger Inhalt immer fühlbar und nicht bloß Form. Ob das auch für Kelly zutrifft?

An ihn selbst habe ich eine einzige, sehr sympathische Erinnerung. Wir verbrachten gemeinsam, von Los Angeles aus, einen herrlichen Tag in Disneyland. Die Leute von der Gemini-Press waren dabei, die viele Arbeiten von ihm und anderen führenden amerikanischen Künstlern gedruckt haben. Abends zogen wir in ein fabelhaftes japanisches Restaurant, das ich leider viel zu früh verlassen mußte, da ich mich mit Käte Steinitz verabredet hatte, der alten Freundin von Kurt Schwitters, die mit ihm in den zwanziger Jahren mehrere Kinderbücher wie »Die Scheuche« und »Die Märchen vom Paradies« – auch Theo van Doesburg war mit von der Partie – gestaltet hatte. Sie war eine herrliche Frau und eine wahre Fundgrube für Geschichten aus der alten Hannover-Zeit. Im amerikanischen Exil arbeitete sie wissenschaftlich in einer Leonardo-Bibliothek. Schwitters und Leonardo da Vinci – Schwitters nannte ihn Leonardo da Windschief –: eine wahrhaft dadaistische Kombination! Neben ihren Publikationen über Leonardo hat Käte Steinitz über ihren alten Freund Schwitters ein kleines Erinnerungsbuch veröffentlicht. Ich hatte sie schon in Hannover kennengelernt, wo sie es mir verehrte. Und nun also saß ich da einen Abend lang in ihrer Wohnung in Los Angeles, und wir sprachen über Schwitters und die Zeit von damals, die für mich natürlich viel weiter zurücklag als für sie. Vorher hatten wir einen Abstecher zu den berühmten Watts Towers gemacht, die ich nie gesehen hatte, diesem herrlichen Beispiel einer »phantastischen Architektur« im Vorort Watts; erst wenige Jahre zuvor waren sie vor dem Abriß gerettet worden.

1978

Johns

1978 gelang es endlich, das zu erwerben, worauf ich lange und mit wachsender Ungeduld gewartet hatte: einen Jasper Johns. Es war ein sehr stilles, fast meditatives Bild mit reichlichen inhaltlichen Implikationen, über die ich mich im Katalog der Sammlung ausführlich ausgelassen habe. Ich kaufte das Bild »4 the News« in New York bei Leo Castelli, in dessen Downtown Gallery am West Broadway, wohin er damals schon seit längerer Zeit seine Aktivitäten verlagert hatte. 675.000 DM kostete das Bild. Im selben Jahr kaufte ich nur noch ein einziges weiteres Bild, nämlich Max Beckmanns »Eisernen Steg«, der mit 635.000 DM etwas »billiger« war als der Johns. Darin zeigte sich eine arge Marktverzerrung, denn eigentlich hätte das Werk eines »Klassikers« vom Rang Beckmanns natürlich teurer sein müssen als ein nicht einmal zentrales, wenn auch recht frühes Werk eines Künstlers, der damals noch keine fünfzig Jahre alt war. Indessen, Verzerrung hin oder her, so war der Markt, und das hat sich für die völlig disproportionierte Bewertung junger, nicht selten kaum mehr als modischer Kunst bis heute nicht geändert, ja, es hat sich eher sogar verstärkt.

Das Bild erfüllte einen Traum. Aber der Traum ging eigentlich noch weiter und realisierte sich erst acht Jahre später, wenn auch bloß für die Dauer weniger Jahre. Er trug den Namen »The white flag«. Das war eines der wundervollsten Bilder von Jasper Johns überhaupt. Es stammte aus dem Jahr 1955. Kurz vor der Eröffnung des Neubaus der

Kunstsammlung am Grabbeplatz machte ich mich auf den Weg nach New York, zusammen mit Robert Rademacher, dem Vorsitzenden der Gesellschaft der Freunde der Kunstsammlung, und Hans Strelow, der das Ganze eingefädelt hatte. Der Reisezweck: wir wollten zu dritt Jasper Johns, den ich viele Jahre vorher ein einziges Mal in seinem New Yorker Atelier besucht hatte, überfallen. Das Reiseziel: »The white flag«. Wir wußten, daß es eine Utopie war, denn wir ahnten nicht nur, daß der Preis exorbitant sein würde, sondern wußten auch, daß sich der Künstler, wie er öfters hatte erkennen lassen, von diesem Bild nicht endgültig trennen wollte. Zur Zeit unseres Besuches hing es als Leihgabe im Museum in Boston. 1978

Trotz der fast völligen Aussichtslosigkeit unseres Planes trafen wir mit Jasper Johns in seinem Atelier – einem großen alten Bankgebäude an der East Houston Street – zusammen. Wir gingen dann gemeinsam in ein Restaurant und sprachen über dieses und jenes, das Bild wurde nicht erwähnt. Schließlich aber mußte ich heraus mit der Sprache. Wie

Jasper Johns
4 the News, 1962
165,1 × 127,6 cm

sollte ich das machen? Johns ist ja ein überaus verschlossener Mensch, mit dem man es nicht ganz leicht hat, ganz anders als Robert Rauschenberg, der in den frühen Jahren sein Atelier im selben Haus hatte: introvertiert der eine, extravertiert der andere. Also fing ich zu reden an, in englischer Sprache natürlich. Ich erinnerte Jasper Johns an die berühmte Rede von Martin Luther King mit den sich mehrfach wiederholenden Worten »I have a dream« und fuhr dann fort: »I *have* a dream: ›White flag‹!« Ich sagte ihm, so wie das große Bild von Jackson

1978 Pollock in Düsseldorf das zentrale Werk der amerikanischen Kunst um 1950 sei, so sei meiner Überzeugung nach »White Flag« das zentrale Werk der amerikanischen Kunst der mittleren fünfziger Jahre. Ich hatte den Eindruck, daß er das gern hörte, aber entschieden wurde zunächst einmal nichts. Wir kehrten nach Düsseldorf zurück, und nach einiger Zeit rief Hans Strelow mich an und berichtete, Jasper habe sich entschlossen, uns das Bild für eine unbestimmte Frist als Leihgabe zu überlassen. Das war eine ungeheuer erfreuliche Nachricht. Es folgten längere Verhandlungen mit den Landesbehörden wegen der hohen Versicherung des außerordentlich teuren Bildes. Das schwierige Problem wurde schließlich gelöst, das Bild kam nach Düsseldorf und hing dann etwas über meine Amtszeit hinaus im Amerikanersaal der Kunstsammlung. Als es schließlich wieder zurückging, war dies ein großer

Jasper Johns
White flag, 1955
199 x 306,7 cm

Verlust. Aber dann trat der andere Johns in der Sammlung wieder hervor, der über diese Jahre hin im Schatten von »White Flag« gestanden hatte.

Bei kaum einem anderen Künstler unserer Zeit beklage ich den künstlerischen Abstieg so wie bei Jasper Johns, der wirklich einst ein großer Künstler war. Daß so viele andere dasselbe Schicksal erlitten, tröstet mich kaum. Schon als ich ihn um die Mitte der sechziger Jahre in New York besuchte, war das zu erkennen. Aber als wirklich deprimierend empfand ich es erst 1988, als er im amerikanischen Pavillon der Biennale Venedig gezeigt wurde. Er erhielt den Großen Preis, aber verdient hätte er ihn Jahrzehnte früher. Die Bilder waren alle, wie ich fand, unglaublich schwach, unglaublich dünn, ohne jede Substanz. Ich war in der Jury der einzige, der sich gegen den Preis aussprach, und schlug Janis Kounellis vor. Zur Jury gehörte übrigens auch Octavio

Paz, der mexikanische Dichter, den wir zum Vorsitzenden wählten. Schon in den Tagen vorher »wußten« wir alle, daß Jasper Johns den Preis erhalten werde. Um der Einstimmigkeit willen stimmte dann auch ich dafür. Am folgenden Tag veranstalteten die Amerikaner ein großes Essen zu Ehren des Künstlers in Torcello, unmittelbar neben der herrlichen Kirche, unter freiem Himmel. Hunderte von Gästen waren da. Es war, auch wenn man da mit gemischten Gefühlen saß, eine wunderbare Nacht. Man spürte hinter allem den imperialen, um nicht zu sagen: imperialistischen Atem der mächtigen Nation. Zu dieser Festivität war natürlich schon längst, bevor Jasper Johns den Preis bekommen hatte, eingeladen worden: die Amerikaner wußten genau, daß er der Preisträger sein würde. Die Flüsterpropaganda hatte funktioniert. 1981

In der Jury schlug ich übrigens als einziger in fast allen Sparten jüngere Künstler vor, ohne mir dessen bewußt zu sein. Bewußt aber wurde es mir, als plötzlich Pierre Restany ausrief: »Mais, Werner, c'est incroyable, tu es le plus jeune de nous tous!« Nun ja, es geschehen Zeichen und Wunder. Denn daß ausgerechnet Restany, einst der Verkünder des »Nouveau Réalisme«, ausgerechnet mir dieses Kompliment machte – wer hätte das gedacht!

Rainer 1982

Bei einem Aufenthalt in Wien kaufte ich in der Galerie Heike Curtze eine der berühmten »Übermalungen« von Arnulf Rainer aus der Zeit um 1960. Ein, wie ich immer wieder sehe, besonders gutes Bild. Mein Verhältnis zu Rainer war und ist auch heute noch durchaus zwiespältig. Da gibt es vieles, das ich ablehne, und auch die Grundhaltung des Künstlers ist mir durchaus fremd. Aber dieses Bild habe ich aus großer Überzeugung gekauft.

Während ich dies niederschreibe, fällt mir ein, daß ich niemals mit dem Künstler selbst vor dem Bild gestanden habe. Hat er jemals die Kunstsammlung besucht? In meiner Gegenwart? Ich müßte mich daran erinnern, da er ja ein hochgradig anregender, unter Umständen auch anstößiger, aber auf seine überaus österreichische Weise auch amüsanter Mensch ist. Ich bin ihm nur selten begegnet, das letzte Mal vor vielen Jahren an einem Symposium in Linz. Als man vor einiger

1982

Arnulf Rainer
Übermalung Krapplack-Rot auf Weiß,
1959/60
200 × 130 cm

Zeit einen Fernsehfilm über ihn zeigte, war ich überrascht und fast etwas enttäuscht, wie gänzlich unprovokant er war, gewissermaßen gebändigt. War es das Alter? Oder war es eine Täuschung?

Yves Klein

Seit 1983 hatte Robert Rademacher den Vorsitz in der Gesellschaft der Freunde der Kunstsammlung. In seiner eigenen bemerkenswerten Sammlung in Köln konzentriert er sich zwar nicht ausschließlich, aber doch sehr stark auf Künstler wie Fontana, Yves Klein und Piero Manzoni. Ich frage mich, ob ich durch die enge und bald freundschaftliche Beziehung zu ihm beeinflußt worden bin. Das ist durchaus möglich. Auch meine zu jener Zeit sehr lebhafte Beziehung zu dem Düsseldorfer Sammler Karl-Heinrich Müller, dessen später errichtetes Museum auf der Insel Hombroich inzwischen weithin berühmt geworden ist, mag eine Rolle gespielt haben, denn er besaß unter anderem herrliche Arbeiten von Yves Klein. Andere Hauptakzente seiner Sammlung waren damals Kurt Schwitters und Hans Arp. Ich glaube, daß es Schwitters war, durch den wir anfänglich zusammengekommen waren.

Es mag also sein, daß ich von diesen befreundeten Sammlern nicht ganz unbeeinflußt war. Aber denkbar ist auch, daß im Abstand von zwei Jahrzehnten ein Künstler wie Yves Klein ohnehin stärker in mein sammlerisches Blickfeld geraten wäre. Immerhin hatte mich schon Jahre zuvor ein großes rotes Schwammbild aus belgischem Privatbesitz beschäftigt, wobei der Ankauf am Preis gescheitert war. Obwohl ich ja nicht in historischen Kategorien dachte und natürlich keinen Wert auf irgendeine neue »Richtung« innerhalb der Sammlung legte, so war dies doch eine deutliche Öffnung in andere künstlerische Regionen. Und das faszinierte mich. Ich wollte diese ästhetische Welt, die da auf einmal in der Sammlung in Erscheinung trat, dicht werden lassen. Mit Yves Klein, mit Fontana, mit der Welt von »ZERO« wurde eine neue Seite aufgeschlagen. Ich hatte – mit guten Gründen – den Amerikanern den Vortritt gelassen. Nun dachte ich über die europäische Kunst der Zeit um 1960 nach.

Verständlich war, daß es Leute gab, die verbreiteten, ich kaufte immer erst dann, wenn etwas teuer geworden sei. Das war und blieb mein Image, das ich selbstironisch stets gern bestätigt habe. Es war so zwar falsch beschrieben, aber ganz falsch war es nicht, denn ich hatte nun einmal das in vielen Artikeln, Interviews und Vorträgen wieder und wieder dargelegte und begründete Prinzip, nicht sofort oder »nach vorn« zu kaufen. Und nun wollte ich auf jeden Fall den Anschein vermeiden, als seien die neuen Ankäufe Nachweis einer plötzlich ausgebrochenen Progressivität in diesen Zeiten eines nahezu blinden Progressismus. Nichts wäre mir fataler gewesen, als den Eindruck zu erwecken, ich wolle noch schnell – spät genug! – auf einen abfahrenden Zug aufspringen. Im Kuratorium erklärte ich damals: »Es fällt auf, daß auf einen Schlag drei Künstler« – es waren Lucio Fontana, Yves Klein und Günther Uecker – »neu in unsere Sammlung gekommen sind, und daß zwei von ihnen die jüngere Kunst repräsentieren. Ich lege Wert darauf, daß ich hiermit keineswegs, wie man vermuten oder sogar begrüßen könnte, einen neuen Weg beschreiten will. Weder kommt es mir darauf an, neue Künstlernamen auf meiner Wunschliste gewissermaßen abzuhaken, noch geht es mir darum, der Sammlung auf einmal einen progressiven ›Touch‹ zu verleihen. Der Presse habe ich bei der Vorstellung der Bilder gesagt, daß ich an avantgardistischen Klimmzügen nicht interessiert sei; durch die Neuerwerbungen habe sich das Sammelprinzip in keiner Weise verändert, auch wenn dieser Eindruck aufkommen könne. Immerhin liegt die Entstehung der Bilder ja auch um zwei Jahrzehnte zurück. Es handelt sich also nicht um eine neue Wendung in der Ankaufspolitik, sondern lediglich um einige Neuerwerbungen nach denselben Maßstäben wie bisher.«

Und auch dies sagte ich im Kuratorium, als ich von den viel niedrigeren Preisen dieser Bilder sprach: »Es handelt sich um keine soge-

1982 nannten ›großen Objekte‹, wie sie seit zwanzig Jahren den weltweiten Ruf dieses Museums ausmachen; und nicht nur den Ruf, sondern auch das Profil, das Gesicht des Museums. Auf keinen Fall darf es geschehen, daß dieses Museum sein Gesicht verliert. Zwar kann man durchaus dann und wann ein Werk niedrigeren Wertes erwerben, was ja nicht immer niedrigeren Ranges bedeuten muß; und das ist ja auch in früheren Jahren immer wieder geschehen. Es muß aber unbedingt vermieden werden, daß durch allzu viele Ankäufe einer solchen Kategorie unversehens ein ganz anderes Museum, eine ganz andere Sammlung entsteht. Wenn der höchste Anspruch, nach dem die Sammlung zwei Jahrzehnte lang etabliert wurde, zu oft unterschritten wird, dann droht sie diejenige Exzeptionalität zu verlieren, die seinerzeit allein die Gründung legitimierte.«

Als ich mich 1982 zu Ankäufen von Yves Klein entschloß, war der Künstler schon seit zwanzig Jahren tot. Er war mit vierunddreißig Jahren gestorben. Vielleicht war dies, künstlerisch gesehen, die »Gnade des frühen Todes«, denn es ist nicht auszudenken, wie dieser Maler jemals künstlerisch hätte alt werden können. Daß ich ihn nie kennengelernt habe, kann man mir durchaus vorwerfen. Um 1960 war er für mich nicht viel mehr als eine skurrile Erscheinung mit dem Namen »Le peintre monochrome«. Als ich einmal mit ein paar Leuten in die »Giardini« der venezianischen Biennale hineinging, sagte mir jemand: »Da drüben geht Yves Klein«. Ich schaute ohne viel Interesse hinüber und ging unbeeindruckt weiter. Das war alles.

Die ganze Bewegung von ZERO habe ich damals aus nächster räumlicher Nähe in Düsseldorf miterlebt, ohne ihr viel Aufmerksamkeit zu widmen. Ich bedaure das heute, denn es war immerhin eine unerhört lebendige Zeit, gerade in dieser Stadt. Andererseits war ich eben erst, Ende 1962, nach Düsseldorf gekommen und lebte in den ersten paar Jahren mit großer Intensität und gewaltigem Engagement in meinem Museum, so daß es vielleicht doch nicht ganz unverständlich ist, daß ich viel von den künstlerischen Aktivitäten in der Stadt verpaßte, ohnehin skeptisch gegenüber der Bedeutung dessen, was da in der Spanne zwischen ZERO und Beuys passierte, mit der Galerie Schmela als Zentrum und dem Museum Krefeld in der Nachbarschaft, wo sich Paul Wember um diese Dinge kümmerte, den man mir ja oft als jemanden, der vorbildlich »nach vorn« sammelte, kritisch gegenüberstellte. Mit meinen dezidierten Grundsätzen hatte ich mich bewußt gegen die Aktualität gestellt. Das hatte seinen enormen Vorteil für die Sammlung, aber es hatte auch seinen Preis.

Die Bilder von Yves Klein, die damals im Besitz von Karl-Heinrich Müller waren und mir unglaublich gut gefielen, beeinflußten mich insofern, als es kleinformatige, objekthafte »Gegenstände« waren und nicht große Tableaux, auf deren Flächen Schwämme sich »nach dem Gesetz des Zufalls« (Arp) verteilen. Ich tendierte daher sehr bewußt zu kleineren Formaten und kaufte zunächst ein »Relief planétaire« und ein

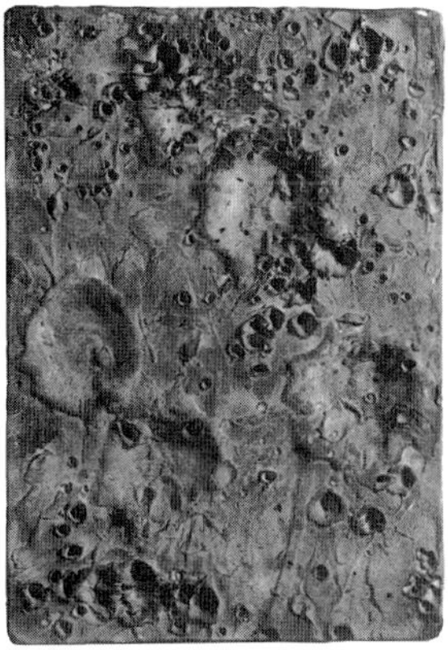

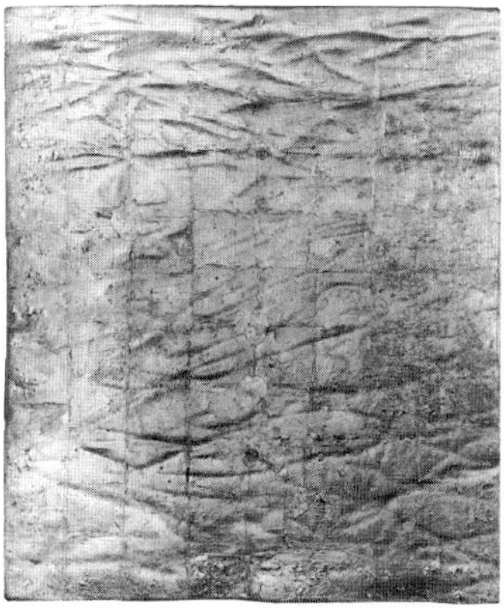

Yves Klein
Relief planétaire, »Lune« 1, RP 22, rot, 1961
95 × 65 cm

Yves Klein
Monogold, MG 11, 1961
74,45 × 59,5 cm

»Monogold«, beide von 1961, bei Guido Le Noci, in dessen Galleria Apollinaire in Mailand Klein einst seine ersten Triumphe gefeiert hatte. Die Galerie war seit Jahren schon geschlossen. Ich besuchte Le Noci in seiner Mailänder Wohnung, und wir begeisterten uns gemeinsam im Gedanken an die schneeweißen Städte Apuliens, die ich gerade eben besucht hatte. Als ich ihm sagte, am meisten hätte ich Locorotondo geliebt, sprang er auf, lief um den Tisch herum, an dem wir zusammen mit seiner Frau zu Abend aßen, stieß mit mir an und umarmte mich: in Locorotondo sei er geboren, das sei seine Heimat! Und schon waren wir Duzfreunde, obwohl wir uns zum ersten Mal sahen und dann leider nie wieder.

Was für die Ankäufe des Jahres 1982 gilt, gilt in noch stärkerem Maße für das Jahr danach, denn da kam nur noch, in sechs Ankäufen, die europäische Kunst um 1950/60 zum Zuge, und zwar jener Bereich, der am treffendsten mit dem Namen ZERO bezeichnet wird, sofern man ihn nicht nur auf die Künstlergruppe in Düsseldorf beschränkt.

Es war mir klar, daß ein dritter Yves Klein zu den beiden anderen hinzukommen mußte. Bei Leo Castelli erwarb ich ein blaues Schwammrelief, das meine Vorstellung zwar nicht ganz, aber doch in hohem Maße erfüllte. Blickt man von der Seite auf das Bild, dann überschneiden die Schwämme den Rand, so daß der Objekt-Charakter stark hervorgehoben ist: das war ein wichtiges Kriterium meiner Wahl.

Yves Klein
Relief éponge, RE 15, blau, 1960
107 × 60 cm

So ergab sich zusammen mit den beiden anderen Bildern eine Dreiergruppe, jedoch kein Triptychon: jedes war ein individuelles Bild, anders als etwa die berühmte Gruppe der drei großen Bilder in Louisiana bei Kopenhagen, die zwar ebenfalls keine Einheit bilden, die man aber unwillkürlich als eine solche sieht. »Unsere« bescheidenere Gruppe liebe ich mehr.

Ich will die Preise der drei Bilder von Yves Klein nicht verschweigen: DM 214.000, 312.000, 346.000.

Fontana

Lucio Fontana war fast dreißig Jahre älter als Yves Klein und starb erst 1968. Auch ihm zu begegnen, hatte ich nie einen besonderen Drang verspürt, was mir heute leid tut. Ich sah den überaus eleganten Herrn oft in den Giardini der Biennale, er gefiel mir à distance sehr, aber das künstlerische Interesse war nicht erwacht. Da war wieder die Skepsis gegenüber allzu auffälligen ästhetischen Gesten, namentlich dann, wenn sie etwas Spektakuläres an sich hatten. Fontanas Perforationen und Schnitte durch die Leinwand, Yves Kleins Monochromien und seine sonstigen Vorstöße, Cy Twomblys Gekritzel: ich hielt mich zurück, ja ich sperrte mich, entsprechend dem berühmten Ausspruch von Max Liebermann, als man ihn bewegen wollte, eine Ausstellung von Chagall zu besuchen: »Nee, da jeh ick nich rinn, womöglich jefällt mir

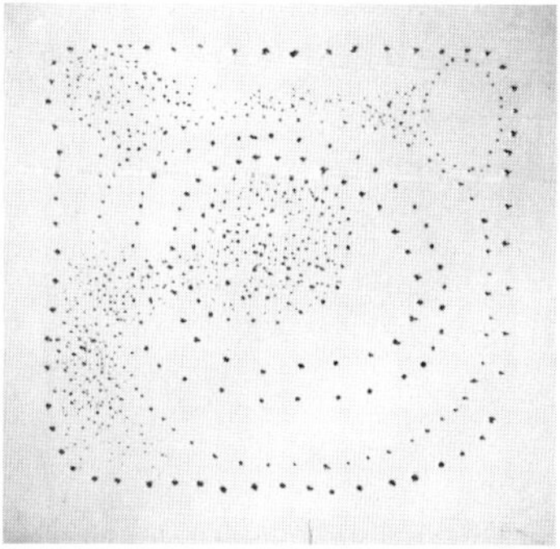

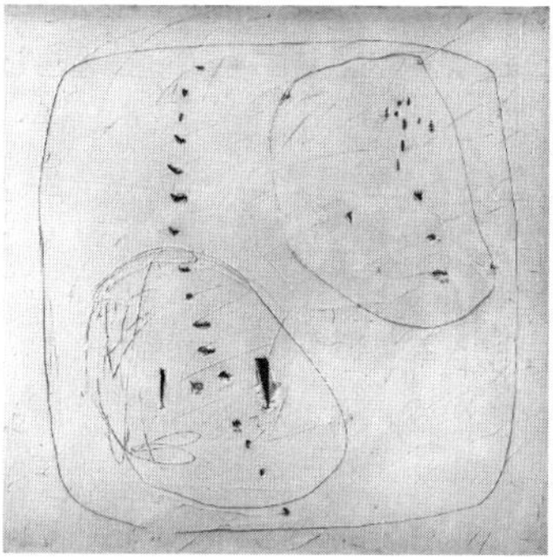

Lucio Fontana
Concetto spaziale,
49 B 3, 1949
100 × 100 cm

Lucio Fontana
Concetto spaziale,
60 O 48, 1960
150 × 150 cm

det Zeuch noch.« Es war nicht so sehr das Neue, dem ich mißtraute, sondern das Skandalöse, das gewollt Schockierende und Publicityträchtige. Steht man heute vor diesen Bildern, dann sieht man das kaum noch. Dies alles war bei Fontana und Yves Klein zweifellos im Spiel, aber es war nicht sehr wichtig, ja es war schließlich unwichtig.

Von Carla Panicali in Rom, einer guten Freundin seit sehr vielen Jahren, erwarb ich 1983 ein perforiertes Papierbild von Fontana aus dem Jahr 1949, zum Preis von 170.000 DM.

Wenig später kam ein großes gelbes Bild mit heftigen Zerstörungen der Malfläche hinzu, das 1960 entstanden war. Ich kaufte es im selben Jahr 1983 in der Galerie Karsten Greve in Köln. Der Preis: 300.000 DM.

Den dritten Fontana, der im folgenden Jahr in die Sammlung kam, sah ich in der Fontana-Ausstellung im Haus der Kunst in München: ein weißes Bild mit zehn mehr oder weniger parallelen vertikalen Schnitten. Dies, meinte ich, müsse die Gruppe komplettieren: neben den bru-

1983 talen Verletzungen des gelben Bildes, bei denen sozusagen Blut fließt, die sauberen, aseptischen Schnitte, in denen es nichts Zerstörerisches, nichts Affektives gibt. Sosehr ich das Bild nach wie vor schätze, so bestätigt es doch auch einen Aspekt, der mir dem Künstler gegenüber immer Zurückhaltung auferlegte, nämlich eine allzu große Eleganz. Vielleicht war es dieselbe Eleganz, die er ja auch in seiner äußeren Erscheinung zeigte. Wieviel Substanz besitzen diese Bilder? Ich ver-

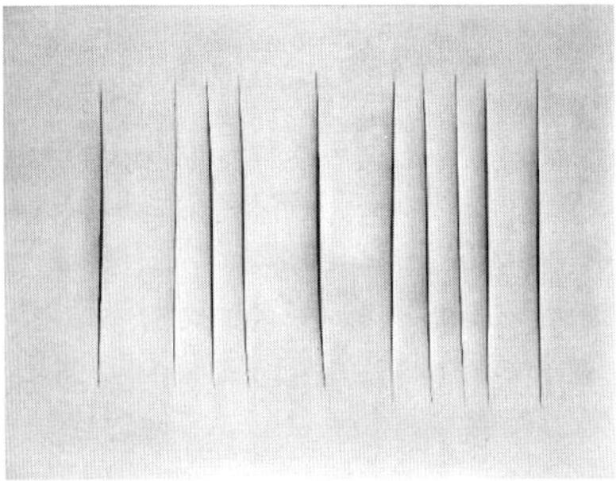

Lucio Fontana
Concetto spaziale,
65 T 46 (Attese),
1965
118 × 148 cm

mochte und vermag die Frage nicht zu beantworten, und das beunruhigt mich durchaus, da ich, je älter ich werde, desto weniger am Stilgehabe und desto mehr, ja eigentlich nur noch, an »Substanz« interessiert bin, was immer das sein möge. Fontana läßt mich, wenn ich nach der Substanz seiner Arbeiten frage, im Stich. Und doch kann ich die Ankäufe nicht bereuen. Das ist ein offenbarer Widerspruch.

Ich kaufte diesen dritten »concetto spaziale« bei der Witwe des Künstlers in Mailand zum Preis von 150.000 DM. Er wurde dem Museum von der Gesellschaft der Freunde gestiftet.

Manzoni

Auch auf Piero Manzoni verspürte ich lange Zeit keine Lust, und dies aus ähnlichen Gründen. Seine skandalöse »Merde d'artiste«-Dose und andere Provokationen hatten in mir nicht gerade Vertrauen geweckt. Ich hatte für derartige Dinge nicht den geringsten Sinn, zumal Provokationen damals inflatorisch waren. Humor? Nun, der Humor wurde einem verdorben durch die vollmundigen Deklarationen nicht nur der Künstler, sondern vor allem ihrer publizistischen Verfechter. Immerhin hatte ich für Manzonis weiße Bilder Sympathie, aber ihres Ranges war ich mir nicht sicher. 1983

Doch nun begegnete ich 1983 bei Wolfgang Wittrock, dem Düsseldorfer Kunsthändler, einem nicht sehr großen weißen Bild von Manzoni, das mir gefiel und das ich erwarb; zu schnell, wie ich heute weiß, denn zu meinem Bedauern erkannte ich bald, daß dies zwar eine gute, aber doch nicht eine beste Arbeit von Manzoni war. Sollte ich eine zweite kaufen? War das notwendig? Ich bezweifle es.

Piero Manzoni
Achrome, 1958
80 × 100 cm

Ich bedaure, daß dieser einzige Ankauf bei Wittrock mich nicht sehr glücklich machte, denn den Galeristen habe ich immer hoch geschätzt. Der Manzoni war für ihn eigentlich ein »Seitensprung«, denn der große Ruf seiner Galerie basiert auf Werken der Klassischen Moderne, was ihn allerdings nie gehindert hat, Institutionen wie etwa die Deutsche Bank bei ihren Ankäufen im Bereich der zeitgenössischen Kunst zu beraten. Ich habe mehrfach Ausstellungseröffnungen in seiner Galerie mit einer kleinen Rede »verziert«.

Uecker

So kam nun auch die Düsseldorfer Gruppe ZERO ins Bild. Schon bevor ich 1983 den benagelten Tisch von Günther Uecker kaufte, hatte mir das in Düsseldorf lebende Sammlerehepaar Troost drei größere Arbeiten von Otto Piene, Heinz Mack und Günther Uecker als Dauerleihgaben zur Verfügung gestellt. Da die Arbeit von Uecker mir nicht gefiel, bat ich diesen, sie gegen eine andere auszutauschen. Das geschah im Einverständnis mit dem Ehepaar, das jedoch später die drei Objekte,

1983 die nach dem Tod des Sammlers in den Besitz der Kunstsammlung übergehen sollten, zurückzog, zusammen mit einer schönen, sehr großen Collage von Robert Motherwell, die ich für die Sammler und somit, auf weite Sicht, für die Kunstsammlung ausgesucht hatte. Ich hatte Hubertus Troost vorgeschlagen, sich auf einen einzigen sammlerischen Bereich zu konzentrieren, der auch für die Kunstsammlung wichtig ge-

Günther Uecker
Tisch, 1963
80 × 65 × 65 cm

wesen wäre, nämlich die Collage. Ich war der Meinung, der Collage komme in der Geschichte der modernen Kunst eine zentrale Bedeutung zu, und es hätte mich begeistert, hier eine solche Spezialkollektion aufzubauen. Mit dem Ankauf der Collage von Motherwell wollte ich den Anfang machen. Leider aber war das Ehepaar zu einer so dezidierten Beschränkung auf ein Thema nicht zu bewegen. Es fehlte an Entschlußkraft.

Ueckers benageltes Tischchen stammte von 1963, also aus der Frühzeit des Künstlers. Es war nach der »Ikone« von Rauschenberg das zweite dreidimensionale Objekt, das in die Sammlung aufgenommen wurde. Uecker selbst hatte mich darauf aufmerksam gemacht, daß es möglicherweise zu haben sei. Es kam aus einer Privatsammlung in Frankfurt, und ich war glücklich, es zu erwerben.

Im darauffolgenden Jahr kam als Geschenk des Förderkreises ein weiterer Uecker in die Sammlung, ein großes Nagelrelief mit zwei Kreisformen, schwarz und weiß, ein Objekt, das soeben erst entstanden war.

Uecker war für mich immer eine der erfreulichsten Erscheinungen in der Düsseldorfer »Szene«, nicht nur als Künstler, sondern auch als Person. Ein überaus lebendiger Geist, wie gerade auch diese benagelten Objekte aus der Frühzeit beweisen, aber darüber hinaus auch viele andere. Weniger entzückt war ich von seinen philosophischen und allzu schwärmerischen Statements, doch das nahm ich bei einem so unge- 1983

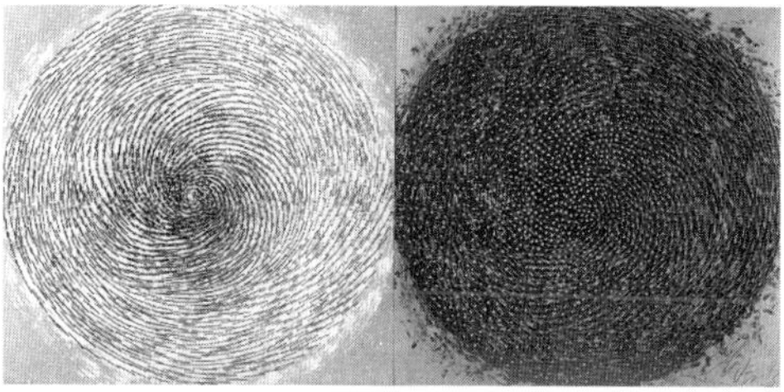

Günther Uecker
Zwischen Hell und Dunkel, 1983
150 × 300 cm

mein inspirierten Künstler hin, zumal ich einsah, daß eine so ideologisch geprägte Bewegung wie ZERO sich auch sprachlich artikulieren mußte.

Mein Verhältnis zu ZERO war zwiespältig. Ich erinnere mich an die Eröffnung der ZERO-Ausstellung in der Kestner-Gesellschaft, die mein Nachfolger Wieland Schmied veranstaltete. Ein Kritiker fragte mich, was ich von ZERO hielte, und ich antwortete reichlich unbekümmert, ich hielte das für Düsseldorfer Folklore. So stand es dann in der Zeitung. Die Antwort war nicht fein und auch nicht angemessen, aber so sah ich das damals.

1970 wurde ich zum deutschen Kommissar der Biennale Venedig ernannt, nachdem ich dasselbe jahrelang für die Biennale São Paulo gewesen war. Ich hatte keine Lust, dieselben Künstler wie in São Paulo auszustellen, und entschied mich für das Düsseldorfer Dreigestirn Piene/Mack/Uecker. Aber ganz wohl war mir dabei nicht. Ein kleines Pech rettete mich. Auf einer Fahrt nach Jugoslawien überfiel mich eine Krankheit, die ich als willkommenes Alibi benutzte, um das Kommissariat abzugeben, so daß es zu ZERO in Venedig nicht gekommen ist.

Übrigens habe ich die drei Künstler in Unterhosen kennengelernt; nicht ich: sie waren in Unterhosen, und zwar wegen der gewaltigen Hitze, die im Dachgeschoß des Fridericianums in Kassel herrschte, als sie dort für die dritte Documenta ihren »Lichtraum« aufbauten. Ich hatte im Documentarat vorgeschlagen, nicht ZERO, sondern nur Uek-

1983 ker einzuladen, was einstimmig angenommen worden war. Arnold Bode muß sich dann darüber hinweggesetzt haben, denn auf einmal waren da doch alle drei mit ihrem gemeinsamen Werk.

Arman

Es war ganz natürlich, daß nun auch ein Künstler wie Arman Einzug in die Düsseldorfer Sammlung hielt. Zusehends bildete sich eine Art Horizonterweiterung, und das hatte zur Konsequenz, daß ich eben auch auf diesen Künstler mein Auge richtete. Selbstverständlich konnte

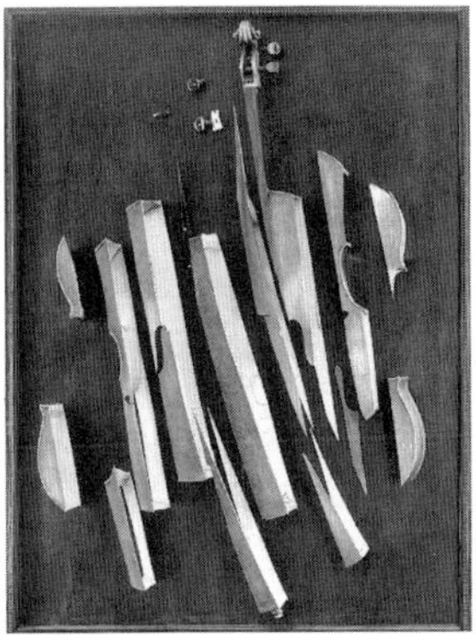

Arman
Colère de violon, 1963
94 × 76 cm

Arman
Choral, 1962
162 × 130 × 25 cm

es nur eine frühe Arbeit sein. Ich entschied mich zu einer vergleichsweise kleinen Arbeit von 1963 aus der Serie der »Colères« aus der einstigen Sammlung Dotremont. Verkäufer war die Galerie Reckermann in Köln. Ich meine nach wie vor, daß es ein besonders schöner, besonders lebendiger Arman ist. Vielleicht hätte ich noch lieber die »Zerstörte Kaffeemühle« von 1961 gekauft, die ich im Katalog der Sammlung abgebildet habe, aber sie war nicht frei.

Später kam es zu einem weiteren Ankauf. Wieder trat als Stifter die Gesellschaft der Freunde der Kunstsammlung auf. Es handelte sich um ein großformatiges Objekt, das die Galerie Bonnier in Genf anbot, ein Werk ebenfalls aus der Frühzeit des Künstlers: ein zertrümmertes Cello, wobei das Wort »zertrümmert« nicht zutrifft, denn trotz des Titels »Colère« ist das Instrument vom Künstler sehr präzise, sehr methodisch, streifenweise zerlegt worden, in voller formaler Absicht. Allerdings sollte man auch bei den anderen Arbeiten den »Zorn« nicht überschätzen, denn auch dort kann man mit Shakespeare sagen: »Ist es auch Willkür, hat es doch Methode«. Der Zufall ist ein scheinbarer, nicht anders als bei Schwitters. Nicht in der Herstellungsweise liegt der Zufall, sondern in der künstlerischen Wirkung.

Mit Arman war und bin ich auf eine besondere Weise doppelt verbunden: einerseits durch die Verehrung, die wir beide schon frühzeitig, völlig unabhängig voneinander, Kurt Schwitters entgegenbrachten, und andererseits durch unser beider große Liebe zur afrikanischen Kunst. Als ich ihn einmal in New York besuchte, ging es mir vor allem um seine phänomenale Afrikasammlung. Er schenkte mir einen Katalog über afrikanische Skulpturenfragmente aus seinem Besitz und widmete ihn mir in schwungvoller Schrift mit dem doppelten Hinweis auf Schwitters und Afrika.

Twombly **1984**

Lange, allzu lange habe ich gewartet, bis ich mich endlich zu einem großen Bild von Cy Twombly entschloß, einer Arbeit auf Papier, aufgezogen auf Leinwand, von 1959. Ich fühlte mich bei dem Kauf wohl nicht ganz sicher und habe später Werke von Twombly gesehen, die ich diesem vorgezogen hätte. Ich begegnete dem Bild auf der Kölner Kunstmesse, am Stand von Rudolf Zwirner, von dem ich es erwarb. Mit dem schon reichlich hohen Preis von 650.000 DM war ich der schwindelerregenden Preissteigerung, die gerade Twomblys Bilder wenig später erlebten, zuvorgekommen.

Um es noch einmal und deutlicher zu sagen: jedesmal, wenn ich in der Sammlung vor dem Bild stehe, bin ich traurig, daß da nicht ein noch besserer Twombly hängt. Daß ich so lange gewartet hatte, hätte mich nicht hindern sollen, noch etwas länger zu warten. Den, wie ich fand, schönsten aller Twomblys sah ich Jahre später bei Thomas Ammann in Zürich, aber er gehörte ihm privat, Ammann wollte ihn nicht verkaufen, und hätte er es gewollt, hätten wir ihn nicht bezahlen können. Damals gab es noch nicht die Kulturstiftung des Landes Nordrhein-Westfalen, die in einem solchen Fall hätte einspringen können.

Ein Erlebnis war Jahre danach die von Harry Szeemann inszenierte Twombly-Ausstellung in Zürich, die auch in die Düsseldorfer Kunst-

1984 halle ging, hier aber wegen der räumlichen Verhältnisse bei weitem nicht so brillant wirkte wie in Zürich. In dieser Ausstellung waren es ganz besonders Twomblys Holzskulpturen, die es mir antaten. Daß man diese grazilen Gebilde später in Bronze gegossen hat, mag kom-

Cy Twombly
Ohne Titel, 1959
152 × 247 cm

merziell verständlich sein, künstlerisch aber ist es vollkommen inakzeptabel, verwerflicher noch als die Auflagengüsse nach den geschmiedeten Eisenskulpturen von Gonzalez oder nach den Keramikskulpturen von Tàpies, über die ich alles andere als glücklich bin. Am ärgsten ist die Umwandlung von Holz in Bronze, wobei es absurderweise dazu kommen kann, daß ein in das Holzbrettchen eingeschlagener Nagel, in Bronze gegossen, in Bronze steckt: das künstlerische Empfinden sträubt sich. Es müßte sich sträuben. Aber Twombly hat es zugelassen.

Rothko

Mit dem Namen Mark Rothko verbindet sich für mich die Erinnerung an das traurigste Ereignis meiner Düsseldorfer Jahre. 1967 kaufte ich in New York, in seinem Atelier, eines der herrlichsten Bilder, die ich überhaupt von ihm kenne, ein sehr großes, sehr dunkles und doch auch sehr farbiges Bild. Es ist im Katalog der Sammlung von 1968 reproduziert. Der Ankauf ging über die Marlborough Gallery in New York, an die Rothko vertraglich gebunden war. Der Besuch, den ich ihm machte, ist mir unvergeßlich geblieben. Er war spürbar ein außergewöhnlich schwieriger Mann, der wohl mit sich selbst nicht einig war. Ich war zwar entsetzt, aber doch nicht ganz überrascht, als ich viele Jahre später von seinem besonders schrecklichen Selbstmord hörte. Die neuen Bil-

der, die er mir zeigte, waren durchweg grau und wirkten depressiv, und 1984
keines beeindruckte mich. Nachdem ich das großartige Bild von 1961 gewählt hatte, gingen wir zusammen zum Essen in ein nahe gelegenes polnisches Restaurant, das von ihm regelmäßig frequentiert wurde. Ich glaube nicht, daß ich jemals mit einem Künstler so miserabel gegessen habe wie mit ihm.

Ungefähr zehn Jahre lang hing das herrliche Bild in der Sammlung, noch im Schloß Jägerhof, und wurde dort von vielen als eines der großen Meisterwerke von Rothko bewundert. Aber dann kam 1978 die Katastrophe. Das Guggenheim Museum in New York plante eine große Rothko-Retrospektive und bat mich um dieses Bild. Ich lehnte ab mit der Begründung, das Bild stehe wegen der extremen Gefährdung seiner Oberfläche auf einer »schwarzen Liste« unausleihbarer Werke. Eine solche Liste gab es zwar nicht formell, aber es gab sie. Einige Zeit später saß ich in der Cafeteria des Guggenheim Museums mit der Kuratorin des Museums, Diane Waldman, zusammen. Wir sprachen natürlich über das Rothko-Projekt und über unser Bild und fanden beide, es dürfe in der Ausstellung nicht fehlen. Und so gab ich schließlich nach. Leider!

Für den Transport in einer Spezialkiste wurden alle Vorsichtsmaßnahmen getroffen. Der Verwaltungschef der Kunstsammlung, Theodor Janisch, begleitete den Transport in einer großen Frachtmaschine

Mark Rothko
Number 118, 1961
290 × 260 cm

nach New York. Gegen vier Uhr morgens kam die Maschine dort an. Die amerikanische Fluggesellschaft Pan Am hatte die schriftliche Anweisung, die Kiste mit dem Bild nur in Gegenwart des Kuriers aus der Maschine zu nehmen. Janisch mußte nach der Landung einen Beamten

1984 suchen, um die Papiere vorzulegen. Das erwies sich mitten in der Nacht als schwierig und dauerte eine gewisse Zeit. Währenddessen brach über dem John F. Kennedy Airport ein fast tropisches Gewitter los. Als Janisch schließlich zur Maschine zurückkehrte, war zu seinem Entsetzen die Kiste verschwunden. Verzweifelt suchte er im strömenden Regen und fand weder die Kiste noch den Supervisor des Flughafens. Als er endlich die Kiste entdeckte, stand sie ungeschützt auf einer benachbarten Piste im Regen. Und als sie dann im Museum geöffnet wurde, stellte sich heraus, daß der Regen bis zum Bild durchgedrungen war und es aufs schwerste beschädigt hatte. Es schien verloren zu sein. Ich wurde aus New York angerufen und schickte sofort unseren Restaurator Dr. Heinz Althöfer nach New York, der den Schaden protokollierte und eine Restaurierung für extrem schwierig, aber für möglich hielt; auf jeden Fall müsse sie in New York durchgeführt werden. Kurz danach begab ich mich selbst nach New York und sah das ganze Ausmaß des Unglücks. Nach einigen Recherchen beauftragte ich die Restauratorin des Guggenheim Museums, die auf diese Art von Malerei spezialisiert war, die Restaurierung vorzunehmen. Auch sie war der Meinung, das könne erfolgreich sein. Drei Jahre lang zog sich die Sache hin. Mehrmals überzeugte ich mich an Ort und Stelle vom Fortgang der Arbeit und wurde immer zuversichtlicher. Und dann endlich war es soweit. Ich wurde gebeten, mir das Ergebnis in New York anzuse-

Mark Rothko
Three Blacks in Dark Blue, 1960
202 × 193 cm

hen, und stellte fest, daß die Restauratorin ausgezeichnete Arbeit geleistet hatte, aber ganz zufrieden war ich nicht. Je länger ich mir das Bild ansah, desto mehr hatte ich das Gefühl, es habe, anders könnte ich es kaum sagen, seine Seele verloren. Die leise Vibration der großen dunk-

len Fläche war verlorengegangen. Es war nicht mehr das Bild, das ich 1984
so sehr geliebt hatte. Es »atmete« nicht mehr, so wie Rothkos beste Arbeiten eben »atmen«. Schließlich lehnte ich es ab, das Bild zurückzunehmen. Es war eine äußerst schwere Entscheidung. Damit, daß der volle Versicherungswert erstattet wurde, ging das Bild in das Eigentum der Versicherungsgesellschaft über, die es bald danach – mit Verlust – nach Kalifornien verkaufte.

Das Bild hatte 125.000 DM gekostet, worin sich ein sehr großes persönliches Entgegenkommen des Künstlers ausdrückte. Inzwischen waren Rothkos Preise enorm gestiegen, so daß ich den Versicherungswert auf eineinhalb Millionen Mark festgesetzt hatte. Aber während der dreijährigen Restaurierungsarbeit waren die Preise für Rothko auf dem Markt noch einmal um fast das Doppelte gestiegen, so daß ein vergleichbares Bild nicht mehr finanzierbar war, ganz abgesehen davon, daß ein so singuläres Werk während dieser Zeit gar nicht auf den Markt kam. Mir war klar, daß dieser große Maler mit einem so überwältigenden Bild nie mehr in der Sammlung vertreten sein würde.

Daraus muß man eine Lehre ziehen. Man muß wissen, daß im Fall eines Totalschadens die Versicherungssumme den Schaden keineswegs mit Sicherheit deckt, da lange Zeit vergehen kann, bis ein gleichrangiges Werk gefunden wird, und da sich das Preisniveau während dieser Zeit für den betreffenden Künstler völlig verändern kann.

Aber es war dann doch ein Trost in Sicht, der sich jedoch nicht erfüllen sollte. Giuseppe Panza, der große Mailänder Sammler, bot uns seine ungeheure Sammlung von Werken von Rothko, Franz Kline, Rauschenberg, Tàpies und anderen – von Rothko allein sieben herrliche Bilder – als Dauerleihgabe für fünfzehn Jahre an. Ich war bereit, im geplanten Neubau die große Ausstellungshalle dafür freizuhalten, was allerdings bedeutet hätte, daß man in dieser langen Periode auf Wechselausstellungen völlig hätte verzichten müssen. Es begannen lange Verhandlungen mit den Behörden, bis schließlich die Sache an einem neuen italienischen Gesetz scheiterte. Panzas Sammlung wurde später vom neu gegründeten Museum for Contemporary Art in Los Angeles gekauft, und damit war dieser große Traum ausgeträumt.

Ich konnte unseren Rothko nicht vergessen. Nach einigen Jahren bot mir Hans Strelow zu einem natürlich viel höheren Preis ein bedeutend kleineres und bei weitem nicht so einzigartiges Bild an. Es war noch viel dunkler als das andere, man konnte es fast für einen Ad Reinhard halten. Trotz des großen Unterschiedes zu »unserem« Rothko entschloß ich mich, den Schaden halbwegs, aber eben nur halbwegs wiedergutzumachen, und kaufte das Bild, das im selben Jahr bei Sotheby's in New York versteigert worden war. Hätte ich warten sollen auf ein eindrucksvolleres Bild? Hätte ich verzichten sollen? Hätte der Verzicht angesichts der steigenden Preise nicht bedeutet, auf Rothko überhaupt zu verzichten? Ich habe oft gesagt, man dürfe sich nur einem einzigen Druck aussetzen, dem der Qualität. Also: lieber warten, sogar ohne Hoffnung warten, als die Meßlatte niedriger setzen. Nun, ich wollte diese Sammlung nicht ohne einen Rothko sehen und entschloß mich schweren Herzens zu dem Kauf. Ich könnte nicht sagen, daß ich ihn bereut habe, aber es war jedesmal deprimierend, in der Sammlung vor dem Bild zu stehen und an dasjenige zu denken, das einmal dagewesen war.

1987 Baselitz

Seit den späten siebziger Jahren irritierte mich immer wieder auf eine nicht ganz durchschaubare Weise der Maler Georg Baselitz, mehr als irgendein anderer jener deutschen Maler, die um diese Zeit weltweit immer sichtbarer in den Vordergrund traten. Ich spürte, daß da ein starker Künstler war, aber ich war mir dessen keineswegs sicher, und Eile hatte ich ohnehin nicht. Immerhin begab ich mich aufgrund dieses wachsenden Interesses 1984 nach Amsterdam, um im Stedelijk Museum die große Baselitz-Ausstellung zu sehen. Dort hingen die großartigen Bilder, die zuvor in der – leider von mir verpaßten – »Zeitgeist«-Ausstellung in Berlin gezeigt worden waren. Nun wurde mir ganz klar, daß ich diesen Künstler irgendwann in der Sammlung haben wollte. Und klar war mir auch, daß es nicht ein früher Baselitz sein konnte, sondern eines der Bilder mit »auf dem Kopf« stehenden Figuren. Dabei kam es mir natürlich nicht auf diese »Verrücktheit« an, es war lediglich so, daß es Bilder aus diesen späteren Jahren waren, die mich gefangennahmen. Die »Zeitgeist«-Bilder waren leider alle in festem Besitz.

Baselitz hatte bei mir einen Bonus wegen seiner Liebe zur afrikanischen Kunst. Das war gewiß ein höchst illegitimes Argument für einen Ankauf, aber zweifellos förderte es meine Sympathie. Als ich den Maler in seinem grandiosen Schloß Derneburg bei Hildesheim besuchte, da geschah es ausdrücklich mit dem alleinigen Wunsch, seine Afrika-Sammlung zu sehen. Es ist eine bemerkenswerte Sammlung, nicht allein wegen der Qualität der Stücke, sondern weil seine Sicht der Kunst Afrikas eine sehr individuelle ist, durchaus anders als meine eigene. Die Bilder, die in Derneburg hingen, streifte ich nur im Vorübergehen, 1987

Georg Baselitz
Trauriger Gelber, 1982
250 × 200 cm

Georg Baselitz
Brücke, Baum, Pferd, Adler, Haus, Krug, Haufen, Kopf, 1986
253 × 209 cm

weil das Thema des Besuchs eben Afrika hieß. Ich glaube auch nicht, daß die Bilder besonders gut waren, denn sonst wäre ich wohl doch ein paar Mal stehengeblieben. Sehr beeindruckt hat mich, daß er in dem riesigen Schloß große Räume für seine Malerfreunde reserviert hatte, was immer ich von ihnen halten mochte. Im übrigen aber war er selbst es, der mir außerordentlich gut gefiel. Zu meiner Überraschung hatte er nichts Prätentiöses an sich, er wirkte auf mich sehr einfach, sehr klar und sehr offen. Seine Frau schloß ich in meine Sympathie ein, ganz besonders auch bei einem zweiten Besuch wenige Jahre später.

So kam es im Lauf der Jahre zu zwei Ankäufen. Zuerst das Bild »Trauriger Gelber« von 1982. Ich hatte es bei Beyeler in Basel gesehen, der ebenfalls an Baselitz Gefallen gefunden hatte. Jahre später zeigte er eine Baselitz-Ausstellung, für deren Katalog ich unter der Überschrift »Ein fast privates Bekenntnis von Werner Schmalenbach« ein reichlich unbekümmertes Vorwort schrieb. Darin kam natürlich auch Afrika vor.

Das andere Bild mit dem komplizierten Titel »Brücke, Baum, Pferd, Adler, Haus, Krug, Haufen, Kopf« von 1986 wurde der Kunstsammlung von einem Freund des Hauses, der nicht genannt sein wollte, zum

1988 Geschenk gemacht. Ich hatte es in der Galerie Michael Werner in Köln gesehen und war begeistert.

Ich habe in den letzten zehn, fünfzehn Jahren oft gesagt, ich sähe in der Generation der heute Fünfzigjährigen nur einen Maler von hohem Rang: Georg Baselitz. Und dies keineswegs nur im deutschen, sondern im Weltmaßstab. Dabei bin ich mir bewußt, daß eine solche Einschätzung eines einzigen nicht sehr glaubwürdig ist, denn entweder müßten da doch wohl weltweit mehrere sein, oder aber auch dieser eine ist ein Irrtum. Auch ich kann natürlich die heute gängigen Namen herunterleiern, aber wenn keiner von ihnen mich »trifft«, habe ich keine Wahl. Wohler wäre mir durchaus, es wären ein paar mehr.

1989 Beuys

Viele Menschen haben mir vorgeworfen und werfen mir noch immer vor, die Bedeutung von Joseph Beuys, der in Düsseldorf immerhin jahrelang sozusagen mein Nachbar war, nicht frühzeitig erkannt zu haben. Nun, ich habe seine Bedeutung nicht nur frühzeitig, sondern auch später nicht erkannt, und wie es in der Kunst eben so ist: die Frage, wer da recht hat, bleibt offen. Eine Abstimmung freilich unter Leuten vom Fach würde mich zweifellos ins Unrecht setzen, zumindest heute noch, zehn Jahre nach seinem Tod, wo seine Wirkung unvermindert stark ist, ja sich vielleicht noch verstärkt. Aber was soll ich machen? »Hier stehe ich, ich kann nicht anders.«

Im Frühjahr 1989 stieß ich in einer Beuys-Ausstellung der Galerie Achenbach in einem alten Zollgebäude im Düsseldorfer Hafen auf ein Objekt, das mir zu meiner Verwunderung außerordentlich gefiel. Es war eine völlig spontane Begegnung während der Vernissage. Mag sein, daß meine Begeisterung auch durch die schmuddelige Atmosphäre des Ortes und durch den brutalen, nackten Beton des Bodens, auf dem das Ding stand, beflügelt wurde. Es trug den Titel »Doppelaggregat«, und jeder Beuys-Kenner weiß sofort, um welches Werk es sich handelt; mir selbst allerdings war es früher nie aufgefallen. Es handelt sich um einen Bronzeguß, von dem es eine sehr schmale Auflage gibt. Ich signalisierte sofort mein Interesse, das während des Abends immer stärker wurde, und Helge Achenbach nannte mir einen noch nicht definitiven, aber sehr hohen Preis. Das Objekt wurde wenig später in die

Sammlung gestellt und gefiel mir nach wie vor. Nach kurzer Zeit aber 1989
erklärte mir Achenbach, daß er sein Objekt nicht zu verkaufen gedenke, daß er jedoch bereit sei, es der Kunstsammlung für unbegrenzte Zeit als Leihgabe zu überlassen. So blieb es da stehen, bis dann nach dem Ende meiner Amtszeit Beuys mit vielen anderen Werken Einzug hielt, nicht unbedingt zu meiner Freude, wie alle Welt weiß. Daß ich es nicht kaufte, war vielleicht schon deshalb ganz gut, weil man mit Sicherheit gesagt hätte, ich hätte mich im allerletzten Augenblick noch schnell durch einen Beuys-Ankauf profilieren wollen.

Joseph Beuys
Doppelaggregat, 1958 (1969)
108 × 314 × 78,5 cm

Das gleiche Objekt sah ich einige Zeit später im Museum Ludwig in Köln, wo es mich vollkommen kaltließ. Wie war das möglich? Der Grund war sehr einfach: das Kölner Exemplar war makellos und blitzblank, ganz anders als dasjenige in Düsseldorf, das offenbar im Freien gestanden hatte, so daß an seiner Oberfläche die Witterung – und nicht zuletzt auch die Tauben – ihre Spuren hinterlassen hatten. War diese der Natur entliehene Lebendigkeit als künstlerisches Argument legitim, so wie die Alterspatina auf vielen anderen Kunstwerken? Ich denke, man kann das gelten lassen, ganz abgesehen davon, daß es ja auch der Beuys'schen Ideologie entspricht, keine saubere Trennungslinie zu ziehen zwischen dem Leben und der Kunst.

Schon mehr als zehn Jahre zuvor hatte ich eine Arbeit von Beuys aus einer Berliner Galerie zur Ansicht kommen lassen, die ich allerdings, kaum daß sie eingetroffen war, verwarf. Einige Zeit später sah ich ein Objekt des »Meisters« in der Galerie Schmela, das mich fesselte. Es war eine große schwarze Tafel, auf deren Mitte in weißer Farbe das Wort »Mensch« geschrieben stand, in Beuys' überaus suggestiver

 Handschrift. Die Tafel sollte auf dem Fußboden stehen, und mit ihr verbunden war ein Telephon, das ebenfalls auf dem Boden zu stehen hatte und nach dem Willen des Künstlers mit dem Telephonnetz verbunden sein mußte. Zwar kam mir die Aufschrift »Mensch« reichlich sentimental war, aber ich nahm sie hin, weil sie sehr wirksam auf der Fläche stand und über den Schriftzug als solchen hinaus eine Botschaft verkündete: der Mensch! Also: Anthropos – ein anthroposophisches Signal gemäß dem ideologischen Hang des Künstlers.

Nicht in Frage kam, das Telephon ans Netz zu schließen, da jeder Besucher auf Kosten des Museums hätte telephonieren können, und zwar in alle Kontinente der Erde. Was tun? Ich mußte versuchen, Beuys davon abzubringen. Er besuchte mich in meinem Büro und saß da fast zwei Stunden lang und redete und redete. Was das Telephon angeht, so erklärte er sich befriedigt, wenn es lediglich an das Netz des Hauses angeschlossen würde. Dagegen hatte ich nichts einzuwenden. Im übrigen aber hielt er einen endlosen Monolog über die Notwendigkeit und die konkreten Möglichkeiten einer »grünen« Volkswirtschaft. Deutlich war, daß er großen Wert darauf legte, in dieser Sammlung vertreten zu sein.

Ganz gegen meine Gewohnheit habe ich um die Entscheidung sehr gerungen. Ich schwankte hin und her zwischen Ja und Nein. Am Montag war ich dafür, am Dienstag dagegen usw. Sprach sich ein Gast für den Ankauf aus, äußerte ich mich kontra; sprach sich einer dagegen aus, verteidigte ich das Ding. So zog es sich wochenlang hin, bis schließlich die Entscheidung fiel, und die war negativ. Mir war plötzlich klargeworden, daß die beiden Bilder, die rechts und links vom Beuys-Objekt hingen, eine wesentlich spirituellere Ausstrahlung besaßen. Es waren ein Tàpies und die »Übermalung« von Arnulf Rainer. Damit war die Entscheidung gefallen: ich gab das Objekt zurück. Die unmittelbare Folge waren Prügel, die ich in den Medien bezog, nach der Devise: wie kann sich ein Museumsdirektor erlauben, einen Beuys nicht zu kaufen! Die Empörung war groß, und ich begriff, daß ich hier offensichtlich eine heilige Kuh geschlachtet hatte. Ich hatte in all den Jahren zahllose Bilder nicht gekauft, ohne daß es je eine Aufregung gegeben hätte. Niemand empörte sich, daß ich keinen Jawlensky, keinen Heckel, keinen Otto Mueller, keinen Otto Dix usw. erwarb. Aber ein Nein zu Beuys: das ging entschieden zu weit! Es ging ans Religiöse! Ein Sakrileg! Und dann noch in Düsseldorf, also sozusagen in Beuys-

City! Mir hat dies alles zwar nichts ausgemacht, aber die Gegner des Museums und sicher auch meiner Person wurden in ihrer Ablehnung bestärkt. Allerdings gab es auch Leute, die mir Bewunderung für meinen Mut zollten. Aber es war kein Mut. Es war überhaupt kein Mut. Es war lediglich so, daß ich gar keine Wahl hatte: ich konnte das Ding nicht kaufen. Mut war es nicht, aber immerhin Unabhängigkeit, und darauf habe ich immer Wert gelegt.

Und dann gab es da noch ein Nachspiel. Kaum hatte ich mein Nein geäußert, genau einen Tag später, da wischte ein unbekannter Besucher ein oder zwei Zentimeter des mit weißer Kreide auf die Tafel geschriebenen Wortes »Mensch« weg. Daraus entwickelte sich ein Versicherungsdisput, bei dem es, so lächerlich es auch war, um eine immerhin nicht unbedeutende Summe ging. Man einigte sich schließlich auf einen Kompromiß. Daß der harmlose Vandale just in dem Augenblick zuschlug, als ich den Kauf abgelehnt hatte, ließ in mir einen argen Verdacht aufsteigen, der aber schnell wieder verflog. Im übrigen fühlte ich mich an die berühmte Geschichte mit der Beuys'schen Badewanne in Leverkusen erinnert.

Aus all dem geht hervor, daß ich zwar ein distanziertes Verhältnis zur Kunst des Joseph Beuys hatte, aber dennoch ihr gegenüber offen blieb. Viele Jahre lang war ich ein radikaler Beuys-Gegner gewesen. Ich erinnere mich an eine Zusammenkunft des Documenta-Ausschusses in Köln im Jahre 1964, bei der es, für mich völlig unerwartet und unbegreiflich, zu einer Stimmenmehrheit für die Aufnahme von Objekten von Beuys kam. Ich empfand es schlicht als eine Schande. Im Auto zurück nach Düsseldorf – ich fuhr zusammen mit Jan Heyligers, der ebenfalls an der Documenta mitwirkte –, fühlten wir uns angewidert, fast beschmutzt – eine erstaunlich emotionale Reaktion, bei der man denken könnte, gerade sie spreche für den Künstler. Ich erkannte damals mit aller Deutlichkeit, daß ich mit meiner Meinung über Beuys ins Abseits geriet.

Dann aber, sehr lange Zeit später, kam es zu einem ganz anderen Erlebnis. Beim mehrfachen Durchblättern eines der großen Beuys-Bände des Propyläen Verlags wurde mir klar, daß ich die frühen Zeichnungen, Aquarelle und Gouachen wohl doch sehr unterschätzt hatte. Wie oft hatte ich, wenn man von diesen Arbeiten sprach, gesagt: »Dünn ist noch nicht sensibel«. Doch nun auf einmal faszinierten mich diese Arbeiten, wobei mir allerdings nicht bewußt wurde, daß an dieser

1989 Faszination in hohem Maße die Druckqualität beteiligt war: die Illusion des Taktilen; wie da die Blätter fast plastisch auf dem Grund liegen mit ihren irregulären Rändern, das besaß einen hohen ästhetischen Reiz, den ich unbewußt den Originalen selbst zurechnete. So wurde wieder einmal, wenn auch nur partiell, aus einem Saulus ein Paulus. Es geschah in einer unerhört intensiven Stunde, völlig gegen meinen Willen. Als 1986, unmittelbar nach dem Tod des Künstlers, die »ZEIT« neben anderen Leuten auch mich um ein Statement bat, verlieh ich diesem ambivalenten Verhältnis zu Beuys Ausdruck.

Indessen, das Verhältnis blieb nicht ambivalent. In den großen Ausstellungen zum siebzigsten Geburtstag von Beuys in Düsseldorf und Krefeld wurde mir klar, daß ich mich in meiner partiellen Hinwendung geirrt hatte. Daß es da eine gewisse Qualität gab, leugnete ich natürlich nicht, aber es kam mir so vor, als enthalte jedes Blatt lediglich eine Art von spirituellem Versprechen, das sich jedoch nie erfüllt: es bleibt ein Versprechen. Das war positiv, aber es war nicht genug. Kein einziges Blatt fand meine volle, uneingeschränkte Zustimmung. Hatte ich recht? Hatte ich unrecht? Niemand weiß es, doch viele glauben es zu wissen. Zumindest verließ ich mich auf meine eigenen Augen und nicht auf die Augen all derer, die für Beuys »schwärmten«.

Habe ich Beuys persönlich gemocht? Ich glaube: weder besonders Ja noch besonders Nein. Unsympathisch war er mir nicht, aber zu ihm hingezogen fühlte ich mich nie, zumal mich – aber dies zu sagen ist unfair – sein niederrheinisches Idiom und die gewisse Vulgarität seiner Sprechweise »nervten«. Und es »nervte« mich seine Denkweise überhaupt, die ich in Gesprächen dann und wann – manche werden sich erinnern – als Mentalkitsch und Verbalkitsch abtat. Für seine Adoranten ist das natürlich ein arges Sakrileg, das aus ihrer Perspektive auf mich zurückfällt. Nein, ich denke, ich mochte ihn nicht, die berühmte »Chemie« stimmte überhaupt nicht. Ich vermute und hoffe sogar, daß es ihm mir gegenüber ähnlich ging.

Man begegnete sich in Düsseldorf natürlich immer wieder. Und auch anderswo. Zum Beispiel an jener Documenta in Kassel, als Beuys, unablässig schwadronierend, mit den Besuchern diskutierte – richtiger: sie anmonologisierte. Hundert Tage lang, Tag für Tag, Stunde um Stunde. Es ist keine erfreuliche Erinnerung, ebensowenig wie die an ein unglaublich geschwätziges Fernsehgespräch, das einige Jahre nach seinem Tod noch einmal über den Bildschirm lief. Gewiß kann man heute nicht mehr auf der alten Weisheit »Bilde, Künstler, rede nicht!« beharren, aber bei Beuys kommt einem dieser Spruch mehr als bei irgendeinem anderen in den Sinn. Er wollte eben nicht nur bilden, sondern wirken, und dazu bedurfte er des gesprochenen Wortes. Für einen halbwegs aufgeklärten Menschen wie mich waren seine Wortkaskaden schwer zu ertragen. Aber zu spüren war immer, daß dieser »Apostel« an all das glaubte, was er von sich gab. Das verlieh ihm ein hohes Maß an Glaubwürdigkeit, ohne die er eine solche Wirkung wohl kaum erzielt hätte. Selbst bei seinem Monolog über eine ökologische Volkswirtschaft, damals in meinem Büro, war zu erkennen, daß all das, was er hervorbrachte, aus dem »Zentrum« seiner Person kam. Diesem Umstand und vor allem, verbunden mit seinem Aussehen, seiner medienwirksamen Selbstdarstellung und seinen quasi-rituellen Auftritten verdankte er das gewisse Charisma, dem – im Unterschied zu mir – so viele Menschen erlegen sind.

Charisma hin oder her, er vermochte mich nicht zu überzeugen. Seine ganze Attitüde, seine Selbststilisierung, das Wichtignehmen seiner selbst, dieser völlige Mangel an Distanz zur eigenen Person – dies alles wirkte abstoßend auf mich, ebenso wie die Anbetung durch seine »Jünger« und durch all die Menschen, die ihn bis an den Rand der Heiligsprechung bewunderten, aus welchen Motiven auch immer. Erst kürzlich las ich irgendwo den verstiegenen Satz: »Beuys' Kunst anschauen ist wie das Lesen der ›Göttlichen Komödie‹ von Dante.« Dabei war, wie ich glaube, seine Kunst im allgemeinen nicht das primäre Motiv: es war die Aura, die ihn umgab. In seinen Ausstellungen habe ich beobachtet, wie die Besucher, namentlich auch die jungen Leute, ratlos vor den Objekten standen und trotz – oder gerade wegen – ihrer Ratlosigkeit das »Wunder« zu erleben meinten. Sein Erfolg war zweifellos in hohem Maße diesem Bedürfnis der Menschen nach irrationalen Beglückungen oder Erweckungen zuzuschreiben, in einer Zeit, in der die Religionen dies nicht mehr zu leisten vermögen. So wie Menschen zu Sekten, zu Wanderpredigern, zu selbsternannten Evangelisten Zuflucht nehmen, so auch zu einer Figur wie Joseph Beuys. Auch Rudolf Steiner, den Beuys so sehr verehrte, war ein genialer Menschenfänger, und auch zu ihm fühlte ich mich nie hingezogen, im Gegenteil: er stieß mich ab. Gewiß, die Kunst ist ihrer Natur nach irrational. Aber hier wird sie in extremer Form zum Glaubensersatz. Ich selbst wollte und konnte das Theater um Joseph Beuys, für das ja gerade viele Kunst-

1989 Intellektuelle verantwortlich waren – man lese nur all die hagiographischen Texte über ihn! –, nicht mitmachen. Dabei war die Beuys'sche Ideologie ja gar nicht schwer zu verstehen und auch in seinen künstlerischen Hervorbringungen stets nachzuprüfen. Aber der Rang dieser Hervorbringungen war eben eine andere Sache. So fiel ich anläßlich der beiden großen posthumen Geburtstagsausstellungen wieder hinter die Zeit meiner eigenen Revision zurück und denke, daß damit das Kapitel Beuys nun für mich ein für allemal abgeschlossen ist.

Ein paar Worte zum Schluß

Als ich am 1. Oktober 1990 nach so langer Zeit meine Arbeitsstätte verließ, empfand ich ein Gefühl großer Genugtuung. Die Sammlung, so wie sie war, erfüllte in weitem Maße meine Wünsche, meine Träume. Sie präsentierte sich seit wenigen Jahren im Neubau am Grabbeplatz auf eine Weise, daß fast jedes einzelne Bild all das ausstrahlte, was in ihm steckte: dank des Lichtes, dank der Großzügigkeit der Räume und dank der überaus glücklichen Nachbarschaften der Bilder. Wenn ich zurückdachte an die vielen Jahre, in denen ich mich dem Aufbau der Sammlung gewidmet hatte, dann war da kaum ein Schatten, der auf diese Zeit fiel. Es waren vom Glück begünstigte Jahre, und so wählte ich denn auch das Glück zum Thema meiner Abschiedsrede. Ich hatte Grund, dankbar zu sein.

Doch selbstverständlich blieben am Ende unerfüllte Träume. Eine ganze Menge, aber ich nenne nur zwei, die ganz oben stehen. Beide habe ich im Verlauf meiner Erinnerungen schon erwähnt. Indem ich sie nun ein zweites Mal nenne, gebe ich ihnen einen besonderen Rang. Der eine Traum ist Matisse, und dabei steht mir vor Augen ein so atemberaubendes Bild wie der sitzende Akt im Nationalmuseum von Kopenhagen mit seiner unglaublichen Schwärze. Oder auch die »Schwarz-goldene Aktfigur« in der Eremitage. Oder natürlich das ungeheure »Bildnis Greta Prozor«, das ich damals hätte kaufen können. Der andere Traum liegt weit davon entfernt. Er heißt Edward Hopper: eines dieser wundervollen, rätselvollen urbanen Interieurs mit ihren in ihr Schweigen versunkenen Menschen. Ein solches Bild zu erwerben war mir nie gelungen.

Aber es blieben auch Fragen. Fragen, die an den Kern der Dinge gehen.

Da war die Sache mit dem »Elitären«. Von Anfang an sollte es eine Elite außerordentlicher Bilder sein. Das war umstritten in den Jahren, in denen man alles »Elitäre« verdammte. Dieses »Elitäre« interessierte mich nicht im geringsten, aber eine Elite von Bildern sollte es sein – was denn sonst? Doch heute stelle ich mir die Frage: paßt diese Haltung in eine Welt, in der – aber das haben wir ja selbst gewollt! – die Kultur sich demokratisiert, in der die »Massen« Zugang haben zu den

Institutionen der Kultur? Paßt sie in eine Welt, in der die Maßstäbe der Qualität, das Sensorium für Qualität, die Sehnsucht nach Qualität, dasjenige also, ohne das diese Sammlung ganz anders aussähe, kaum noch eine gesellschaftliche Basis besitzen? Legen die vielen Menschen, die in die Museen strömen, auf diese große Qualität überhaupt noch Wert? Können sie das, was da mit hohem Anspruch angeboten wird, auf dieser Höhe nachvollziehen, begreifen, erleben? Könnte es nicht sein, daß ein Museum, das diesen »Massen« Massenhaftes anbietet, richtiger liegt? Also Quantität eher als Qualität? Wenn es so wäre, dann in der Tat wäre diese Sammlung das, was man ihr so oft, allerdings mit anderer Begründung, vorgeworfen hat: eine elitäre Angelegenheit und damit etwas, das einer vergangenen Welt angehört.

In einem Vortrag habe ich einmal unter der Überschrift »Das Museum zwischen Stillstand und Fortschritt« erklärt, das Museum sei seiner Bestimmung nach auch – und ich wiederhole: auch! – eine Position gegen den Wandel der Zeiten. Dieser Überzeugung bin ich noch immer. Doch kann es durchaus sein, daß dieser Standpunkt nicht zu halten ist, wobei im übrigen Schlagworte wie »konservativ« und »progressiv« nichts beantworten, schlechterdings gar nichts. Das Museum muß einen langen Atem haben. Sollte es so sein, daß das Zeitalter diesen langen Atem nicht mehr zuläßt, und damit meine ich natürlich den Standpunkt des Außergewöhnlichen im Gegensatz zum Gewöhnlichen, dann wäre dies die Entscheidung für ein ganz anderes Museum. Vielleicht wäre es eine Entscheidung gegen das Museum schlechthin.

Indessen geht mein Fragen noch viel weiter. Ich hatte vor wenigen Jahren eine Art Damaskuserlebnis. Ich befand mich in der Kirche von Torcello bei Venedig und betrachtete das gewaltige Mosaik der Mutter Gottes aus dem frühen zwölften Jahrhundert, das ich seit sehr langer Zeit nicht mehr gesehen hatte. Während man draußen vor der Kirche Jasper Johns feierte, den Preisträger der Biennale, stand ich ungeheuer beeindruckt vor diesem Mosaik und erkannte in aller Klarheit, daß es in unserem Jahrhundert keine künstlerischen Manifestationen von solcher Größe gibt. Es waren die sprichwörtlichen Schuppen, die mir von den Augen fielen. Und ich dachte weiter: an Jan van Eyck, an Rembrandt, an Vermeer van Delft, an Velázquez, an Goya. Und an die Frühkulturen der Menschheit, etwa an die assyrischen Löwenjagden im British Museum, dieses lebenslange Pilgerziel; oder an die Figuren am Westportal in Chartres, ein Pilgerziel auch sie. Und an so vieles andere. Es war eine Erkenntnis, die mich zwar nicht unglücklich machte, weil ich dazu keine Veranlagung habe, die mich aber auch nicht glücklich machen konnte, denn immerhin relativierte sich dadurch all das, dem ich mein Leben gewidmet hatte.

Keine Reue: ich würde dieser Kunst unseres Jahrhunderts mein Leben auch weiterhin widmen, wenn ich noch einmal, so wie 1962, zu beginnen hätte, und ich würde es mit derselben Passion und nach denselben Grundsätzen tun. Die Bilder, die ich gekauft habe, liebe ich unvermindert. Und dennoch leugne ich nicht, daß ich mehr als sie alle Goya liebe und Vermeer van Delft. Das ist ein widersprüchliches Geständnis, mit dem weder ich selbst noch der Leser etwas anzufangen vermag.

Liste der Künstler

Abbildungsnachweis